정대현 철학을 토론한다

정대현 철학을 토론한다

● ● ●

김선희 편집

고인석 · 김기현 · 김선희 · 김영건 · 김영정
김혜숙 · 남경희 · 남기창 · 민찬홍 · 선우환
엄정식 · 윤보석 · 이병덕 · 이승종 · 이영철
이종왕 · 이좌용 · 이주향 · 임일환

철학과현실사

책을 펴내면서

이 책은 정대현의 철학 사상에 대하여 한국의 철학자들이 평가하고 비판한 글들을 모은 논문집이다. 정대현의 철학은 심리철학과 언어철학을 중심으로 한 영미 분석철학의 영역에 위치해 있다. 그러나 여기에 머무르지 않고 동양 철학을 비롯한 철학의 여러 분야를 아우르고 확장시켜 가는 과정을 보게 된다. 최근에 오면서 음양적 사고를 심신 이론에 적용하거나 성기성물(成己成物)의 인간관을 내걸고 철학과 인문학의 좌표를 새롭게 제시하는 독창적 사고를 보이기도 한다.

정대현은 7권의 대표적인 저서, 100편에 가까운 논문과 글들을 발표해왔다. 논문과 저서들이 유기적으로 연관된 입장을 보이고 있으므로, 저서를 중심으로 그의 철학적 입장을 간략히 조명하고자 한다.

『한국어와 철학적 분석』(이화여대 출판부, 1985년)에서, 정대현은 "철학 작업은 한국어로도 가능하다"는 논제를 걸고 한국 공동체의 문맥에서 발생하는 문제들을 통하여 한국어로 철학하는 모범을 실천적으로 보여주고 있다. 여기서는 진리나 지식과 같은 전통적 철학의 문제도 다루지만, 자유 의지, 사랑, 여성 해방, 교양, 주술적 언어 등의 한국 공동체의 문맥으로부터 제기되는 주제들에 대해서도 개념적 분석과 철학적 성찰을 보여주고 있다.

『지식이란 무엇인가 : 지식 개념의 일상 언어적 분석』(서광사, 1990년)에서는, "지식은 정당화된 참 믿음이라는 본질적이고 일의적 개념이 아니라 가족 유사적, 다원적 개념이다"라는 논제를 주장하고, '안다'라는 말에 대한 일상 언어의 분석을 통하여 그 논제를 지지한다. 여기에는 이미 언어가 어떤 것이어야 하는지에 대한 그의 관점이 잘 반영되어 있다. 그것은 언어의 의미가 단일의 실체적 개념을 나타내는 것이 아니라 언어 공동체가 사용하는 방식이라는 생각이다.

『필연성의 문맥적 이해』(이화여대 출판부, 1994년)에서는, "필연성은 사물적인 것도 언어적인 것도 아니며 통문맥적으로 이해되는 언어 질서다"라는 주장을 전개한다. 문맥적 필연성은 인식이나 담론으로부터 독립적인 형이상학적 입장이나 언어 상대주의의 입장을 피해나가면서도 여러 체계들 사이의 담론을 가능하도록 지칭을 고정시킬 수 있는 개념으로 제시된다. 예컨대, '퇴계와 율곡이 한글로 철학을 했더라면 지금의 한국 철학은 매우 다른 것이 되었을 것이다'와 같은 반사실문의 구조는 퇴계와 율곡이 현실 세계와 반사실의 가능 세계에서 동일한 대상을 지칭하는 통문맥적 지칭 고정성을 유지함으로써 필연성은 문맥적으로 안정성을 갖는다고 주장한다. 지칭이 고정되는 범위를 '그것에 대하여 말해지는 문맥 내의 모든 가능 세계'로 한정하여 필연성을 문맥적으로 파악하는 것이다.

『맞음의 철학 : 진리와 의미를 위하여』(철학과현실사, 1997년)

에서 정대현은, "언어의 의미는 진리가 아니라 맞음으로 조명된다"는 논제를 주장한다. 그는 진리나 지칭에 호소하는 전통적 의미이론은 물론 사용론적, 검증적, 결정 이론적 의미 이론도 만족스럽지 못하다고 진단하고, 맞음 개념을 적합한 의미 이론의 후보로 제시하고 그 가능성을 논의한다. 특히 그는 맞음 개념이 언어에 선행하며 언어 의미를 설명하는 원초적 개념이라는 것을 보이기 위하여 여러 가지 논증을 시도하고 있다.

『심성 내용의 신체성 : 심리 언어의 문맥적 외재주의』(아카넷, 2001년)에서는, 심성 내용에 대한 기존의 동일성 이론들을 논리적, 존재론적, 언어적 접근들로 분류한 후 이 접근들은 모두 수용하기 어려운 데카르트 이원론의 구조를 전제하거나 반영하고 있다고 비판한다. 그 대안으로 심신 관계를 음양적 관계로 간주하고, 심성 내용은 마음과 몸이 둘이 아니라는 음양적 신체성의 관점에서 조명할 것을 주장한다. 여기서 몸은 생활 양식 안에서 다른 몸들과 어우러져 공동체를 구성하고 또한 이 공동체의 생활 양식으로 그 마음의 내용을 구성한다고 본다.

『다원주의 시대와 그 대안적 가치』(이화여대 출판부, 2006년)에서는, 다원주의 시대에도 가치의 공유는 필요하고 또 그것이 가능하다고 주장한다. 이론적 다원주의는 이론들 간의 통약 불가능성 때문에 가치의 공유가 어렵지만, 담론적 다원주의는 담론들이 발생하는 시공간의 공유가 가능한 만큼 소통에 어려움이 없다고 본다. 그리고 중용의 성기성물 명제를 분석하고 재해석하여 세계관과 인간론을 제시한다. 여기서 성기성물의 모성 양식을 구성하고 여성주의 가치를 드러내는 한 인간론을 발전시키고 있다.

대표 저서를 중심으로 정대현의 철학을 간략히 소개하였지만, 이것은 그의 철학의 키워드 — 문맥주의, 맞음의 의미론, 담론적 다원주의, 심신 음양적 신체성, 성의 지향성, 성기성물의 인간관 내지 우주론 등 — 를 보여줄 뿐 그 내용을 충분히 드러내는 것은 아닐 것이다. 오히려 이 책에 실린 비판적 논문들과 그에 답하는 토론을 직접 만남으로써 그의 철학을 깊이 있게 이해할 수 있을 것이다.

이 책의 구성은 정대현의 철학에 대하여 비판적 토론을 하고 있는 19편의 논문과, 이들 각각에 대하여 정교수가 답변한 글로 이루어져 있다. 국내 분석철학자들이 중심이 되어 원고를 썼으며, 이 논문들에 대하여 정 교수가 일일이 답변한 글을 뒤에 실었다. 여기 실린 논문들을 두 부분으로 나누었는데, 언어철학과 인식론의 주제가 8편이고, 심리철학과 형이상학의 주제가 11편이다. 먼저 언어철학의 주제에 대한 토론을 간략히 살펴보자.

1. 엄정식의 「진리와 의미의 적합성에 관한 연구 : 정대현의 맞음의 철학」
   이 논문에서 엄 교수는 정대현의 '맞음' 개념이 의미 이론의 원초적 개념으로서 불충분하다고 논의한다. '맞음'은 항상 무엇과 무엇의 맞음을 의미하는데, 여기서 '무엇'의 의미가 맞음 개념으로는 완전히 설명될 수 없고 그것은 '맞음'이 아니라 가리킴이라는 '지칭' 개념에 의해 명시된다는 것이다. 그렇다면 맞음 개념은 오히려 진리 개념을 구성하는 '가리킴'이나 지칭의 보조 내지 보충 역할을 할 수 있을 뿐이다. 즉, 온전한 의미 이론을 위해, 맞음 개념은 가리킴 / 지칭 개념과 양립하거나 보완 관계로 간주할 수 있지만, 맞음 개념을 원초적으로 보기는 어렵다는 비판이다. 이 비판에 대하여 정 교수는 엄 교수가 맞음 개념이 원초적이라는 자신의 주장을 반박하면서 원초적 맞음에 대한 자신의 논의보다는 맞음의 일상적 사용 방식을 끌어들여 비판함으로써 논의 문맥을 혼동하고 있다고 답변한다. 지칭이나 진리 개념이 의미론의 원초적 개념이 될 수 없는 상황에서, 맞음 개념이 의미 이론의 기본적 토대일 수 있다는 것을 보여주는 자신의 습득 가설 논의나 귀류법 논의를 고려하지 않은 결과 논의가 빗나갔다는 것이다.

2. 이영철의 「정대현의 맞음의 철학」

프레게 이후 언어의 의미는 지칭이나 진리 개념에 의해 설명되어 왔다. 정대현은 진리나 지칭에 호소하는 의미 이론은 물론 사용론적, 검증적, 결정 이론적 의미 이론도 만족스럽지 못하다고 평가하면서, 맞음 개념을 적합한 의미 이론의 후보로 제시하고 그 가능성을 논의한다. 그는 맞음 개념이 언어에 선행하며 언어 의미를 설명하는 원초적 개념이라고 주장한다. 이에 대한 이영철의 비판은 여러 주제에 걸쳐 있으나, 정대현의 '맞음 개념의 습득 가설'을 중심으로 살펴보자. 맞음 개념의 원초성을 주장하는 습득 가설에 의문을 제기하는 이영철의 논의를 정 교수는 이렇게 요약한다. (1) 언어가 없는 어떠한 개념적 사유도 불가능하다. (2) 맞음 관계의 인식은 언어를 필요로 한다. (3) 맞음 개념의 습득은 맞음 관계의 인식에 의존한다. (4) 맞음 개념의 습득 가설은 맞음 개념의 습득이 언어 선행적이라는 것을 뜻한다. (5) 따라서 맞음 개념의 습득 가설은 유지될 수 없다. 이 비판에 대하여 정 교수는 전제 (2)의 "언어"를 자연 언어에 국한하지 않고 확대 해석한다면 습득 가설이 유지될 수 있다고 답변한다. 즉, 언어를 현실의 자연 언어로 제한시키지 말고 동물의 인지 장치나 샤논의 정보 개념을 포괄하는 것으로 확장시킬 수 있다는 것이다. 예컨대, 개가 주인을 알아보는 인지 장치는 일종의 개의 개념*이라고 할 수 있으며, 그것은 인간 언어로 표상되기는 어려우나 어떤 언어로도 표상될 수 없는 것은 아니다. 그렇다면 언어가 나타나기 이전에 인간들이 맞음 개념을 습득하였다는 가설은 현실적 자연 언어에서 표상되는 맞음 개념이 아니라, 확장된 의미의 해석 언어로 인지될 수 있는 맞음 개념*으로 간주할 수 있다고 대응한다.

3. 이병덕의 「'맞음' 개념은 의미론적 기초 개념일 수 있는가?」

이런 종류의 반론은 이병덕의 글에서도 제기되고 있다. 이병덕은 맞음 개념이 의미론의 원초적 개념이 될 수 없다고 주장한다. 그 이유는 맞음 개념이 다의적이고, 맞음 개념을 포함한 어떤 개념도 원자적일 수 없으며, 맞음 개념의 규범성이 자연사적 일치와 같은 사실에 근거할 수 없다는 것이다. 이에 대하여 정 교수는 모든 개념은 공통적 본질이 아니라 가족 유사적이며, 맞음 개념도 언어 공동체가 허용하는 정도의 가족 유사성으로 연결되어 있을 뿐 다의적인 것이 아니라고 답변한다. 그리고 맞음 개념도 다른 개념과 마찬가지로 언어 의존적이라는 이병덕의 비판에 대하여, 맞음은 예외적이라는 것을 논의하고 있다. 정 교수는 맞음이라는 개념은 언어적 배경 없이도 배울 수 있다는 점을 '파랗다'는 현시적 단어 습득에 유추하여 설명하고자 한다(10쪽).

4. 이승종의 「생활 양식과 언어 게임」

정대현은 비트겐슈타인의 생활 양식 개념을 단수와 복수 형태의 이원적인 것으로 간주한다. 전자는 인류가 공유하는 하나의 생활 양식이고, 후자는 문화 공동체마다 다른 생활 양식들을 의미하는 것으로 사용되고 있다는 것이다. 이런 견해를 비판하면서, 이승종은 비트겐슈타인의 생활 양식 개념은 중의적이 아니라 일의적이라는 점을 텍스트를 통하여 보이고자 한다. 생활 양식의 개념이 이원적인지 일의적인지에 대한 정 교수와 이 교수의 논쟁은 비트겐슈타인의 문헌을 인용하고 해석하는 과정에서 어떻게 다른 입장으로 나가는지를 잘 보여주고 있다.

5. 남기창의 「의미 사실의 존재 여부에 대한 소고」

정대현은 규칙역설이 중요한 철학적 과제를 제시한다고 본다. 그것은 의미가 지향성, 믿음, 성향, 심리적·물리적 사태 등 어떤 사실에 의해서도 결정되지 않는다는 것을 보여준다는 점에서 그렇다. 이런 상황에서 정대현은 맥도웰의 축소론적 처방이나 크립키나 라이트의 반실재론적 규범성보다는, 통도중(通道中)의 생활 양식에서 나오는 규범성으로부터 의미가 구성된다는 새로운 해결책을 주장한다. 그 아이디어의 요지는, 최초의 언어가 발생하기 전에 인간 공동체는 사람 사이나 동네 사이의 의사 소통을 필요로 했고, 통하다보면 길(道)이 생기고 애매 모호한 초기의 길을 최적화로 맞추는(中) 과정을 통하여 소통의 수단으로 언어와 의미를 구성하게 되었다는 것이다. 이에 대하여 남기창은 정대현의 공동체론은 애매하고 공동체의 개인도 불분명하다는 점에서, 그것이 의미를 제대로 설명하는 해결책이 될 수 있을지 비판한다. 여기서 언어 공동체의 여러 유형이 제시되고, 공동체가 어떻게 규칙역설에 대하여 해결책이 될 수 있는지에 대한 논의가 전개된다.

6. 이주향의 「크립키, 니체 그리고 정대현 : "그런 사실은 없다"에 관한 한 고찰」

이주향은 정대현의 맞음 의미론이 실체를 해체하는 시도를 했음에도 불구하고 주체 개념을 해체하지 못했기 때문에 실재론을 고집하는 한계가 있다고 비판한다. 이에 대하여 정 교수는 이주향이 "해체되어야 할 주체 개념"이 무엇인지를 명시하지 않았다고 본다. 즉, 전통적인 주체 개념이 허구라면 포기되어야 하겠지만, 맞음 이론에 적합하면서도 무해한 의미의 주체 개념을 대안적으로 제시할 수 있다고 답변한다.

7. 선우환의 「반말과 계층 구조 : 정대현 교수의 반말 이론에 대한 비판적 검토」

정대현은 한국어의 반말 구조가 세밀하게 계층화되어 있다고 보고, 반말 사용을 비판하는 흥미로운 논증을 제시한다. 그 논증을 다음과 같이 요약할 수 있다. (1) 한국어 화자가 청자를 향하여 사용하는 반말은 두 사람의 사회적 신분이 본질적으로 구분되어 있을 때만 정당하다. (2) 그러나 이런 의미의 본질주의는 수용되기 어렵다. (3) 언어 사용의 기본적 목표는 소통, 합리화, 표현을 최대화하는 것이다. (4) 그렇다면 언어 사용은 인간다움과 자유를 향한 활동이다. (5) 그러나 한국어의 반말 사용은 그러한 언어 사용 목표 자체를 파괴한다.

이에 대하여 선우환 교수는 언어 사용의 기본 가치와 방향에는 동의하면서도, 반말이 가능한 객관적 공간을 허용할 수 있다고 논의한다. 정대현은 반말이 화자-청자의 계층 관계에 의존한다는 반말 관계론을 주장하는 한편, 선우환은 화자-청자와 독립적으로 반말 여부를 평가할 수 있다는 반말 객관론을 주장한다.

8. 김기현의 「인식적 합리성과 인식 외적 가치」

김기현 교수는 정대현의 "삶의 문맥적 합리성"이라는 개념에서 출발하여 인식적 합리성에 대한 새로운 관점을 발전시키는 논의를 하고 있다. 김 교수는 인식적 합리성에 대한 개념이 전통적으로 믿음의 진리성과 믿음과 증거 사이의 논리적 관계만으로 구성되었다고 평가하고, 이를 "인식적 독립성 논제"라고 명명하여 비판한다. 인식적 독립성 논제에 대하여, 인식적 합리성에는 인식 외적 관심이나 가치를 부여할 수 있거나 개입되어 있다는 인식 통합론을 주장한다. 정대현은 이런 시도를 수긍하면서, 자신의 문맥주의가 통합적 합리성을 위한 문법의 한 후보가 될 수 있다고 본다.

이제 언어철학의 주제로부터 심리철학의 주제로 들어가보자.

9. 윤보석의 「심성 내용의 신체성이란 무엇인가?」

정대현은 심성 내용의 신체성 논변을 이렇게 요약한다 : 마음의 동일성은 심성 내용의 동일성이다. 마음과 마음의 연결은 몸을 통해 이루어지고, 마음의 사회적 내용은 몸들이 이루어내는 공동체에 의해 구성된다. 결국 마음이란 사회적 내용을 개인적 몸이 체험하는 장이다.

윤보석은 정대현의 『심성 내용의 신체성』 논변이 애매 모호하거나 비일관성의 위험마저 있다고 지적한다. 그리고 신체성 논변을 호의적으로 수용할 경우에도 물리주의자나 넓은 내용론자가 그것을 거부할 이유가 없을 것이라고 주장한다. 이에 대하여 정대현은 넓은 내용론의 신체성과 자신의(음양론의) 신체성을 대조시켜 그 차이를 드러내고자 한다. 중요한 차이 중의 하나는 넓은 내용론의 신체는 마음과 독립해 있는 것으로, 심성 내용이 물리적 뇌 안에서 발생하는 것인지 물리적 세계에 존재하는 것인지가 관심의 초점일 뿐 심성 내용과 이 내용이 발생하는 거처와의 관계에는 관심이 없다. 이와 달리 음양론의 신체는 사태 개념에서 물리적 요소와 정보론적 통사 요소를 분리할 수 없는 관계 구조를 갖는다고 주장한다. "몸 없는 마음 없고 마음 없는 몸이 없는" 심신의 유기적 관계를 나타낸다는 것이다. 물리주의나 넓은 내용론이 심신 이원적 구조의 산물이라면, 자신의 심신음양론은 존재적으로나 의미적으로나 유기적인 통일 관계를 지닌다는 것이다.

10. 민찬홍의 「정대현의 심성 내용의 신체성」

민찬홍은 정대현의 저서 『심성 내용의 신체성』을 구성하는 일련의 논의들이 심성 내용의 주제들과 유기적인 연결이 없거나 논리적으로 일관적이지도 않다고 비판한다. 이에 대하여 정대현은 심성 내용이라는 주제를 통하여 직접적으로나 간접적으로 여러 분석철학자들의 논의를 묶고 서로 연관지어 논의할 수 있는 근거들을 제시함으로써 유기적 연결성 문제에 답변하고자 한다.

11. 김선희의 「로봇의 심성 내용 : 정대현의 심신음양론은 반물리주의인가?」

김선희는 인간과 기계의 동등성을 시사하는 세 가지 이론적 배경을 제시한다. 즉, 사이버네틱스 정보 이론은 인간과 기계 사이에 엄밀한 경계는 존재하지 않는다는 가설을 제안하고, 튜링 테스트는 인간과 같은 반응과 기능을 보이는 기계는 인간과 다르다고 할 이유가 없다는 가설을 제안하고, 폰 노이만은 자기 자신을 복제하는 기계라는 개념이 논리적으로 결함이 없다는 것을 보여주었다는 것이다. 김 교수는 정 교수의 심신음양론을 사이버네틱스 정보 이론으로 해석하면서, 음양존재론이 그러한 세 가지 가설을 거부할 이유가 없다고 본다. 이런 관점에서 보면, 인간과 같은 복잡한 구조를 갖는 로봇의 경우 인간의 심성 내용을 어디까지 공유할 수 있을 것인지 논의한다. 로봇은 심성 내용을 갖는 심리적 존재에서 나아가 윤리적, 종교적 존재일 수 있는지를 묻는다. 또한 음양존재론이 정보(마음)의 편재성과 물리적 기술의 편재성을 동시에 허용한다면 최소 물리주의와 양립할 수 있는 것은 아닌지 묻는다.

이에 대하여 정대현은 인간과 기계의 경계에 대한 세 가지 가설에 대하여 유보적인 태도를 보이면서도, "엄밀한 경계의 부재"가 질적인 차이의 부재를 의미한다면 수용하지만 양적인 차이의 부재를 뜻한다면 거부해야 할 것이라고 응답한다. 그리고 김 교수가 말하는 물리주의는 데이빗슨적인 의미의 최소 물리주의와 친근성을 보이는데, 그것 역시 데카르트 이원론의 전제 아래 놓여 있다는 점에서 음양존재론과 거리가 있다고 답변한다.

12. 김영건의 「성(誠)의 음양적 지향성」

김영건은 지향성이 음양적일 수 있는지, 그리고 유기적인 음양 관계가 인과 관계를 포함할 수 있는지 묻는다. 인과 관계의 두 항이 독립적 사건이어야 하는 반면에, 음양 관계는 유기적이고 총체적인 상관성을 드러내는 것이라면 음양 관계에는 인과적 설명이 들어올 여지가 없을 것이라는 비판이다. 또한 음양론이 수용하는 성(誠)의 개념은 자연 존재 질서와 도덕 질서의 구분을 간과한 것이라고 본다. 이에 대하여 정대현은 전통적 심신론의 문제가 봉착한 난관과 딜레마를 고려할 때 이원론적 판본을 넘어서는 새로운 대안이 요구되며, 그 대안으로 음양적 지향성은 신중히 고려할 만하다고 주장한다. 그리고 자신이 해석한 대로 성(誠)의 역할을 정보 입출력의 주체로 간주할 경우 인간을 포함한 자연 만물을 지향적 존재로 볼 수 있는 근거가 열린다고 본다. 이 구조에서 성(誠)의 존재론과 도덕론의 이분법을 부정하고 총체적 단일론을 주장한다. 그리고 인과 관계 역시 언어 체계를 전제로 기술되는 것이라면, 인과 관계도 음양 관계와 마찬가지로 총체적인 상관 관계의 한 모형으로 이해할 수 있다고 답변한다.

13. 고인석의 「유기적 음양의 관점에서 본 심신 관계 : 정대현의
    모형 비판」

　고인석은 정대현의 음양론이 형이상학의 경험적 적합성과 개념적 정합성 조건을 만족하고 있는지 묻는다. 그리고 심신 관계를 음양 관계라고 할 때에, 음양 관계의 성격과 음양 관계의 요소들을 존재론적으로, 인식적으로, 기능적으로 더욱 명료하게 설명해야 한다고 주장한다. 또한 고인석은 음양론의 개념적 적합성 조건을 제시하면서 음양 두 요소의 국면이나 성격을 규정할 것을 요구한다. 이런 지적에 대하여 정대현은 가능한 설명을 제시하는 한편, 음양의 두 요소를 존재가 아닌 사건으로 본다면, 그리고 그 사건들이 유기적이고 총체적 나선적으로 본다면 많은 부분 진전된 해명이 가능할 것이라고 답변한다.

14. 김혜숙의 「음양 관계의 유기적 분석에 관하여」

　김혜숙은 정대현의 유기적 음양론에 대하여 보완적 설명을 하는 동시에, 정대현의 음양 모델은 외연적이고 논리적인 것으로서 유기적 음양론이라는 사고에 반하는 결과를 낳았다고 비판한다. 이에 대하여 정대현은 둘 사이에 동의할 수 있는 부분이 많다고 생각하는 한편, 세부적인 차이들에 대해서 열거하고 자신의 입장을 기술하고 있다.

15. 이종왕의 「존재론적 이원론과 존재론적 물리주의」

　이종왕은 음양론에 기초한 신체성 개념을 속성이원론의 변형으로 간주한다. 그리고 정대현이 이원론에 반대하는 내용은 존재론적 이원론일 뿐 속성이원론에는 해당되지 않는다고 주장한

다. 이에 대하여 정대현은 자신의 음양론과 속성이원론의 차이를 여러 각도에서 설명하고자 한다. 우선 속성이원론의 입장의 경우 이원론의 전통에 기반하는 개념을 사용하며, 개별자는 물리적 개별자이고 인과 관계의 두 항은 물리적 사건이다. 이에 비해 음양론은 마음을 인간의 전유물로 보지 않고 정보 처리 복합성 정도의 능력으로 간주하여 만물을 성(誠)의 주체로 볼 수 있다고 한다. 또한 체계화된 설명은 아니지만, 속성이원론과 음양론을 선형적 인과 개념과 유기적인 기(氣) 개념으로 대조하기도 한다.

16. 남경희의 「세계 구성과 측정」

남경희 교수는 언어와 세계의 관계를 새롭게 설명하기 위하여 측정이라는 개념을 구성하여 논의를 전개시키고 나서, 신체성 개념과 음양론이 그러한 측정의 조건을 만족하고 있는지 묻는다. 남 교수는 "신체가 심성 내용의 준거라기보다는 심적인 술어들이 먼저 등장하고, 이를 토대로 또는 측정 단위로 하여 신체적인 어휘들이 생성된 것은 아닌가" 하고 묻는다. 심적인 것이 신체적인 것을 이해하기 위한 측정 단위의 역할을 한다고 생각하는 것이다. 이에 대하여 정 교수는 그런 생각은 심리 언어에 대한 데카르트 모델을 나타내는 것이 아닌가 하는 의문을 제기하고, 오히려 신체성 모델이 더 잘 적용되는 상황의 예들을 제시한다.

17. 김영정의 「넓은 분류와 간이론적 지칭 가능성」

정대현은 진리의 언어 의존성을 수용하면서도 간이론적 지칭 가능성만으로 실재론이 지지될 수 있다고 본다. 그리고 이 지칭성은 고정 지시어에 의해 촉발된 것이지만, 규칙 개념으로부터의 반론에도 유지될 수 있는 '넓은 분류'에 의해 도달할 수 있다는 것을 제안하였다. 이에 대하여 김영정은 넓은 분류가 간이론적 지칭 가능성을 허용할 것인지 묻는다. 정 교수의 넓은 분류 / 좁은 분류의 구분은 넓은 내용 / 좁은 내용을 구분하는 퍼트남의 통찰과 상반된다는 것이다. 김 교수는 퍼트남의 논변에 공감하며 "좁은 내용을 아무리 넓혀도 넓은 내용으로 나아갈 수 없다"고 판단한다. 이에 대하여 정대현은 퍼트남의 (넓음과 좁음) 구분은 화자의 발화 문장의 내용이 개인의 두뇌 안에서 구성되는가 아니면 외부 세계의 구조에 의해 구성되는가의 대상적 구분인 반면에, 자신의 (넓음과 좁음) 구분은 그러한 내용이 구성되는 과정에 대해 어느 정도 제약을 줄 것인가 하는 상위적 구분으로서, 차원이 다른 것이라고 답변한다. 정대현은 공동체의 생활 양식을 도입하여 의미가 잠정적으로 확정되듯이, 넓은 배경의 문맥으로부터 간이론적 지칭성을 성공적으로 확보할 수 있다고 생각한다.

18. 임일환의 「정대현의 필연성의 이해」

임일환은 동일성에 대한 논의를 통하여 정대현의 필연성 개념을 비판한다. 동일자에 대한 라이프니츠 원리에서 출발하여, "통시간적 동일성은 통세계적 동일성의 한 유형"이라는 정대현의 논의에 의문을 제기한다. 정대현은 일련의 논의를 거쳐, 필연성에 대한 콰인의 입장을 택한다면 임 교수의 비판이 설득력을 갖지만, 외연적 동일성 기준은 수용하기 어려운 입장이라고 응답한다.

19. 이좌용의 「분석철학 논의의 세계화」

정대현은 크립키나 전기 퍼트남이 필연적 진리를 모든 가능 세계에서 참인 것으로 간주했을 때, '필연성'이나 '모든 가능 세계'를 인식 가능성과 무관하게 형이상학적으로 상정하였다고 평가한다. 그리고 가능 세계를 '그것에 대하여 말해지는 문맥 내의 모든 가능 세계'로 한정하여 필연성을 문맥적으로 파악하는 문맥적 실재론을 주장한다. 이에 대하여 이좌용은 문맥적 실재론은 퍼트남의 내재적 실재론과 크게 다르지 않다는 점에서 별로 새로운 것이 없다고 본다. 정대현은 문맥적 실재론이 퍼트남과 차별화되는 요소들을 인식적 고정 지시어와 통이론적 대상, 반사실적 문맥 등을 키워드로 설명하고 있다.

　이상에서 보았듯이, 이 책의 편집을 기획하면서 정 교수의 철학적 입장을 찬성하기보다 오히려 비판적 시각의 글들을 요청함으로써, 학문 공동체 안에서 비판적 토론을 통한 학문적 발전의 계기를 마련하고자 하였다. 모든 필진들이 이런 생각에 공감을 표시했으며, 정대현의 철학을 주제화하여 토론하는 데 성심껏 동참하였기에 순조롭게 논문집 출간이 성사될 수 있었다. 또한 평소에 국내 철학자들 사이에 활발하게 논의를 주고받기를 바라고 기여해왔던 정 교수의 노력이 이런 형태의 결실을 맺은 것이라고 생각한다. 이 책이 계기가 되어 국내 철학자의 사상을 조명하는 연구 결과들이 연이어 나오기를 기대해본다.

　이 논문집을 준비하는 동안 내내 보람있고 즐겁게 작업할 수 있도록 배려하고 도와주신 모든 필진들께 깊이 감사드린다. 이 책에서 우리는 한국의 철학 공동체 구성원들이 한 철학자의 사상에 대하여 비판하고 답하는 글들을 대면하면서 일련의 철학 토론의 마당에 참여하게 될 것이다. 정대현 교수가 항상 후학들에게 귀감이 되어주었듯이, 퇴임 이후에도 학문적으로 더욱 정진하는 모습을 보게 되기를 우리 모두 기대하며 편집인의 글을 마친다.

2006년　여름
일감호가 내려다보이는 건국대 연구실에서
김　선　희

차 례

차 례

차 례

제3부 비판에 대한 대답

차 례

제 1 부
언어철학과 인식론

진리와 의미의 적합성에 관한 연구
— 정대현,『맞음의 철학』

엄 정 식

1

서양 철학사를 한마디로 표현한다면 "확실성"을 추구하는 과정의 기록이었다고 말할 수 있을 것이다. 이러한 추구의 양상은 매우 다양해서 철학자마다 각기 다른 형태로 나타나는데, 그것을 대체로 존재론적 추구와 인식론적 추구로 나누어서 고찰해볼 수 있다. 존재론적인 특색은 플라톤과 아리스토텔레스를 위시해서 아우구스티누스와 아퀴나스 등 대부분의 고대와 중세 철학자들의 추구에 나타난다고 할 수 있다. 그러나 근대 철학의 아버지인 데카르트가 등장하여, "진리를 발견하고자 하면 먼저 그 방법부터 규명해야 한다"고 주장하자 갑자기 확실성은 내면적 인식의 문제로 변모되었다. 그리하여 칸트를 거쳐 후설에 이르기까지 진리의 문제들은 내부 지향적 성격을 띠게 된 것이다. 그런데 오늘날 분석철학에서는 이러한 접근 방식에 만족하지 않고 더 본질적인 것으로서 언어적 차원에서 의미의 분석이 선행되어야 한다고 주장한다. "철학은 곧 언어의 분석"이라는 비트겐슈타인의 말을 이러한 맥락에서 이해할 수 있을 것이다.

정대현 교수의 『맞음의 철학』은 언어 분석적 관점에서 진리와 의미의 문제를 다룬다. 물론 그는 진리를 존재나 인식과 연관시켜서 접근하기도 하지만, 그것은 결국 의미의 차원에서 간접적으로만 조명될 뿐이다. 그러므로 『맞음의 철학』은 기본적으로 언어철학의 근본 문제를 다루고 있다고 보아야 할 것이다. 물론 그는 여기서 매우 넓은 의미의 언어 개념을 도입하고 있다. 가령 아인슈타인의 이론으로부터 공산주의 정치 제도, 불교의 종교 양식, 음악과 미술을 비롯하여 악수나 미소와 같은 신체적 기호에 이르기까지 모두 '언어'에 속하는 것으로 그는 해석한다. 우리의 경험은 모두 "언어를 통하지 않고는 접근하기 어렵기 때문"이다.

정대현 교수의 『맞음의 철학』은 문제를 제기하는 머리말을 제외하면 진리의 문제를 다각적으로 접근하는 제1장과 현대 언어철학에서 개진된 의미 이론을 비판적으로 고찰하는 제2장 그리고 이러한 언어철학적 배경 속에서 이른바 '맞음(fitting)'의 개념이 지니는 중요성을 부각시키는 제3장 등 세 부분으로 구성된다. 여기서 정 교수가 궁극적으로 의도하는 것은 확실성에 대한 서양 철학적 추구에서 중심 개념이 되었던 '진리'를 '맞음'으로 대체할 때 더욱 효과적일 뿐만 아니라 언어 그 자체를 이해하는 데에서도 비교적 유리한 입장을 취할 수 있다는 사실이다. 그러나 이러한 주장은 매우 파격적이고 대담한 것이어서 면밀한 검토와 세련된 논증을 거치지 않으면 설득력을 얻기가 어렵기 마련이다. 이제 이러한 점들을 좀더 자세히 살펴보기로 하자. 먼저 우리는 진리론에 대한 정 교수의 논박을 검토하고 이른바 '맞음'

의 철학을 분석한 다음 이것을 비판적으로 고찰하기로 한다.

2

앞서 언급한 바와 같이 서양 철학자들은 존재와 사유와 언어의 영역에서 다양하게 확실성을 추구해왔다고 해석할 수 있다. 그러나 확실성은 객관적 실재의 세계에서든 주관적 사유의 영역에서든, 혹은 관계적 의미의 차원에서든 간에 궁극적으로는 진리의 인식을 통해서 확보되는 것이기 때문에 결국은 진리에 대한 형이상학적 열망의 표현이라고 할 수 있다. 만약 그러한 것이 아니라면 철학은 종교적 신앙이나 과학적 탐구와 구별되기 어려운 상황에 부딪힐 수도 있을 것이다. 이러한 의미의 진리가 철학에서 핵심적인 개념으로 군림해온 이유도 바로 여기에 있는 것이다. 그러나 바로 그렇기 때문에 '진리'라는 개념 자체가 명확하게 규명되기 어렵고 그 기준도 다양해진 것이 사실이다. 그런데 만약 이것이 사실이라면 '진리'가 철학적 확실성의 추구에서 궁극적 목표가 될 수 있으며 철학적 탐구의 기초적 개념으로 그 역할을 수행할 수 있을 것인가. 정대현 교수는 이러한 문제에 대해서 부정적인 태도를 보인다.

잘 알려져 있는 바와 같이 서양 철학에서 가장 오랫동안 전통적으로 다루어져 왔던 '진리(aletheia)'라는 개념은 숨겨진 것을 드러내고 참다운 이치를 밝혀낸다는 뜻을 담고 있다. 그러나 그것을 어떻게 드러내고 또 밝혀내는지의 문제에 관해 계속 논의해왔고, 정대현 교수는 특히 진리가 기초적인 역할을 할 수 없다는 점을 보이기 위하여 일반적으로 논의되어온 진리론들의 문제점을 지적한다. 가장 널리 알려진 대응적 진리론에 대해서 그는 특히 '대응'의 개념에 주의를 기울이는데, 문장과 사실이 대응된 다고 할 때 무엇보다 '사실'의 정체가 밝혀져야 함을 지적한다. 그는 이러한 점에서 두 가지 가능한 해석을 소개하고 그 문제점을 다음과 같이 지적한다.

하나는 사실이 세계의 부분으로서 문장과 독립하여 존재한다는 해석이다. 그러나 이것은 개개 사실에 대한 동일성의 문제가 도사리고 있다. 이러한 사실은 문장을 참이게 하는 경계지어진 조건이 될 수가 없다. 다른 하나는 경계성이 유지되어 동일성을 제시할 수 있는 사실의 구조를 갖는 것이다. 그러나 이러한 조건을 갖는 사실이란 참인 문장 이외의 다른 것이 아니게 한다. 이것은 대응론을 공허하게 한다(293쪽).

그 다음 정 교수는 정합론이나 박진론에 관해 고찰하는데, 이것은 "진리에 대한 규정이나 정의를 시도하기보다는 진리의 인식적 표준이나 탐구의 구조를 보이는 데 역점을 둔다"고 보고 이미 진리 개념을 상정하고서 개진된 "특수 이론"으로 간주한다. 그는 이것을 다음과 같이 설명한다.

정합을 규정하는 어휘들, 이를테면 이상적 상황, 완성된 자료 토대, 최적의 적합성, 유일 토대에 의해서 표시되는 대상들이 외면적으로 주어지지 않는 동안 이러한 어휘들을 이해할 수 있는 구조는 진리 개념이 상정되고서라야 가능하다고 생각한다(294쪽).

그는 이어 "거짓은 반박될 수 있다는 명제도 탐구의 논리를 보이는 명제로서는 중요하고 기여를 하였지만 이것이 진리 개념을 정의하기 위하여 도입된다고 주장하는 경우 그 공허함은 명백하다"라고 역설한다(294쪽).

이와 같이 전통적으로 다루어졌던 진리 개념은 우리가 "드러내거나 밝혀낸 것"이 존재의 본질 혹은 현상의 구조 그 자체라는 것을 확인하는 데서 문제가 생긴다. 가령 "눈은 희다"는 판단이 진리라고 할 때 그것은 눈이 희다는 객관적 사실과 대응되는 것인가 혹은 그것이 객관적인 사실이라고 믿는 또 하나의 판단과 일치할 뿐인가를 결정하는 일이 결코 쉽지 않다는 것이다.

여기서 진리의 문제는 존재론적 차원을 넘어서 인식론적 영역으로 넘어가고 다시 진리의 내용을 담고 있는 문장의 속성이 되어 의미론적 쟁점으로 변모하게 된다. 정 교수는 이러한 의미의 진리론을 "실체론적 진리론"과 구분하여 '의미론적 진리론'이라고 부르고 주로 이러한 입장을 비판의 표적으로 삼는다.

현대의 언어 분석 철학에서 의미론적 진리론을 확립한 인물은 타르스키(A. Tarski)다. 그는 '진리'라는 표현이 성립된 진리 이론은 반례를 허용해서는 안 된다는 조건을 내세운다. 이러한 조건을 전제로 해서 타르스키는 "판단과 실재와의 일치"라고 하는 진리의 고전적 규정의 불충분함을 지적하고 진리 개념의 정의를 시도하였다. 그에 의하면 가령 "'눈은 희다'는 판단은 참이다"와 "눈은 희다"는 논리적으로 동일한 것이다. 이것을 일반적으로 표현하면 어떤 판단 P를 X라고 한다면 "X는 참이다"와 "P"는 동치라는 것이다. 다시 말해서 '참'이라고 하는 말은 이 경우 어떤 판단의 술어가 되어도 그 판단이 지닌 본래의 의미를 조금도 바꾸지 않는다는 특수한 성격을 지닌다. 그렇다면 의미론적 관점에서 보았을 때 '참이다'는 술어를 어떻게 이해할 것인가.

타르스키는 우선 언어를 대상 언어(object language)와 메타 언어(meta-language)로 나누고 어떤 문장의 진위 개념은 후자에서 논의되어야 한다고 주장한다. 대상 언어의 진위는 더 높은 의미의 범주에 속하기 때문이다. 그리하여 그는 "대상 언어에 속하는 문장 S를 고차 언어에서 표시하는 명칭을 X라고 하고, S를 고차 언어로 번역한 표현을 P라고 할 때, P가 성립하는 경우에만 X는 참이다"라고 하는 진리 규약을 이끌어내었다. 이것을 T 규약이라고 하며, 이러한 규약에 따라 문장의 진위를 정의하면, P가 모든 개체에 관해서 성립하는 경우에만 참이요, 어떠한 개체에도 성립하지 않는 경우에만 그것은 거짓이라고 할 수 있을 것이다.

이렇게 성립된 진리론은 대단한 반향을 불러일으켰다. 포퍼 (K. Popper)를 비롯한 많은 철학자들이 심리철학, 과학철학, 언어철학이 성립될 수 있는 근거가 마련되었다고 흥분하였다. 타르스키는 무엇보다 진리에 대한 자기의 정의가 의미론과 물리주의를 양립시켰다고 믿었다. 그러나 가령 필드(H. Field)는 그의 업적을 인정하면서도 이러한 주장에 대해서는 비판적이었다. 필드에 의하면 진리를 정의하는 데에서 적어도 다음 세 가지 방법이 있다고 한다.

(T1) 소수의 원초적 개념만을 사용한다. (T2) 정의되지 않은 의미론적 개념은 사용하지 않는다. (T3) 물리적 명사만 사용한다. 그런데 필드는 타르스키가 진리를 정의하는 데에서 의미론과 물리주의를 양립시키기 위해서는 (T2)의 방법으로 충분하다고 믿었다는 것이다. 그러나 결과적으로 수행한 것은 (T1)의 방법에 의한 것일 뿐 정작 필요한 (T3)의 방법을 외면하였다는 것이 필드의 지적이다.

한편, 타르스키는 '만족'이라는 개념만으로 진리를 정의하였다고 생각한다. 그러나 잘 알려진 바와 같이 필드는 타르스키가 표시, 충족, 적용의 개념을 사실상 사용하고 있다는 점을 지적해준다. 그런데 필드 자신은 이러한 문제점들을 극복하고 타르스키의 프로그램을 개선할 수 있는가. 정 교수는 그러한 가능성을 부정한다. 타르스키는 일찍이 "진리 정의를 제시할 수 없다면 의미론을 통일 과학이나 물리주의와 조화시키기 어렵다. 그러한 의미론의 개념은 논리적이지도 않고 물리적이지도 않기 때문이다"라고 역설한 적이 있다. 그러나 (T3)에 의한 물리주의적 진리정의는 가능하지 않다는 것이 정 교수의 입장이다. 무엇보다 하나의 표현 'e'와 하나의 대상 'o'의 관계가 물리적 기술만으로는 충분한 의미를 확보할 수 없기 때문이다. 더구나 물리적 명사가 주어지는 장치는 상위 언어이기 때문에 "타르스키가 순환성 없이 개선될 수 있다는 믿음은 너무 낙관적"이라고 정 교수는 판단한다(75쪽, 294쪽).

타르스키의 진리론을 수정하고 보완하여 그 원초적인 면모를 유지하고자 노력한 사람으로 우리는 크립키(S. Kripke)를 거론하지 않을 수 없다. 정대현 교수도 크립키는 타르스키보다 형식적 합일성 조건에 대하여 좀더 포괄적이고 발전적인 제안을 하고 있다고 평가한다. 그러나 그는 내용적 적합성의 근본이 되는 표현과 대상 사이의 관계로서의 지칭의 문제에 대하여 어떠한 프로그램을 가질 수 있을지 의문을 제기한다. 이러한 점에서 입장을 분명히 하지 않으면 그의 제안은 결국 미완성의 프로그램이 되고 말 것이기 때문이다. 또한 그의 지칭 관계에 관하여 그것이 지향적인 것인지 밝혀줄 것을 요구한다. 그러나 그 어떤 경우에도 문제는 여전히 남아 있기 때문에 타르스키의 진리 개념에 대한 크립키적 변형에도 분명히 한계가 있다는 것이다(84쪽). 그렇다면 진리 개념의 원초성은 결국 지탱될 수 없는 것인가.

잘 알려져 있는 바와 같이 더메트(M. Dummett)는 어떠한 진리도 본질적으로 인식적이라고 주장하여 인식적 진리론을 대표하고 있다. 한편, 그는 어떤 것을 진리로 인식할 수 있게 하는 진리 개념은 원초적이라는 점도 아울러 주장한다. 얼핏 보기에 이러한 주장은 모순된 것 같지만 서로 차원이 다르기 때문에 이 문제는 제기되지 않는다. 진리 개념은 모든 언어 행위에 일반적으로 전제되어 있기 때문에 그러한 뜻으로 '원초적'이라고 할 수 있다. 한편, 언어 행위가 구체적으로 해석될 때마다 구체적인 체계의 적용이 결정되어야 한다는 뜻으로 진리는 '인식적'이라고 할 수 있는 것이다. 그러나 정대현 교수에 의하면 더메트에게도 문제점은 여전히 남아 있는데, 그는 그것을 다음과 같이 지적한다.

> 한 표현이 들어 있는 체계가 형식적일수록 증명 개념을 엄밀하게 사용할 수 있고 비형식적일수록 더메트의 증명 개념은 더욱 일상적으로 사용되어야 한다. 그러나 더메트는 증명 개념의 일상적 친근성을 보이지 않고 있다(85쪽).

이 밖에도 진리 개념의 원초성을 어떠한 형태로도 유지하고자 했던 철학자들은 얼마든지 있다. 콰인(W. V. Quine), 데이빗슨(D. Davidson), 퍼트남(H. Putnam) 등이 그 대표적인 예가 될 것이다. 그러나 정 교수에 의하면 이들은 모두 대응적 진리론과 그 원초성을 견지해보려는 건설적 비판을 제시하고 있음에도 불구하고 결국 치명적인 결함들을 지니고 있고, 따라서 지탱되기 어려운 입장이라는 것이다. 그가 진리 개념과 이것이 핵심적 역할을 하는 의미 이론을 포기하고 '맞음' 개념으로 대체하려는 이유가 바로 여기에 있는 것이다.

그러나 정대현 교수의 입장에도 문제점이 없는 것은 아니다. 무엇보다 그는 진리 개념을 규정하는 데에 너무 대응적 진리관에 천착해 있다.

그러나 대응적 진리관이 유일한 진리관이 아님을 우리는 잘 알고 있으며, 여기에 문제점이 있다고 하더라도 그것을 정합주의나 맥락주의 혹은 실용주의적 입장에서 얼마든지 수정하고 보완할 여지가 있다는 점을 그는 간과하고 있는 것이다. 그러므로 여기서 자세히 다룰 수 없겠으나 대응적 진리관을 개선하려는 노력을 부정적 시각에서만 평가할 것이 아니라 여기에서 양립과 보완이 가능한 논제를 찾아보려는 시도가 아쉬움을 남긴다. 이러한 그의 태도에서 우리는 대응 혹은 '가리킴' 개념에서 적합 혹은 '맞음' 개념으로 조급하게 이행하고 있는 것이 아닌가 하는 의구심을 갖게 하는 것이다. 그렇다면 정 교수의 맞음 개념은 무엇이고 왜 그것이 그렇게 중요한 것인지, 그리고 그것은 진리 개념을 성공적으로 대체할 수 있을 것인지 살펴보기로 하자.

3

우리는 의미론이나 인식론에서 가장 기본적이고 핵심적인 역할을 하는 개념들이 철학사에 등장해왔음을 잘 알고 있다. 가령 플라톤의 불변성, 데카르트의 확실성, 칸트의 필연성, 퍼스의 실용성 그리고 프레게 이후 분석철학에서 논의되는 진리성 등이 그 좋은 예가 된다. 정 교수는 이러한 개념들 못지않게 기본적이고 핵심적인 것으로 '맞음'이란 개념을 제시하고 그러한 전통적인 개념들이 지닌 문제점들을 극복할 수 있다고 믿는다. 그러나 이것을 어떻게 정당화할 수 있을 것인가.

무엇보다 정 교수는 한국어인 '맞다'는 표현에 주목하여 첫째, 이와 관련된 단어의 사용 방식을 관찰하여 언어 분석을 시도하고, 둘째, 이 단어가 나타내는 구조 및 그 인식 논리를 드러내는 논리 분석을 한 다음, 셋째, 맞음의 일상적 개념과 구분될 수 있는 그 원초적 개념의 가능성을 모색하고자 한다. 이러한 작업은 결국 "맞음의 원초성은 기존의 진리론이나 의미 이론에 대한 대안이 될 수 있음을 입증하기 위한 것이다. 정 교수는 그동안 의미 이론을 구성하기 위해서 '진리', '의도', '규칙', '생활 양식' 등 기초적인 개념들이 제안되었지만 순환성을 가지고 있기 때문에 "충분히 기초적이지 않다"고 주장하며 이에 대한 후보로서 '맞음'이라는 것을 고려한다는 것이다.

이와 같이 정대현 교수가 이 책에서 던진 논제는 "맞음이 언어 이해에서 원초적"이라는 것이다. 언어를 이해하는 데에서 '맞음'이라는 개념이 왜 그토록 중요한지에 대해서 그는 우선 언어가 무엇인지 물어봄으로써 시사될 수 있다고 지적하며 이렇게 말한다.

> 언어가 하늘로부터 떨어지거나 이 세계의 반영의 구조라고 한다면, 맞음은 이를 위한 후보가 되지 못할 것이다. 그러나 언어는 인간 공동체의 생활 양식에서 비롯되었다고 한다. 그렇다면 외재적 가치보다는 내재적 가치가 중요한 역할을 할 것이다. 맞음은 그러한 내재적 관점으로부터 한 후보다(25쪽).

언어의 의미가 밖으로부터 주어지는 것이 아니라 안에서 형성되는 조화에 의해 만들어지는 것이기 때문에 다른 의미들과 '맞음'의 관계를 구체화 할 때 그 의미도 또한 모습이 뚜렷하게 드러날 수 있다는 것이다. 그러나 어떤 의미로 맞음은 원초적이라고 볼 수 있는가?

정 교수에 의하면 공동체는 합의를 필요로 하는 집단이다. 그는 특히 "자연사적 합의"에 주목하는데, 그것은 논의를 통한 합의나 다수에 의한 우연적 합의와 달리 "인간의 공통된 신체 조건이 강제하는 성격의 합의"로서 이른바 '인간 언어'를 창출하게 되는 근거가 된다(26). 그는 아기가 태어나서 싫고 좋고 또 그것이 반복되는 동안 신체적 쾌적함을 경험하게 되는데 이러한 연관 관계를 통해서 "자연사적 합의로서의 공동체의 생활 양식"을 갖게 되며, "언어는 이러한 생활 양식을 전제로 하여 구성된 맞음 개념에 따른 인공물"이라고 주장한다. 이것이 곧 정 교수가 '맞음' 개념을 언어 이해에서 원초적이라고 믿는 이유인 것이다.

한편, 정 교수는 '맞음' 개념이 지닌 설득력을 강화하기 위해서 문화적 배경과 특징을 지적하기도 한다. 그는 특히 초월적 존재론을 신봉할 수 있었던 시대에는 언어의 의미가 그러한 외재적 존재에 의해 규정될 수 있는 것으로 생각되었다고 지적하고 다음과 같이 주장한다.

> 이제 언어 의미론은 형상, 절대, 이성, 진리와 같은 외재적 개념보다는 사용, 공동체, 화자, 검증 같은 내재적 원리들에 의해서 조명되는 경향이 있다. 그렇다면 '비판'이라고 불리는 활동도 이제 외재적이 아니라 내재적으로 규정되는 활동이 된다. 비판이라는 그 활동의 준거가 외부적이 아니라 내부적으로 정초되는 것이다(24쪽).

이러한 의미로 그는 동서 철학의 두 전통도 "4000년간의 병행적 언어 놀이에서 이제 내재적 언어 안에서 통합될 수 있는 전기를 맞고 있다"고 주장한다. 과연 '맞음'의 의미론적 원초성을 강조하기 위해서 이러한 점들을 거론할 필요가 있는지 의심스럽지만 여하튼 그는 이 개념이 동양적 사고 방식에 더 잘 어울리는데, 특히 최한기의 '통(通)' 개념에서 그 전형을 찾기도 한다.

정 교수는 '맞음'의 한자어를 그 외에 '도(道)', '중(中)' 등에서도 찾고 이것을 이른바 내재적 논리를 지닌 단어들로 간주한다. 그는 이렇게 주장한다.

> 초견적 가설은 이들이 동양 언어의 내재적 가치의 기본적 개념이라는 것이고, 이들이 서로 관련을 가지고 있다는 것이다. '통'의 개념이 원초적이고 이를 인식화하고 형이상학화한 것이 '도'의 개념이고

이를 윤리화하고 실천적 기준으로 제시한 것이 '중'의 개념으로 보인다(25-26쪽).

지금까지 우리는 정대현 교수의 '맞음' 개념에 대해서 간단히 살펴보았다. 그는 이 개념을 도입하는 데에서 우선 그 원초성을 강조한다. 그것은 대상을 지칭하는 진리 개념보다 더 원초적이며, 따라서 이 개념을 대체할 수 있다는 것이다. 또한 그것은 공동체에서 형성되는 언어적 사실에 근거해 있기 때문에 언어의 본질을 더 잘 설명할 수 있을 뿐 아니라 인간의 생태 형식을 이해하는 데에도 더 효과적이라고 한다. 더구나 우리나라를 비롯한 동양적 사고 방식과도 더 잘 어울리는데, 이렇게 함으로써 그는 간접적으로 '맞음' 개념의 우수성을 강조하고 있는 것이다. 이러한 입장들을 개진하는 데에서 그는 분석 철학의 중심 인물인 비트겐슈타인의 후기 철학에 주로 의존한다. 정 교수는 맞음의 철학에 기초를 마련한 인물로서 그를 추앙하는 것이다. 따라서 그의 '맞음' 개념은 비트겐슈타인적 확실성의 추구에 대한 이해와 해석에 직결된다고 볼 수 있다. 이제 이러한 점들을 간단히 검토해본다.

4

정대현 교수가 잘 지적해준 바와 같이 비트겐슈타인의 경우 확실성은 데카르트와는 달리 인식의 토대를 마련할 수는 없으나 언어의 가능성을 제시하는 "기초적 요소"가 된다. 이것은 어떤 표현의 의미가 그것을 활용할 때 비로소 그 모습을 드러낸다는 사실에 의해 확인된다. 가령 우리가 어떤 사람의 언어적 표현을 이해하려면 어떠한 구조를 가지고 그러한 표현을 쓰는지 이해해야 하는데 여기서 구조 파악은 곧 확실성을 수반하게 된다는 것이다. 한편, 정 교수는 확실성을 의심과 대비하여 이렇게 말한다.

> 비트겐슈타인에 의하면 의심이란 확실성에 대조적으로 반대되는 개념이다. 그러므로 의심의 구조가 보이는 이것은 확실성의 구조를 시사하는 것이기도 하다고 생각된다. 의심은 일종의 언어 놀이다(C24). 의심은 하나의 체계를 전제하기 때문이다 … (221쪽).

그는 이어, "언어가 없이는 의심은 불가능하고 따라서 의심은 일종의 언어 놀이다"라고 강조한다. 이와 같이 의심이 언어 놀이라면 그 반대 개념인 확신 혹은 확실성도 언어 개념이다. 사실 확실성에 관한 비트겐슈타인의 이러한 입장은 이미 널리 알려진 사실이고, 앞서 언급한 바와 같이 그가 전통적인 추구와 달리 그것을 언어의 문제로 전환시켰다는 것은 바로 이것을 의미하는 것이다.

한편, 정대현 교수는 나의 책 『확실성의 추구』에 개진된 비트겐슈타인의 입장에 관해 언급하면서 그것을 다음과 같이 정리해준다.

> 비트겐슈타인은 그의 확실성의 문제를 "언어 게임, 특히 언어의 활용을 정당하게 하는 '규칙' 속에 옮겨"와 이를 설명하고 있다. 그러나 이러한 관점은 철학이 "언어에 관한 철학을 의미하는 것은 아니다"라는 엄정식의 상식과 맞지 않는다. 엄정식은 오히려 확실성의 추구는 "우리가 모르는 그 '무엇'의 문제, 즉 보이지 않는 존재에 닿아보려는 우리의 열망"에 향하여 있어야 한다고 믿는다(222쪽).

그는 이어 나의 분석이 "특이하다"고 지적하고 이렇게 문제를 제기한다.

그는 '철학적 과제', '확실성의 추구', '형이상학적 열망'이 동일한 지향성을 갖는 그리하여 같은 종류의 지적 활동에 의하여 만족되는 태도를 표현한다고 생각한다. 엄정식은 고전적 철학관을 천명하는 것이며, 이를 지지할 '확실성'에 대한 비트겐슈타인의 분석과 특정한 형이상학적 과제에 대한 엄정식의 서술을 그렇듯 대입적으로 관련시키는 방식이 어떻게 도입될 수 있는가 하는 점이다(222쪽).

그러나 한편, 정대현 교수는 "확실성의 추구는 형이상학적 열망에 닿아 있어야 한다"는 나의 주장에 비트겐슈타인이 동의하지 않을 것이라고 지적하고, 그럼에도 불구하고 그는 비트겐슈타인이 "언어의 한계를 뛰어넘으려는 불안"을 가지고 있었다는 점을 인정한다(223쪽).

물론 정 교수는 그의 책 『맞음의 철학』에서 확실성의 문제를 광범위하게 논의하지 않으나 적어도 서양 철학사 자체를 넓은 의미로 "확실성의 추구"에 관한 기록이라고 이해했을 때, 그리고 정 교수의 '맞음'에 관한 논의가 본질적으로 비트겐슈타인의 입장과 맥을 같이하기 때문에 이 문제는 중요한 의미를 차지한다고 볼 수 있는 것이다. 맞음의 개념은 전통적 확실성을 포용하고 이것은 언어 놀이에 의해서 설명될 수 있다고 해석되지만, 언어 놀이 그 자체의 정당성 혹은 근거에 관한 문제는 여전히 남아 있기 때문이다. 물론 비트겐슈타인은 후기에 언어의 자율성을 강조하고 있다. 그것은 초기에서와 달리 실재와 대응 관계를 유지하지 않은 채로 가능하다는 뜻이다. 그러한 맥락에서는 개념적 상대주의가 허용될 수 있고 동시에 비트겐슈타인은 자연주의적 결정론이 아니라 문화적 상대주의를 용인하게 되는 것이다.

그러나 확실성에 대한 그의 추구는 여기서 멈추지 않는다. 어떤 명제 태도로 표현되는 확실성은 언어 놀이의 규칙을 확인하고 그 활용의 방식을 규명함으로써 해명되겠지만 언어 놀이 자체의 확실성은 이러한 방식으로 정당화될 수 없기 때문이다. 잘 알려져 있는 바와 같이 비트겐슈타인은 언어의 기초를 마련하는 장치로서 '생태 형식(Lefensform)'이라는 개념을 도입한다. 그런데 이 개념을 단순히 '주어진 것(the given)'이라고 해석하여 초월적인 면모를 보이기도 하고 인간의 자연사를 표현하는 것으로 해석하여 자연주의적 측면을 드러내기도 한다. 그 어느 경우든지 간에 언어의 기초에 관한 확실성의 문제는 형이상학적 추구의 성격을 드러내기 마련이다. 언어 놀이가 비록 공동체의 관행을 전제로 한다고 이해하더라도 이것이 그 관행을 정당화하는 것은 아니기 때문이다. 만약 이것이 사실이라면 비트겐슈타인의 경우 언어 분석으로서의 '철학적 과제'는 물론 언어 놀이 안에서 전개되는 '확실성의 추구'이지만 언어의 근거에 대한 정당화의 여지 때문에 여전히 '형이상학적 열망'이라는 형태를 드러내고 있는 것이다.

물론 비트겐슈타인의 형이상학은 플라톤이나 데카르트의 형이상학과 다르다. 그러나 그것은 칸트의 비판철학적 형이상학과 매우 유사하다. 칸트의 이성 비판과 비슷한 시도를 언어 현상에 대해서 전개한다는 점뿐만 아니라 그 방식이 칸트의 초월적 연역과 본질적으로 성격이 같기 때문에 그리고 그 기본적인 목표가 회의주의를 극복하는 데 있기 때문에 관념론적인, 그것도 특히 초월적 관념론의 면모를 보인다는 것이다. 비트겐슈타인은 우리의 일상적인 언어 게임이 선험적으로 주어진 생태 형식에 의해서 정당화되기 때문에 이것을 대체할 수 있는 개념의 장치란 있을 수 없고, 이에 대해 합리성의 문제를 제기하는 것은 그 자체가 불합리하고 모순에 가득 차 있다는 것이다. 이것은 초월적 연역의 일종이며 그를 칸트의 입장과 대조하여 비록 언어를 비판하고 있지만 결국 "언어적 관념론"의 면모를 보인다고 평가하는 이유가 여기에 있는 것이다. 비트겐슈타인의 입장을 이렇게 해석했을 때 정 교수의 맞음 개념은 전통적인 진리 개념을 대체하기에 충분하지 않고, 또한 비트겐슈타인적 확실성의 추구와 반드시 일관된 것도 아니다. 정 교수의 추구에는 '알 수 없는 그 무엇에 대한 열망이나 불안'이 결여되어 있기 때문에 본질적으로 비트겐슈타인적이라고 할 수 없기 때문이다.

물론 비트겐슈타인의 철학에서 규약주의나 자연주의적 요소가 있음을 부정하는 것은 아니다. 그러나 그 어느 측면을 너무 강조하면 전혀 이질적인 요소를 일반화할 우려가 있다.

한마디로 정 교수가 제시한 '맞음'의 철학은 그 개념의 원초성을 강변하고 있다는 사실에 그 본질적인 문제점이 있다고 판단된다. '맞음'은 항상 무엇과 무엇의 맞음을 의미하는데, 여기서 '무엇'의 의미라 맞음의 개념으로 완전히 설명되지는 않는다. 그것은 오히려 진리 개념을 구성하는 '가리킴'의 보조 역할을 한다고 볼 수도 있다. '맞음'이란 개념은 어떤 명제가 가리키는 대상이 필요 충분 조건으로서 확연히 그 모습을 드러내지 못할 때 보충의 역할을 할 수 있을 뿐이라는 것이다. 이러한 관계는 그 역도 성립될 수 있으리라고 판단된다. 따라서 온전한 의미 이론은 '가리킴'과 '맞음'의 개념이 서로 양립될 뿐만 아니라 보완 관계여야 한다는 논제를 제시할 수 있을 때 비로소 가능한 것이라고 생각된다. 비트겐슈타인이 그의 『탐구』가 『논고』와의 연장선상에 있다고 지적한 이유도 바로 여기에 있을 것이다.

정대현의 『맞음의 철학』

이 영 철

> "진리가 여자라고 가정한다면, — 어떤가? 모든
> 철학자들이 독단론자들이었던 한, 그들이 여자들을
> 다루는 데 서툴렀다는 의심은 근거 없는가? … 그
> 녀가 자신을 허락하지 않았다는 것은 확실하다."
>
> — 니체, 『선악을 넘어서』, 머리말 중에서

　"맞음의 철학." 여기서 '맞음'은 '옳음'이나 '참(진리)'과 같은
엄숙한 것이라기보다는 — 그렇게 오인되기 십중팔구이겠지만
— 오히려 '걸맞음'이다. 가령 병마개와 병의 또는 손가락과 반지
의 꼭 끼임과 같은 것. 혹은 (정 교수가 드는 예에 따르자면) '마
음 맞음'이나 '눈맞음', 심지어 '발정기의 동종의 자웅 결합'과 같
은 것. 그러므로 혹자에 따라선 이 제목에서 매우 에로틱한 온갖
맞음의 장면들까지도 상상하고 기대할 수 있겠지만, 그런 사람
은 이 책의 본문을 들춰보면 실망할 것이 틀림없다. 그러나 가령
예전에 『침대의 철학』이란 어떤 외국 서적을 서점 진열대에서

은근 슬쩍 들춰본 젊은이가 거기서 르네상스나 바로크 시대의 침대 사진들과 그에 딸린, 에로틱하지도 철학적이지도 않은 해설들만 발견했을 때의 이중적 실망과는 경우가 다를 것이다. 왜냐하면『맞음의 철학』은 분명 명실상부한 철학 책이요, 그것도 진지한 주목을 요구하는 노작이기 때문이다.

정 교수의 학자적 성실성은 새삼 언급할 것이 못 된다. 그와의 개인적인 접촉에서 얻는 주관적 인상이 아니라 그의 그동안의 학문적 실천이 객관적으로 그것을 증거한다. 그가『필연성의 문맥적 이해』(1994)란 역작을 낸 게 엊그제 같은데, 이번 저서도 그것에 못지 않은 — 적어도 그 두께(462쪽)에서는 분명 그것을 능가하는 — 노작이다. 이러한 성실성과 다산성에 대해서는 후학들 중의 한 사람으로서 존경밖에 드릴 것이 없다.

일견 낯설고 사람을 헷갈리게 할 수 있는 제목을 가진 이 꽤 두꺼운 책의 주된 논제는 그러나 단 하나로 압축된다. 곧 맞음이 언어 이해에서 원초적이라는 것이다(25쪽). 이 논제의 확립이라는 과녁을 맞히기 위해 정 교수는 여러 각도에서 많은 (어떤 때는 낭비라는 생각이 들 정도로) 화살을 쏘아댄다. 이 과정에서 그의 화살들은 서양뿐 아니라 동양, 그리고 특히 그동안의 국내 관련 연구 성과들에도 — 후자의 경우, 국내 철학 공동체에 비판적 토론의 장을 활성화시키고자 하는 의도적 애정 내지 욕심을 가지고 — 향한다. (그러나 국내 연구 성과들에 대한 그의 헤아림에 비하면, 번역 성과들에 대한 그의 애정 또는 관심 표현은 거의 전무하다. 그동안의 국내 관련 번역물들은 거의 전혀 이용되고 있지 않으며, 심지어 정 교수 자신의 번역물이 있는 경우조차도 원서명으로 언급된다!)

그러나 그 화살들 중 얼마나 제대로 맞았는가? 뿐만 아니라, 과녁 자체는 올바로 세워졌는가? 혹시 저 과녁이야말로 허깨비이고, 정 교수의 화살들은 말하자면 풍차를 향해 날아간 것은 아니가? 이런 것이 평자가 헤아려보아야 할 과제다. 물론 이러한 작업은 이런 류의 짧은 서평에서 충분히 감행될 수 없는 일이다. 평자는 오직 정 교수의 주된 과녁 및 그것을 향한 그의 집념에 초점을 맞춰 관찰해보고자 한다.

　이 책은 3부로 되어 있는데, 정 교수는 자신의 논제를 위해 1부와 2부에서 먼저 기존 노선들에 대한 비판적 검토에 착수한다. 그의 논제는 진리, 검증, 사용, 규칙, 의도 등의 개념을 의미 이론의 기초 개념으로 하려는 기존 노선들과 대립적인 것으로 간주된다. 그동안 언어적 의미의 문제에 대해 진리 개념을 통한 접근이 압도적이었다는 사정에 비추어, 책의 1부(2~5장)는 전적으로 진리 개념에 대한 기존 이론들에 대한 비판적 검토에 할애되고 있다. 전통적인 형이상학적 진리 대응설과 (정 교수에 의해 결국 대응설과 통하는 것으로 간주되는) 정합론 및 박진론, 타르스키의 의미론적 진리 정의와 그것의 크립키적 발전, 더메트의 인식적 진리론, 그리고 램지, 오스틴, 스트로슨, 그로버 같은 이들의 — 정 교수가 '탈문장적 진리론'이라고 부르는 — 이론과 필드의 축소론 등이 주요 검토 대상들이다. 정 교수의 결론은, 이들 이론들에도 불구하고 진리 개념은 아직도 분명하게 되지 않았다는 것이며, 이러한 불분명한 개념이 의미 이론의 기초 개념이 될 수 있는지 의문이라는 것이다. 2부(6~10장)에서는 진리 개념을 중심으로 하는 의미 이론 노선뿐 아니라 그것에 대한 지금까지의 주요 대안적 의미 이론들이 비판적으로 검토된다. 프레게, 콰인, 후기 비트겐슈타인, 더메트, 데이빗슨 등이 그 주요 검토 대상들이다. 여기서도 정 교수의 결론은, 이들 이론들은 결국 순환적이어서 충분히 기초적이지 않은 개념들에 의거하는 문제점을 가지고 있다는 것이다.

기존의 진리론과 의미 이론들에 대한 정 교수의 비판적 작업은, 만일 옳다면 그의 적극적 논제와는 별개로 그것 자체로도 크나큰 공헌이다. 정 교수의 논의들이 결정적이라고는 보이지 않지만, 평자는 이 부분에 대해서는 여기서 자세히 논하고자 하지 않는다. 단지 정 교수가 그의 논의 대상들의 비판에 가끔씩 사용한다고 보이는 수법을 정 교수 자신에 적용하여, 그에 대해 몇 가지 의문만을 던져놓고 넘어가려고 한다. 첫째, 1부에서 다루는 이론들은 진리론에 대한 최근 입문서들에서도 대체로 다루어지고 있는 것들이지만, 유독 데이빗슨의 진리관에 대해서는 언급이 없다. 데이빗슨은 T-문장에 나타나는 진리 술어를 상대적으로 투명하고 전분석적인, 즉 정의 불가능한 원초어로 보며 — 이것은 '선언어적 진리 개념을 요청'(258쪽)하는 것과는 전혀 다른 것이다 — 이것에 의해 표현된 진리 개념이 의미 이론의 기초 역할을 할 수 있다고 보는 점에서 정 교수의 입장과 상충된다. 정 교수는 진리를 정의 불가능한 것으로 본 프레게의 관점을 — 그리고 심지어 하이데거의 진리=비은폐성의 관점까지도!(28-29쪽 참조) — 결국 대응론적인 것으로 보는데, 데이빗슨까지도 같은 식으로 보려는 것인가?(그러나 데이빗슨은 의미 이론의 중심 개념으로서의 진리가 대응, 정합, 이상적 정당화 등에 의해 더 설명된다고 보지 않음을 명백히 강조한다.) 정 교수는 2부에서 데이빗슨의 의미 이론을 다루는 가운데, 데이빗슨에서 '믿음의 진리, 문장의 의미, 청자의 해석은 결정 이론 관계에서 서로로부터 독립하여 있지 않다'(289쪽)는 점을 지적하는데, 아마도 이것이 정 교수의 비판인 듯하다. 그러나 그렇다면 둘째, 데이빗슨을 포함한 기존의 여러 의미 이론들에 대한 2부에서의 정 교수의 지적이 옳다고 해도, 이것이 반드시 '순환성의 비난을 면할 수 있는 그러한 [기초] 개념'(293쪽 참조)을 찾아나서야 함을 보여주는 것인가? 오히려 그런 종류의 순환성 또는 차라리 상호 의존성은 (마치 해석학자들이 주장해온 '해석학적 순환'과 비슷하게) 언어 이해 현상에 본질적인 것이라고 보는 길을 택할 수는 없는가?

그러므로 흥미로운, 그리고 문제의 초점이 되는 부분은 역시 이 책의 3부(11~17장) "맞음의 길"이다. (평자의 앞의 물음들도 결국은 이 부분의 평가와 결국 맞물리게 된다.) 이 길은 매우 대담한, 그러나 무모할 수도 있는 길이다. 이 길이 완전히 전인미답의 길이어서는 아니다. 하버마스의 논문 「진리론」(1972)에 의하면, C. F. v. 바이제커가 이미 『자연의 통일성』(1971)이란 책에서 사이버네틱스의 관점에서 걸맞음의 개념에 의해 진리를 해명하려 시도한 바가 있다. (여기에 대해서 정 교수의 책에는 아무 언급이 없다.) 문제의 초점은 정 교수의 길이 올바른 길이냐, 아니면 최소한 더 나은 길이냐다. 그러나 평자는 여기에 대해 부정적인 편이다.

정 교수는 먼저 11장에서 우리말의 '맞음'이란 낱말의 일상적 사용을 관찰, 분석하고 그 원초성을 확립하려고 한다. 그는 '맞다'의 일상적 사용을 여섯 유형으로 나눈다(295-296쪽 참조). 그러나 평자의 눈에는 이것들은 서너 유형으로 줄일 수 있다고 보인다. 즉, (1) a와 b는 서로 맞다 (2) 'p'란 말은 맞다 (3) 규범 n은 맞다 (4) 이론 t는 맞다 정도다. 정 교수는 이 모든 유형에서 '맞다'는 두 자리 관계 술어로서, 동일한 개념을 나타낸다고 본다. 그러나 평자에게는 이러한 시각이 납득이 가지 않는다. 가령 (2)에서의 '맞다'는, (1)에서와는 달리 '옳다' 또는 '참이다'와 같은 개념이고, 한 자리 술어로 보인다. 정 교수는 (2)에서 '맞다'는 외관상으로가 아니라 심층적으로 두 자리인 술어, 즉 사태라는 한 자리가 생략된 술어라고 말한다. 이것이 그럴 듯한 이야기인지는 의문이다. 왜냐하면 그것은 마치 '참이다(true)'와 '… 에 대해 참이다(true of)'를 같이 보는 것과 같기 때문이다. 또 설사 정 교수가 옳다고 해도, 그러면 그 맞음이 대응과 무슨 차이가 있게 되는지도 의문이다. (이것은 바이제커의 진리 걸맞음 이론에 대한 하버마스의 한 가지 비판이기도 하다. 그의 또 다른 비판은, '걸맞음'을 '진리'처럼 진술에 적용하는 것은 말하자면 범주 착오라는 것이다.) 아마도 우리는 데이빗슨이 진리를 문장의 속성이 아니라 문장과 화자와 시간 사이의 관계라고 본 것처럼, (2)의 '맞다'도 그런 관계로 볼 수는 있을 것이다. 그러나 이 관계는 정 교수가 생각하는 관계와는 거리가 멀다.

맞음이 의미론적으로 기초적이라는 주장을 위해 정 교수는 그가 진화론적이라고 부르는 습득 가설을 끌어들인다(307쪽 이하). 그에 의하면, '맞다'는 개념은 어떠한 언어적 어휘의 배경 없이도 어린이에 의해 습득될 수 있는 개념이다. 그리고 이 점은 언어가 전혀 없었던 시대의 인간 공동체가 '맞음'이라는 개념을 집단적으로 습득하는 데에서도 역시 적용될 것이라는 것이다. 그리하여 정 교수에 의하면 "맞다라는 개념을 습득한 종족만이 언어를 구성하여 배우고 효과적으로 살아남을 수 있게 되었다"(311쪽).

이것이 하나의 경험적 가설이라면, 평자로서는 그 진위 여부를 단정할 수 없다. 그러나 개념적 사유의 본질적 언어 연관성, 따라서 언어 이전의 어떠한 개념적 사유도 불가능하다는 비트겐슈타인-데이빗슨 식의 생각이 옳다면, 정 교수의 가설은 전혀 그럴 듯하지 않다. 또는 아무튼 철학적 의미 이론의 기초를 이런 불확실한 경험적 가설에 의거시키는 것은 그리 바람직하게 보이지 않는다. (정 교수는 자신의 관점이 비트겐슈타인과 대립적일 필요가 없다고 하나, 이해될 수 없는 말이다.『확실성에 관하여』(140-144절)에서 비트겐슈타인은 어린이의 학습과 관련해서도 명백히 총체주의적 관점을 피력하면서, 어떤 특정한 개념이나 명제가 다른 것들보다 먼저 습득된다는 생각을 거부한다.)

그런데 정 교수는 맞음 개념이 의미론적으로 기초적이라는 점을 진화론적 습득 가설에 의해 애써서 보이려 하고 나서는, 이와는 상충되어 보이게도, '설날에는 한복이 맞다', '~ 는 맞는 말이다', '마음이 맞다', '눈이 맞다'와 같은 많은 용례에서의 맞음 개념은 충분히 기초적이지 않다고(311쪽) 주장함으로써 사람을 어리둥절하게 만든다. 그에 의하면, 이 경우의 맞음 개념은 모두 어떤 체계나 이론을 상정하고 있기 때문에 순환적이라는 것이다. 그리고 진정으로 원초적인 경우는, '나무의 나이테와 그 나무가 겪은 지구의 태양 회전수는 맞다', '발정기의 동종의 자웅 결합은 맞다' 등(312-313쪽 참조)과 같은 경우에서의 맞음 개념이라는 것이다. 이 마지막 주장을 위해 정 교수는 이러한 경우들에서 맞음 관계는 그 존재와 인식을 위해 특정한 언어 체계를 필요로 하지 않는다는 점을 입증하려 든다.

평자의 생각으로는, 관념론자가 아닌 이상 우리는 인간과 같은 언어적 존재가 없어도 (따라서 아무런 언어 체계가 없어도) 나무의 나이테가 태양의 회전수에 맞게 존재하고 맞는 자웅끼리의 결합이 여전히 존재할 수 있을 거라고 할 수 있을 것이다. 그러나 이 점은 그런 맞음의 관계뿐 아니라 나무나 태양, 암수 동물들의 경우도 마찬가지다. 맞음 관계는 이것들과 달리 의미론적이라고 말할 것인가? 그러나 언어 체계 내지 언어적 존재 자체가 없는 상황에서 맞음 관계가 의미론적 기초 역할을 할 수 있다는 말이 무슨 뜻을 가지겠는가?

나이테와 회전수 간의 맞음 관계는 그 인식을 위해 언어 체계가 필요 없다는 주장은 더욱 이해 곤란하다. '나이테'나 '회전수'는 그 인식을 위해 분명히 개념 체계를 요하는 것들이다. 그런데 어떻게 '나이테와 회전수 간의 맞음'의 인식은 그렇지 않을 수 있단 말인가? 아마도 정 교수의 본의는 개념화되지 않은 x와 y의 맞음의 인식이 그렇다는 것인 듯하다. 왜냐하면 정 교수는 12장에서 "맞음 개념 하나만 원초적이고 생래적"이고 "그 이외의 개념이나 표현들은 이렇게 얻은 맞음 개념의 구조에 따라 구성된다"(325쪽)고 말하기 때문이다. 그러나 이 말은 그럴 듯하지 않아 보인다. 맞음의 어떤 관계 항 x와 y도 전혀 개념화되지 않은 상황에서 어떻게 그 둘의 맞음은 개념화될 수 있다는 것일까? 이것은, 앞서의 습득 가설의 문제를 떠나서 보더라도, 낱말 또는 개념이 오직 문장 또는 언어의 맥락에서만 의미를 가질 수 있다는, 프레게-비트겐슈타인 이후 일반적으로 확립된 의미론적 논제에 역행하는 것이 된다. 그리고 아무튼 이런 문제를 다 떠나서도, 나머지 모든 개념이나 표현들이 맞음 개념으로부터 구성된다는 정 교수의 주장은 실제로 어떻게 그렇게 되는지를 보여주는 이론 — 그것도 기존의 타르스키 식 진리론과는 다른! — 이제시되기까지는 의미론적으로 공허하다고 보인다.

(정 교수는 316쪽에서는 귀류법적 논의도 제시하고 있는데, 이것 역시 그럴 듯하지 않다. "언어 선행적 맞음이라는 인식이 없다고 하자. 그러면 특정한 언어가 어떠한 인식보다도 선행되어야 한다"가 성립하지 않을 것이기 때문이다.)

정 교수는 15장에서 자신의 "맞음의 길"에 사상적 힌트를 준 몇몇 서양 철학자들의 견해를 다룬다. 평자의 생각으로는, 이 부분을 살펴본다면 우리는 정 교수의 길을 가로막는 지뢰들이 어디에 어떻게 해서 깔리게 되었는지가 좀더 명료하게 드러날 수 있을 것이다. 아마도 비트겐슈타인에서 얻은 힌트가 가장 크다고 보이므로, 여기서는 그에 대한 정 교수의 생각만을 살펴보도록 하겠다.

정 교수가 지적하다시피, 비트겐슈타인은 『탐구』의 몇 군데에서 '걸맞음'에 대해 언급한 바가 있다. 정 교수는 비트겐슈타인의 용법을 외재적인 경우와 내재적인 경우로 나눈다. (정 교수의 용법에서 '내재적'은 '공동체 내부적'을, '외재적'은 '공동체 초월적'을 뜻하는 것 같다.) 정 교수에 따르면, '맞음은 내재적이고, 진리는 외부적이다'(382쪽). 그런 그가 이제 외재적 용법의 맞음에 관해 이야기하는 것은 앞뒤가 안 맞는다고 보이지만, 어쨌든 정 교수가 저 구별로써 말하고자 하는 것은 다음과 같은 것이라고 보인다 : "'참' 개념에 걸맞는 것이 명제다"라는 말에 대한 비트겐슈타인의 평가는 '걸맞다'의 서로 다른 사용(의미)에 따라 다르다. 즉, 그 걸맞음이 가령 톱니바퀴의 맞물림과 같은 것이라면, 저 말은 잘못된 그림이다(『탐구』136절). 그러나 만일 그 걸맞음이 우리가 알파벳을 암송할 때 'L'이 문자열에서 'K' 다음에 걸맞다고 할 수 있는 그런 것이라면, 저 말은 맞다고 할 수 있다(『탐구』137절). (어떤 얼굴은 비겁함과 그리고 어떤 얼굴은 용감함과 걸맞아 분리하기 어려운 경우(『탐구』537절)는 이 후자의 걸맞음과 통하는 경우라고 할 수 있을 것이다.)

비트겐슈타인의 이야기가 '걸맞다'의 문법이 보기보다 복잡하다(『탐구』182절 참조)는 점을 포함한다는 것은 틀림없다. 그런데 정 교수는 더 나아가, 비트겐슈타인의 이야기는 그가 진리 개념보다는 걸맞음 개념에 기울고 있는 신호라고 해석한다. 그러나 평자가 보기에 이러한 해석은 전혀 잘못이다. 비트겐슈타인의 이야기는 명제와 '참이다'가 분리될 수 없게 '걸맞다'는 것이지, 명제와 '걸맞다'가 걸맞다는 것이 아니다. (우리말의 '맞다'는 물론 명제와 걸맞을 수 있는데, 이는 이 경우의 '맞다'가 '옳다' 또는 '참이다'와 다름없고, '걸맞다'와는 문법이 다르다는 것을 보여줄 뿐이다.)

그러나 이것으로 이야기가 끝나는 것은 아니다. 정 교수가 거론하는 것 가운데에는 중요한 것이 하나 있는데, 그것은 규칙 따르기 논의 맥락에서 나오는 비트겐슈타인의 저 유명한 관찰, 즉 "언어에 의한 의사 소통을 위해서는 정의들에서의 일치뿐 아니라, … 판단들에서의 일치도 필요하다"(『탐구』242절)에 관계된다. 이 후자의 일치는 곧 삶의 형태의 일치다(『탐구』241절). 삶의 형태의 일치가 공동체에서 구현·유지된다고 할 수 있다면, 여기서 비트겐슈타인은 의사 소통을 위해서는 공동체의 존재가 필요하다는 점을 지적하고 있다고 할 수 있을 것이다. 여하튼 정교수는 규칙 따르기에 대한 공동체적 해석에 지지를 표명하고는, 이렇게 말한다. 즉, "[걸]맞음 개념은 규칙 따르기를 진정으로 공동체적으로 유지하여 주는 변수일 수 있다"(390쪽)고. 이보다 앞서 382쪽에서 정 교수는 "비트겐슈타인은 언어 이해의 공동체론을 제기하여 진리보다는 [걸]맞음 개념에 기울고 있다"(382쪽)고 말한 바 있는데, 이것은 아마 이러한 점을 염두에 두고서 한 말일 것이다.

의사 소통을 위해서는 삶의 형태에서의 일치가 필요하다는 비트겐슈타인의 관찰은 결코 부인될 수 없는 중요성을 가지고 있다. 그러한 일치의 토대가 없다면, 규칙 따르기나 의사 소통은 분명 불가능할 것이다. 그러나 이로부터 우리가 정 교수처럼 주장할 수 있느냐는 의문이다. 여기에는 적어도 두 가지 문제가 있다. 첫째, 삶의 형태의 일치가 과연 걸맞음의 일종인가다. 둘째, 그 일치가 의미론적 기초 개념으로 삼을 수 있는 그런 것인가다. 아마도 우리는 첫 번째 경우에 대해서는 긍정적으로 대답할 수 있을지도 모르겠다. 삶의 형태의 일치란 일종의 어울림이고, 또 이것은 일종의 걸맞음이라고 할 수도 있을지 모르기 때문이다. (평자로서는 이러한 이행이 얼마나 자연스러운 것인지 잘 모르겠다.) 그러나 비트겐슈타인이 여기서 말하는 일치는 언어 또는 규칙에 대한 반응에서의 일치다. 그러므로 우리가 이 일치를 일종의 걸맞음으로 본다 하더라도, 이 일치는 정 교수가 앞에서 말했던 원초적 종류의 (걸)맞음일 수 없다. (정 교수가 말하는 원초성의 핵심은 언어 선행성이었다.) 다시 말해서, 정 교수의 시각에서조차도 우리는 비트겐슈타인이 말하는 이 일치를 의미론적으로 원초적인 기초 개념이라고 말할 수 없을 것이다.

삶의 형태에서의 일치는 실상 의미론적 기초 개념이라고 하기에는 너무나 기초적이라고 보인다. 삶의 형태에서의 일치는 단지 의미론만이 아니라 모든 의미 있는 (의사 소통을 요구하는) 인간 활동의 기초라는 폭넓은 뜻에서만 — 따라서 특별히 의미론의 기초라고 말하는 것이 특별한 내용을 가지지 못하는 한에서 — 의미론의 기초를 이룬다. 그것으로부터는 그러니까 옳음이나 참에 대해 어떤 구체적인 정의 같은 것을 이끌어낼 수 없다. 가령 어떤 한 문장에 대해 한 공동체가 그 반응에서 일치를 보인다고 해도, 우리는 그것이 그 공동체에서 참인지 거짓인지 아직 알 수 없다. 우리가 알 수 있는 것은 단지, 그 공동체에서 그 문장을 가지고 하는 어떤 언어 놀이가 행해질 수 있게 되었다는 것, 다시 말해 그 문장이 그 공동체의 언어 놀이에서 유의미한 것으로, 또는 참/거짓의 후보로 취급받을 수 있게 되었다는 것뿐이다. 그러나 이것은 한 문장의 옳고 그름이 그 문장에 대한 반응이 공동체의 그것과 일치하느냐 여부에 달려 있다는 식의 이야기와는 다른 것일 것이다. (정 교수는 331쪽에서 "공동체는 그 행위 유형의 판단이 공동체의 이해에 맞는가 틀리는가에 따라 옳기도 하고 그르기도 하다고 생각한다"고 말하고 있다.)

그러므로 단순화시켜 말한다면, 평자에게는 정 교수의 "맞음의 철학"은 비트겐슈타인의 올바른 통찰을 하나의 모티브로 하는 대담하나 무모한, 그리고 위험한 변주곡으로 보인다. 이 변주곡은 결코 원곡을 대체하거나 능가할 수 없다. 이 변주곡의 선율은 파리에게 파리통에서 빠져나갈 출구를 안내하는 생명줄이라기보다는 오히려 닿을수록 파리를 옥죄는 거미줄일 수 있다. 평자는 외람되게 말한다. 이 '걸맞음'의 변주곡에 미혹되지 말고 다시 출발점으로, 진리의 집으로 되돌아가라고. 진리라는 여자가 우리에게 자신을 허락하지 않았더라도, 우리는 다른 것에 한눈을 팔아서는 안 된다! 게다가 이 진리라는 여자도 이제 옛날과는 확실히 달라지지 않았는가? (또는 더 정확히는, 우리가 예전에 진리와 동일시했던 것들은 실상 진리가 아니지 않았는가?)

혹자는 평자가 이 책을 평가하는 데에서 너무 인색한 것이 아니냐고 말할지 모르겠다. 그러나 앞에서도 말했다시피, 평자의 평은 이 책의 핵심이라고 평자가 간주한 부분에 한정된다. 평자는 이 책의 흥미로운 다른 많은 부분을 다루지 않은/못한 채로 남겨둔다. 거기에 포함된 이 책의 미덕들은 — 그리고 아마도 결점들도 — 주목받아야 마땅할 것이다. 이 평자는 조만간 다른 평자가 그 일을 해주기를 기대한다. 그리고 마지막으로 평자가 분명히 해두고 싶은 것은, 이 책의 핵심에 그 어떤 문제가 있다고 하더라도, 그것은 가령 "지금 지구상에 살고 있는 모든 인간들에 대해서, 그들의 키가 8피트를 넘지 않는다는 것은 참이다"(또는 더 범위를 좁혀, "지금 이 교실에 있는 모든 학생들에 대해 말하자면, 그들은 여학생들이다")와 같은 소위 수적 보편 명제를 기초 명제 — 어떤 보편 명제와 모순될 수 있는 (관찰적) 단칭 존재 명제 — 와 같은 것으로 볼 수 있다고 우기는 진짜 '돈'키호테들의 이해할 수 없는 주장과는 그 종류나 차원이 다르다는 것이다.

'맞음' 개념은 의미론적 기초 개념일 수 있는가?

이 병 덕

　지금까지 현대 영미 철학의 지배적 위치를 차지해왔던 지칭적 의미론 또는 진리 조건적 의미론에 의하면, 의미는 지칭, 진리 또는 진리 조건의 개념에 의해 설명될 수 있다. 정대현 교수는 그의 주저『맞음의 철학』에서 이러한 지칭적 의미론이 유지될 수 없음을 주장하고, 그 대안으로서 '맞음'의 개념을 제시한다. 이러한 정대현 교수의 야심찬 철학적 기획이 성공하기 위해선 '맞음'의 개념이 다의(多意)적이 아니라 단일한 개념이어야 하며, 또한 의미론의 토대가 될 수 있는 실질적인 기초 개념이어야 한다. 정대현 교수는 이를 그의 책 11장 '맞음의 분석과 원초성'에서 주로 옹호한다. 필자는 이 글에서 그의 옹호가 불충분함을 주장한다. 특히 필자는 정대현 교수의 주장과는 달리 '맞음' 개념이 다의적이라고 볼 충분한 이유가 있으며, 또한 의미론적 기초 개념으로서 적절치 않음을 주장한다.

1. '맞다'란 표현의 다의성

우선 정대현 교수가 그의 맞음의 철학을 위한 초석으로 제시하는 '맞음' 개념에 대해 살펴보는 것이 순서일 것이다. 그는 다음과 같이 말한다.

"우리는 '맞다'의 이러한 일상적 사용들을 다음의 여섯 가지 유형으로 나누어볼 수 있을 것이다.

(1) 이 꽃신은 콩쥐의 발에 맞는다.
(2) '박정희 씨는 쿠데타를 일으킨 군인이다'는 맞는 말이다.
(3) '이순신은 용감하다'와 '이순신은 옥포에서 후퇴하였다'는 맞지 않는 말이다.
(4) '물은 H_2O다'는 맞는 말이다.
(5) 지방자치제는 맞는 정책이다.
(6) 이 이론은 맞다.

이 유형들은 몇 가지 관찰을 허용한다. 첫째는 '맞다'는 술어가 하나의 관계 술어라는 점이다.

그리고 특히 중요한 것은 이 관계가 (1) 사태와 사태 (2) 사태와 문장 (3) 문장과 문장 (4) 문장과 사태의 본질 (5) 사태와 어떤 기준 (6) 이론과 해석 등의 다양한 항목들 간의 어떤 관계를 나타낸다는 점이다. 둘째는 '맞다'는 술어가 두 자리 술어라는 것이다. (1)의 경우에서는 그 두 자리가 '이 꽃신'과 '콩쥐의 발'이다. (3)도 그 자리가 명시되어 있다. 그리고 (2), (4), (5), (6)의 경우는 한 자리가 생략되어 있지만 심층적으로 두 자리의 어떤 값에 대한 술어임을 알 수 있다. 생략된 자리들은 사태일 수 있고 기준이나 해석일 수 있다"(정대현 1997, 295-296쪽).

위에서 언급된 여섯 가지 예에서 알 수 있듯이, '맞다'는 술어에 적용되는 논항의 유형은 매우 다양하다. 또한 국립국어연구원이 편찬한 『표준국어대사전』에 따르면, '맞다'는 우리말 표현은 다음과 같은 다양한 의미를 지닌다. (가) '네 말이 맞다'의 예가 보여주는 것처럼, 논의되는 내용이 옳다, 바르다, 틀리지 않다는 의미. (나) '음식이 내 입에 맞는다'의 예가 보여주는 것처럼, 어떤 대상의 맛, 온도, 습도가 적당하다는 의미. (다) '반지가 손가락에 맞다'의 예가 보여주는 것처럼 크기, 규격 따위가 다른 것과 합치한다는 의미. (라) '거기는 내 적성에 맞지 않는 곳인 것 같다'의 예가 보여주는 것처럼 어떤 행동, 의견, 상황 따위가 다른 것과 서로 어긋나지 아니하고 일치한다는 의미. 따라서 적어도 표면상(prima facie) 맞음의 개념은 다의적인 것처럼 보인다. 그리고 이 점은 정대현 교수 자신도 인정하며, 이 문제를 극복하기 위해 두 개의 논증을 제시한다. 첫 번째 논증은 다음과 같다.

"애매성 논제에 대하여 비슷한 다른 하나의 논의를 생각하여볼 수 있을 것이다. '이씨는 y를 사랑한다'는 술어를 생각하여보자. 이씨의 사랑의 대상은 그의 배우자, 부모, 자식, 하나님, 은사, 동성의 김씨, 이성의 박씨, 그의 제자, 이웃집 아이, 직장의 동료, 술친구, 사숙하는 철학자 등을 포함한다. 그러나 이씨는 이들을 모두 사랑하긴 하지만 이것들이 사랑이라고 불릴 수 있기 위해서 모든 경우에 공통되는 한 가지 방식이라고 불릴 수 있는 그러한 것은 없다. … 달리 말하여 사랑의 방식이 사랑의 대상에 따라 모두 다르지만 이들을 사랑이라고 할 수 있다는 것이다. 이 경우 우리는 '사랑'이라는 단어가 애매하다거나 다른 의미를 갖고 있다고 하지 않는다"(299쪽).

즉, 비록 '사랑한다'는 술어에 공통적으로 적용되는 유일한 방식이 없음에도 이 술어가 애매하지 않은 것처럼, '맞다'는 술어에 공통적으로 적용되는 유일한 방식이 없다는 것은 이 술어가 애매함을 보여주지 않는다는 것이다. 그러나 정 교수의 이 반대 논증은 '사랑한다'가 애매한 술어가 아니라는 잘못된 가정을 하고 있다. 앞서 언급한 『표준국어대사전』에 따르면 '사랑'이란 표현은 다음과 같은 다양한 의미를 지닌다. (가) 이성의 상대에게 끌려 열렬히 좋아하는 마음. (나) 윗사람이 아랫사람을 소중히 여기는 마음. (다) 남을 돕고 이해하려는 마음. (라) 어떤 사물이나 대상을 몹시 아끼고 귀중히 여기는 마음 등등. 예컨대, 철수는 한 동네에서 같이 자란 영희를 오랜 친구로서(as an old friend) 사랑하지만, 이성(異性)의 연인으로서(as a lover)는 사랑하지 않을 수 있다. 이 경우 '철수는 영희를 사랑한다'는 문장은 첫 번째 의미, 즉 오랜 친구로서 몹시 아끼고 귀중히 여긴다는 의미에서 성립하지만, 두 번째 의미, 즉 여자로서 끌리고 열렬히 좋아하는 마음을 갖고 있다는 의미에서는 성립하지 않는다. 따라서 '사랑한다'의 여러 의미를 구분함이 없이 이 술어를 철수와 영희에게 적용할 수 없으며, 이 점은 '사랑한다'는 술어가 다의적임을 보여준다. 그리고 여기서 주목할 점은, 위에서 언급된 '사랑한다'의 다양한 의미들이 서로 어느 정도 유사성을 갖고 있다는 사실은 '사랑한다'는 술어가 다의적임과 양립하며, 한 표현이 다의적임을 보여주는 가장 중요한 기준은 한 의미에서는 옳게 적용되지만, 다른 의미에서는 옳게 적용되지 않는 상황이 있다는 것이다. 왜냐하면 개념을 구분하는 가장 중요한 기준은 그것의 적용 조건이기 때문이다.

정대현 교수의 두 번째 논증은 다음과 같다.

"'맞다'의 경우 여섯 가지 문맥에서 모두 공통되는 반대어를 갖는다는 것을 주장할 수 있는가? 우리는 여기에서 우선 '틀리다'라는 단어를 고려하고자 한다. 만일 이것이 그 공통되는 반대어라는 것이 주장될 수 있다면 그 주장의 범위 안에서 우리는 여섯 가지 다른 문맥에서 '맞다'라는 단어는 동일한 의미를 갖는다고 제안할 수 있다고 생각한다. 틀린 말, 틀린 정책, 틀린 이론은 맞는 것에 대한 정당한 반대어라고 보인다"(300쪽).

그러나 정대현 교수의 주장과는 달리, '맞다'의 경우 여섯 가지 문맥에 모두 공통되는 반대어가 없으며, 특히 '틀리다'는 결코 공통되는 반대어가 아니다. 이 점을 보기 위해 앞서 언급된 여섯 가지의 예에서 '맞다'는 표현을 '틀리다'는 표현으로 대체해보자. 이 중 대체했을 때 자연스러운 경우는 다음과 같다.

(2') '박정희 씨는 쿠데타를 일으킨 군인이다'는 틀린 말이 아니다.
(4') '물은 H_2O다'는 틀린 말이 아니다.
(5') 지방자치제는 틀린 정책이 아니다.
(6') 이 이론은 틀리지 않다.

이 경우에서 '틀리다'는 표현의 의미는 논의되는 내용이 잘못됐다는 것이다. 그리고 이 경우 '틀리다'는 표현은 앞서 언급된 '맞다'의 첫 번째 의미, 즉 논의되는 내용이 옳다, 바르다, 틀리지 않다는 의미에서의 '맞다'의 반대 개념이다. 그러나 이제 왜 다른 예들은 자연스럽게 대체가 되지 않는지 생각해보자.

(1) 이 꽃신은 콩쥐의 발에 맞는다.
(1') 이 꽃신은 콩쥐의 발에 틀리지 않다.

우선 (1)의 경우, '맞는다'의 의미는 앞서 언급된 '맞다' 또는

'맞는다'의 세 번째 의미, 즉 크기, 규격 따위가 다른 것과 합치한다는 의미다. 다시 말하면, 꽃신이 콩쥐의 발에는 잘 합치한다는 의미다. 이때 맞음의 관계를 맺는 것은 꽃신과 콩쥐의 발이라는 두 구체적인 물리적 대상들이다. 따라서 이러한 맞음의 개념은 문장이나 단어의 속성과는 아무런 관련이 없으며, 따라서 의미론적 개념이 결코 아니다. 그리고 바로 이것이 (1')이 어색한 이유다. 다시 말하면, '틀리다'는 (2'), (4'), (5'), (6')의 예에서 볼 수 있듯이 기본적으로 주어진 주장, 이론, 정책 등이 잘못됐다는 의미며, 따라서 '신이 발에 맞지 않는다'의 경우처럼 두 구체적 물리적 대상들 사이의 관계가 아니다.

(3) '이순신은 용감하다'와 '이순신은 옥포에서 후퇴하였다'는 맞지 않는 말이다.
(3') '이순신은 용감하다'와 '이순신은 옥포에서 후퇴하였다'는 틀린 말이다.

이제 (3)의 경우를 살펴보자. (3)은 '이순신은 용감하다'는 주장과 '이순신은 옥포에서 후퇴하였다'는 주장이 서로 정합하지 않음을, 즉 서로 옹호 또는 정당화해주는 관계에 있지 않음을 주장한다. 왜냐하면 '이순신은 용감하다'는 주장은 '이순신은 옥포에서 후퇴하였다'란 주장을 지지해주지 않으며, 그 역도 마찬가지이기 때문이다. (3')이 어색한 이유는 일반적으로 '틀리다'는 표현이 두 주장이 서로 부합하지 않는다는 의미로 쓰이지 않기 때문이다. 따라서 '틀리다'는 표현이 앞서 언급된 여섯 가지 문맥에서 모두 '맞다'의 공통되는 반대어라는 정대현 교수의 주장은 설득력이 없다.

정대현 교수의 논증의 또 다른 문제점은 우리말의 '맞다'는 표현이 항상 'x와 y는 맞다'의 형태의 이항 술어(two-place predicate)로 본다는 점이다. 그러나 의미론적 문맥에서 사용되는 '맞다'는 표현은, 즉 앞서 언급된 첫 번째 의미로 사용될 때는 일항 술어(one-place predicate)라고 보는 것이 더 적절하다. 앞서 언급된 다음 문장들을 다시 고려해보자.

(2) '박정희 씨는 쿠데타를 일으킨 군인이다'는 맞는 말이다.
(4) '물은 H_2O다'는 맞는 말이다.
(5) 지방자치제는 맞는 정책이다.
(6) 이 이론은 맞다.

정대현 교수에 따르면 위의 예들에서 '맞다'는 술어는 일항 술어처럼 보이지만 한 자리가 생략된 것이고, "생략된 자리들은 사태일 수 있고 기준이나 해석일 수 있다"고 주장한다. 그런데 위 예들에서 '맞다'는 술어가 하는 기능은 전형적으로 '참이다(true)' 또는 '옳다(correct)'는 술어가 하는 기능이다.

(2″) '박정희 씨는 쿠데타를 일으킨 군인이다'는 참이다.
(4″) '물은 H_2O다'는 참이다.
(5″) 지방자치제는 옳은 정책이다.
(6″) 이 이론은 참이다.

그리고 '참이다' 또는 '옳다'는 술어는 일항 술어다. 따라서 (2), (4), (5) 그리고 (6)의 문맥에서 나오는 '맞다'를 일항 술어로 보는 것이 더욱 적절하며, 이는 이 경우 '맞다'는 표현이 이항 술어로 사용되는 다른 문맥과 근본적으로 다른 개념을 표현한다는 것을 보여준다. 이 점을 좀더 분명히 보기 위해 (2), (4), (5) 그리고 (6)

의 문맥에서 나오는 '맞다'는 술어가 하는 역할을 좀더 자세히 살펴보자. 이러한 문맥에서 이 술어가 하는 주된 역할은 논의되는 내용을 주체가 승인함을 표현해주는 것이다. 예컨대, (2)는 문장을 발화하는 주체가 '박정희 씨가 쿠데타를 일으킨 군인이다'란 주장을 승인한다는 것을, (4)는 '물은 H_2O다'란 주장을 승인한다는 것을, (5)는 지방자치제를 승인한다는 것을, (6)은 주어진 이론을 승인한다는 것을 표현해준다. 이런 종류의 승인하는 태도(endorsing attitude)는 앞서 언급된 정당화 관계와 구분되며, 또한 꽃신과 발과 같은 두 구체적 물리적 대상 사이의 부합 관계(fitting relation)와는 더더욱 구분된다. 왜냐하면 기본적으로 승인하는 태도는 주체가 어떤 구체적 주장에 대해 맺는 관계이지만, 정당화의 관계는 두 주장들 사이의 관계이고, 더 나아가 꽃신과 발과 같은 두 구체적 물리적 대상 사이의 부합 관계는 명제적 내용과 하등 관련이 없는 비의미론적 관계이기 때문이다. 따라서 우리말에서 '맞음'이란 표현은, 정대현 교수의 주장과 달리 단일한 개념이 아니라 다의적 개념을 표현한다고 보는 것이 더 적절하다고 여겨진다.

2. 개념의 비원자성

정대현 교수는 '맞다'의 개념이 의미론적 기초 개념임을 보이기 위해 이 개념이 다른 언어적 개념에 선행함을 다음과 같이 주장한다.

'"맞다'라는 단어는 … 어떠한 언어적 어휘의 배경 없이도 습득될 수 있는 기초적 단어가 된다. 이처럼 다른 언어적 배경이 없이 습득될 수 있는 현시적 어휘가 있다. '파랗다'와 같은 단어가 그러한 예다. 그러나 이러한 현시적 어휘들은 기초적이라 하지 않는 까닭은 이들이 서로 다른 단어의 습득을 위해 필요하지 않기 때문이다. 어린이들이 어떠한 언어적 표현이 사용되지도 않은 시초적 상황에서 '맞다'라는 개념을 '맞다'라는 단어보다 먼저 습득할 수 있다는 가설을 제안하고자 한다. 그리하여 '맞다'라는 개념은 이 개념에 의존하는 다른 어휘들뿐 아니라 비현시적 어휘들의 습득이나 의미론적 관계의 설명을 위해 필요하다고 생각한다"(307-308쪽, 정대현 교수가 아니라 필자의 강조임).

그러나 정대현 교수의 위 주장에는 두 가지 문제점이 있다. 우선 '파랗다'와 같은 어휘가 다른 언어적 배경 없이 습득될 수 있다는 주장은 지칭적 의미론을 받아들이지 않는 한 옹호하기 어려운 견해다. 그런데 정대현 교수가 맞음의 철학을 주장하게 된 가장 큰 철학적 동기는 현대 영미 철학에서 오랫동안 지배적 위치를 차지해왔던 지칭적 의미론이 부적절하다고 생각하기 때문이다. 정대현 교수는 다음과 같이 말한다.

"정통적 지칭론의 핵심적 문제는 도대체 지칭 개념이 의미 이론의 기초 개념으로 사용될 수 없다는 데 있다. 지칭은 언어 체계나 언어 공동체를 전제하고 있는 것이다. 지칭은 충분히 원초적인 것이 아니다"(정대현 1999, p.311).

위의 짧은 인용이 시사하듯이, 정대현 교수는 지칭론을 반대하는 데에서 후기 비트겐슈타인의 주장을 상당 부분 받아들인다. 즉, 그에 따르면 언어는 세계를 반영하는 구조라기보다는 인간 공동체의 생활 양식에서 비롯된 것이다. 그런데 이러한 후기 비트겐슈타인적 견해에 따르면, 어떤 개념 — 예컨대 파랑색의 개념 — 을 다른 개념과 독립적으로 획득할 수 없다. 이 점을 좀 더 분명히 보기 위해서, 예컨대 파랑색 대상을 보고 '이것은 파랗 다'고 발화하도록 훈련된 앵무새의 경우를 고려해보자. 이 경우 이 앵무새가 파랑의 개념을 갖고 있다고 말할 수 있을까? 만일 이 앵무새가 '이것은 파랗다'는 문장으로부터 '이것은 색깔을 갖 고 있다', '이것은 자연수가 아니다' 등등이 함축되고, 또한 이 문 장이 '이것은 빨갛다'는 문장과 양립되지 않는다는 것을 이해하 지 못한다면, 이 앵무새가 '파랑 색의 개념을 갖고 있다고 말하기 어렵다. 또 비슷한 예로서 파랑 색의 파장을 감지하면 '이것은 파랗다'는 소리를 내는 기계 장치가 있다고 하자. 그리고 이 파랑 색 식별 장치는 단지 파랑 색의 파장에 반응하여 '이것은 파랗다' 고 소리를 내는 기능 외에는 없다고 가정하자. 이 경우 이 파랑 색 식별 장치는 앵무새의 경우처럼 파랑이 색의 일종이며, 또한 파랑 색은 빨강 색과 다르다는 등의 파랑 색과 관련된 추론 관계 를 전혀 이해하지 못할 것이며, 이런 이유에서 이 장치가 파랑 색 의 개념을 소유하고 있다고 보기 어렵다. 따라서 셀라스(Sellars, 1963)는 개념을 파악하는 것은 그 개념과 관련된 추론들에 대한 실천적인 숙달(practical mastery)을 필요로 한다고 주장한다.

좀더 부연 설명을 하면, 셀라스는 "지각적 판단의 두 가닥 이 론(the two-ply account of perceptual judgments)"을 주장한다. 먼저 지각적 판단을 할 수 있기 위해선 비언어적 자극을 적절히 구별하여 반응할 수 있는 실천적 능력을 갖고 있어야 한다. 예컨 대, 파랑 색 대상이 있으면 이를 다른 것과 적절히 구별하여 '이 것은 파랗다'와 같은 언어적 반응을 할 수 있는 실천적 능력이 있어야 한다. 그러나 위의 앵무새의 예에서 보았듯이 파랑 색의 개념을 소유하기 위해선 단지 이런 능력만으로는 부족하며, 파 랑 색 개념이 관련된 추론 관계(inferential relations)를 파악할 수 있는 실천적 능력이 또한 필요하다. 예컨대, '이것은 파랗다'는 문장을 승인할 경우, '이것은 빨갛다'는 문장을 동시에 승인해서는 안 된다. 마찬가지의 이유에서 어린아이가 파랑 색을 보고 '이것은 파랗다'고 발화하도록 훈련되었다 해도, 파랑 색과 관련된 추론 관계를 파악하지 못하면 파랑 색의 개념을 소유하고 있다고 말할 수 없다. 따라서 '파랗다'와 같은 어휘가 다른 언어적 배경 없이 습득될 수 있다는 정대현 교수의 주장은 설득력 있게 유지되기 어려운 견해다.

이제 정대현 교수의 중심 주장을 살펴보자. 2절의 도입부에 인용된 그의 주장에서 볼 수 있듯이, 그는 '맞다'는 단어보다 '맞다'는 개념을 먼저 습득할 수 있다고 주장한다. 그리고 이것을 진화론적 관점에서 다음과 같이 옹호한다.

> "어린이는 기저귀가 젖었거나 배가 고플 때 운다. 그러나 어머니가 이에 맞는 조치를 하였을 때 어린이는 울음을 그친다. 어머니는 '이것은 맞는 조치이다'라고 말하지 않지만 어린이는 그 조치가 맞는다는 것을 경험한다. 이러한 의미에서 어린이의 맞음 개념의 습득은 신체적이고 자연적이라고 할 수 있을 것이다"(308쪽).

정대현 교수는 위의 논의에서 개념의 소유의 조건으로 셀라스의 두 가닥 이론에서 첫 번째 가닥, 즉 '신빙성 있게 구별하여 반응하는 성향(reliable differential responsive dispositions)'만으로 충분한 것으로 가정하고 있다. 그러나 이러한 가정은 앞서의 앵무새의 예에서 볼 수 있듯이 매우 의심스런 가정이다. 개념적 활동의 가장 중요한 특성은 규범성(normativity)이다. 즉, 개념의 적용에 대해서 옳고 그름을 평가할 수 있다. 예컨대, 파랑 색의 개념은 파란 대상에 적용되면 옳지만, 빨간 대상에 적용되면 옳지 않다. 여기서 문제시되는 규범성의 성격은 인과적 강제(causal compulsion)와 규범적 강제(normative compulsion)를 대조해보면 더욱 분명해진다. 인과적 강제는 인과 법칙에 의해 주어지는 것으로 이를 따르지 않는 것이 불가능하다. 달리 말하면 우리가 인과 법칙으로 알려진 어떤 것을 어길 수 있다면 그 인과 법칙은 반례가 있으므로 더 이상 올바른 인과 법칙이 아니다. 반면에 규범적 강제는 우리가 그것을 따를 의무를 제시하긴 하지만, 그것을 따르지 않는 것이 가능하다. 즉, 주어진 규범을 어긴 사례가 있다고 해서 그 규범이 더 이상 옳지 않은 규범이 되는 것은 아니다. 예컨대, 어떤 아이가 '파랗다'는 술어를 빨간 대상에 잘못 적용한다고 해서 '파랗다'의 개념이 바뀌는 것은 아니다. 이제 어떤 아기가 배가 고파서 울었고, 아기 엄마가 젖을 꺼내 물려서 아기가 울음을 그쳤다고 하자. 이때 우리는 아기가 만족해한다고 말할 수는 있지만, 이 아기 자신이 '만족' 개념을 갖고 있다고 말하는 어렵다. 왜냐하면 아기가 배고플 때 울고, 젖을 주면 울음을 그치고 하는 것은 단지 자연스런 생물학적 반응일 뿐이기 때문이다. 예컨대, 어떤 아기가 배가 고프거나 기저귀가 젖었음에도 울지 않는다고 해서 그 아기가 어떤 개념적 오류를 범하고 있다고 말하기 어렵다. 규범은 행위자가 그 규범을 따르겠다는 공언(commitment)을 하는 한해서 그 행위자를 속박하는데, 그 아기가 그와 같은 공언을 하고 있다고 보기 어렵기 때문이다.[1]

---

1) 여기서 'commitment'는 우리말로 적절히 번역하기 어려운 개념이다. 우리말의 '공언(共言)'이 주는 뉘앙스와 달리 commitment는 명시적(explicit)이 아니고 단지 암묵적(implicit)일 수 있다. 이처럼 commitment는 암묵적일 수 있지만, 파생적 의미에서가 아니라 본래적 의미에서의 개념 소유자(original concept-possessor)로 간주되기 위해서는, 셀라스가 주장하는 것처럼 개념과 연관된 추론 관계에 대한 파악이 필요하다. 어린아이가 결여하고 있는 것이 바로 이런 종류의 능력이다. 이러한 논점에 대한 자세한 논의를 위해선 Brandom, 1994를 참조할 것.

3. 개념의 규범성

앞 절에서 논의된 규범성의 문제를 좀더 살펴보자. 정대현 교수는 '맞음'이라는 단어를 배우기 전에 언어 선행적으로 맞음의 개념을 소유할 수 있으며, 이를 소위 '자연사적 합의'라는 것에 기인한다고 주장한다. 그는 다음과 같이 말한다.

"맞음은 어떤 의미에서 원초적인가? 공동체는 합의를 필요로 하는 집단이다. 그러나 합의에는 적어도 세 종류가 있다. 첫째는 논의적 합의이다. … 다른 하나는 우연적 합의이다. … 자연사적 합의라는 것도 있다. … 수많은 인간 공동체들은 상이한 역사와 문화의 전통에 있지만, 인간의 공통된 신체 조건이 강제하는 합의에 의하여 서로 번역될 수 있는 '인간 언어'로 도달하였다. 이것은 일종의 합의, 즉 자연사적 합의라고 생각한다. 자연사적 합의는 설명을 요구한다. 아기의 최초의 표현은 자신의 상태에 대한 싫음이라는 부정성의 표현일 것이다. 배가 고프거나 기저귀가 젖었거나의 상태에서 나타나는 표현이다. 싫음이 극복되었을 때 좋음이 소극적으로 체험된다고 생각된다. 아기는 그러한 과정에서 신체적 맞음을 알게 될 것이다. 싫음, 좋음 그리고 맞음의 이러한 연관 관계에 들어 있지 않은 아기는 살아남기 어려울 것이고 그러한 연관 관계에 빨리, 그리고 잘 익숙해지는 아이는 효율적일 뿐 아니라 보기에 좋을 것이다. 사람들이 이러한 신체적 맞음의 체험을 공유할 때 자연사적 합의로서의 공동체의 생활 양식을 갖게 될 것이다. 언어는 이러한 생활 양식을 전제하여 구성된 맞음 개념에 따른 인공물인 것이다. 이러한 맞음 개념은 언어 이해에서 원초적이라고 믿는다"(25-26쪽).

"사람들은 동물적 인식의 논리와 같은 방식으로 진화론적으로 맞음이라는 개념을 언어 독립적으로 습득한다고 믿는다. 이러한 의미에서 맞음 개념 하나만 원초적이고 생래적이라고 말할 수 있겠다. 그 이외의 개념이나 표현들은 이렇게 얻은 맞음 개념의 구조에 따라 구성된다고 상정한다. … 개인들은 독자적으로 맞음 개념을 습득한다. 그러나 사람들은 하나의 자연 종에 속하는 구조에서 그 맞음 개념이 동일종이 유지되는 구조의 범위 안에서 대상 인식의 동일성적 맞음과 차별성적 맞음의 구조를 지닌다. 그리하여 어떤 규칙의 합의에 올 수 있으며 또한 그 규칙의 해석이나 사용 방식에서 성원들의 맞음의 가능성을 유지하게 된다. 언어 공동체의 언어의 가능성은 이러한 의미 구성의 근거를 공유하는 데서 나타난다"(325쪽, 강조는 필자).

정대현 교수가 말하는 '자연사적 합의'는 맞음 개념의 토대이고, 또한 그의 맞음의 철학은 맞음 개념을 기반으로 언어적 의미를 설명하려는 기획이므로, 자연사적 합의는 언어적 커뮤니케이션을 선제(presuppose)하지 않는 개념이다. 따라서 정대현 교수가 말하는 '자연사적 합의(consensus)'는 좀더 정확히 말하면 '자연사적 일치(agreement)'에 가까운 개념이다. 그런데 이러한 자연사적 일치만으로는 개념의 규범성을 설명할 수 없다. 개념을 소유하기 위해서는 개념과 관련된 규칙 따르기(rule-following)를 해야 한다. 그런데 규칙을 따르기 위해 규칙에 대한 해석이 필요하다면, 그 해석 자체도 옳고 그름의 규범성을 갖기 때문에 그 해석을 해석해주는 또 다른 메타 규칙이 필요하고, 또 이 메타 규칙을 해석하는 메타-메타 규칙이 필요할 것이다. 그러나 이와 같은 무한 후퇴(infinite regress)는 불가능함으로 해석의 형태가 아닌 규칙의 파악이 필요하다. 이러한 무한 후퇴의 문제 때문에 일단의 자연주의자들은 근본적인 단계에서는 규범이란 없고, 단지 행동의 규칙성(regularities) 또는 패턴(patterns)만 있을 뿐이라는 규칙성주의(Regularism)를 주장한다. 이런 규칙성주의에 의하면 규범을 어긴다는 것은 주어진 패턴을 깨는 것(breaking the pattern)이다. 정대현 교수의 견해도 이러한 규칙성주의의 일종인 것처럼 보인다. 그러나 이러한 규칙성주의는 규칙 따르기에 관한 비트겐슈타인의 논의가 잘 보여주는 것처럼,[2] 행위들(performances)의 어떤 주어진 집합도 이에 양립하는 다양한 규칙성 또는 패턴들이 있고, 이들 중 어느 규칙성 또는 패턴이 올바른 것인지를 결정할 수 있는 방법이 없다는 '게리맨더링 문제(the gerrymandering problem)'에 직면한다.[3] 요컨대 규칙성주의는 개념의 규범성을 설명해주지 못하며, 정대현 교수의 '자연사적 합의'의 경우도 마찬가지다. 셀라스에 의하면, 앞서 논의된 앵무새의 예에서 앵무새와 개념 사용자(concept-user)를 구분해주는 것은, 앵무새와 달리 개념 사용자는 "이유를 묻고 답하는 사회적 실천(the social practice of giving and asking for reasons)"에 참여하며, 이러한 사회적 실천 속에서 그의 언어적 또는 개념적 행위가 규범성을 획득한다는 것이다.[4] 그런데 이러한 사회적 실천은 한 개인 단독으로 취하기 어려운 것이고, 이런 이유에서 한 개인이 단독으로 배울 수 있는 기초 개념이란 존재하지 않는다. 따라서 위와 같은 사회적 실천과 독립적으로 어떻게 규범성을 가질 수 있는지, 즉 크립키가 설득력 있게 보여준 '의미 또는 개념을 구성하는 사실은 없다'는 규칙-따르기의 역설을 어떻게 피할 수 있는지에 대한 설명이 제시하지 않는 한, 정대현 교수의 만족 개념은 의미론의 토대를 제공해주는 기초 개념으로 간주되기 어렵다.

---

2) 이에 대한 자세한 논의를 위해서는 Kripke, 1982와 McDowell, 1984를 참조할 것.

3) 게리맨더링 문제에 대한 자세한 논의는 Brandom, 1994, 특히 26-30쪽을 참조할 것.

4) 규범성이 "이유를 묻고 답하는 사회적 실천"에서 비롯된다는 주장에 대한 자세한 논의를 위해서는 Sellars, 1963 그리고 Brandom, 1994를 참조할 것.

□ 참고 문헌

정대현, 『맞음의 철학』, 철학과현실사, 1997.

_____, 「엄정식 교수의 맞음과 확실성」, 『철학연구』 제44집(1999, 봄) :
pp.307-315.

_____, 「형이상학적 열망 : 김영건 박사의 비판을 읽고」, 『철학연구』 제48집
(2000, 봄) : pp.247-258.

Brandom, Robert. 1994. *Making It Explicit : Reasoning, Representing, and
Discursive Practice*, Harvard University Press.

Kripke, Saul. 1982. *Wittgenstein on Rules and Private Language*, Harvard
University Press.

McDowell, John. 1984. "Wittgenstein on Following a Rule", *Synthese* 58,
pp.325-363. Reprinted in *Meaning and Reference*, edited by A. W.
Moore, Oxford University Press, 1993.

Sellars, Wilfrid. 1963. "Empiricism and the Philosophy of Mind," in *Science,
Perception and Reality*, Routledge & Kegan Paul.

생활 양식과 언어 게임

이 승 종

정대현 교수의 「생활 양식 개념」(정대현, 1980)은 한국에서의 비트겐슈타인 연구사에 분수령을 이루는 논문이다. 초기 저작인 『논리철학논고』에 치중해 있던 종래의 비트겐슈타인 연구를 『철학적 탐구』로 대표되는 그의 후기 철학에 대한 관심으로 이끌었다는 점에서 뿐만 아니라, 후기 철학의 중심 개념이면서도 아주 낮은 빈도로만 사용된 탓에 접근하기 어려웠던 생활 양식 (Lebensform) 개념을 처음으로 본격적으로 문제삼았다는 점에서 그러하다.[1] 우리는 먼저 비트겐슈타인의 후기 철학에서 정대

---

1) 우리 철학계의 대표적 비트겐슈타인 학자들 세 사람은 "Lebensform"을 저마다 달리 번역하고 있다. 이명현 교수는 "삶의 형식"으로(이명현, 1984 ; 1991), 정대현 교수는 "생활 양식"으로, 엄정식 교수는 "생태 형식"으로(엄정식, 2003) 옮기고 있다. 그러나 이들 셋이 번역어의 차이만큼 비트겐슈타인을 다르게 해석하고 있다고 보지는 않는다. 예컨대 "Lebensform"에 대한 정대현 교수와 이명현 교수의 해석은 여러 모로 매우 유사하다. 이 글에서는 일단 정대현 교수의 번역을 따르겠지만, 글의 말미에서 그의 번역에 오해의 소지가 있음을 밝힐 것이다.

현 교수가 천착한 생활 양식 개념이 놓여 있는 자리를 비트겐슈타인의 사유의 흐름을 좇아 점진적으로 구성해봄으로써 그의 연구에 대한 배경적 이해를 도모하고자 한다. 다음으로 생활 양식에 대한 정대현 교수의 해석을 살펴보고 그것이 지니는 문제점들을 비판할 것이다. 이를 바탕으로 생활 양식에 대한 올바른 이해가 어떠해야 하는지에 대한 몇 가지 예비적 고찰을 제시해보겠다.

1

비트겐슈타인의 후기 언어관을 단적으로 보여주는 다음과 같은 문제 제기에서 논의를 시작해보자.

> 어떤 경우에 어떤 목적으로 우리가 이것을 말하는가?
> 어떤 종류의 행위가 이 말에 수반되는가? … 어떤 장면에서 그리고 무엇 때문에 그것이 사용되는가?(PI, §489)

이는 언어를 ① 언어가 쓰이는 방식과 ② 언어에 수반되는 행위 그리고 ③ 언어가 쓰이는 문맥을 검토함으로써 접근하려는 태도로 받아들여진다. 우리는 앞으로 후기 비트겐슈타인이 구상한 언어에 대한 새로운 인식의 단편들을 이 세 가지 관점에서 좀더 구체적으로 살펴보려 한다. 그리고 이 과정을 통해 언어와 세계의 관계의 문제를 새로운 각도에서 조명해볼 것이다.

비트겐슈타인의 후기의 언어관은 언어를 도구와 게임에 비유하는 과정을 통해서 정립된다. 이 비유는 언어의 다양성에 대한 새로운 인식과 이에 대한 구체적 접근의 입각점으로 그가 제시한 ① 언어가 쓰이는 방식 ② 언어에 수반되는 행위 ③ 언어가 쓰이는 문맥을 검토하기 위한 방안으로 마련된 것이다. 이제 언어, 도구, 게임의 유사점과 그 비유의 양식을 단계적으로 살펴봄으로써 비트겐슈타인의 후기의 언어관을 고찰해보자.

(1) 언어의 종류와 기능의 다양성은 도구의 종류와 기능의 다양성, 게임의 종류와 놀이말(혹은 게임에 참여하는 사람)의 역할의 다양성에 비유될 때 더욱 선명히 드러난다.

> 도구 상자에 있는 도구들을 생각해보자. 거기에는 망치, 뻰찌, 톱, 나사돌리개, 자, 아교 단지, 아교, 못, 나사가 있다. ― 낱말들의 기능은 이 대상들의 기능만큼 다양하다(PI, §11).

(2) 다양한 종류의 언어에 공통된 속성이 있는가, 즉 언어의 본질이 무엇인가 하는 고전적 문제는 게임과 도구의 다양성을 검토함으로써 해소될 수 있다.

> 예컨대 우리가 "게임"이라고 부르는 것들을 고찰해보자. … 그것들 모두에 공통된 것은 무엇인가? ― "공통된 어떤 것이 있어야 한다. 그렇지 않으면 그것들은 "게임"이라고 불리지 않을 것이다"라고 말하지 말라. ― 도리어 그것들 모두에 공통된 어떤 것이 있는지를 보라. ― 왜냐하면 만약 당신이 그 게임들을 보면 당신은 그것들 모두에 공통된 어떤 것이 아니라 유사성과 연관성의 총체적 계열을 보게 될 것이기 때문이다. … 우리는 겹치고 엇갈린, 크고 작은 유사성의 복잡한 그물망을 보게 된다(PI, §66).

비트겐슈타인은 이러한 고찰을 언어에 적용함으로써 언어의 공통된 속성, 본질에 관한 고전적 질문을 해소한다.

우리가 언어라고 부르는 모든 것에 공통된 그 무엇을 제시하는 대신에 나는 이러한 현상들이 그 현상들 모두에 대해서 동일한 낱말을 사용하도록 하는 공통된 한 가지 면을 가지고 있는 것이 아니라 — 서로 다른 여러 가지 상이한 방식으로 서로 유사하다고 말한다. 우리가 그 현상들을 모두 "언어"라고 부르는 까닭은 이 유사성 때문이다(PI, §65).

그렇다면 이 관계, 즉 "겹치고 엇갈린, 크고 작은 유사성의 복잡한 그물망"은 어떤 것인가? 비트겐슈타인은 이를 가족 유사성의 개념으로 설명한다.

나는 "가족 유사성"보다도 더 잘 이 유사성을 특징짓는 표현을 생각할 수 없다. 왜냐하면 가족 성원 사이의 다양한 유사성, 이를테면 체구, 용모, 눈의 색깔, 걸음걸이, 기질 등은 같은 방식으로 겹치고 엇갈려 있기 때문이다(PI, §67).

다양한 게임이 한 가족을 형성하는 것처럼 다양한 언어들은 한 가족을 형성한다. 그러나 그 언어 가족에 공통된 속성은 없는 것이다.

(3) 비트겐슈타인은 언어의 의미의 문제를 도구의 쓰임과 언어 게임에서의 놀이말(혹은 게임에 참여하는 사람)의 역할에 비유함으로써 해명하려 한다.

문장을 도구로, 그 의미를 그 쓰임으로 보라!(PI, §421)

놀이말의 의미를 게임에서 그것의 역할이라고 하자(PI, §563).

도구나 놀이말이 그 자체로는 의미가 없지만 실제의 작업 상황이나 게임에서 쓰일 때 제 기능을 하는 것처럼 언어도 그 자체로는 의미가 없지만 실제로 쓰이는 상황에서 그 의미를 드러낸다.

> 모든 기호는 그 자체로는 죽은 것으로 보인다. 무엇이 그것에 생명을 주는가? — 쓰임에서 기호는 살아 있다(PI, §432).

이러한 쓰임의 과정을 무시한 채 언어의 의미를 어떤 비언어적인 지시 대상을 가지고 설명하려는 시도들은 모두 배격된다.

(4) 언어를 게임에 비유할 때 유추되는 또 하나의 중요한 개념은 규칙의 개념이다. 우리가 게임을 할 때 일련의 규칙을 따라야 하는 것처럼 언어를 사용할 때도 언어의 쓰임 규칙, 즉 문법적 규칙을 따라야 한다. 그런데 우리가 게임을 할 때 게임 규칙을 따른다는 것은 우리가 게임 규칙을 따라 행위한다는 사실을 말한다. 이때 우리의 행위도 게임에 포함되며 따라서 게임 규칙은 우리의 행위에도 관여한다. 마찬가지로 우리가 언어를 사용할 때 문법적 규칙을 따른다는 것은 우리가 문법적 규칙을 따라 행위하는 것이라고 표현될 수 있다. 우리가 언어를 사용한다는 것은 언어를 가지고 어떤 것을 하는 행위로 이해될 수 있다. 따라서 언어의 사용 규칙, 즉 문법적 규칙은 언어의 사용에 수반되는 행위에도 관여한다고 말할 수 있다.

여기서 비트겐슈타인은 언어의 사용에 수반되는 행위와 언어를 한데 묶는 새로운 개념으로 '언어 게임' 개념을 도입한다.

> 나는 언어와 그 언어에 얽히는 행위로 구성된 전체를 "언어 게임"이라 부를 것이다(PI, §7).

새로이 도입된 이 언어 게임은 이제 비트겐슈타인의 후기 언어관의 중심 개념으로 부각된다. 언어를 도구와 게임에 비유하는 과정에서 드러난 그의 후기의 언어관은 언어 게임 개념으로 통합된다. 지금까지 살펴본 언어의 성격들은 바로 이 언어 게임의 성격을 잘 대변해준다. 즉, (1) 언어 게임의 종류와 기능은 다양하며, (2) 다양한 언어 게임들은 공통적 본질을 갖고 있지는 않지만 상호 가족 유사적 관계를 형성하며, (3) 언어 게임은 언어의 쓰임 방식을 기술하며, (4) 언어 게임은 언어와 그 언어에 연관된 행위로 구성되어 있다.

언어를 게임에 비유하는 과정에서 강조되었던 규칙 문제를 좀 더 구체적으로 살펴보자. 게임에서 규칙은 그 게임의 전반적 상황이 파악되었을 때만 이해되고 준수될 수 있다. 즉, 게임의 규칙은 그 게임의 문맥 하에서만 의미를 갖는다. 마찬가지로 문법적 규칙은 그 언어가 쓰이는 전체적 문맥이 파악되었을 때만 이해되고 준수될 수 있다. 즉, 문법적 규칙은 그 언어가 쓰이는 전체적 문맥 하에서만 의미를 갖는 것이다. 이처럼 상황 내지 문맥은 게임의 규칙과 언어의 문법에 공통적으로 전제되어 있다. 그러므로 하나의 언어를 이해한다는 것은 언어의 쓰임 규칙, 즉 문법적 규칙을 이해한다는 것이고 문법적 규칙을 이해한다는 것은 그 규칙이 전제하고 있는 쓰임의 문맥을 이해한다는 것을 의미한다.

여기서 쓰임의 문맥이란 구체적으로 무엇을 뜻하는가? 앞서 우리는 언어를 사용하는 것을 언어를 가지고 어떤 것을 하는 행위로 파악했으며 이를 토대로 언어를 그 언어에 짜여져 들어오는 행위와 한데 묶어 언어 게임 개념을 도입하였다. 이처럼 인간 행위와 결부된 언어 게임에서 언어는 더 이상 단순한 소리나 기호의 집합이 아니라 구체적인 삶의 상황에서 제 역할을 하는 하나의 언어 행위로 이해된다(Pitcher 1964, 239쪽). 그러므로 쓰임의 문맥이란 구체적인 삶의 문맥을 의미한다고 볼 수 있다. 인간의 행위가 그가 속한 삶의 문맥에서만 이해될 수 있는 것처럼 행위의 일종인 언어 게임도 그 언어 게임이 행해지는 삶의 문맥에서만 이해된다고 말할 수 있는 것이다. 언어 게임이 언어의 쓰임에 수반되는 인간의 행위를 포함하며, 언어 게임의 문맥이 구체적인 삶의 문맥을 의미한다면 인간의 삶은 바로 이 언어 게임으로 구성되어 있다고 말할 수 있다. 이처럼 비트겐슈타인의 후기의 언어관에서 언어 게임과 삶은 서로 밀접하게 연관되어 있으므로 언어 게임을 벗어난 어떠한 것도 우리의 삶에서는 의미가 없다. 우리는 언제나 언어 게임에 의해서 우리의 삶을 영위하고 있으므로 우리의 언어 게임을 벗어나 있다고 간주되는 것도 사실은 다른 언어 게임에 의해서 우리의 삶에 연관될 수 있는 가능성을 갖고 있는 것이다(Finch 1977, 75쪽).

2

언어 게임과 삶은 과연 구체적으로 어떻게 연관되어 있는가? 이에 대해서는 여러 가지 각도에서의 접근을 생각할 수 있으며 또한 이런 다각적 접근이 필요하다. 그 까닭은 비트겐슈타인이 이 문제에 대해 명확하고 체계적인 답변을 마련해두지 않았고 대신 여러 종류의 단편적 묘사들을 제시하고 있기 때문이다. 묘사들이 단편적이기 때문에 이에 바탕을 둔 접근 방법들도 대체로 일정한 한계를 가질 수밖에 없다.

그 접근 방법들 중의 하나는 생활 양식 개념을 매개념으로 하여 언어 게임과 삶의 관계의 문제에 접근하는 것이다. 비트겐슈타인의 후기 철학에서 생활 양식 개념은 명확히 정의되지 않은 채 지극히 희소한 빈도로 등장하고 있지만 지금까지의 논의에서 제기된 언어 게임과 삶의 관계의 문제에 분명히 개입되어 있다.

여기서 "언어 게임"이라는 용어는 언어를 말하는 것이 행위의 일부 혹은 생활 양식의 일부라는 사실을 분명히 하기 위해 의도된 것이다 (PI, §23).

어느 특정한 언어 세계에서 발견되는 언어 게임들은 그 언어 세계에 있는 사람이 지니는 생활 양식을 표현한다고 볼 수 있다.

전쟁터에서 명령과 보고 ─ 혹은 질문과 예, 아니오라는 대답 ─ 로만 구성된 언어를 상상하는 것은 어렵지 않다. 그 밖에 무수히 많은 다른 언어를 상상할 수 있을 것이다. ─ 그리고 하나의 언어를 상상하는 것은 하나의 생활 양식을 상상하는 것을 의미한다(PI, §19).

그러므로 가령 한 언어 세계에 단지 명령과 보고를 하는 언어 게임만 있다면 이는 희망이나 후회도 함께 할 수 있는 언어 게임을 갖는 언어 세계보다도 단순한 생활 양식을 갖는 셈이다. 그리고 한 언어 세계에 희망이나 후회를 하는 언어 게임이 없다는 사실은 그 언어 세계에는 희망이나 후회를 하는 것과 같은 인간 활동이 존재하지 않는다는 사실을 의미한다.

말할 수 있는 사람만이 희망할 수 있는가? 언어의 쓰임에 숙달된 사람만이 희망할 수 있다. 즉, 희망한다는 현상은 이 복잡한 생활 양식의 변형이다(PI, 174쪽).

우리의 삶이 언어 게임의 총체라면 각각의 언어 게임들은 우리의 생활 양식의 일부를 구성하고 있다고 볼 수 있다. 요컨대

하나하나의 언어 게임이 저마다 우리의 삶의 일부를 이룬다. 언어 게임의 내용, 즉 그 언어가 쓰이는 다양한 방식은 하나의 공통된 속성을 기준으로 해서가 아니라 가족 유사적 관계에 의해 그 언어 게임의 형식 안에 포섭된다. 그런데 언어가 쓰이는 과정에 짜여져 들어가는 인간 행위와 그 쓰임의 문맥을 이루는 삶도 언어 게임의 문법적 규칙에 의해 규정되며 규칙이 형성하는 가족 유사적 범위 안에서 그 언어 게임의 형식에 포섭된다고 할 수 있다. 여기서 포섭되는 것은 곧 언어 사용에 얽힌 행위적 삶의 내용이고 그 가족 유사적 삶의 내용이 하나의 언어 게임 형식 안에 포섭된다고 하는 것은 곧 그것이 생활 양식에 포섭되는 것을 뜻한다. 언어 게임과 삶이 이처럼 밀접한 연관 하에 쓰이므로 우리는 언어 게임의 형식과 생활 양식도 서로 밀접한 연관 하에 쓰일 수 있다고 본다.

이와 관련하여 언어 게임의 내용의 다양성과 형식의 다양성을 구별함으로써 생활 양식의 또 다른 측면을 밝혀내 보자. 비트겐슈타인이 들고 있는 다양한 언어 게임의 예들은 다음과 같다.

명령을 내리고 이를 따르기 —
대상을 본대로 혹은 측정한 대로 기술하기 —
대상을 기술(그림)에 의하여 구성하기 —
사건을 보고하기 —
사건에 관해서 추측하기 —
가설을 세우고 시험하기 —
실험 결과를 일람표나 다이어그램으로 나타내기 —
이야기 만들기 그리고 그것을 읽기 —
연극하기 —
노래를 돌려 부르기 —
수수께끼 맞추기 —

농담하기, 이야기하기 —

응용 계산 문제를 풀기 —

한 언어를 다른 언어로 번역하기 —

부탁하기, 감사하기, 저주하기, 인사하기, 기도하기(PI, §23).

비트겐슈타인은 언어에는 이처럼 다양한 도구들이 있고 또 이 도구들이 사용되는 방식도 다양하다고 말한다(PI, §23). 그런데 그가 말하는 도구의 다양성, 즉 언어 게임의 다양성의 의미는 두 가지로 구분되어야 할 것이다. 한편으로, 그는 위에서 열거한 것처럼 다양한 종류의 언어 게임이 있다는 사실을 말하고 있고, 다른 한편으로는 이러한 각각의 언어 게임이 실제로 행해지는 방식, 즉 한 언어가 쓰이는 방식이 다양하다는 사실을 말하고 있는 것이다.

이러한 다양성의 두 의미를 우리는 언어 게임의 형식의 다양성과 내용의 다양성으로 해석할 수 있을 것이다. 한 언어 게임의 내용의 다양성은 그 게임이 행해지는 방식의 다양성을 뜻하는데, 그 다양성은 그것을 하나의 언어 게임이게끔 하는 하나의 언어 게임 형식에 포섭된다. 한 언어 게임은 그 형식의 범위 안에서 새로운 내용의 등장과 변모, 망각의 과정을 거칠 것이다. 한편, 각 언어 게임의 형식들은 가족 유사라는 아주 느슨한 관계로만 서로 연결되어 있다. 그리고 이들 언어 게임의 형식들 중 어떤 것들은 인간의 삶을 형성하는 필요 불가결한 것들로서 그 내용(게임이 행해지는 방식)의 변모와는 달리 쉽게 변화하고 사라질 수 없는 것들이다.[2] 언어 게임의 형식의 이러한 특징은 곧 생활 양식의 특징을 이룬다. 그래서 비트겐슈타인은 생활 양식에 관

---

2) 가령 우리는 인간 사회에서 명령을 내리고 그것을 따르는 언어 게임, 사건을 보고하는 언어 게임, 인사하는 언어 게임 등이 등장하지 않았던 상황 혹은 사라져버린 상황을 상상하기 어렵다.

해 다음과 같이 말하고 있다.

　　받아들여야 할, 주어진 것을 우리는 생활 양식이라고 말할 수 있다
(PI, 226쪽).

생활 양식은 비트겐슈타인에게서 이처럼 받아들여야 할 주어
진 것이므로 그는 이 개념에 관한 더 이상의 논의를 중지한다.

　　우리의 잘못은 사실을 "원초적 현상"으로 보아야 할 곳에서, 즉 우
리가 이 언어 게임이 행해진다고 말해야 할 곳에서 설명을 구한다는
데 있다(PI, §654).

생활 양식은 설명될 수 없는 원초적 현상이며 이를 설명하려
는 것은 비트겐슈타인의 표현을 빌면 잘못된 것이다. 여기서 생
활 양식의 개념을 가지고 언어 게임과 삶의 관계의 문제에 접근
하려는 우리의 시도는 난관에 부딪히게 된다.

3

　　비트겐슈타인이 이처럼 논의를 차단한 생활 양식 개념을 천착
했다는 점에서 정대현 교수의 연구는 비트겐슈타인을 계승하면
서 동시에 넘어서고 있다. 정대현 교수는 생활 양식 개념에서 두
가지 논리를 발굴한다. 생활 양식 개념은 언어성(de dicto)과 존
재성(de re)의 이원적 성격을 지니며 이들은 각각 언어적 논리와
존재적 논리를 지닌다. 이 두 논리는 각각 생활 양식 개념의 개별
화와 동일성을 표현하고 있다. 즉, 인간의 생활 양식은 언어적

논리에 따르면 여럿이고 존재적 논리에 따르면 하나다.3) 정대현 교수는 "임의의 두 사회의 생활 양식들이 그 사회의 언어들을 통하여 선명하게 대조되며 비교되고 이것이 일반화되어 생활 양식 개념의 언어적 논리가 보여질 수 있다"(정대현 1980, 117쪽)고 주장한다. 그가 말하는 언어적 논리는 다음의 세 명제로 이루어져 있다. 첫째, 두 사회의 생활 양식의 체계들은 서로로부터 독립하여 있다. 둘째, 생활 양식을 결정하는 두 사회의 요소들은 그 사회의 이해적 관심이다. 셋째, 각 사회의 생활 양식을 규제하는 규칙은 자의적이다.

정대현 교수는 이어서 언어적 논리에 의해 개별화된 다양한 생활 양식들이 "단순히 어떤 부분적인 유사점이 아니라 어떤 공통점을 가지며 어떤 동일한 논리에 의해 하나의 인간 생활 양식이 된다"(정대현 1980, 120쪽)고 본다. 그 논리가 바로 생활 양식 개념의 존재적 논리다. 그는 이러한 존재적 논리를 인간이 주어진 일정한 조건 아래에서 보이는 공통된 자연적 반응에서 찾는다.4) 이러한 자연적 반응은 1) 신음과 같은 고통의 표현, 한숨,

3) 조심스러운 진단이기는 하지만 정대현 교수의 해석은 적어도 해외에서는 그 유례를 찾을 수 없는 견해가 아닌가 생각한다. 그는 필립스(Phillips, 1977, 30-37, 80-83쪽)의 작품도 생활 양식의 이원성을 시사하고 있다고 말하지만(정대현, 1980, 116쪽), 우리는 필립스의 작품에서 이원성에 대한 명확한 주장을 발견할 수 없었다. 우리가 알고 있는 한에서 정대현 교수와 그나마 조금이라도 유사한 입장을 전개하는 거의 유일한 외국 학자는 기어(Gier, 1981, 28쪽 이하)다. 그러나 그는 이원성의 궁극적 융합을 주장하며 사회 문화적 양식으로서의 생활 양식에 더 많은 비중을 두고 있다는 점에서 역시 정대현 교수의 입장과 뚜렷이 구별된다.

반면 국내에서는 이명현 교수가 정대현 교수와 여러 모로 매우 유사한 해석을 제시하고 있다(이명현, 1984 ; 1991). 이명현 교수의 논문은 정대현 교수의 논문보다 늦게(4년 뒤에) 발표되었지만, 이들이 공통적으로 주장하는 이원성 논제는 이명현 교수의 해석으로 더 많이 알려져 있다. 이명현 교수는 1974년에 발표한 자신의 박사 학위 논문에서부터 이 해석을 견지해왔다고 말하고 있다(이명현, 1989, 125쪽).

미움 등 문화나 사회에 의존되어 있지 않은 언어 이전의 현상 2) 사랑, 웃음 등과 같이 문화 의존적인 요소가 들어 있는 반응 3) 걷고 먹고 마시고 노는 등 다른 동물들에게서도 분명히 보이는 것으로서 문화나 언어에 의존되어 있지 않은 반응 등을 포함한다. 이것들은 사람들이 하나의 자연적 종류로서 갖는 반응으로서 설명의 대상이 아니라 전제며 모든 이론들의 최종적 근거이기도 하다.[5)]

　이 해석은 그리스 고전 철학에서부터 제기되어온 하나와 여럿의 문제를 연상케 한다. 생활 양식은 어떻게 하나면서 여럿일 수 있는가? 하나와 여럿의 문제에 대한 전통적인 해법은 다양하게 드러나 전개되는 세상의 가변적 모습을 "현상" 혹은 "용(用)"으로, 이를 가능케 하는 세상의 근원을 불변하는 하나의 "본질"이나 (본)"체(體)"로 나누어 이 둘 사이의 관계를 설명하는 것이다. 그러나 비트겐슈타인은 이러한 본질주의적 사유 방식을 혁파하면서 현상이 우리가 보는 것의 전부며 이를 초월한 감추어진 이면으로서의 실체나 본질은 형이상학적 허구에 지나지 않는 것이라고 주장한다(PI, §126). 따라서 그에게 현상과 그것을 가능케 하는 본질 사이의 관계에 대한 설명이란 성립할 수 없다. 이것이 앞서 "우리의 잘못은 사실을 "원초적 현상"으로 보아야 할 곳에서, 즉 우리가 이 언어 게임이 행해진다고 말해야 할 곳에서 설명을 구한다는 데 있다"(PI, §654)고 말했을 때 그가 의미한 바이기도 하다. 현상하는 자연사의 사실들은 그 지평의 근저에 있는 "무엇"의 현상이 아니라 이면의 무엇 없이 현상 자신이 그대로 본질인 그러한 현상인 것이다. 비트겐슈타인은 이를 "본질은 문법에 의해 표현된다"(PI, §371)는 말로 묘사하고 있다. 이 명제는

---

4) 이 주제를 천착하는 다음의 글이 주목할 만하다. Haller, 1988a.
5) 이에 대해서는 다음의 논의가 주목할 만하다. Garver, 1994, 274, 281쪽.

본질주의의 옹호가 아니라 그 철폐의 선언으로 새겨야 한다. 언어 게임의 규칙으로서의 문법은 언어 게임이 그러한 것과 마찬가지로 인간의 자연사를 이루는 사실이자 현상이기 때문이다 (PI, 230쪽).

그렇다면 다시 생활 양식은 어떻게 하나면서 여럿일 수 있는가? 비트겐슈타인의 철학에 대한 위의 해석을 받아들일 때 이는 잘못된 질문이다. 정대현 교수가 말하는 이원적 생활 양식은 서로 같은 의미의 생활 양식인가? 우리는 그렇지 않다고 본다. 언어적 논리로 전개되는 생활 양식은 사회와 문화마다 다른 사회 문화적 양식을 지칭하는 데 반해 존재적 논리로 전개되는 생활 양식은 인간에게 공통된 자연적 반응을 지칭하기 때문이다. 비트겐슈타인의 작품에서 그가 생활 양식을 사회 문화적 양식을 지칭하는 데 사용하는 경우는 발견되지 않는다. 그는 언어를 말한다거나(PI, §23) 희망한다거나(PI, 174쪽) 하는 등 인간에게 공통된 인류학적 현상을 지칭하는 곳에서 생활 양식 개념을 사용한다. 반면 사회 문화적 양식을 지칭하는 곳에서는 생활 양식 개념이 아닌 다른 개념을 사용하고 있다.6) 정대현 교수가 말하는 생활 양식의 이원성은 서로 같지 않은 개념들을 같은 것으로 한데 묶은 데서 생겨난 속성이며 이는 비트겐슈타인의 철학에 대한 바른 해석으로 보기 어렵다.

우리는 지금까지 정대현 교수의 생활 양식 개념이 비트겐슈타인의 그것과 같지 않음을 보았다. 그렇다면 비트겐슈타인을 논외로 쳤을 때 정대현 교수의 논의는 그 자체로 타당성을 지니고 있는가? 정대현 교수는 언어적 논리로 전개되는 생활 양식이 각

---

6) 그 다른 개념이란 "삶의 양식"으로 번역될 수 있는 "Lebensweise"다(RFM, 132쪽). 이 즈음에서 우리는 "Lebensform"을 생활 양식이 아닌 "생활 형식" 혹은 "삶의 형식"으로 고쳐 옮길 필요와 마주하게 된다. "생활 양식"은 "Lebensform"보다는 "Lebensweise"에 더 어울리는 번역어라고 여겨지기 때문이다.

사회의 언어마다 다름을 주장하면서 두 사회의 생활 양식의 체계들이 서로로부터 독립해 있다고 본다. 그렇다면 영어와 한국어를 겸용하는 재미 동포나 주재원들 및 그 자녀들은 두 가지 다른 생활 양식을 넘나드는 사람들인가? 프랑스어를 사용하는 캐나다 퀘벡 주의 사람들과 영어를 사용하는 다른 주의 캐나다 사람들의 생활 양식은 서로 같은가 다른가? 다르다면 두 생활 양식의 체계들은 정대현 교수의 주장처럼 서로로부터 독립해 있는가? 오스트리아에서 태어나 성장했지만 영국에서 최종 교육을 받고 그 나라의 시민이 되어 영어로 철학을 강의했으면서도 글은 모국어인 독일어만 고집했던 비트겐슈타인 자신의 생활 양식은 또 어떻게 보아야 하는가?

심지어 통상적인 경우에조차, 즉 미국에서 영어를 사용하는 미국인과 한국에서 한국어를 사용하는 한국인들의 경우에조차 서로의 생활 양식은 서로로부터 독립해 있다고 보기 어렵다. 두 사회와 문화가 서로 사용하는 언어의 차이만큼이나 다른 것은 사실이지만 서로는 서로를 충분히 배워 이해할 수 있기 때문이다. 교통 통신과 인터넷의 발달은 사회 문화적으로 다른 생활 양식들 간의 상호 독립성을 사방에서 빠르게 무너뜨리고 있다. 이처럼 사회 문화적 양식으로서의 생활 양식 개념은 비트겐슈타인의 생활 양식 개념에 대한 해석으로서나 그 자체로서나 모두 유지되기 어렵다. 정대현 교수가 강조한 생활 양식의 이원성은 결국 존재적 논리로 전개되는 일원성으로 축소되어야 할 것이다. 물론 여기서 말하는 일원성은 그가 올바르게 해석해냈듯이 단일한 형이상학적 본질이나 초월적 실체를 지칭하는 표현이 아님을 명심할 필요가 있다.

4

「생활 양식 개념」 논문 이후 같은 주제에 대한 정대현 교수의 연구는 『맞음의 철학』, 『심성 내용의 신체성』과 같은 묵직한 저서들에서 찾아볼 수 있다. 『맞음의 철학』에서 정대현 교수는 생활 양식의 이원성을 인간 종의 이원성에 결부 짓는다. 단수로서의 생활 양식은 자연적 종으로서의 인간에, 복수로서의 생활 양식은 사회적 종으로서의 인간에 귀속된다는 것이다. "전자는 인간으로서의 보편적 생활 양식이고 후자는 사회마다 다를 수 있는 그러한 생활 양식이다"(정대현 1997, 231쪽). 이 후자에 대해서 정대현 교수는 다음과 같이 설명한다.

> 사회적 종이라는 것은 사람이 사람을 굶주리게 하거나 고통을 줄 때 갖는 도덕적 정서와 같은 부정적 감정은 사람이 다른 자연적 종에 대하여 갖는 태도에서는 같은 방식으로 발생하지 않는, 사람들만을 연결하는 구조에서 발생하는 개념이다. 사람이 사람을 죽일 때의 본인이나 다른 사람이 갖는 분노의 뿌리는 사람을 하나의 종으로 묶어 사람들은 누구나 하나의 이웃이며 형제자매라는 연결고리를 나타내는 데에 있다(정대현 1997, 231쪽).

그런데 이러한 설명은 사회적 종으로서의 인간이 지니는 생활 양식의 복수성이 아니라 단수성을 말하고 있어서 어리둥절해진다.

혼란은 여기에 그치지 않는다. 정대현 교수는 합의의 세 종류를 다음과 같이 분류한다. 첫째는 논의적 합의다. "국회나 유엔의 합의는 소수 이견이 있음에도 불구하고 논의를 통하여 도달할 수 있는 종류의 합의다"(정대현 1997, 25쪽). 둘째는 우연적 합의다. "문화 현상이나 정치 현상을 조사하는 여론의 경우, 합의는 논의를 필요로 하지 않는 그러나 다수성에 의하여 도달하는 그러한 합의다"(정대현 1997, 25쪽). 셋째는 자연사적 합의다. "수많은 인간 공동체들은 상이한 역사와 문화의 전통에 서 있지만, 인간의 공통된 신체 조건이 강제하는 합의에 의하여 서로 번역될 수 있는 "인간 언어"로 도달하였다"(정대현 1997, 25쪽). 이것이 일종의 자연사적 합의라는 것이다.

그런데 다른 곳에서 정대현 교수는 합의적 공동체성과 자연사적 공동체성을 다음과 같이 구분한다.

공동체의 생활 양식은 구체적인 합의나 절차적인 합의일 수도 있지만 그렇지 않을 수도 있다. "자연사적"일 수 있는 것이다. 연극의 무대에서 비가 올 때 모든 배우들이 동시에 우산을 펼 수 있지만, 실제의 종로 네거리에 비가 올 때도 사람들이 모두 동시에 우산을 펼 수 있다. 전자는 합의된 공동체적 의지에 의하여 동시에 펴는 것이지만 후자는 다르다. 후자는 합의 없이 각 개인들이 자신의 보호를 위하여 수행하는 행위이지만 동일한 행위 양식에 도달하게 된 것이다. 이 행위 양식은 각 개인을 보호할 뿐 아니라 공동체의 모든 개인들을 보호한다는 의미에서 자연사적으로 얻어지는 공동체적 생활 양식이 되는 것이다(정대현 2001, 350쪽).

여기서 말하는 자연사적 공동체성은 자연사적 합의와 어떠한 관계인가? 자연사적 공동체성이 합의가 아니라고 했으므로 이 둘은 달라야 할 것이다. 그런데 자연사적 합의가 "인간의 공통된 신체 조건이 강제하는 합의"라면 그것이 어떻게 합의일 수 있는가? 불에 너무 가까이 다가갔을 때 뜨거워 몸을 절로 움츠리게 되는 동작이 합의에 의해 행해지는가? 그리고 이 합의는 정대현 교수의 주장대로 어떤 설명을 요구하는가?(정대현 1997, 26쪽) 비트겐슈타인은 이 모든 질문에 대해 아니라고 답할 것이다(PI, §§325-326).

정대현 교수가 말하는 자연사적 합의는 아마 비트겐슈타인이 다음에서 말한 "일치"를 뜻하는 것 같다.

"그렇다고, 인간들 사이의 일치가 참과 거짓을 결정한다고 우리가 말할 수 있는가?" — 참과 거짓은 바로 인간이 말하는 것이요, 인간이 일치하는 것은 우리가 사용하는 언어에서이다. 이것은 의견에 있어서의 일치가 아니라 생활 양식에 있어서의 일치이다(PI, §241).

그런데 정대현 교수는 이 구절을 다음과 같이 좀 다르게 번역하고 있다.

"사람들의 동의가 무엇이 참이고 무엇이 거짓일 것인가를 결정한다는 말입니까?" 무엇이 참이고 무엇이 거짓인가는 사람들이 말하는 방식이다. 사람들은 그들이 사용하는 언어에 대해서 동의하는 것이다. 이것은 의견에 있어서의 동의가 아니라 생활 양식에서의 동의이다(정대현 1997, 229쪽).

정대현 교수가 "동의"로 번역한 용어는 "Übereinstimmung"이다. 이명현 교수는 비트겐슈타인의 『철학적 탐구』의 영역판에서 "Übereinstimmung"이 "agreement"로 번역되어 있다는 사실에 주목한다. "agreement"는 일치보다는 합의의 의미를 더 지닌다. 사람들이 모여 어떻게 하기로 하자고 결정함을 함축하고 있는 것이다. 그러나 "Übereinstimmung"의 의미는 그와는 좀 다른 것이다. 열쇠가 자물쇠에 맞는 경우, 이론이 그것이 설명하려는 사실과 맞는 경우, 그 맞음에 해당하는 것도 "Übereinstimmung"이다. 따라서 이명현 교수는 "Übereinstimmung"의 역어로 합의나 동의보다는 일치가 더 적합하다고 본다. 일치는 사람이 정하는 것이 아니라는 점에서 합의나 동의와 구별된다. 위의 인용구에서 말하는 일치는 단지 자의적인 인간의 합의가 아니라 자연사에서 기인하는 생활 양식에서의 일치를 함축하는 것으로 새겨야 한다. 그런데 앤스컴(Anscombe)이 "Übereinstimmung"을 합의에 더 가까운 "agreement"로 번역하는 순간부터, 그것이 인간적 합의나 동의로 오해될 소지가 마련된 것이다(이승종 1993, 189-190쪽).

정대현 교수의 자연사적 합의가 자연사적 일치를 의미한다면, 그것은 자연사적 공동체성과 한 짝을 이루게 된다. 그리고 그것은 그가 말한 대로 합의적 공동체성과 구별된다. 인간의 생활 양식의 일원성은 바로 이 자연사적 공동체성 혹은 자연사적 일치에서 연원한다고 보아야 할 것이다. 합의나 동의를 넘어선 일치에서 연원한다고 말이다.

□ 참고 문헌

엄정식(2003), 『비트겐슈타인의 사상』, 서울 : 서강대 출판부.
이명현(1984), 「삶의 형식의 두 가지 국면」, 한국분석철학회 1984에 수록.
_____(1989), 「언어의 규칙과 삶의 형식」, 한국분석철학회 1991에 재수록.
이승종(1993), 「언어철학의 두 양상」, 『철학과 현실』 겨울호.
정대현(1980), 「생활 양식 개념」, 한국사회과학연구소 1980에 수록.
_____(1997), 『맞음의 철학』, 서울 : 철학과현실사.
_____(2001), 『심성 내용의 신체성』, 서울 : 아카넷.
한국분석철학회 편(1984), 『비트겐슈타인의 이해』, 서울 : 서광사.
_____(1991), 『비트겐슈타인과 분석철학의 전개』, 서울 : 철학과 현실사.
한국사회과학연구소 편(1980), 『사회과학의 철학』, 서울 : 민음사.
Finch, H.(1977), *Wittgenstein, The Later Philosophy*. Atlantic Highlands, N. J. : Humanities Press.
Garver, N.(1994), *This Complicated Form of Life*. Chicago : Open Court.
Gier, N.(1981), *Wittgenstein and Phenomenology*. Albany : State University

of New York Press.

Haller, R.(1988a), "The Common Behaviour of Mankind", Haller 1988b에 수록.

_____(1988b), *Questions on Wittgenstein*. London : Routledge.

Phillips, D.(1977), *Wittgenstein and Scientific Knowledge*. London : Macmillan.

Pitcher, G.(1964), *The Philosophy of Wittgenstein*. Englewood Cliffs, N. J. : Prentice-Hall.

Wittgenstein, L. (PI) *Philosophical Investigations*. 3rd edition. Ed. G. E. M. Anscombe and R. Rhees. Trans. G. E. M. Anscombe. Oxford : Basil Blackwell, 1967.

_____(RFM) *Remarks on the Foundations of Mathematics*. Revised edition. Ed. G. H. von Wright, R. Rhees, and G. E. M. Anscombe. Trans. G. E. M. Anscombe. Cambridge, Mass. : MIT Press, 1978.

의미 사실의 존재 여부에 대한 소고

남 기 창

비트겐슈타인의 규칙 개념에 대한 크립키의 해석은 많은 논쟁을 불러일으켰다. 이 논쟁은 지금도 진행중인데, 이 논쟁에 참여하는 사람들의 글을 보면, 이른바 규칙회의주의를 만들어내는 크립키의 문제 제기 방식에서부터 회의적 해결책에 대한 이해 방식에 이르기까지 크고 작은 차이가 있음을 알 수 있다.

따라서 여러 글들 사이에서 실질적이고 중요한 연관을 찾아보는 것이 중요하다. 이 점에서 정대현의 글 「그런 사실은 없다」[1])도 예외는 아니다. 따라서 나는 여기서 정대현의 글을 읽고 의문이 드는 점을 제기하면서, 그의 글을 다른 글들과 연관시켜 살펴보려고 한다. 그 결과 정대현의 글뿐 아니라 규칙 따르기에 관련된 논의 전체에 대한 이해도를 높일 수 있게 되기를 바란다.

---

1) 정대현(2004), 「그런 사실은 없다」, 『철학적 분석』 제10호, pp.1-24.

1

크립키가 의미회의주의를 논증하는 과정은 기발하다. 그것을 제대로 이해하려면 그 과정 전체를 그가 쓴 대로 읽는 것이 최선일 것이다. 주석자들은 그의 회의적 논증을 소개할 때 그 과정의 많은 것을 생략한 채 소개할 수밖에 없는데, 이때 핵심이 흐려지는 경우가 있다.

정대현은 이렇게 말한다. "'더하기'란 단어에 대한 나의 사용 방식을 묻는 것이 아니라, 나의 그 사용이 나의 과거의 사용과 일치하는가, 나는 과거의 언어적 의도에 현재 일치하고 있는가를 묻는다."[2] 이 말은 크립키가 한 말이긴 하지만, 크립키의 본래 의도를 오해하게 만들 수 있기 때문에 보완될 필요가 있다. 왜냐하면 크립키는 현재 용법이 과거의 의도와 일치하는가를 묻는 것이 아니라(그것은 문제 제기를 위한 방법일 뿐이다) 현재 의미가 현재 정확한 용법을 보장하는지를 묻고 있기 때문이다.[3] 사실, 이 점을 정대현도 나중에 지적하고 있다.[4] 하지만 그는 그것이 결정적으로 중요하다고는 생각하지 않는 것 같다.

2

정대현의 글의 구조를 살펴보자. 그는 실재론과 반실재론의

---

2) 정대현(2004), pp.3-4.

3) Paul Boghossian, "The Rule-Following Considerations", in Miller & Wright, eds. (2002), *Rule-Following and Meaning*, McGill-Queen's University Press. ch.9. p.148. 이 글은 원래 다음 책에 실린 것이다. Paul Boghossian, "The Rule-Following Considerations", *Mind*, vol. 98, Oct. 1989, pp.507-549.

4) 정대현(2004), p.10.

이분법을 극복하는 이론을 제시하기 위해, 먼저 실재론과 반실재론을 비판하고 있다. 실재론에 포함되는 이론이 호위츠와 맥도웰의 이론이며, 반실재론에 포함되는 이론이 크립키와 라이트의 이론이다. 정대현은 또 회의적 문제를 해결하기 위해서 '당당한 해결책' — '회의적 해결책'이 아니라 — 을 제시하려고 하는데, 회의적 해결책의 사례로서 그가 반실재론에 포함시킨 크립키와 라이트의 해결책을 들고 있다.

그런데 라이트의 판단 의존성 이론을 회의적 해결책으로 간주하는 것이 옳은지 의문이다. 라이트는 자신의 해결책이 전혀 '회의적'이 아니라 '당당한' 것이라고 주장할 것이다. 정대현은 라이트가 회의적 해결책을 제시하는 걸로 보았기 때문에, 라이트를 크립키와 한 부류에 포함시켜 반실재론자 그룹에 포함시켰는데 여기에도 의문이 든다. 두 사람의 차이가 드러나지 않기 때문이다. 여기서 이 두 사람의 차이를 보여줄 뿐 아니라 각종 입장을 더 세밀하게 나누는 보고시안의 분류를 소개하고 정대현의 분류와 비교해보겠다.

보고시안은 이렇게 분류한다.5)

비실재론(irrealism)	오류론(error theory)		처칠랜드의 제거주의
	비사실주의(nonfactualism)		크립키의 회의적 해결책
사실주의	환원주의	행동주의	소박한 행동주의
			공동체적 성향론
		성향론	최적 성향론
	반환원주의 혹은 비환원주의	맥도웰의 준-정적주의(quietism)적 이론	
		라이트의 판단의존(judgment-dependent)론	
		확고한 실재론(robust realism) — 보고시안의 입장	

5) Paul Boghossian, "The Rule-Following Considerations."

이 표는 보고시안의 논문을 참조해서 필자가 만든 것인데, 이 것을 보면 그는 크립키를 비실재론자로 분류하고, 라이트를 실 재론자로 분류하는 것을 알 수 있다.[6] 물론 분류의 기준과 각 이론의 경계가 절대적으로 명확하지는 않겠지만, 정대현의 분류 보다 더 복잡한 보고시안의 분류가 실질적인 내용의 차이에 의한 분류인지 아니면 그저 명목상의 차이일 뿐인지를 생각해보는 것이 중요하다. 그래야만 각 학자들의 입장의 차이를 파악할 수 있기 때문이다.

3

호위츠는 사용(성향)론에 대한 크립키의 비판이 애매어의 오류를 범한다고 주장한다.[7] 크립키의 논증에서는 '결정한다'란 단어가 두 가지 의미를 가지고 있으며 따라서 성향론에 대한 크립키의 비판은 실패한다는 것이다. 이것을 살펴보겠다.

호위치가 보기에 성향론을 비판하는 크립키의 논증을 다음과 같이 요약할 수 있다. (1) 술어의 의미를 구성하는 것은 무엇이든지 그것의 외연을 결정해야 한다. (2) 술어의 쓰임은 그것의 외연을 결정하지 않는다. 그러므로 (3) 술어의 의미는 그것의 쓰임에

---

6) 보고시안은 그의 논문에서 '실재론'이란 명칭은 사용하지 않는다. 그는 또 '반실재론'이란 명칭도 사용하지 않고 있다. 그러나 비실재론에 포함된 이론은 모두 의미-사실의 존재를 거부하는 반면에, 환원주의와 반환원주의에 속하는 이론들은 모두 의미-사실의 존재를 인정하는 입장이기 때문에, 그 점을 강조하기 위해 그것들을 '실재론'이라는 이름 밑에 포함시킬 수도 있을 것 같다. 통상적으로 '성향론'은 반실재론에 포함될 것이지만.

7) P. Horwich(2002), "Meaning, Use and Truth", in Miller & Wright, eds. (2002), pp.260-273.

의해 구성되지 않는다. 호위치는 1번과 2번에 나오는 '결정하다'의 의미가 서로 다르다고 한다.8) 따라서 이 논증을 수정하기 위해 크립키는 두 가지 방식을 사용하는데 두 방식 모두 다음과 같은 이유로 실패한다. 첫째 방식은 강한 의미로 '결정하다'를 통일하는 것인데, 그렇게 하면 2번 전제는 참이 되지만 1번 전제는 참이라고 하기 어렵게 된다. 굳이 그것을 참으로 만들려면, 호위치가 보기에, 팽창론적 진리론을 수용해야 한다. 호위치는 팽창론적 진리론을 거짓으로 보기 때문에, 거짓을 함축하는 1번 전제는 참이 될 수 없다. 따라서 논증은 건전하지 않게 된다. 둘째 방식은 약한 의미로 '결정하다'를 통일하는 것인데, 이번에는 1번 전제는 참이 되지만 2번 전제는 거짓이라고 하기 어렵게 된다. 왜냐하면 약한 의미에서 술어의 쓰임은 외연을 결정한다고 볼 충분한 근거가 있다고 호위츠는 보기 때문이다. 결국 첫째 방식과 마찬가지로 논증은 건전하지 않게 된다. 그러므로 어느 경우든 크립키의 반사용성향론 논변은 성공하지 못한다.

반사용성향론 논변을 비판함으로써 호위츠는 간접적인 방식으로 성향론을 옹호하려고 한다. 문제는 그가 성향론을 직접적으로 옹호하는 논증은 만드는 것이 아니라, 성향론에 가해지는 비판에 대한 응답을 통해서 성향론을 간접적으로만 옹호하려는 데 있다.9) 게다가 성향론에 대한 비판 중 가장 결정적인 비판인 성향적 사실은 기술적(descriptive) 사실로서 규범적(normative) 사실인 의미적 사실(semantic fact)과 다른 종류이기 때문에, 의

---

8) '결정하다'는 약한 의미, 강한 의미 두 가지로 사용된다. 약한 의미로 '결정하다'가 쓰일 때 그것은 동일한 의미를 가진 단어는 외연이 동일하다는 뜻으로 사용된다. 강한 의미로 '결정하다'가 쓰일 때 그것은 단어의 의미 혹은 쓰임으로부터 그것의 외연을 정확히 읽어낼(read off) 수 있다는 것을 뜻한다.

9) 호위츠도 이 점을 인정하고 있다. "말할 필요도 없이 이것은 (성향론이) 맞다는 것을 증명하지는 않는다." 참조 : Horwich(2002), pp.272-273.

미적 사실을 성향적 사실로 환원하는 것이 근본적으로 불가능하다는 비판에 대해선 각주에서 간단히 언급하고 있을 뿐이다.[10]

그리고 호위츠가 지지하는 성향론은 상당히 완화된 의미의 성향론이다. 왜냐하면 그는 약한 의미로서의 '결정'을 수용하면서, 의미와 성향의 관계가 필요 충분 조건은 아니라고 주장하기 때문이다. 이런 종류의 성향론은 그것이 옹호된다 하더라도 크립키의 회의주의적 문제에 대한 직접적인 해결책이 될 수 있을지 의심스럽다.

호위츠를 비판하는 정대현도 성향적 입장의 장단점에 대해선 별로 언급이 없다. 호위츠나 정대현 모두 핵심은 언급하지 않고 있는 것 같다.

4

크립키가 비트겐슈타인의 글에서 회의적 역설을 발견했다고 착각한 이유는 그가 이해는 해석이라는 주장에 대한 비트겐슈타인의 비판을 오해했기 때문이라는 생각은 이제 많이 알려진 것 같은데, 그것은 아마도 맥도웰 덕분인 것 같다. 크립키의 회의적 역설을 맥도웰은 다음과 같이 비판한다.[11]

크립키는 비트겐슈타인이 다음 단원에서 역설을 말하고 있다고 주장한다.

우리의 역설은 이것이었다. 모든 행위 방식이 하나의 규칙과 일치

---

10) Horwich(2002), p.272, 각주 11.

11) J, McDowell(2002), "Wittgenstein on Following a Rule", in Miller & Wright, eds. (2002), pp.45-80.

하도록 만들 수 있기 때문에 규칙은 어떠한 행위 방식도 규정할 수 없다. 대답은 이것이었다. 모든 것이 그 규칙과 일치하도록 만들 수 있다면 또한 그 규칙과 모순되도록 만들 수도 있다. 그러므로 여기에 일치도 모순도 없게 되고 만다[12](PI, §201).

크립키는 여기서 비트겐슈타인이 규칙 따르기와 같은 것은 없다는 역설을 주장하는 것으로 간주한다. 그러나 크립키는 위 문장들 바로 다음에 나오는 구절들에 대해선 주의를 기울이지 않았음을 맥도웰은 보여준다.

여기에 하나의 오해가 생겨났는데 그것은 우리가 앞서의 논의에서 하나의 해석 다음에 또 다른 해석을 제시한 데서 연유한다. 그 해석은 잠깐 우리에게 그럴 듯하게 보일 뿐 곧 또 다른 해석이 뒤이어 나타나곤 한다. 이를 통해 드러나는 것은 해석이 아닌 규칙의 파악이 있다는 점이다. 그 규칙이 드러나는 것은 우리가 "규칙을 따름"이나 "규칙의 위반"이라고 말하는 실제의 경우에서이다. 따라서 규칙에 일치하는 모든 행위를 해석이라고 말하는 경향이 있다. 그러나 우리는 규칙에 대한 하나의 표현을 다른 표현으로 대치하는 경우에 한해서 "해석"이라는 용어를 사용해야 할 것이다(PI, §201).

맥도웰에 따르면, 비트겐슈타인이 여기에서 시도하는 것은 귀류법으로서, "이해가 해석"이라는 주장을 받아들이면 역설에 빠진다는 것이다. 비트겐슈타인은 "해석이란 하나의 규칙에 대한 표현을 다른 표현으로 대치하는 것"이라고 생각하기 때문에, 이해가 해석이라면 하나의 규칙을 따르기 위해 우리는 다른 규칙에 의존해야 한다. 이 과정은 무한히 계속될 것이다. 그렇다면

---

12) Ludwig Wittgenstein(1953), *Philosophical Investigation*, Macmillan. 지금부터는 PI로 표시하겠음.

우리는 규칙을 따를 수 있다고 말할 수 없다. 역설이 생긴 까닭은 이해를 해석이라고 생각했기 때문이다. 따라서 비트겐슈타인은 이해가 해석이라는 생각을 거부한다. 『철학적 탐구』의 단원 201에서 비트겐슈타인이 하는 것은 역설을 제시하는 것이 아니라 그 역설을 낳게 만든 주장, 즉 이해는 해석이라는 주장을 거부하는 것이다. 비트겐슈타인은 이해가 해석이 아니라면 이해 그리고 의미는 없어지고 만다는 주장을 하고 있지 않다. 그는 여기선 그저 이해가 해석일 가능성을 배제하고 "해석이 아닌 규칙의 파악이 있다"는 점을 논증하고 있는 것이다. 따리서 크립키가 비트겐슈타인이 실제로 회의적 역설을 제시했다는 증거로 내세우는 단원 201은 증거로 인정될 수 없다.[13]

맥도웰은 크립키와는 달리 의미-사실의 존재를 부인하지 않았으며, 또 그것이 마음 안에 있다는 것을 부인하지도 않는다. 다만 이 마음 안에 있는 것은 어떤 초사실(superlative fact)이 아닐 뿐이다. 그것은 결국 우리가 하는 실행으로 환원되며, 우리는 실행을 어떤 다른 것으로 환원해서 설명하거나 정당화하려 해서는 안 된다. 이것이 가끔 비트겐슈타인의 '정적주의(quietism)'라고 불리는 입장인데, 맥도웰도 그것을 수용하는 것 같다.

그러나 맥도웰이 비트겐슈타인과 다른 점 하나는 그가 의미의 필요 조건으로 공동체적 실행(communal practice)을 드는 것 같다는 점이다.[14] 그런데 이것은 약간 문제가 있어 보인다. 왜냐하면 이때 맥도웰은 의미를 다른 것으로 설명하려 한다고 할 수 있고, 그것도 논쟁적인 공동체 개념을 이용하기 때문이다. 맥도웰이 정적주의를 수용하는 것 같으면서도 한편으로 공동체적 실

---

13) J. McDowell(2002), p.52.
14) "비트겐슈타인의 요점은 이것이다 : 우리는 의미와 이해의 개념을 공동체적 실행이라는 틀 안에 위치시켜야 한다." 같은 책, p.64.

행에 대해서 말하는 이유는 비트겐슈타인의 사적 언어 논증 때문이다. 비트겐슈타인은 사적 언어를 인정하면 이해를 해석으로 간주하는 경우를 인정하는 것이기 때문에 사적 언어가 불가능하다고 주장했다고 맥도웰은 보는 것 같다. 즉, 실행을 공동체적 실행이 아니라 개인적 실행으로 본다면, 이해가 해석이 아니라는 주장에 대한 반례를 인정함 셈이라고 보는 것 같다.

정대현은 맥도웰이 공동체에 의존하는 점을 환영하지만 그것을 더 발전시키지 않는다는 점에 대해선 문제를 제기하고 있다. 이 지적은 맞는 것 같다. 그리고 그가 글 후반부에서 제시하는 공동체적 입장을 맥도웰이 하지 않은 일을 발전시킨 것이라고 볼 수도 있을 것 같다. 이 점에 대해선 뒤에서 말하겠다.

5

정대현은 반실재론자들은 일단 '그런 사실은 없다'는 점을 수용한다고 보며, 또 "크립키와 라이트의 규범성은 반실재론적"[15]이라고 한다. 크립키와 라이트는 모두 반실재론자로서 의미적 사실의 존재를 거부한다고 보는 것이 정대현의 생각이다. 그 이유로 "이들의 사실에는 개인의 성향이라는 심성적 사실 또는 물리적 사실은 포함하지만 제도적, 사회적 사실은 배제되어 있다는 점이다"[16]을 든다. 그리고 크립키와 라이트의 해결책을 "당당한 규범성론이 아니라 회의적 해결로서의 무사실론"[17]이라고 간주한다. 그리고 그것은 "규범성을 제시하는 사실이 없는 상황에서

---

15) 정대현(2004), p.11.
16) 같은 곳.
17) 같은 곳.

현상적 기술로서의 공동체 사용이나 최선 판단의 규범성"[18]이라고 해석한다.

라이트와 크립키를 이렇게 한 묶음으로 보는 것은 맞는 면도 있겠지만, 양자의 차이를 간과한 오류를 범했다고 할 수 있다. 가령, 크립키는 의미적 사실의 존재를 거부하지만, 라이트는 의미적 사실의 존재를 거부하지 않는다는 근본적 차이가 묻혀지고 있다. 왜 정대현은 라이트가 의미적 사실의 존재를 거부했다고 생각했을까? 이 질문에 답하는 것이 중요하다.

6

맥긴은 크립키가 잘못된 가정 위에서 논증을 전개한다고 주장한다.[19] 그 가정은 의미는 비의미적 사실로 환원되어야만 한다는 것이다. 이것은 환원주의적 입장이다. 이 입장에서는 비의미적 사실이 발견되지 않으면 회의주의로 떨어지는 길밖에 없다. 하지만 맥긴은 의미적 사실을 다른 것으로 환원시키지 않은 채 그 자체로 받아들일 수 있다고 본다. 이것은 반환원주의적 혹은 비환원주의적 입장이다. 맥긴은 반환원주의적 입장을 택하면 회의주의는 해결된다고 본다.

라이트도 반환원주의적 입장이다. 그가 보기에 비트겐슈타인은 의미적 사실이 없다는 주장은 하지 않는다. 오히려 비트겐슈타인은 의미적 사실이 있음을 인정한다. 다만 그는 그런 의미적

---

18) 같은 곳.

19) Colin McGinn(1984), *Wittgenstein on Meaning*, Blackwell. ch.4. 참조. 특히 이 중 pp.150-164는 다음 책에 재수록되었다. Miller & Wright, eds. (2002), *Rule-Following and Meaning*, McGill-Queen's University Press. ch.5.

사실이 판단 독립적이라는 생각에는 반대하고 판단 의존적이라고 주장할 뿐이다.

이런 판단 의존적인 의미적 사실은 반드시 공동체적일 필요는 없다. 따라서 라이트는 무사실론적 해결책이나 공동체적 해결책을 제시하는 것이 아니다. 더욱이 그것을 회의적 해결책으로 부를 수도 없다. 회의적 해결책으로 부르려면, 의미적 사실이 없음을 일단 인정한 후, 오로지 차선책으로의 해결책을 제시해야 하는데, 라이트는 의미적 사실이 없음을 인정하지 않기 때문이다.

다시 말하면, 크립키와 라이트의 근본적 차이는 이렇다. 크립키는 의미적 사실이 전혀 없다고 보는 반면에, 라이트는 그런 사실이 있으며, 다만 그것이 판단 독립적 사실이 아니지만 판단 의존적 사실이라고 말할 뿐이다. 이 점을 정대현은 놓치고 있다.

아마 정대현은 판단 의존적 사실은 진정한 사실의 자격을 갖지 않으며 오로지 판단 독립적 사실만 진정한 사실이 될 수 있다고 생각하는 것인지 모른다.[20] 정대현은 또 라이트의 판단 의존적 사실은 공동체적 성격을 갖고 있으며, 라이트는 공동체적 사실은 진정한 사실이라고 보지 않기 때문에[21] 라이트 자신이 판단 의존적 사실은 사실이 아니라고 말할 것으로 보는 것 같기도 하다. 그런데 라이트의 입장은 초기에는 공동체적 입장이었지만, 판단 의존적 견해를 제시할 때부터는 공동체적 입장은 더 이상 수용하지 않는 것으로 보인다.[22]

---

20) 라이트는 객관성을 잃어버렸다고 비판하는 맥도웰은 판단 의존적 사실은 진정한 사실이 아니라고 할지 모르겠다. 왜냐하면 맥도웰은 다음과 같이 말하기 때문이다. "만일 탐구-독립적 적용 패턴이라는 개념이 폐기된다면, 사물이 최소한 가끔은 그것들에 대한 우리의 판단으로부터 독립적이라는 생각도 폐기되어야 한다." J. McDowell(2002), p.46.

21) "이들(크립키와 라이트)의 사실에는 개인의 성향이라는 심성적 사실 또는 물리적 사실은 포함하지만 제도적, 사회적 사실은 배제되어 있다는 점이다." 정대현(2002), p.11, 앞의 각주 16 참조.

정대현이 정작 하고 싶은 것은 다른 이들의 논증을 평하는 것이 아니라 그 자신의 이론을 제시하는 것이다. '통도중의 생활 양식론'으로 부를 수 있는 이론에서 그는 크립키의 회의적 문제에 대해 '회의적 해결'이 아닌 '당당한 해결'을 시도한다. 그는 이것이 실재론과 반실재론의 이분법적 구조를 극복하는 머릿돌이 될 수 있다고 생각한다.[23]

따라서 통도중의 생활 양식론은 더 발전시킬 여지가 많은 이론이다. 하지만 그 과정에서도 변하지 않을 것은 아마도 그것이 갖고 있는 공동체적 입장이라는 특징일 것이다. 정대현은 공동체주의자다. 그는 다음과 같이 말한다.

> 이 책은 <심성 내용은 신체적이다>라는 논제를 대안으로 제시하고자 한다. 이러한 논제를 지지하기 위해서는 어떤 마음도 다른 마음으로부터 분리될 수 없다는 것을 주장할 수 있어야 할 것이다. 마음과 마음의 연결은 몸을 통하여 이루어지는 것이고 마음의 사회적 내용은 몸들이 이루어내는 언어 공동체에 의하여 구성되는 것이다. 결국 마음이란 사회적 내용의 개인적 체험의 장이라고 생각한다.[24]

문제는 보통 '공동체주의적'이라는 명칭 하에 전개되는 이론들을 자세히 살펴보면 그것이 몇 가지로 나누어진다는 점이다.

---

22) Paul Boghossian, "The Rule-Following Considerations", p.171, 각주 45 참조. 라이트의 판단 의존성과 판단 독립성의 구분은 로크의 일차 성질과 이차 성질의 구분과 유사하다. Alexander Miller(1998), *Philosophy of Language*, UCL Press, p.205, 각주 49 참조. 로크가 이차 성질을 공동체적이라고 할 것 같지는 않다.

23) 정대현(2004), p.22.

24) 정대현(2001), 『심성 내용의 신체성』, 아카넷, p.12.

보고시안의 글을 보면 최소한 세 종류의 서로 다른 공동체적 입장이 발견된다. 그것들은 다음과 같다.[25]

(1) 비실재론에 속하는 것으로서 크립키가 회의적 해결책에서 사용한 공동체적 입장
(2) 환원주의적 성향론의 한 종류로서 회의주의에 대한 직접적 해결책으로서 제시되는 공동체적 성향론 입장
(3) 반환원주의의 한 종류인 맥도웰의 입장에 등장하는 공동체적 실행이란 의미로서의 공동체적 입장

정대현의 공동체적 입장은 기존의 여러 종류의 공동체적 입장과 어떻게 유사하며 어느 점에서 다른가? 이에 답하기 위해 두 가지 일을 하려고 한다. 첫째는 기존의 세 종류의 공동체적 입장을 분석, 비판한 후 정대현의 입장과 비교하는 일이고, 둘째는 크루소의 언어의 가능성과 연관시켜 정대현의 입장과 기존의 공동체적 입장들을 비교해보려고 한다.

8

첫째, 크립키의 회의적 해결책에서 공동체적 입장이 도입되는 것은 다음과 같은 이유 때문이다. 크립키의 회의적 해결책은 의미를 부여하는 문장을 진리 조건이 아니라 주장 가능성 조건으로 대치시킨다. 그런데 크립키에 따르면 이 주장 가능성 조건은 고립된 것으로 간주된 사람에게는 주어질 수 없다. 왜냐하면 이 같은 사람이 가질 수 있는 주장 가능성 조건을 아무리 분석해보

---

25) Paul Boghossian, "The Rule-Following Considerations."

아도 그가 단어를 정확히 사용하는지 아닌지를 구분할 수 없기 때문이다. 이 구분을 만들려면, 그 사람을 공동체 안에 있는 것으로 간주해야만 한다. 그래서 그 사람의 행위가 공동체의 것과 일치(agreement)하는가의 여부를 보고 그가 단어를 정확히 사용하는지 아닌지를 구분해낼 수 있다.

둘째, 직접적 해결책으로 간주될 수 있는 공동체적 성향론은 다음과 같다. 이것은 의미-문장을 행동의 성향으로 환원할 때 생기는 문제를 해결하기 위해 만들어진 이론이다. 내가 '말'이란 단어로 의미하는 것을 내가 '말'이란 단어로 부를 성향이 있는 것으로 환원하려는 이론은 단순한 성향론이다. 이 성향론의 문제는 그것이 결국에는 '말'의 의미로 말이 아니라 [말 또는 소]를 들어야 하는 이상한 결과를 낳는다는 점이다. 왜냐하면 나는 특정한 상황 아래에선 소를 말로 착각하고 '말'로 부를 성향을 가질 수 있기 때문이다. 이런 문제를 해결하기 위해 만들어진 방법은 항상 말만을 '말'로 부를 수 있는 조건을 구성하는 것이다. 이 조건을 구성하는 한 가지 방법이 공동체를 이용하는 것이다. 이 방법은 개인적 성향이 아니라 공동체적 성향에 의존한다. 내가 '말'이란 단어로 의미하는 것은 내가 아니라 우리가 '말'이란 단어로 부를 성향이 있는 것이다. 이렇게 보면 '말'의 의미로 말이 아니라 [말 또는 소]를 들어야 하는 일은 생기지 않는다는 것이다.

셋째, 앞에서 말했듯이 맥도웰도 공동체적 입장이다. 맥도웰이 왜 공동체적 입장을 도입하는지 다시 생각해보자. 맥도웰은 크립키가 비트겐슈타인 철학 안에서 다음의 딜레마를 발견했다고 생각한다. 그 딜레마는 [의미는 없다]는 뿔과 [의미는 초강력 기계(super-rigid machine)[26]처럼 우리를 인도한다]는 뿔로 이

---

26) '초강력 기계(super-rigid machine)'는 맥도웰이 다음 쪽에서 사용했다. J. McDowell(2002), p.53.

루어졌다. 크립키는 이중 두 번째 뿔을 거부하고 첫 번째 뿔을 받아들이면서 회의주의에 빠진다. 이에 대해 맥도웰은 이 딜레마가 거짓 딜레마라고 생각한다. 우리는 두 뿔 사이에서 중도를 찾을 수 있다는 것이다. 그 길은 바로 의미를 공동체적 실행으로 보는 것이다. 그럼 왜 맥도웰은 실행을 개인적 실행이 아니라 공동체적 실행이어야만 한다고 고집하는가? 그 이유는 앞에서 말했듯이 이해는 해석이 아니라는 주장 때문인데, 실행을 공동체적 실행이 아니라 개인적 실행으로 본다면, 즉 사적 언어가 가능하다고 본다면 이해는 해석이 아니라는 주장을 할 수 없다고 생각하기 때문이다.

정대현의 공동체론은 이중 어느 것과도 유사하지 않으면서 동시에 모든 것과 조금씩 유사한 것 같다. 그가 자신의 해결책을 당당한 해결책으로 보려고 하는 한, 그는 두 번째 입장과 비슷하다. 그러나 그가 진리론적 규범성 이론을 거부하려는 것을 보면, 그는 의미를 진리 조건이 아니라 주장 가능성 조건으로 분석하려는 것 같은데 이것은 첫 번째 입장의 한 요소이기도 하다. 반면에 그가 실재론과 반실재론을 극복하려 한다는 점에서 세 번째의 맥도웰의 입장과 그 목표를 공유하기도 하는 것 같다.

9

공동체주의자들이 의견을 달리 하는 또 다른 문제는 크루소의 언어의 가능성 여부다. 공동체주의자들은 모두 크루소의 언어가 불가능하다고 생각할 것으로 단정해버리기 쉬운데 실상은 그렇지 않다. 예를 들어, 크립키는 회의적 해결책이 크루소가 규칙 따르기를 할 수 없음을 함축한다고 생각하지 않는다. 직접적 해결책으로서의 공동체적 성향론자들은 크루소의 언어가 가능하지 않다고 할 것이다. 맥도웰도 사적 언어의 불가능성이 곧 크루소의 언어의 불가능성을 보여주는 것으로 생각하는 것 같다. 정대현은 크루소의 언어의 가능성에 대해서 어떻게 생각할까? 그 실마리가 다음 글에서 발견된다.

(1) 고립된 크루소가 기준을 갖는다면 그 기준은 좁은 것이거나 넓은 것일 것이다. (2) 좁은 기준은 그의 개인적 사적 의식에서 그가 찾는 것이라고 할 때 크루소가 고립되어 있거나 않았거나 간에 그의 사적 언어는 불가능할 것이다. 그러나 (3) 넓은 기준이 그의 개인적 의식 이외의 구조에서 찾아지는 것이라면 크루소가 고립되어 있거나 않거나 간에 그 기준은 공동체 접근적인 것이다. 그렇다면 (4) <공동체 기준>이란 크루소가 고립되어 있는 경우 성립되지 않는다는 남기창의 가정은 의심스럽다. (5) <공동체 기준>을 <고립된 크루소>와 대비적으로 해석한 결과가 아닐까 생각한다.[27]

이 글을 보면, 정대현은 크루소도 언어를 사용할 수 있으리라고 보는 것 같다. 공동체 기준이 고립된 크루소에 대해서도 성립된다고 보는 것 같기 때문이다. 그러나 다음 글을 읽어보면, 그렇게 생각하지 않는 것 같기도 하다.

크립키가 단어의 성향적 사용을 논의하고 라이트가 최선 판단론을 펼 때 이들은 개인의 성향이나 개인의 최선 판단만을 언급한다. 그리고 이들의 개인은 특정 종류의 개인이라고 생각한다. 사적 개인은 아니지만 공동체적 개인도 아닌 개별적 개인이 가능한 것처럼 간주하는 것이다.
그러나 '사용'은 사회적 문맥이 전제되지 않고 이해되기 어렵다고

---

27) 정대현(2001), p.12, 각주 4.

생각한다. … 결국, '규칙 따르기'는 개인이 자신의 '사용 성향'을 '사회적 사용'에 맞추는 것이다. 이러한 문법에서만 개인의 규칙 따르기는 사회적 사용에 맞는 것이다.[28]

이 글을 보면, 정대현은 공동체에 참여하지 않는 개인이 존재하는 것은 가능하지 않는 것처럼 생각하는 것 같다. 개인은 언제나 공동체에 참여하는 한에서의 개인이다. 그런 개인은 자신의 '사용 성향'을 '사회적 사용'에 맞추면서 규칙을 따른다.[29] 이 글만을 보면, 크루소는 공동체에 참여하지 않는 개인이며 따라서 가능하지 않은 존재인 것처럼 보인다.[30]

10

마지막으로 정대현의 공동체적 입장이 당당한 해결책이 될 수 있는지 살펴보겠다.[31] 크립키의 회의주의적 도전을 무너뜨릴 수 있음을 보여주어야 '당당한' 해결책이 된다. 크립키는 당당한 해결책이 만족시켜야 할 두 가지 조건을 든다.

---

28) 정대현(2004), pp.12-13.

29) 이 말을 보면, 정대현의 입장은 앞에 나온 공동체적 성향론과 비슷한 것 같다.

30) 공동체적 입장과 크루소의 언어 가능성 사이의 관계는 복잡하다. 정대현은 '좁은 기준'과 '넓은 기준'의 구분 그리고 '언어 전 생활 양식'과 '언어 후 생활 양식'의 구분을 이용해서 내가 그의 글에서 발견했다고 주장하는 비일관성을 해결하려고 시도할 것 같다. 이 문제와 관련해서는 다음 글 참조. 남기창(2005), 「규칙 따르기의 여러 유형」, 『철학적 분석』. 특히, 이 글에 나오는 촘스키의 두 종류의 생활 양식 구분과 정대현의 구분 사이의 유사성에 대해서 검토해볼 필요가 있다.

31) 정대현의 공동체적 입장은 다음 책에 자세히 설명되어 있다. 정대현(1997), 『맞음의 철학 : 진리와 의미를 위하여』, 철학과현실사.

첫째, 그 답은 내가 곱셈이 아니라 덧셈을 의미한다는 것을 구성하는 (나의 심적 상태에 관한) 사실이 무엇인지 설명해야 한다. 그러나 또 그런 사실의 후보로서 제시될 수 있는 어떤 것도 만족시켜야 할 조건이 하나 더 있다. 어떤 의미에서 그것은 내가 '68 + 57'에 '125'라고 답하는 것이 어떻게 정당화되는지를 보여주여야 한다.[32]

정대현은 그의 당당한 해결책이 이 두 조건을 어떻게 만족시켜주는지는 직접적으로 말해주지 않는다. 그러나 앞에 들었던 세 종류의 공동체적 입장이 이 두 조건 중 특히 두 번째 조건을 만족시키는 데 성공하지 못했다는 것을 지적하고 싶다.[33]

이런 어려움을 피하기 위해, 정대현은 그가 하는 것은 언어 현상에 대한 설명이 아니라 기술을 할 뿐이라고 할 가능성은 없는가? 그럴 가능성은 없는 것 같다. 왜냐하면 그는 "현상적 기술로서의 공동체 사용"에는 만족할 수 없다[34]고 명시적으로 말하고 있기 때문이다.

11

비트겐슈타인의 철학은 그것의 탄생 이래 전성기였던 1960년대까지 다양한 해석을 낳았다. 하지만 그 다양한 해석들 중에서 비트겐슈타인 본인의 사상을 대체할 만한 이론은 나오지 않았

---

32) Saul Kripke, Wittgenstein : *On Rules and Private Language* (Cambridge, Massachusetts : Harvard University Press, 1982), p.11.
33) 맥도웰의 경우는 다르다. 그는 아예 크립키가 던지는 질문, 가령 "의미는 가능한가?"와 같은 질문이 좋은 질문이 아니라는 것을 보여줌으로써 문제의 해결이 아니라 문제를 해소시키는 방식을 택한다.
34) 정대현(2004), p.11.

다. 크립키가 규칙 따르기에 대한 그의 독창적 해석을 내놓기 전까지는 말이다. 하지만 크립키의 비트겐슈타인 해석이 발표된 이래 그것은 비트겐슈타인 본인의 철학에 버금가는 위치를 차지하지 않았는가 하는 생각이 들 정도로 많은 학자들의 연구 대상이 되었다.[35] 우리 철학계의 상황을 보면 비트겐슈타인 철학에 대한 연구는 어느 철학보다 활발하지만, 크립키의 비트겐슈타인 해석에 대한 본격적인 연구는 드물지 않았나 생각한다. 정대현의 글은 이 점에서 우리의 비트겐슈타인 연구의 방향을 새로 정립해주고 그 내용을 풍부하게 만들어줄, 그야말로 "머릿돌" 같은 글이 될 것으로 믿는다.

□ 참고 문헌

남기창(1996), 「크루소의 언어는 사적 언어인가?」, 『언어철학연구』 제1권, 현암사, pp.211-251.

_____(2002), 「비트겐슈타인의 철학과 언어론 ─ 크립키의 의미 회의론을 중심으로」, 『철학』 제69집의 별집, pp.19-50.

_____(2005), 「규칙 따르기의 여러 유형」, 『철학적 분석』, pp.77-98.

이승종(1997), 「투사적 존재로서의 타자」, 『철학연구』 제40집, pp.111-126.

정대현(1997), 『맞음의 철학 : 진리와 의미를 위하여』, 철학과현실사.

_____(2001), 『심성 내용의 신체성』, 아카넷.

_____(2004), 「그런 사실은 없다」, 『철학적 분석』 제10호, pp.1-24.

Boghossian, P.(2002), "The Rule-Following Considerations", in Miller & Wright, eds. (2002), pp.141-187.

Horwich, P.(2002), "Meaning, Use and Truth", in Miller & Wright, eds. (2002), pp.260-273.

Kripke, S.(1982), *Wittgenstein on Rules and Private Language*, Harvard University Press.

---

35) 여기에는 크립키의 비트겐슈타인 해석이 없었다면, 비트겐슈타인 철학에 대해선 연구를 하지 않았을 것 같은 철학자들이 많이 포함된다고 생각한다.

McDowell, J.(2002), "Wittgenstein on Following a Rule", in Miller & Wright, eds. (2002), pp.45-80.

McGinn, C.(1982), *Wittgenstein on Meaning*, Basil Blackwell.

Miller, A.(1998), *Philosophy of Language*, UCL Press.

Miller & Wright, eds.(2002), *Rule-Following and Meaning*, McGill-Queen's University Press.

Wittgenstein, L.(1958), *Philosophical Investigations*, 3rd edition, ed., G.E.M. Anscombe and Rush Rhees, tras., G.E.M. Anscombe, Macmillan.

Wright, C.(2002), "Meaning and Intention as Judgment Dependent", in Miller & Wright, eds. (2002), pp.129-140.

크립키, 니체 그리고 정대현
— "그런 사실은 없다"에 관한 한 고찰

이 주 향

1. 언어철학의 적자 정대현

정대현은 언어철학의 적자다. 그는 러셀, 프레게, 비트겐슈타인, 콰인, 데이빗슨, 크립키로 이어지는 언어철학의 전통에 충실하다. 그러나 그는 그들을 단지 이해하고 노래하는 전도사가 아니라 그 본류에 잇대어 있으면서도 "문맥적 실재론" 혹은 "맞음의 철학"으로 표현될 수 있는 그의 철학으로 발전시키고 있다. 그의 철학은 궁극에서는 실재론과 반실재론의 이분법을 어떻게 극복할 수 있는지를 보이는 것이었다. 그는 언어의 의미를 결정짓는 사실이 없다는 크립키의 회의주의를 엄청난 도전으로 받아들여 오랜 시간 숙고했고, 일견 받아들인 것으로 보인다. 그러나 그것은 형이상학적 실재론을 분명히 거부하는 계기일 뿐, 그는 크립키에 닻을 내리지는 않았다.

오히려 그는 비트겐슈타인의 생활 양식 개념에 착안한다. 그리고 비트겐슈타인 철학의 핵심 개념이면서도 비트겐슈타인 속에서도 모호하게 보여주고만 있는 '생활 양식'을 그가 몸담고 있는 동양적 전통에서 아이디어를 얻어 "시간이 걸러내는 통도중(通道中)의 유기체"로 설명한다. 이하에서는 그 일생이 처음부터 언어를 통해 언어를 지우고 언어를 통해 최적의 길을 내는 것이었던 정대현이 어떻게 언어 속에 내재되어 있는 실재론의 망령을 떨쳐내는지, 그리고 또 "그런 사실은 없다"로 표현되는 크립키의 반실재론과의 관계를 어떻게 풀어가는지를 조망해갈 것이다. 나는 크립키의 반실재론을 받아들이는 것은 아니지만 "그런 사실은 없다"로 표현되는 반실재론이 생각보다 거부하기 어려운 문제라고 생각한다. 물론 반실재론은 관념론은 아니다. 오히려 반실재론의 핵심은 실체성 부정이라고 보아야 한다고 생각한다. 나는 '사물 자체'란 개념은 불합리하고, 우리가 그 무엇이라고 부르는 사물이란 관계 속에서, 활동 속에서 특정한 성질을 갖는 그 무엇으로 드러나는 것일 뿐이라고 주장하는 니체를 통해 실체성 부정의 극단을 본다. 회의주의자(언어회의주의자)면서도 크립키는 단어의 성향적 사용을 논의하고, 회의주의의 심연과 매력을 알면서도 정대현은 성기성물(成己成物)하는 통도중(通道中)의 유기체, 생활 양식에 안착한다. 이들이 그럴 수 있었던 것은 문맥의 관심이 지적하는 최소 기반으로 실체 혹은 주체 개념을 전제하고 있었기 때문이다. 그러나 니체는 이 주체 개념까지 철저하게 해체한다. 아예 사물의 실체성을 부정함으로써 "그런 사실은 없다"고 사물 자체를 해체시키는 니체의 생성의 철학에 대해 정대현은 어떤 대답을 줄 것인가? 이것이 이 논문이 제기하는 중요한 문제 중의 하나다.

2. 한과 원한

정대현의 일생은 처음부터, 언어를 통해 언어를 지우고 언어를 통해 최적의 길을 내는 것이었다. 그는 일상 언어를 분석하고 우리말의 쓰임새를 명료하게 분석함으로써 우리말 사용 방식에 들어 있는 허위 의식을 찾아낸다. 그 작업은 물론 자연스런 의식인 양 자연스럽게 우리의 언어 속에 내재되어 있는 허위 의식을 어떻게 떨쳐버릴 수 있는지를 보이는 것이고, 언어를 통해 최적의 생활 세계에 이르는 최적의 길 찾기를 시도하는 것이다. 정대현에 따르면 언어는 세계 반영의 구조도 아니고 하늘로부터 떨어진 것도 아니다. 언어는 철저히 인간 공동체의 생활 양식에서 비롯된 것이다.[1] 그 첫 시도가 『한국어와 철학적 분석』(1984)이다. 그가 어떻게 언어를 통해 언어를 지우고 언어를 통해 최적의 길을 내는지 좋은 예가 한국어에서 한과 원한이 어떤 구조를 갖고 어떻게 다른지를 분석한 것이다.

그의 우리말 분석에 따르면 한은 '맺히는' 것이고 원한은 '품는' 것이다. 한에 대해서는 '맺히다'가, 원한에 대해서는 '품다'가 한국어의 전형적 사용 방식이다. 누구누구에 대해서 품는 원한은 의도 의존적이지만 그저 맺히는 한은 의도 독립적이다.[2] 원한은 지향성을 갖지만 한은 구체적인 대상이 없이도 체험된다. 한에는 지향성이 없는 것이다. 당연히 원한은 갚을 수 있지만 대상이 없는 한은 갚을 수 없다.

정대현에 따르면 한은 체계적 불의[3]에 대해 생기는 것이다.

---

1) 정대현, 『맞음의 철학 : 진리와 의미를 위하여』, 철학과현실사, 1997, 25쪽.
2) 정대현, 『한국어와 철학적 분석』, 한국문화연구원 한국문화총서 6 : 이화여대 출판부, 1985, 70쪽.
3) 정대현은 아이를 낳지 못해 쫓겨날 위기에 있는 조선조 여인의 예를 들면서 조선에서 필요로 했던 체계적 불의의 내용을 다음과 같이 분석한다.

그런데 그 체계적 불의가 "대상 비지향적인 상태 또는 '자연적' 의식으로부터 불의를 유발한 인위적 구조물에 대한 의식"[4]으로 옮겨지지 않는다면 한은 극복되기 힘들다는 것이다. 정대현은 원한과 한의 전형적 사용 방식의 차이에 주목함으로써 대상이 없는 한이 어떻게 극복될 수 있는지 차근차근 분석해간다. 그 과정은 언어 분석을 통해 자연적 의식 속에 들어 있는 인위적 구조물에 대한 의식을 찾는 과정이고 그럼으로써 인위적 구조물 속의 질곡을 스스로 인식하게 하는 것이다.

3. "그런 사실은 없다"

1) 정대현 & 크립키

언어를 통해 언어를 지우고 언어를 통해 최적의 길을 내는 정대현이 어쩌면 학자로서의 한평생이라고 해도 좋을 긴 시간, 주목했던 것은 "그런 사실은 없다"와 '맞음'이다. 다시 말하면, "그런 사실은 없다"로 표현되는 의미에 대한 사실적 접근의 불가능성에 대한 인식과, 사용적 인식의 불가피성의 근거 찾기로서의 '맞음'이 그의 철학적 작업의 핵심인 것이다.

사실, 사실과 함께 문제되어야 할 개념은 '실체'라는 개념이다. 정대현은 절대적 물체로서의 실체 개념은 일찍이 버린다. 그에

---

(1) '아이를 못 낳는다'와 '아이를 안 낳는다'의 사이엔 차이가 없다.
(2) 아이를 못 낳는다는 것은 생리적인 문제가 아니라 여자가 책임져야 할 도덕적인 문제다.
(3) 아이를 못 낳는다는 것은 생리적으로 여자만의 결함에 기인한다.
(4) 아이를 못 낳을 때 이것만으로 며느리를 쫓아낼 충분한 이유가 된다. 위의 책, 74쪽.
4) 같은 책, 77쪽.

게 실체는 "문맥의 관심이 지적하는 최소 기반"이고 사용 여부에 따라 의미가 달라지는 것이다.5) 절대적 물체로서의 실체 개념을 버린 그가 넘어야 할 장벽은 "그런 사실은 없다"는 크립키의 언어회의주의였다. 크립키에 따르면 언어의 의미를 결정하는 사실은 없다. 정대현에 따르면 크립키는 사실의 이론 의존성을 넘어 사실 문장의 의미 자체에 의문을 제기한 철학자다. 비트겐슈타인의 규칙 따르기를 역설로 규정한, 유명한 이 논의의 결과 크립키는 "어떠한 특정한 행위 유형도 하나의 규칙에 의해 결정되지 않는다. 왜냐하면 행위의 모든 유형이 바로 그 규칙에 일치하도록 조작될 수 있기 때문이다. 만일 어떠한 것도 그 규칙에 일치하는 것으로 만들어질 수 있다면 그것은 또한 그 규칙과 갈등을 빚는 것으로도 만들어질 수 있다"[PI : S201]고 하는 비트겐슈타인의 명제를 통해 언어의 의미를 결정짓는 사실이 없음을 보인다. 정대현에 의하면 크립키는 여러 문맥에서 과거의 사실이나 모든 사실이 단어의 현재나 미래의 사용을 결정짓지 않는다고 주장했다. 이에 대해 정대현은 "표현 M이 시간 t에서 어떤 것을 의미하고 그 M이 시간 t^1에서 어떤 다른 것을 의미한다면 두 M은 다른 단어"6)라는 보고시안의 반박으로 크립키의 규칙 역설은 무화될 수 있다고 한다.7) 그러나 문제는 그렇게 간단한 것처럼 보이지 않는다. 표현 M이 시간 t에서 어떤 것을 의미하고 그 M이 시간 t^1에서 어떤 다른 것을 의미한다면 두 M은 다른 단어임에 틀림이 없지만, 문제는 그것이 아니라 그렇다면 표현 M의 의미를 확정지을 수 있는 방법이 없다는 것이 아닐까? 과거

---

5) 같은 책, 87쪽.

6) Paul A. Boghossian, "The Rule-Following Consideration", *Mind*, 98(1989), p.513.

7) 정대현, 「그런 사실은 없다」, 한국분석철학회 여름 세미나, 2004년 7월 24일, 6쪽.

의 사실이나 모든 사실이 단어의 현재나 미래의 사용을 결정짓지 않는다는 크립키의 주장이 의미 있는 것은 표현 M의 의미를 확정지을 수 있는 사실이 없다는 통찰과 통해 있기 때문이라고 생각된다.

표현 M의 의미를 확정지을 수 있는 사실도 방법도 없다! 정대현은 이 같은 크립키적 관점을 어떻게 소화할 것인가? 21세기 최대의 언어회의주의라고 표현되는 크립키의 회의주의에 대한 정대현의 관심은 이중적이다. 그는 비트겐슈타인의 역설을 해석하는 크립키의 방식을 받아들이면서도 극복한다. 그가 크립키의 회의주의를 받아들이는 방식은 언어의 의미를 결정하는 "그런 사실은 없다"는 데 동의하기 때문이며 크립키에 머물지 않는 이유는 그럼에도 불구하고 우리가 비교적 확정적인 의미를 사용하기 때문이고 그 근저에서 생활 양식이라고 할 수 있는 그 무엇이 작동하는 것을 보기 때문이다. 그 생활 양식으로 인해 규칙 준수는 사실적이 아니라 사용적이다. 이렇게 볼 때 정대현은 크립키의 회의주의의 매력을 누구보다도 잘 아는 실재론자다.

물론 철저한 분석을 좋아하는 정대현은 언어와 의미의 관계는 사실적이라기보다 규범적이라는 점을 들어 크립키의 언어회의주의의 맹점을 짚어보기도 하지만, 또한 이 규범성이 사실적 관계로 나타날 수 있는 가능성을 인식함으로써 크립키의 회의주의가 쉽게 극복될 수 있는 것이 아님을 염두에 두고 있다.

2) 니체 & 정대현

필자는 여기에서 크립키보다 더 극단적으로 "그런 사실은 없다"고 주장하는 니체에 대해 정대현이 어떻게 반응하는지 궁금하다. 정대현은 크립키가 단어의 성향적 사용을 논의한다는 점을 들어 크립키는 실재론의 구도 안에서 반실재론을 구성하고

있는 것이고, 이에 따라 크립키의 해결이 "회의적 해결"[8]이 되고
만다고 한다. 크립키의 회의적 해결은 만족하기 어렵다는 그는
당당한 해결을 위해 생활 양식을 '통도중(通道中)'으로 조명한다.
'통도중'으로 실재론과 반실재론의 이분법을 극복하고자 한 것
이다. 그의 시도는 어떤 의미일 것인가? 그 문제는 다음 절에서
논의하도록 하고, 그 이전에 단순히 의미론적 관점에서 "그런 사
실은 없다"고 하는 크립키보다도 더 극단적으로, 오히려 존재론
적으로 "그런 사실은 없다"고 주장하는 니체에 대해 정대현이
어떤 해답을 줄지 궁금하다.

　정대현은『맞음의 철학』에서 비트겐슈타인을 논하면서 비트
겐슈타인에게 사실은 관용적 제도 안에서의 사실일 뿐이라고 한
다.[9] 그는 '간통'이라는 개념을 갖고 있지 않은 사람에게 간통을
한 적이 있다고 말한다면 그것은 관습적 제도 내적 사실이라는
예를 들고 있다. 비트겐슈타인에 따르면 "그러한 제도와 독립하
여 발견될 수 있는 그러한 사실이란 없다"는 것이다.[10]

　정대현에게서 사실은 언제나 관습적 제도 내적 사실일 뿐, 사
실 그 자체는 존재하지 않는다. 그러나 그는 사실 그 자체의 존재
에 대해 회의적이지만, '주체' 개념은 포기하지 않는 것으로 보인
다. 그는 "나의 이룸과 만물의 이룸은 맞물려 있다"는 성기성물
(成己成物)을 다원주의 시대의 대안적 가치로 내세운다. 정대현
에 따르면 성기성물은 자아와 타자를 존재 차원에서 구분하면서
완성 차원에서 연결시키기 때문에 다원주의 시대의 대안적 가치
로 적합하다고 한다.[11] 그는 주체를 포기하지 않으면서 있는 그

---

8) 같은 글, 7쪽.

9)『맞음의 철학』, 195쪽.

10) 같은 곳.

11) 정대현,『다원주의 시대와 대안적 가치 : 한 인간론의 여성주의적 기초』, 이
화여대 출판부, 2006.

대로의 사실은 없다는 의미에서 실체성을 부정할 수 있는 한 길을 열어놓은 것이다.

그러나 주체 개념을 해체시키지 못한 그것 때문에 필자는 첫째, 그가 실재론을 끝내 고집했으며, 둘째, 종종 언어 속에 내재되어 있는 허위 의식을 찾아 해체시키는 그의 언어철학이 그 목적에도 불구하고 또 종종 생활 양식의 이름으로 허위 의식을 옹호할 수밖에 없는 기능을 수행하고 있다고 생각한다. 여기에서 나는 실체성을 부정하는 니체의 생성의 철학을 거울로 정대현에게 질문하고자 한다.

니체에 따르면 끝없이 변하는 세상에서는 어느 것도 독자적인 본질을 배타적으로 갖지 않는다. 관계의 그물망이 달라지면 모든 것은 변화한다. 그러니 존재하는 것은 개체라기보다는 차라리 사건이다.12) 니체의 허무주의의 핵이기도 하지만 니체는 철저하게 사물의 실체성을 부정하고 그럼으로써 실체성에 결박되어 있는 삶을 해방하려 한다. "'사물'이란, 개념과 상 등에 의해 종합적으로 결합된 작용들의 총계다.13) ⋯ 사물 자체는 불합리하다. 내가 모든 관계들, 모든 '고유한 성질들', 모든 '활동들'을 어떤 것에서 빼놓고 생각하면 그것은 남아 있지 않는다."14)

논 자체, 밭 자체, 꽃 자체는 없다. 우리가 그 무엇이라고 부르는 어떤 것은 관계 속에서, 활동 속에서 특정한 성질을 갖는 그 무엇으로 잠시 드러나는 것일 뿐이다. 그러니 그 무엇이라 이름 붙여진 사물의 이름은 가명이다. 니체는 아예 '날조된 것'이라는

---

12) 진은영, 「니체와 용수 : 영원 회귀에 대한 고찰」, 『철학연구』 제66집 : 2004년 가을, 철학연구회, 13쪽.

13) 프리드리히 니체, 『유고(1888년 초~1889년 1월초)』, 백승영 옮김, 책세상, 2004, 88쪽.

14) 프리드리히 니체, 『유고(1887년 가을~1888년 3월)』, 백승영 옮김, 책세상, 2000, 292쪽.

표현까지 쓴다. "물성(Dingheit)이란 논리적 필요에 의해서 우리에 의해 사물에 덧붙여 날조된 것"15)이라는 것이다. 니체에 따르면 사물의 이름은 단지 표시나 이해가 목적일 뿐 실체를 전제하지 않는다. 사물의 절대적 성질, 사물 자체는 없기 때문이다. '그것은 있다'고 얘기되는 사물은 없다. 우리가 지속적으로 존재한다고 믿는 것들은 그것이 지속한다고 믿는 한 "순전한 허구들"16)이다. 지속과 불멸은 단지 가상이다.17)

그럼에도 불구하고 우리는 왜 실체 개념을 갖게 되는가? 니체에 따르면 실체 개념은 주체 개념의 결과다. 그러니 우리가 영혼18)과 '주체'를 포기하면 '실체' 일반의 전제는 사라진다. 존재자의 단계는 얻을 수 있지만 '존재자 바로 그것'은 없어진다는 것이다.19) 니체에 따르면 '주체' 개념이 문제의 핵인 것이다. 그러면 주체는 무엇인가?

"주체란 우리에게 있는 많은 동일한 상태들이 마치 하나의 유일한 기체(Substrat)의 결과라는 듯이 말하는 허구다 : 그러나 우리가 이런 상태들의 '동일성(gleichheit)'을 먼저 만들어냈다 : 이런 상태들을 동일하게 설정하고 정돈하는 것이 사실이지 동일성이 사실인 것은 아니다(동일성은 오히려 부인될 수 있다)."20)

니체에 따르면 주체는 허구고, 그 주체를 포기하면 실체 일반의 전제도 사라진다. 단순히 행위의 의미를 결정하는 사실을 부

---

15) 같은 책, 292쪽.

16) 같은 책, 342쪽.

17) 같은 곳.

18) 이때의 영혼이란 영원하고 불가분한 실체로서의 영혼이다. 니체는 선악의 저편에서 사멸하는 영혼의 개념의 유용성은 인정하고 있다. 『선악의 저편』, 30-31쪽.

19) 『유고(1887년 가을~1888년 3월)』, 154쪽.

20) 같은 책, 154-155쪽.

정하는 차원을 넘어 아예 사물의 실체성을 부정함으로써 "그런 사실은 없다"고 사실 자체를 해체시켜버리는, 동양 철학에 잇대어 있는 니체 철학에 대해 영미 언어분석철학의 적자인 정대현은 무슨 대답을 할 것인가?

4. 통도중(通道中)의 유기체

정대현은 행위의 의미를 결정하는 '사실'이 존재하지 않음을 보면서도, 여전히 언어의 의미를 결정짓는 그 무엇에 관심을 돌린다. 그것이 통도중(通道中)의 유기체인 생활 양식이고, 끝내는 성기성물(成己成物)로 표현된 맞음이라 생각한다. 그는 철학이 단순한 언어 게임이 아니라 언어 게임의 메타 이론에 관심을 가진 것이고, 그 태도는 분명히 철학과 삶의 관계를 묻고 있는 것이다.

정대현은 언어 전 생활 양식과 비언어적 생활 양식을 구분한다. 언어 전 생활 양식은 언어가 도입되기 전의 인적 소통, 물적 소통 등으로만 이루어지는 생활 양식이다. 언어 후 생활 양식은 언어 소통이 첨가된 이후의 생활 양식이다. 그가 이 구분을 하는 이유는 명백하다. 그것은 우선은 언어 이전의 세계, 언어를 전제하지 않는 삶의 가능성 속에서 인식이 어떻게 일어나는지에 대한 관심이다. 그는 '맞다', '맞지 않다', '맞춘다', '통한다', '통하지 않는다'와 같은 것들이 언어 전 생활 양식에서 생존을 위해 요청되는 진화의 기준이었을 것이라고 생각한다.[21]

그런데 언어 전 생활 양식과 언어 후 생활 양식의 구분은 정당한가, 아니 필요한가? 분명하게 발화되고 명확하게 문자화되는 언어만이 언어인가? 소통이 언어를 전제한다면 정대현의 표현

---

21) 「그런 사실은 없다」, 9쪽.

대로 "인적 소통, 물적 소통 등으로만 이루어진 생활 양식"은 구체적인 언어가 나타나기 이전이라 하더라도 하나의 세계가 흐르고 있다는 점에서 언어가 아닐까? 더구나 그가 비언어적 기준이라고 표현한 '맞다', '맞지 않다', '맞춘다', '통한다', '통하지 않는다'와 같은 것들이야말로 언어와 세계의 관계[22]를 이야기할 때 중시되는 언어적 기준이 아닌가? 정대현은 '맞다', '맞지 않다', '맞춘다', '통한다', '통하지 않는다'와 같은 것들은 언어 전 생활 양식 속에서의 기준이며 언어 전 생활 양식은 '틀리다', '거짓이다', '가능하다', '거짓일 수 있다', '틀린 지칭이다', '바른 지칭이다'와 같은 기준을 가질 수 없다고 한다.[23]

물론 '맞다', '맞지 않다', '맞춘다', '통한다', '통하지 않는다'와 같은 것들은 존재론적인 개념에 가깝고, '틀리다', '거짓이다', '가능하다', '거짓일 수 있다'는 의미론적인 개념이라는 점에서 구분될 수 있지만 그렇다고 해도 그가 쓴 대로 "언어 전 생활 양식은 비지향적 생활 양식"[24]이라고 할 수 있을까? 그가 그렇게 주장하는 것은 지향성을 해석 가능성으로 해석하고 언어적 문맥에 안치시키기 때문이다. 정대현의 문맥적 실재론에 따르면 한 단어의 의미는 문맥이 '맞다' 혹은 '맞지 않다'고 말해주는 것들과의 긍정적 혹은 부정적 관계 하에서 의미를 부여받는다.[25] 그렇기 때문에 의미한다는 것은 단어들 사이의 관계를 형성시키는

---

22) 이때 세계는 절대적으로 실재하는 하나의 구조가 아니라 공동체의 생활 양식이 보여주는 구조일 것이다.

23) 같은 글, 10쪽.

24) 같은 곳.

25) 『필연성의 문맥적 이해』에서 정대현은 "필연은 사태의 언어적 표상에 의존"하고 그러면서 동시에 "지칭의 통문맥적 고정성에 의해서 제한된 사물적 안정성을 얻는다"고 말하는데, 이는 특정한 기호는 언어적 표상과 문맥의 관계에 의해 의미를 부여받는다는 그의 문맥적 실재론이 필연에도 예외가 아님을 보여주는 것이라 하겠다.

것이다.26) 당연히 의미는 개인의 머릿속에 있지 않다.27) 문맥적 실재론을 확장하면 한 행위의 의미는 공동체적 문맥에서 비롯된다. 그런 점에서 정대현의 문맥적 실재론은 개인의 믿음이나 생각 그 자체가 아닌 언어 공동체적 문맥을 심성적 사건이나 상태의 개별화 준거로 삼는 비개성주의의 형이상학이라고 할 수 있겠다. 문맥적 실재론에 따르면 의미는 객관적으로 존재하는 특정한 언어 공동체에서 온다.

그런데 구체적으로 발화되는 명료한 언어가 아니라고 해서 해석 가능성이 없고 따라서 문맥에 안치시킬 수 없을까? 나는 아니라고 생각한다. 그는 의미도 모르면서 먼저 '엄마'라는 단어를 배우고 나중에 뜻을 익히는 아이의 예를 들고 있지만 '엄마'라는 단어의 뜻을 모르면서 단어를 배우는 아이의 행위(이것도 행위라고 할 수 있을지는 의문이다. 행위는 의도를 갖는 것이기 때문에)와 언어 전 생활 양식에 익숙한 원시인의 행위를 동일한 범주에 넣을 수 있을 것인가? 그는 '엄마'라는 단어의 뜻을 전혀 모르면서 단어를 배우는 아이의 경우 생활 양식은 언어 구성적이고, 일반적인 경우는 언어 확장적이라고 하는데, 언어 전 생활 양식 속에 사는 원시인의 경우는 의미 확장적이라는 의미에서 언어 확장적인 것과 맥이 닿을 수 있는 부분이 있지 않을까?

정대현이 이렇게 주장하는 것은 인식은 언어적이고 언어란 문장들의 체계라고 믿기 때문이다.28) 그렇지만 인식은 언어적이라는 데 동의하더라도 언어란 문장들의 체계라기보다 기호들의 체계라 생각한다. 그렇기 때문에 오히려 그의 통도중의 유기체 혹은 성기성물 개념이 언어 전과 언어 후를 무너뜨리는 좋은 개념

26) Claude Levi-Strauss, *La Potiere Jalouse*, Plon, 1985, pp.267-268.
27) Putnam(1981), *Reason, Truth and History*, Cambridge Univ. Press, p.31.
28) 『맞음의 철학』, 228쪽.

이 될 수 있다고 생각한다. 통도중이란 첫째, 소통을 원하는 개인 혹은 집단의 관계가 있어야 하고(通), 둘째, 소통을 모색하는 과정이 있어야 하고(道), 셋째, 그 과정을 통해 개인 혹은 집단이 서로에게 성기성물하는 최적의 방법을 찾아야 한다(中 : 맞음). 정대현에 따르면 생활 양식과 독립하여 서로 맞는 짝과 맞지 않은 짝이 존재하지 않는다.[29]

통도중의 유기체로 설명되는 생활 양식은 단순한 사실도 아니고 인위적이고 조작적인 제도도 아니다. 정대현이 말한 대로 생활 양식은 "시간이 걸러내는 통도중의 유기체"다. 사실 통도중이기 때문에 유기체인 것이고, 유기체이기 때문에 변화할 수 있는 것이다. 통도중의 유기체에서 언어는 유기체를 이루는 중요한 한 변수일 뿐 그것이 중심인 것은 아니다. 당연히 언어적 생활 양식과 언어 후 생활 양식을 구별하는 것은 동의하기 어렵다.

물론 언어 전 생활 양식과 언어 후 생활 양식 구별의 이점이 완전히 없는 것은 아니다. 이 구별을 하고 나면 '엄마'라는 말을 배우는 아이의 예에서 보이는 것처럼 행위가 원초적으로 어떻게 생겨나고 어떻게 의미를 부여받는지 그 과정이 보이고, 언어 혹은 언어 사용이 생활 양식을 더욱 다층적·입체적으로 혹은 더욱 풍부하게 혹은 더욱 복잡하게 만들었을 수 있다. 그러나 그렇다고 해도 생활 양식을 언어 전과 언어 후로 구분하는 것은 임의적이고 자의적이라는 느낌을 지울 수가 없다. 오히려 그것은 언어 후 생활 양식만이 지향성을 갖는다고 함으로써 암암리에 언어 후 생활 양식의 언어 의존성을 전제하고 그럼으로써 생활 양식 개념을 축소하는 것이라고 생각된다. 당연히 이 구별의 부담은 생활 양식 개념의 축소 혹은 생활 양식 개념의 언어 의존성의 확대다.

---

29) 같은 책, 309쪽.

나는 오히려 통도중의 생활 양식 혹은 성기성물[30]의 개념을 받아들이면 언어 전이든 언어 후든 의미를 갖는 행위와 생활 양식의 관계를 볼 수 있다고 생각한다. "생존에 유익한 관습은 개인에게서 강화되고 생존의 유해한 관습은 공동체에서 사라지는"데, 정대현에 따르면 언어 전 생활 양식에서 행위는 "개인, 공동체, 생존 유익, 생존 유해, 즐거움, 어려움 등의 요소들과의 관계 속에서 발생"한다. 그것은 언어 전뿐만 아니라 언어 후 생활 양식에서도 마찬가지라고 생각된다. 그렇다면 언어 전과 언어 후를 구별하는 것이 사족인 것은 아닐까? 더구나 행위가 원초적으로 어떻게 생겨나고 어떻게 의미를 부여받는지에 대해 집요한 관심을 가진 그의 통도중의 생활 양식 혹은 성기성물 이론은 언어 전이나 언어 후나 통하는 생활 양식 이론이다. 그런데 지향성을 언어에 의한 해석 가능성으로 제한해놓으면 언어 전 생활 양식은 지향성 없는 단순한 사실 체계가 되고 그에 따라 지향성 없는 언어 전 생활 양식을 언어 후 생활 양식과 다른 방식으로 설명해야 하는 부담을 지게 되는 것이다. 그것은 불필요한 것이고 생활 양식의 개념을 무겁게 하는 사족과 같은 것이라고 생각한다.

5. 통도중, 실재론과 반실재론을 넘어

니체의 주체 해체의 목적은 실체성에 결박되어 있는 삶을 해방하려는 것이었다. 예를 들면 '주체로서의 나'라는 언어로 상상되는 실체성에 결박되어 그것이 사라지게 되는 것이 두려워 천

---

30) 더구나 정대현의 성기성물은 사람과 동물, 나아가서 무기물까지 적어도 존재론적으로는 차별하지 않는다. 그것은 단지 복합적인가 아닌가의 차이일 뿐이다.

국과 지옥이라는 올무를 쓰는 자승자박을 경계한 것이다. 정대현의 언어철학의 목적은 회의주의의 도전이 심각한 시대에 형이상학적 실재론에 붙들리지 않으면서 어떻게 다양한 삶의 가치들을 회복할 것인가 하는 것으로 보인다. 당연히 니체가 생활 세계 속에 내재되어 있는 허위 의식들을 공격하기 위해 기존의 모든 가치를 전도시키는 허무주의적인 방법을 택했다면 정대현은 생활 세계 속에 내재해 있는 허위 의식들을 하나하나 자근자근 성찰해가면서 가치들의 울타리를 만드는 방식이다.

주체까지 해체시켜버리는 니체에게 생활 양식은 중요한 개념일 수 없지만, 생활 양식 속에 내재해 있는 하나하나의 가치들을 재검토해가는 정대현에게 생활 양식은 중요하고도 핵심적인 개념이다. 그 생활 양식은 간결하기보다 복잡하고 단선적이고 명료하기보다 복합적이고 총체적이어서 섣부른 분석을 허용하지 않는다. 생활 양식에서 파생되는 개념과 그 시대 공동체의 관계를 분석할 수 있지만 생활 양식 자체는 분석하는 것이 아니라 전제하는 것이 아닐까? '생활 양식'이 후기 비트겐슈타인 철학에서 핵심적 자리를 차지하고 있는 중요한 개념임에도 불구하고 비트겐슈타인이 명료한 설명을 제시하지 않은 이유는 명료한 설명이 불가능한 개념이기 때문이 아니었을까? 우리가 거기에서 나와서 거기에서 살고 거기에서 느끼며 행동하게 되는 토대, 때로는 그것에 저항하며 그것을 확장시키기도 하는 유기적인 전체가 바로 생활 양식이다. 그리하여 정대현은 "생활 양식은 사실도 제도도 아니라, 시간이 걸러내는 통도중의 유기체"라고 하는 것이다.

반말과 계층 구조
─ 정대현 교수의 반말 이론에 대한 비판적 검토

선 우 환

1. 들어가는 말

정대현 교수는 그의 최근 논문 「반말의 비인문성 : 철학자가 본 한국의 언어 연구」[1]에서 철학자들이 흔히 관심을 가지지 않았던 주제인 반말의 문제에 대해 철학적 조명을 가하는 새로운 시도를 하고 있다. 그 논문은 그 새로운 시도만으로도 돋보일 만한 글이다. 그러나 이 글은 그런 새로운 시도라는 점에 그치지 않고 그 주제에 관해 매우 흥미로우면서도 진보적인 논제들을 옹호하기 위한 심도 있는 논의들을 전개하는 특기할 만한 작품이기도 하다. 이는 정대현 교수가 그의 저서 『한국어와 철학적 분석』 이후 늘 견지해온 한국어에 대한 철학적 관심의 또 다른

---

1) 정대현(2003). 그의 이 논문은 본래 국제언어인문학회의 학술 대회(2003 / 6 / 21 ; 고려대)에서 발표되었다. 필자의 본 논문은 본래 그 학술 대회에서 발표된 그 논문에 대한 논평으로부터 출발하였고 『인문언어』 제5집에 게재되었던 것에서 수정을 거쳤다.

결실이기도 하다.[2]

그렇지만 필자는 그 논문의 기본적 정신에 대해 동의하면서도, 그 논문의 구체적 이론 전개의 핵심적 부분에 대해서는 비판적 논의를 전개할 필요를 느낀다. 그리고 그러한 비판적 논의를 전개하면서 필자는 나름대로 반말 자체에 대해서 철학적 반성을 할 기회까지도 가지게 되었고 그런 논의와 반성의 결실을 여기에 제시하려 한다.

정대현 교수의 논문의 제목에서도 드러나듯이, 그의 논문 상당 부분은 한국어의 반말에 대한 비판에 바쳐져 있다. 필자가 보기에 정대현 교수의 논문에서의 핵심적 논변(특히 (나)절에서의)은 대략적으로 다음과 같은 구조를 지닌다. (물론 다른 부수적인 논의들이 함께 이루어지기는 하지만.)

(1) (실체적인, 정당화된) 계층 구조는 존재하지 않는다.
(2) 반말 사용은 (실체적인, 정당화된) 계층 구조의 존재를 전제한다.

(3) 그러므로 반말 사용은 정당화되지 않는다.

필자는 이 논변의 대전제 (1)을 받아들이는 것에 대해서는 전적으로 그리고 열렬하게 동조한다. 정대현 교수와 마찬가지로 필자도 계급, 신분, 직업, 연령 등 어느 기준에 의해서도, 인간들 사이에 실체화될 수 있고 정당화될 수 있는 (그리하여 한쪽이 다른 한쪽에 비해 일방적으로 높임을 받아야 하는) 계층 구분의 구조는 존재하지 않는다고 생각한다. 따라서 주로 (1)을 옹호하는 논의를 담고 있는 그의 논문의 4절에 대해서는 왈가왈부할

---

[2] 정대현(1985). 그 외에 정대현(1997) 또한 참조.

필요가 없다.

그러나 필자는 전제 (2)가 최소한 그의 논문에서 이해되고 옹호되는 방식에 대해 충분히 동의하지 못한다. 반말과 관련된 무언가가 계층 구조의 존재를 전제한다는 것에는 동의하지만, 그것이 정확히 무엇인가에 대해서는 정대현 교수와 의견을 달리한다. 그러므로 그런 측면의 비판적 검토를 위해 (나)절의 그의 논의에 집중하도록 하겠다. 필자는 다음 절에서 정대현 교수가 (2)를 옹호하기 위한 기본 전제로서 받아들이는 반말 관계론에 대해서 동의하지 못하는 이유를 설명할 것이다. 그리고 그 다음 절에서는 설사 정대현 교수의 반말 관계론을 받아들인다 하더라도 (그가 의도하는 방식의) (2)가 옹호될 수 없다는 것을 보일 것이다. 그리고 마지막 절에서 필자는 정대현 교수의 결론을 수정한 주장을 옹호하기 위한 수정된 논변을 제시할 것이다.

2. 반말에 대한 객관론과 관계론

정대현 교수는 그의 논문에서, 반말과 관련한 입장으로서 객관론과 관계론을 구분한다. 그는 반말에 대한 객관론을 다음과 같이 설명한다.

하나의 예로, 식사 권유 개념의 표현들을 들어보자 : (1) 진지 드시옵소서 ; (2) 진지 드시지요 ; (3) 진지 드십시오 ; (4) 식사 드시지요 ; (5) 식사하십시오 ; (6) 밥 먹으시지요 ; (7) 밥 먹으십시오 ; (8) 밥 먹지요 ; (9) 밥 먹어요 ; (10) 밥 먹어 ; (11) 밥 먹어라 ; (12) 밥 처먹어라. 식사 권유 표현의 목록 중에서 어떤 것이 반말인가? (12)번인가 아니면 (10)번 이상인가? 이 물음에 대해 긍정적으로 대답하는 관점은 반말이 객관적 표현이라는 가정을 하는 것이다. 반말이 화자–청자 독립

적이라는 주장을 하는 것이다.[3]

즉, 정대현 교수에 의하면, 어떤 특정한 말 — 예를 들어 "밥 먹어라" — 이 반말인가에 대한 대답이 화자-청자 독립적이라고 보는 입장이 바로 반말에 대한 객관론이다. 그리고 그 대답이 화자-청자 독립적이지 않다고 보는 입장이 바로 반말에 대한 관계론이다. 정대현 교수는 그의 논문에서 반말에 대해 객관론을 (거의 당연히 잘못된 것으로서) 부정하고 관계론을 받아들이고 발전시킨다.[4]

우선 여기서부터 필자는 '반말'의 개념과 관련해 정대현 교수와 기본적으로 상이한 이해를 하고 있다는 것을 발견한다. 필자가 가진 (아마도 더 소박한) '반말'의 개념에 대한 이해는, 정대현 교수가 '객관론'이라 부르는 종류의 것이다. 필자로서 당연시되는 입장인 객관론에 의하면, 한국어에서 반말은 높임말이 아닌 말(예사말과 낮춤말)이고, 즉 상대방을 높이는 화용론적 기능을 갖지 않는 대우법의 형식의 말이다.[5] 그리고 어떤 말들 — 예를 들어 "밥 먹어라" — 은 그것들의 화자와 청자가 누구이건 간에

---

3) 정대현(2003), p.78.
4) 객관론을 부정하고 관계론을 받아들이는 것에 대한 그의 논변이 매우 간략한 것으로 보아, 반말에 대한 관계론적 이해는 그에게서 매우 기본적이고 당연시되는 것 같다.
5) 본문에서는 고려되지 않았지만 복잡성을 야기할 수 있는 한 가지 문제는, 반말이 단지 상대방을 높이지 않는 말인가 아니면 상대방을 낮추는 말인가 하는 것이다. 서정수(1996)의 경우 한국어의 대우법을 크게 존대어와 비존대어로 나누고 비존대어를 다시 예사말과 낮춤말로 나누고 있다. 그 경우에 비존대어 전체가 반말인가? 아니면 예사말만 반말인가? 한국어 학자들 간에는 한국어에 낮춤말이 있는가 자체에 대해 논란이 있다. 예를 들어 김태영(1999)은 한국어에는 낮춤법이 없다고 본다. 즉, 존대어와 예사말만 있는 셈이다. 그 경우에는 물론 반말의 범위를 예사말로 할 수 있다. 어떠한 경우든 필자는 대우법상 비존대어를 반말로 규정하는 것에는 무리가 없다고 본다.

그 통사론적, 어휘론적 특성들에 의해 반말로 분류될 수 있다. 물론 반말의 범위가 정확히 어디까지인가는 분명치 않을 수 있지만, 그것은 어떻든 화자와 청자가 누구냐에 따라 변동하지는 않는다.6) 나이 든 회장이 젊은 수위에게 "밥 먹어라"고 말해도 반말이고 젊은 수위가 나이 든 회장에게 "밥 먹어라"고 말해도 반말이다. 물론 화자와 청자가 누구냐에 따라 반말하는 것이 적절한 (혹은 흔히 적절한 것으로 기대되는) 상황인가 아닌가가 달라지겠지만, 어떻든 반말이라는 점에서는 차이가 없다.

필자가 보기에, 정대현 교수는 필자의 이런 소박하고 상식적인 '반말' 개념으로부터 벗어나 그의 더 복잡한 '반말' 개념 — 관계론 — 을 채택해야 할 충분한 이유를 제시하고 있지는 않은 것 같다. 그가 그 논변으로서 제시하는 것은 다음이 그 전부다.

그러나 반말 객관론의 관점은 지지되기 어렵다. 여러 가지 반례에 노출되기 때문이다. 예를 들어, 회사의 부장이 청자가 되어 여러 사람들로부터 식사 권유를 듣는 경우가 있다. 회사의 왕회장, 회장, 사장, 전무로부터 들을 수도 있지만 그가 지휘하고 있는 과장, 계장, 주임, 주사, 운전사, 경비 등으로부터도 들을 수 있다. 또한 그 부장이 화자가 되어 그 회사의 모든 계층의 사람들에게 식사 권유를 하는 경우가 있다. 이러한 상황에서 반말의 객관론은 유지되기 어려울 것이다.7)

정대현 교수가 여기서 객관론의 반례라고 이야기한 것이 왜 정말 반례가 되는지는 분명치 않다. 부장이 회장으로부터도 수위로부터도 식사 권유를 받을 수 있다는 것이 왜 객관론의 반례가 되는가?

---

6) 즉, '반말'은 그 자체로 모호한(vague) 말일 수 있다. 그러나 그것은 그 말의 적용 범위가 화자-청자 관계에 의존한다는 것을 함축하지는 않는다.

7) 정대현(2003), p.78.

그렇다면 왜 정대현 교수는 반말에 대한 객관론이 잘못이라고 굳게 믿는가? 필자가 추정하기에, 그것은 아마도 정대현 교수가 반말 여부의 문제와 반말의 적절성 여부의 문제를 섞어서 생각하고 있기 때문인 것으로 보인다. 나이든 회장이 젊은 수위에게 "밥 먹어라"고 말할 경우 그것은 비록 반말이기는 하지만, 청자인 젊은 수위는 "왜 반말이야?" 하고 반발하지 않을 것이다. 그 화자-청자 관계는 반말하는 것이 적절한 것으로 여겨지기 때문이다. 그러나 그 역으로 젊은 수위가 나이 든 회장에게 "밥 먹어라"고 말할 경우 똑같이 반말이기는 하지만, 청자인 나이 든 회장으로부터 "왜 반말이야?" 하는 반발을 유도할 것이다. 아마도 그 화자-청자 관계는 반말을 하는 것이 적절하지 않은 것으로 여겨질 것이기 때문이다. 이런 측면에서, **반말의 적절성 여부**는 분명히 화자-청자의 관계에 독립적이지 않다. 그러나 그것으로부터 **반말 여부** 자체가 화자-청자의 관계에 상대적이라는 것이 따라나오지는 않는다.

결국 필자는 **반말의 적절성 여부**에 대해서는 관계론에 동의한다.[8] 필자가 강조하는 것은, 이것이 **반말 여부**에 대한 관계론과 동일시되어서는 안 된다는 것이다. 필자는, 반말의 적절성 여부에 대해서는 관계론을 받아들이되, 반말 여부에 대해서는 객관론을 받아들여야 한다고 주장하는 것이다. 그리고 "왜 반말이야?"라는 항의를 둘러싼 언쟁은 반말이 적절한가의 여부의 문제와 관련해 나타난다. 그리고 이런 언쟁은 반말 여부에 대해서는

---

8) 그러나 실체적이고 정당화된 계층 구조의 존재를 부정할 경우, 반말 사용의 적절성이 화자-청자 관계에 의존하는 구체적인 방식은 상식적 생각과 다를 수 있다. 예를 들어, 나이든 회장이 젊은 수위에게 "밥 먹어라"고 말하는 것이 적절한 반말 사용이라면, 젊은 수위가 나이든 회장에게 "밥 먹어라"고 말하는 것도 적절한 반말 사용이어야 한다는 것이 이 논문 후반에서 강조될 진보적 관점에서의 생각이다. 그러나 논문의 이 단계에서 이 문제는 중요하지 않다.

객관론을 이미 전제하고 있다고 여겨진다.

지금까지 필자는 반말에 대한 관계론이 당연시될 수 없다는 것, 그리고 반말 여부에 대해 객관론보다는 관계론을 선택해야 할 충분한 논거가 정대현 교수의 논문에서 제시되지 않았다는 것을 주장했다. 최소한 그는 반말에 대한 객관론을 더욱 당연한 것으로 여기는 필자와 같은 사람을 설득하지 못한 것 같다. 그러나 이제부터 필자는 그뿐만 아니라 반말 여부에 대한 관계론을 받아들여서는 안 된다는 더욱 적극적인 논변을 펼치기로 하겠다. 그 논변은 일종의 귀류법적 형태를 지닌다. 즉, 관계론을 받아들일 경우에 아무도 원하지 않는 (정대현 교수 자신도 원하지 않을) 귀결이 따라나온다는 것을 보이겠다.

정대현 교수의 (반말 여부에 대한) 관계론이 예기치 않게 원하지 않는 귀결을 낳는다는 것을 보기 위해 정대현 교수의 관계론을 구체적으로 살펴보자. 정대현 교수는 그의 관계론을 다음의 서로 다른 두 판본으로 제시한다.

(나1) 화자 S가 X 개념의 한국어 표현 x_i를 청자 H에게 사용했을 때 그 x_i는 H에게 반말이다.

↔ H는 S로부터 한국어 표현 x_{i-1} 이하를 듣는 것이 정당하다고 믿는다.

(나2) 화자 S가 X 개념의 한국어 표현 x_i를 청자 H에게 사용했을 때 그 x_i는 H에게 반말이다.

↔ H는 S로부터 한국어 표현 x_{i-1} 이하를 듣는 것이 정당하다.

우선 필자는 정대현 교수가 제시한 관계론의 두 판본 중 주관

적 판본인 (나1)은 받아들일 만하지 않다는 것을 전제하고 그의
두 번째 판본인 (나2)를 그의 공식적 입장으로 간주하겠다. 어떤
말이 반말인지 여부가 대화 상대방이 어떤 믿음을 가지고 있는
가에 의존한다고 보기는 명백히 어렵기 때문이다.

정대현 교수는 (실체적인, 정당화된) 계층 구조는 존재하지 않
는다는 것과 그의 관계론으로부터 반말 사용이 정당화되지 않는
다는 것을 보이려 하고 있다. 그러나 그의 관계론을 전제할 경우
따라나오는 것은 반말 사용이 **정당화되지 않는다**는 것이 아니라
오히려 반말이 (한국어에) **존재하지 않는다**는 것이다. 다음 전제
들을 보자 :

(1) (실체적인, 정당화된) 계층 구조는 존재하지 않는다.

(나2) 화자 S가 X 개념의 한국어 표현 x_i를 청자 H에게 사용했
을 때 그 x_i는 H에게 반말이다.

↔ H는 S로부터 한국어 표현 x_{i-1} 이하를 듣는 것이
정당하다.

(나3) H는 S로부터 X 개념의 한국어 표현 x_{i-1} 이하를 듣는
것이 정당하다.

→ X 개념의 한국어 표현 x_i 들에 대응하여 H와 S는
어떤 **(실체적인, 정당화된) 계층 구조** 속의 계층적 위계
들 C_i의 어떤 다른 단계에 각기 속한다.

(여기서 (나3)에는 (1)과의 관계가 분명하도록 굵은 글씨의 부
분이 추가되었는데, 그것은 원래 정대현 교수도 의도한 것이라
여겨진다.) (1)이 참이라면 (나3)의 후건은 참일 수 없고 따라서
그 전건((나2)의 우변이기도 한)도 참일 수 없으며, 따라서 (나2)
의 좌변도 참일 수 없을 것이라는 다음의 귀결이 나온다.

(결) 화자 S가 X 개념의 어떠한 한국어 표현 xi를 청자 H에게 사용하더라도, 그 xi는 H에게 반말이 아니다.

어떤 한국어 표현 xi가 반말이라는 것이 참인 경우가 없고, 따라서 어떤 한국어 표현도 반말이 아니라는, 즉 한국어에 반말이 존재하지 않는다는 결론이 따라나오는 것이다. (한국어에) 반말이 존재하지 않는다면, 반말이 정당화되지 않는다거나 반말이 언어적 폭력이라는 정대현 교수의 비판9)이 어떤 말들을 겨냥한 것인지 알기 어렵게 된다. 따라서 이는 분명 정대현 교수 자신이 의도한 귀결은 아닐 것이다. 그러나 그의 관계론은 그런 의도되지 않은 귀결을 낳는다. 따라서 필자는 그의 반말 관계론이 포기되거나 혹은 최소한 실질적으로 수정되어야 한다고 믿는다.

3. 반말 사용은 계층 구조의 존재를 전제하는가?

논의의 목적상 '반말' 개념에 대한 정대현 교수의 관계론적 이해에 대해 더 이상 문제를 제기하지 말기로 하고, 일단 그 이해가 옳다고 받아들이기로 하자. 그럴 경우, 반말 사용(혹은 반말 사용의 정당화)은 정말로 (실체적인, 정당화된) 계층 구조의 존재를 전제한다고 할 수 있는가?10) 그리고 그렇다고 할 경우 그것은

---

9) 같은 책, p.81.

10) "반말 사용이 계층 구조의 존재를 전제한다"는 것을 필자는 "계층 구조가 존재하지 않을 경우 반말 사용은 정당화되지 않는다" 혹은 "계층 구조가 존재한다는 것이 반말 사용이 정당화되기 위한 필요 조건이다"라는 것으로 이해한다. 정대현 교수가 정대현(2003)의 2절에서 하는 많은 논의는 이런 의미에서 반말 사용이 계층 구조의 존재를 전제한다는 것을 보이려 한다는 것을 보여준다. 그는 예를 들어, "반말 사용의 정당화는 한 개념의 표현들의 위계에 대응하는 인간

어떤 의미에서인가?

이에 대한 논의를 위해 일단 다음의 두 수준의 단어들을 구분해야 할 필요가 있다.

(i) 대상 언어 표현들 : '밥 먹어라', '진지' 등
(ii) 메타 언어 표현들 : '반말', '높임말' 등

물론 이 구분은 상대적이다. 그러나 우리 논의를 위해서 유용하게 사용할 수 있는 수준 구분이다. '반말'과 같은 표현은 언어적 표현에 대한 표현이라는 점에서 메타 언어적이다. 그것은 '밥 먹어라'와 같은 대상 언어적 표현(혹은 정대현 교수의 관계론에 따를 경우, 특정한 화자에 의해 특정한 청자에게 발설된 특정한 발화 개별자(token)로서의 '밥 먹어라'와 같은 표현)에 대해 참되게 귀속되는 표현이다.

우리가 일단 이 구분을 하게 되면, 정대현 교수가 주장하고자 하는 것이 다음 둘 중 어느 것인지가 필자에게는 명확하지 않다.

(I) '반말'이라는 표현(메타 언어적 표현)의 사용은 계층 구조의 존재를 전제한다.
(II) 반말들('반말'이라고 분류되는 대상 언어적 표현들)의 사용은 계층 구조의 존재를 전제한다.

정대현 교수가 의도하고 있는 주장은 (II)인 것으로 여겨진다. 그는 예를 들어, 어린이에게 '야, 너 몇 학년이냐?'라고 묻는 것이

들의 위계가 존재한다는 가정에 근거한다"(p.81)라고, 또한 "반말은 상하 관계의 위계 안에서 발생하는 것이므로 대화는 어렵고 명령자로부터 피명령자에게 이르는 일방적 지시이기 쉽다"(같은 쪽)고 말하고 이 말들을 입증하려 한다.

그를 "위계적 인간 계층 구조 안으로 납치"하는 것이라고 말한다.[11] 따라서 '야, 너 몇 학년이냐?'와 같이 (최소한 그 맥락에서) 반말로 분류될 수 있는 대상 언어적 표현을 사용하는 것이 계층 구조의 존재를 전제하는 것이라고 주장되는 것 같다. 분명히 그가 비판하고 있는 대상은 반말들을 사용하는 일이지 '반말'이란 말을 사용하는 일이 아니다.

그러나 정대현 교수가 제시한 관계론적 '반말' 이해에 입각해서 옹호될 수 있는 것은 오로지 (Ⅰ)이다. 정대현 교수의 (나2)와 (나3)이 옳다면, 반말의 개념은 계층 구조의 존재를 전제한다고 할 수 있다. 어떤 언어적 표현을 반말로 분류할 수 있기 위해서는 (그리고 그 표현에 대해 '반말이다'라는 술어를 귀속할 수 있기 위해서는), 그 표현의 화자와 청자가 각각 계층 구조의 어떤 단계에 속하는지 판단할 수 있어야 하고 그것의 존재를 전제해야 한다. 그러나 그것은 반말로 분류된 **대상 언어적 표현들**의 사용이 계층 구조의 존재를 전제한다는 것을 함축하지는 않는다. 어떤 사람은 심지어 반말의 개념을 갖지 않고 또한 '반말'이란 말을 사용하지 않으면서도 반말들을 사용할 수도 있다. 그것은 마치 몰리에르(Moliere)의 『서민 귀족(*Le Bourgeois Gentilhomme*)』의 주인공이 '산문'이란 말을 모르고서 평생 산문을 사용했던 것과 같다. 또 다른 유비로서, 누군가가 사투리와 표준어의 구분이 중앙과 지방 사이의 위계를 전제한다고 주장했다고 하자. 그 주장을 받아들인다 해서, (그런 위계를 전제함으로써) 사투리로 분류된 말들(예를 들어 '그렇당케') 혹은 표준어로 분류된 말들(예를 들어 '그래')의 사용이 그런 위계를 전제한다고 해야 하는 것은 아니다. 누군가는 그런 위계 질서를 부정하면서도 얼마든지 '그래'라는 말을 사용할 수 있다.

---

11) 같은 책, p.83.

(Ⅱ)가 옳지 않다는 것을 보여주기 위한 더 적극적인 논변을 위해 다음의 상황을 생각해보자. 정대현 교수가 든 엘리베이터 예에서 정대현 교수가 어린이에게 "야, 너 몇 학년이냐?"라고 물었는데, 그 어린이가 이에 대한 대답으로서 "난 2학년인데, 너는 몇 살이니?"라고 말했다고 해보자. 이 말은 분명히 어떤 기준에서건 (정대현 교수의 (나2)에 의해서도) 반말이다. 그리고 이 말은 일반적 기준에서 상당히 무례한 말임에 틀림이 없다. 그러나 이 말의 사용이 **계층 구조의 존재를 전제한다**는 점에서 비판받아야 할 것 같지는 않다. 오히려 그 어린이의 그 반말은 연령상의 계층 구조를 무시했다는 점에서 충격적인 말이다. 정대현 교수는 "반말은 상하 관계의 위계 안에서 발생하는 것"[12]이라고 말하지만 이런 상황에서의 반말은 오히려 상하 관계를 파괴하는 말이다. 이 말은 또한 "명령자로부터 피명령자에게 이르는 일방적 지시"라고 볼 수도 없다. (물론 이 말이 다른 측면에서도 비난받을 만하지 않다고 이야기하는 것은 아니다.)

또 다른 예로서, (실체적이고 정당화된) 계층 구조가 존재하지 않는다고 확고히 믿는 어떤 사람이 그 믿음에 입각해 모든 사람 ― 회장이든 수위든 ― 에게 똑같이 반말을 사용하고 상대방으로부터도 반말을 듣기를 기대한다고 해보자. 그 사람의 반말 사용은 (실체적인, 정당화된) 계층 구조의 존재를 전제한다고 보기 어려운 것 같다. 따라서 반말의 사용이 필연적으로 계층 구조의 존재를 전제한다고 이야기할 수는 없다.

그리고 이를 받아들이게 되면, 서로 반말을 사용함으로써 "말을 튼다"고 이야기하는 것에 별 문제가 없다. 정대현 교수는 "말을 트는" 것에 대해서는 그것이 자유롭고 평등한 질서를 전제한다고 이야기하면서 긍정적으로 받아들이지만, 반말은 위계적 언

---

12) 같은 책, p.81.

어 사용인 것으로 보고, 그 결과로 말을 트는 것이 "화자-청자 간 반말 사용하기"라는 것에 대해 (최소한 그것이 일반적인 방식으로 해석되었을 때) 부정하고자 한다.[13] 그러나 반말이 위계 질서를 전제한다는 생각을 고수하지 않는다면, 화자-청자 간에 서로 반말을 사용함으로써 "자유롭고 평등한 질서"를 지향하는 것은 화자-청자 간에 서로 높임말을 사용함으로써 "자유롭고 평등한 질서"를 지향하는 것과 마찬가지로 가능하다고 생각된다.

4. 무엇이 계층 구조의 존재를 전제하는가?

결국 필자가 보기에, 계층 구조의 존재를 전제하는 것은 반말의 사용 자체가 아니라 높임말과 반말의 **비대칭적** 사용이다. 즉, 상대방의 계층 단계에 근거해, 상대방으로부터는 높임말을 듣기를 기대하거나 요구하면서 상대방에게는 반말을 사용하는 것 — 또는 그 역 — 이 바로 계층 구조의 존재를 전제하는 것이다. 그렇게 높임말과 반말을 비대칭적으로 사용하는 것이야말로 "상대방을 대화의 평등한 참여자로 간주하기보다는 그 일방성 때문에 상대방의 의지, 개성, 인격, 의견을 최대화하지 않는"[14]다고 하는 정대현 교수의 비판이 정확히 적용될 만한 대상이다.

화자-청자가 서로에 대해 높임말을 사용할 경우, 그것은 서로 상대방을 높이고 배려하는 겸손의 표현일 수 있다. 화자-청자가 서로에 대해 반말을 사용할 경우, 그것은 어떻든 서로를 동등한 인격으로 대우하는 태도의 표현일 수 있다. 그러나 우리가 화자-청자 중에서 A는 계층 구조 내의 계층 xi에 속하고 B는 계층

---

13) 같은 책, 3절.
14) 같은 책, p.81.

구조 내의 계층 xj에 속하며 xi가 xj보다 그 계층 구조 내에서 더 상위의 계층에 속하기 때문에, A는 B에게 반말을 사용하는 것이 적절하고 B는 A에게 높임말을 사용하는 것이 적절하다는 판단을 했다고 하자. 그리고 그 판단에 따라 적절성을 평가하고 그 평가에 의거해 반말과 높임말을 **가려서(비대칭적으로)** 사용했다고 하자. 그런 일련의 판단과 사용(의 총체)은 명백히 계층 구조의 존재를 전제하는 것이다. 나는 상대방을 높이는 말을 할 필요가 없다고 생각하면서 상대방은 나를 높이는 말을 해야 한다고 생각하고, 그런 생각들에 따라 언어를 사용하는 것은 내가 상대방보다 더 높임을 받을 만한 계층 구조 내의 위계적 위치에 있다는 판단을 전제하지 않을 수 없기 때문이다.

이상의 고려에 입각해, 우리는 정대현 교수가 제시했던 형태의 논증을 수정하는 다음과 같은 논증을 구성해 제시할 수 있다.

(1) (실체적인, 정당화된) 계층 구조는 존재하지 않는다.
(2) 반말과 높임말의 비대칭적 사용은 (실체적인, 정당화된) 계층 구조의 존재를 전제한다.

---

(3) 그러므로 반말과 높임말의 비대칭적 사용은 정당화되지 않는다.

여기서 이 논증의 결론이 정대현 교수의 원래의 결론과 가지는 중요한 차이는, 이 경우에 특정한 반말의 사용은 고립적인 방식으로는 비판 대상이 될 수 없다는 것이다. 엘리베이터 안에서 노신사가 어린아이에게 "너 몇 학년이냐?"라고 반말을 사용했을 때 그 반말 사용은 고립적인 방식으로는 정당하지 않다고 비판될 수 없다. 그것이 정당하지 않은가 여부는 그 노신사의 언어 사용을 좀더 전체론적(holistic)으로 보았을 때 평가될 수 있다.

그것은 예를 들어 그 어린이가 "난 2학년인데, 너는 몇 살이니?"라고 반문했을 때 그가 그것을 수용할 자세가 되어 있는 방식으로 그의 언어 사용의 총체가 주어져 있는가 아니면 비록 자신은 반말을 했지만 상대방으로부터는 높임말을 기대하는 방식으로 그의 언어 사용의 총체가 주어져 있는가에 의존한다.

그리고 한국어에서의 높임말과 반말이 통상적으로 우리가 비판한 것처럼 비대칭적으로 사용된다는 것 또한 분명하다. 그런 점에서, 한국어의 높임말과 반말의 통상적인 사용 방식을 무비판적으로 긍정하여 따르는 것이 정당하지 않다는 것도 이 논문의 결론이다.

그러나 그렇다고 해서 반말의 어떠한 사용도 모두 필연적으로 부당하다고 보기는 어렵다. 예를 들어, 친소 관계에 따라 매우 가까운 사람끼리는 반말을 쓰고 그렇지 않은 사람끼리는 높임말을 쓰는 식으로만 높임말과 반말이 사용되면서 그것들이 화자와 청자 사이에 완전히 대칭적으로 사용되는 경우는, 계층 구조를 반드시 전제하는 것은 아니라고 볼 수 있다.15)

아무튼 우리는 한국어에서의 반말의 통상적인 사용과 관련해 좀 더 비판적인 시각을 가지고 접근해야 할 것이고, 바로 이 지점에서 필자는 정대현 교수와 의견의 일치를 보일 수 있다고 생각한다.

□ 참고 문헌

김태영(1999), 『우리말의 높임법 연구』, 대구대 출판부.

---

15) 흔히 서양 언어에도 높임말이 있다는 것이 지적되지만, 한국어의 통상적 사용과의 중요한 차이는 바로 이 점에 있다고 여겨진다. 최소한 현대 서양 언어들에서 높임말과 비높임말(반말)이 화자–청자 사이에 비대칭적으로 사용되는 것이 통상적인 경우는 찾기 힘들다.

서정수(1996), 『현대국어문법론』, 한양대 출판부.

정대현(1985), 『한국어와 철학적 분석』, 이화여대 출판부.

_____(1997), 『맞음의 철학』, 철학과현실사.

_____(2003), 「반말의 비인문성 : 철학자가 본 한국의 언어 연구」, 『인문언어』
　　제5집.

인식적 합리성과 인식 외적 가치

김 기 현

우리는 진리에 도달하고자 하는 욕구를 갖고 있다. 세계를 이해하기 위해 여러 믿음을 구성하여 우리의 믿음이 세계를 있는 그대로 반영하는가를 묻기도 하고, 오류를 포함하는 것으로 알려질 때는 수정을 가하기도 한다. 전통적으로 철학자들은 진리를 추구하고 거짓을 피하는 관점에서 우리 믿음의 합리성과 정당성을 평가하였는데 이러한 유형의 합리성이 이론적 합리성이라 불린다. 우리는 진리를 추구하는 한편 만족을 추구하기도 한다. 음식, 돈, 다른 사람들로부터의 인정을 추구하며 이러한 욕구들의 만족 여부는 때로는 생사를 좌우하기도 한다. 이런 측면에서 볼 때 우리의 행위가 욕구를 합리적으로 충족시키고 있는가를 묻는 것은 당연하다. 이러한 두 번째 유형의 합리성은 실천적 합리성이라 불린다.

정대현 교수는 이론적 합리성의 문제에 대하여 꾸준히 관심을 가져오면서, 이들을 단순히 논리적이고 추상적인 영역에 위치시키지 않고 삶의 구체적인 맥락과 연결시켜 이해하고자 하였다.

이러한 시도의 한 예를 포퍼를 통하여 합리성의 구조를 논하는 그의 글 「합리성의 구조와 개방 사회의 논리」에서 찾을 수 있다.[1] 그는 "'합리적'은 상황과 독립해서 항상 '합리적'이라 부를 수 있는 그러한 문장을 갖지 않는다. 어느 합리적 문장도 푸른 잎들처럼 자연적 종류(natural kind)가 아니기 때문이다. … 이것은 어느 고차원의 존재 세계에 절대적으로 존재하는 어떤 실체나 질서의 이름도 아니다. 그런 견해들은 관계적으로 이해되는 합리성 이론에 의해 대치되어야 할 것이다"라고 주장한다. 이론적 합리성이 다른 여러 맥락과의 관계 하에 역동적으로 고찰되어야 함을 시사한다. 그리고는 바로 이어서 인식적 합리성에 대한 이상적 견해보다는 인식 주관의 인식적 한계를 고려하는 일상적 합리성을 옹호하면서, 일상적 합리성은 "마지막 합리성임을 나타내고 있지 않다. 그러므로 수정될 수 있고 반박될 수 있는 것이다. 미래의 반박에 개방되어 있다는 뜻에서 일상적 합리성은 개방적 합리성이다"라고 주장한다.

이 글은 정대현 교수가 제시한 이론적 합리성의 개방성과 역동성에 살을 붙여 구체화하는 작업을 한다. 특히 이 글은 이론적 합리성의 차원에 인식 외적인 요소들이 영향을 미치는 폭이 기존의 철학자들이 생각하는 것보다 훨씬 크다는 것을 보이고자 한다. 이를 위하여 이 글은 우선 이론적 합리성과 실천적 차원의 관계와 관련하여 우리의 관심을 끄는 이미 알려진 몇 가지 철학적 논의들을 살펴본다. 이 글은 이들을 분석하여 기존 논의들의 의의와 한계를 제시한 후, 실용성을 중심으로 실천적 차원에 주목하면서 인식 외적인 고려가 인식적 합리성의 구성에 적극적으로 개입함을 보이는 논증을 제시할 것이다.

---

1) 「합리성의 구조와 개방 사회의 논리」, 『다원주의 시대와 대안적 가치 ― 한 인간론의 여성주의적 기초』 재수록(174-206).

1. 인식적 독립성의 논제

진리를 추구하고 거짓을 피하는 것은 이론적 행위의 목표로 간주된다. 이론적 / 인식론적으로 합리적인 믿음이란 바로 이런 목표를 추구하는 관점에서 볼 때 칭찬 받을 만한 믿음이라 할 수 있다. 그래서 만약 누군가가 한 믿음과 관련하여 진리를 추구하고 거짓을 피하는 일에 최선을 다하였다면, 그 믿음은 이론적으로 합리적이다. 이런 점에서 이론적 합리성은 진리 추구라는 목적과 그를 위한 수단의 구조를 통하여 이해된다. 실천적 합리성도 마찬가지다.

실천적 합리성에 대한 가장 영향력 있는 이론은 기대 효용 최대화 이론이다.[2] 이에 따르면, 만약 한 행위가 주어진 상황에서 다른 대안들보다 주어진 욕구를 더 잘 충족할 수 있다면 (따라서 더 나은 효용성을 갖고 있다면) 그 행위는 실천적 관점에서 볼 때 합리적이다. 이 경우에 목적과 욕구 자체는 합리적 평가의 대상이 아니라는 것이 정설로 받아들여지고 있다. 일정한 욕구가 주어졌을 때 이 욕구의 성취에 어떻게 기여하는가에 준하여 개별적인 행위들이 평가된다. 실천적 합리성에 대한 이러한 도구주의적 견해는 여러 모로 비판을 받았다. 비판가들은 목표와 욕구 자체도 합리적 평가의 대상이 될 수 있으며, 따라서 실천적 합리성은 욕구 충족이라는 목표에 도달하기 위한 도구로서의 평가 이상을 포함하고 있음을 보이고자 하였다. 그러나 효용 최대화 이론에 대한 비판가들을 포함하여 어느 누구도 도구적 합리성이 실천적 합리성의 중요하고도 필수적인 요소임을 의심하지 않았다. 다만

---

2) 이 분야의 선도적인 연구들로는, Neumann, J. von and Morgenstern, O., *Theory of Games and Economic Behavior* (Princeton, NJ : Princeton University Press, 1944와 Savage, *The Foundations of Statistics* (New York : Wiley &Sons, 1954)를 보라.

이들은 실천적 합리성에 도구적 효용성 이상의 요소가 포함되어 있는가와 관련해서만 의견을 달리하고 있을 뿐이다.

이론적 합리성과 실천적 합리성이 수단–목적이라는 유사한 논리적 구조를 갖고 있기는 하지만, 이들이 봉사하는 목적이 전혀 다르기 때문에 실천적 합리성의 판단과 이론적 합리성의 판단이 서로 충돌하는 경우가 생겨날 수 있다. 다음과 같은 예를 보자 : 동호는 지금 심각한 병을 앓고 있으며, 그렇게 믿을 만한 충분하고 합당한 증거를 갖고 있다. 그러나 그는 의지가 박약하여 자신의 신체 상태를 있는 대로 받아들이게 되면, 그것은 심리적인 악영향을 미쳐 병을 치명적으로 악화시키게 된다. 이제 이런 심리적 원인으로 동호는 자신의 병은 사소한 것이며 곧 낫게 될 것이라고 믿는다고 하자. 이 믿음은 참을 추구하고 거짓을 피하라는 인식적 목표의 관점에서 볼 때 바람직하지 않은 믿음이므로, 인식적으로 합리적이지 않다. 한편, 이 믿음은 실천적 관점에서는 유익한 결과를 낳는 바람직한 믿음이므로 실천적으로 합리적이다. 이렇게 믿음을 진리를 추구하는 인식적 관점에서 평가할 때와 유용성을 추구하는 실천적 관점에서 평가할 때 상반된 결과를 낳을 수 있으며, 이러한 예는 얼마든지 만들어낼 수 있다. 만약 이론적 합리성과 실천적 합리성을 아우르는 포괄적 합리성 개념을 구성하여, 주어진 상황에서 이론적 차원에 부여하는 가중치와 실천적 차원에 부여하는 가중치를 계산하여 아무런 수식어가 붙지 않은 합리성 그 자체를 평가하는 기제를 찾아낼 수 있다면, 이는 매끈한 세계관을 추구하는 사람에게는 매우 매혹적이라 할 수 있을 것이다. 그러나 이러한 꿈은 그다지 쉽게 손에 잡히지 않는다.

실천적 차원과 이론적 차원 중 한 가지가 다른 것에 비하여 압도적으로 비중이 높을 때는 포괄적인 합리성을 결정할 수 있을 듯하다. 위의 동호와 같은 경우가 그에 해당한다고 볼 수 있다. 실천적 차원의 고려는 동호의 삶과 죽음에 영향을 미칠 수 있으므로, 이에 비추어볼 때 동호가 현재 자신의 건강 상태에 대하여 참인 믿음을 갖는가 하는 것은 사소한 문제로 보인다. 그러므로 자신의 병은 가볍다고 믿는 것은 비록 이론적 결함이 있을지라도 합리적이라고 할 수 있을 듯하다. 그와 반대로 이론적 차원의 고려가 실천적 차원에 비하여 압도적으로 중요성이 클 때도 비슷하다. 과학적으로 혁명적인 진리를 받아들일 만한 증거를 확보하였으나, 이 진리를 믿을 때 건강에 사소한 문제를 일으키게 된다고 하자. 이 경우에도 우리는 그 진리를 믿는 것이 수식어 없이 합리적이라고 할 수 있을 듯하다. 그러나 이런 경우조차도 상황이 그렇게 간단하지 않다. 누군가가 실천적 고려와 이론적 고려는 서로 독립적이어야 한다고 고집하면서, 동호의 믿음은 이론적으로 비합리적이며 실천적으로 합리적일 뿐, 그 이상도 그 이하도 아니라고 주장할 경우에 이에 대응하는 수단이 마땅하지 않다. 실천적 합리성과 이론적 합리성은 논리적 구조의 유사성 때문에 합리성이라는 것을 공유하고 있을 뿐이지, 양자에게서 궁극적인 평가의 잣대가 되는 욕구 충족과 진리 추구는 질적으로 전혀 다르고 비교 불가능한 것이므로 이들을 아우르는 하나의 합리성을 추구하는 것 자체가 오류라고 주장할 수 있다. 이러한 입장에 따르면, 한 차원이 무시할 수 있을 정도로 사소한 반면 다른 차원이 엄청난 비중을 갖고 있기 때문에 합리성 일반에 대한 결론을 내릴 수 있으리라는 생각은 개별적 합리성을 넘어선 포괄적 합리성을 생산해야 한다는 강제된 선택에 의하여 부추겨진 환상일 뿐이다. 이론적 고려와 실천적 고려의 비중이 엇비슷할 경우에 상황이 더욱 어려워짐은 말할 필요도 없다. 우리의 직관은 어떤 방향으로도 향하지 못한 채 포괄적 합리성의 결정은 점차 강제된 선택처럼 느껴질 것이다.

위에서 나타나는 반응은 인식적 합리성의 근저를 이루고 있는 우리의 강력한 직관을 반영한다. 그것은 한 믿음이 인식적으로 합리적인가 하는 것은 그 믿음과 관련된 인식적 고려 이외의 것으로부터 자유롭다는 직관이다. 이 직관의 배후에는 한 믿음이 인식적으로 합리적인가는 어떤 증거에 의하여 뒷받침되고 있는가에 전적으로 의존한다는 가정이 깔려 있다. 즉, 한 믿음의 인식적 합리성은 그 믿음의 주체가 갖고 있는 관련된 증거, 그 증거와 믿음 사이의 논리적 관계, 그 논리적 관계에 의하여 드러나는 주어진 믿음의 진리성(증거와의 논리적 관계에 비추어볼 때 그 믿음이 신뢰할 만한 것으로 나타나는가)에 있다는 생각이다. 이 견해를 인식적 독립성 가정이라고 부르자. 이 가정은 한 믿음의 내용이 얼마나 중요한가, 실용성이 있는가, 얼마나 호기심을 자극하는가 등은 인식적 합리성과 무관하다는 결론을 함축한다. 비록 믿음의 내용이 아무 쓸모가 없고, 사소하여 중요하지 않으며, 우리의 관심의 대상이 되지 않는다 하여도, 적절한 증거에 의하여 논리적으로 뒷받침되어 참일 개연성이 높은 것으로 나타나면 그 믿음을 받아들이는 것은 인식적으로 합리적이라는 것이다. 역으로, 한 믿음이 아무리 가치 있는 내용을 담고 있다 할지라도, 그 믿음이 적절한 증거에 의하여 뒷받침되지 않는 한 그 믿음은 인식적으로 합리적일 수 없다.

이 글의 핵심적 목표는 인식적 독립성 가정을 비판하는 것이다. 이 비판적 논증의 중심에는 한 믿음의 인식적 합리성은 그 믿음이 갖는 인식적 가치로부터 분리하여 해명될 수 없으며, 또한 이 인식적 가치는 실용적 가치를 포함한 인식 외적인 가치와 긴밀히 연관되어 있다는 주장이 자리잡고 있다. 이 논증은 인식적 합리성을 인식 외적인 가치들과 긴밀히 연결시킨다는 점에서 전통적 인식론의 틀에 대한 도전이 될 것이다. 이 논증이 이론적 합리성과 실천적 합리성을 아우르는 수식어 없는 보편적 합리성으로 향하는 길을 바로 열어주지는 않는다. 이 글은 실천적 차원이 이론적 합리성의 결정에 영향을 미치는 것만 논의할 뿐 그 반대, 즉 이론적 고려가 실천적 합리성의 결정에 영향을 미치는 바에 대해서는 논의하지 않기 때문이다. 포괄적 합리성을 위한 길을 열려면 그에 대한 논의도 있어야 할 것이다. 그러나 이론적 합리성이 흔히 생각하는 것처럼 실천적 차원으로부터 독립적이지 않음을 보이는 것은 보편적 합리성의 논의를 위한 초석은 될 수 있을 것이다.

이 글의 핵심 논증에 들어가기에 앞서 이론적 합리성과 실천적 차원의 연결을 시사하는 기존의 논의들을 살펴보기로 하자. 이 고찰은 이론적 합리성의 실천적 차원에 관한 논의의 현주소를 밝혀줌과 동시에 인식적 독립성의 가정이 우리의 직관에 얼마나 강하게 자리잡고 있는가를 보여줄 것이다. 이 논의는 또한 인식적 독립성 가정 자체를 공격하는 이 글의 의의를 더욱 선명하게 나타내주는 배경의 역할을 할 것이다.

2. 인식적 합리성과 실천적 차원 또는 인식적 독립성 가정의 완강함

우리가 믿음을 갖는 것은 어떤 문제에 관심을 갖고 그에 대한 답을 추구하기 때문이다. 어떤 문제에 대한 답을 구하는 것에 관심을 갖게 되면 진리를 추구하고 거짓을 피하고자 하는 목적에 비추어 답을 구하게 되고, 그 결과로 믿음에 도달하게 된다.[3] 이

---

3) 문제를 이렇게 설정하는 것은 인식론의 문제가 제기되는 상황을 지나치게

렇듯 믿음이 구성되는 배경에는 일정한 주제에 대한 관심이 놓여 있으며, 이러한 관심은 다양한 인식 외적인 요소들에 의하여 영향을 받는다. 어떤 목적지에 가능한 한 빨리 가고자 하는 실천적 목적 아래 그러한 교통 수단이 무엇인지를 묻는 경우가 대표적인 경우라 할 수 있겠다. 그러나 문제 제기의 발단을 이루는 관심이 항상 실천적인 배경을 갖고 있는지는 분명하지 않다. 단순한 호기심이 동기일 수 있으며, 다른 궁극적인 문제에 대한 답을 얻기 위한 보조적인 방편으로서 한 문제에 관심을 갖게 되었을 수도 있다. 이 경우에는 다시 앞서의 이론적인 문제에 대한 관심을 갖게 된 동기가 무엇인지가 다시 문제가 되며, 그에 따라 보조적인 문제에 관심을 갖게 된 궁극적인 동기에 대한 답도 달라질 수 있다. 이렇듯 한 문제에 관심을 갖게 되는 동기는 개인에 따라 그리고 사회에 따라 매우 다양할 수 있다. 과연 이러한 문제 설정의 동기가 다양할 수 있다는 사실이, 그리고 때로는 이러한 질문의 설정에 실천적 고려가 개입한다는 사실이 이론적 합리성의 논의에 대하여 어떤 의미를 갖는가?

문제의 발생에 실천적 관심이 개입한다는 것만으로는 인식적 합리성의 결정에 실천적 고려가 개입한다는 것을 보이지는 못한다. 우선 문제의 발생 동기와 관련된 차원은 문제 해결의 차원과 독립적이라는 점에 주목하자. 예를 들어, 표범이 같은 노력으로 노루를 사냥할 수 있음에도 들쥐를 사냥한다면 이는 목표 설정과 관련하여 중대한 결함을 갖고 있다고 할 수 있다. 그럼에도

주지주의적으로 설정하는 것이라고 비판할 수 있다. 이는 옳은 지적이다. 왜냐하면, 이런 의식적 문제 의식 하에서 발생하지 않은 믿음들에 대하여도 인식적 합리성의 문제를 제기할 수 있으며, 이에 대하여 아무런 답을 주지 못하는 인식적 합리성의 이론은 결함이 있기 때문이다. 문제를 위와 같이 설정하는 것은 현재의 논의의 편의를 위한 것이며, 이를 토대로 전개되는 나의 논증은 뒤에서 이러한 가정에 의존하지 않고 확대, 적용될 것이다.

불구하고 일단 설정된 목표를 추구하는 표범의 사냥 행위는 그 자체로 결함이 없는 완벽한 사냥 행위일 수 있다. 마찬가지로 인식적 합리성의 문제 제기의 배경에는 인식 외적인 다양한 고려들이 개입할 수 있다 하더라도, 일단 설정된 인식적 합리성을 결정하는 인식적 과제는 참을 추구한다는 목표 아래 독립적으로 이루어질 수 있다. 인식적 합리성이 다른 실천적 고려로부터 독립적일 수 있다고 주장하고자 하는 사람들은 이러한 구분을 십분 활용하고자 할 것이다. 즉, 양자를 구분하여 믿음의 인식적 합리성은 증거와 진리성에 대한 고려에 의해서만 영향을 받을 뿐, 믿음 형성에 어떤 동기가 작용하고 있는가는 무관하다고 주장하는 것이다. 여기서 우리는 위의 대응의 핵심에 인식적 독립성 가정이 자리잡고 있음을 본다.

인식 외적인 차원은 한 믿음이 선택되는 과정뿐만 아니라 그 이후에도 영향을 미친다.[4] 이 경우에는 인식 외적인 요소들이 인식적 합리성의 영역에 좀더 긴밀히 다가가는 것으로 보인다. 이 경우를 예를 통하여 살펴보자. 한 사람이 민수가 정수를 살해하였는가를 알고 싶어한다고 하자. 여기서 그가 알고 싶어하는 것은 무엇인가? 정수를 살해한 것이 다른 사람이 아닌 민수임을 알고 싶어하는가? 아니면 민수가 정수를 부상을 입힌 것이 아니라 살해한 것임을 알고 싶어하는가? 또는 민수가 살해한 것이 다른 사람이 아닌 정수라는 것을 알고 싶어하는가? 'A가 아니라 B를 알고 싶다'는 대조의 구조를 통하여 보면, 어떤 명제와 대조되는가에 따라 그 명제에 대한 믿음의 인식적 합리성을 결정하는 데에 관련된 증거의 집합이 달라짐을 알 수 있다. 주어진 상황에서 인식의 대상이 되는 명제에 대한 대조 명제가 무엇인가는

---

4) 여기서 논의는 Dretske, "Epistemic Operators", *Journal of Philosophy* 67 (1970) : 1007-1023에 의존하고 있다.

인식 주체가 알고 싶어하는 것이 무엇인가에 의존한다. 그리고 이것은 다시 인식 주체의 현재의 관심이 무엇인가에 의존함은 의심의 여지가 없다. 물론 여기서의 관심이 다른 어떤 실천적 또는 인식 외적인 영향으로부터 독립한 순수한 호기심일 경우는 배제할 수는 없지만, 실제로 많은 경우 이러한 관심은 실천적 관심과 연관이 있음은 부정할 수 없을 것이다. 예를 들어, 누가 살해하였는가, 살해가 아니라 상해를 입혔는가 등의 관심은 누구에게 어떤 처벌을 내리는 것이 적절한가 등의 실천적 관심과 연관이 되는 경우가 흔하다. 이러한 사실은 인식자의 관심, 따라서 인식자를 둘러싸고 있는 실천적 관심이 인식적 합리성의 평가 대상이 되는 명제의 선택에 영향을 미칠 뿐 아니라, 그 명제의 합리성을 결정하는 것과 유관한 증거의 유형을 결정하는 데에도 영향을 미침을 보여준다.

실천적 관심이 개입할 수 있는 정도가 이러한 방향으로 깊어질 수 있다는 사실이 인식적 합리성 평가의 독립성을 유의미하게 손상시킬 수 있을 것 같지는 않다. 앞서의 경우와 마찬가지로 인식적 평가의 독립성을 옹호하고자 하는 사람들은 여전히 인식적 독립성 가정에 기대어 인식적 합리성의 평가가 제기되는 환경과 인식적 합리성의 평가 자체를 구분하여 대응할 수 있기 때문이다. 즉, 질문이 제기되는 인식 외적인 요소들이5) 주제를 결정하고 그에 따라 관련된 증거의 유형을 결정하기는 할지언정, 주어진 주제 내에서 그 믿음이 인식적으로 합리적인가 하는 것

---

5) 이 맥락을 단순히 인식 외적인 것이라고 규정하는 것은 논란의 여지를 담고 있다. 문제에 대한 관심이 순수한 지적인 호기심 때문일 수도 있기 때문이다. 그러나 대부분의 일상적인 경우 이러한 관심은 인식 외적인 요소에 의하여 지배되는 것으로 보이므로, 순수하게 지적 호기심에서 문제가 제기되는 특수한 경우에 의존하여 인식적 합리성의 독자성을 주장하는 것은 별로 효율적이지 못한 논증 전략이다.

은 순수하게 주어진 증거에 비추어 문제의 명제가 참일 개연성이 높은 것으로 나타나는가에 의하여 결정된다고 주장할 수 있기 때문이다.

지금까지 한 믿음은 문제에 대한 대답으로서 의미를 가지며, 문제가 설정되는 배경은 실천적 고려와 긴밀한 관계가 있음을 보았다. 그리고 한 믿음의 인식적 합리성의 결정에 어떤 증거의 유형이 유관한가를 결정하는 데에서도 실천적 맥락이 개입함을 보았다. 그러나 이러한 상황에 대응하여 인식적 합리성의 독자성을 옹호하는 효과적이고도 강력한 대응책도 보았다. 이 대응책이란 믿음이 인식적으로 합리적인가 하는 문제를 그 문제가 제기되는 배경 또는 동기 등의 인식 외적이고 실천적인 고려로부터 분리하는 방법이다. 이것은 바로 인식적 독립성의 가정에 다름아니다. 인식적 독립성 가정은 상당한 직관적 호소력을 갖고 있으며, 논리학 입문서에 나와 있는 구분법의 기저를 이루고 있을 정도다. 논리학 입문서를 보면 믿음의 발생 경위와 믿음의 정당성은 분명히 구분되어야 한다고 소개되고 있으며, 이를 결합시키는 것을 분명히 지목하여 '발생적 오류'라 부르고 있다. 같은 맥락에서 문제를 발견하는 논리와 문제를 정당화하는 논리는 분명히 구분되어야 한다고 강조하고 있다. 이는 인식적 독립성 가정의 직관이며, 이 직관 때문에 지금까지 살펴본 경우와 같이 믿음이 제기되는 과정에 아무리 많은 실천적 요소가 개입함을 설득력 있게 논증한다 하더라도, 이로부터 인식적 합리성의 결정 자체에 실천적 요소가 개입한다고 추론하기가 어렵다. 이제 인식적 합리성의 평가가 인식 외적인 요소에 의하여 영향을 받는 것을 시사하는 마지막 고려 사항으로 인식론적 맥락주의를 살펴보자.

인식론적 맥락주의에 따르면, 맥락은 단지 주제의 결정에 영향을 미치는 것이 아니라 주어진 주제 내에서 한 믿음이 인식적으로 합리적이기 위하여 필요한 인식적 강도를 결정하는 데에도 영향을 미친다.6) 내가 비행기 일정표에 그렇게 씌어 있다는 근거에서 나의 비행기가 시카고를 경유할 것이라고 믿게 되면, 그것은 일상적으로 지식이라 할 수 있다. 그러나 비행기가 시카고를 경유할 것인가를 확실히 의심의 여지없이 아는가를 묻게 되면, 나는 그 믿음이 틀릴 가능성이 있다는 것을 인정하게 된다. 이 경우에는 나의 비행기가 시카고를 경유한다는 것은 더 이상 지식으로서의 지위를 유지하지 못한다. 왜냐하면, 나는 나의 비행기가 시카고를 경유한다는 것을 알지만, 그것이 틀릴지도 모른다고 말하는 것은 불합리하기 때문이다.7) 즉, 오류 가능성에 대한 자각은 기존 지식의 주장을 철회시키는 효력을 갖는다. 이

---

6) 맥락주의에 대한 대표적인 논의를 위해서는 다음을 보라 : Cohen, Stewart 1988, "How to be a Fallibilist", *Philosophical Perspectives* 2, Tomberlin, James (ed), 1998, "Contextualist Solutions to Epistemological Problems", *Australasian Journal of Phlosophy* 76 : 2, 1999, "Contextualism, Skepticism, and Reasons", *Philosophical Perspectives* 13, Tomberlin, James (ed) ; KeRose, Keith 1995, "Solving the Skeptical Problem", *Philosophical Review* 104 : 1. Cohen과 DeRose는 모두 지식을 부여하기 위하여 요구되는 기준의 강도가 맥락에 따라 변화한다는 것을 주장하지만, Cohen은 이 논의를 이유 또는 증거의 개념을 통하여 접근하는 반면 DeRose는 이들 개념에 의존하지 않고 "유관한 대안 (Relevant Alternativ)"의 개념을 통해 접근한다. 따라서 본론의 논의는 Cohen 의 경우에 더 잘 적용된다고 볼 수 있다. 여기서 한 가지 주목할 상황은 이들이 맥락적 변화를 지식을 결정하는 제3자로서의 지식 부여자의 상황과 관련시키고 있다는 점이다. 즉, 이들은 지식 부여자의 기준이 맥락에 따라 달라지며, 부여자의 맥락 변화에 따라 같은 믿음에 지식이 부여되기도 하고 부여되지 않기도 함을 주장한다. 한편, 이와 달리 맥락에 따른 지위 변화를 인정하면서도 이러한 지위 변화를 부여자의 관점이 아니라 인식 주체의 관점에서 해석하는 견해도 있다. 이를 위해서는 Hawthorne, John 2004, *Knowledge and Lotteries* (Oxford University Press)를 보라.

7) Cohen 1999, "Contextualism, Skepticism, and Reasons", *Philosophical Perspectives* 13, Tomberlin, James (ed) : 58-59.

러한 사실은 일정한 증거 또는 이유들이 맥락의 변화에 따라 지식을 구성할 수도 그렇지 못할 수도 있음을 보여준다. 여기서 맥락주의는 지식에 대하여 적용되고 있지만, 이 논의를 인식적 합리성에도 확장하여 적용할 수가 있을 것이다. 사실 우리는 이와 유사한 상황을 일상적 삶에서 친근하게 접하고 있다. 신약품의 판매와 관련하여 치명적 부작용이 의심될 때 그 약품의 시판을 위하여 우리는 상당히 엄격한 검증을 요구한다. 즉, 그 약이 의심스러운 부작용을 일으키지 않을 것이라는 믿음을 합리적으로 받아들이기 위하여 상당한 정도의 확증이 요구된다. 반면에 별 중요한 함축을 갖지 않는 명제의 경우에는 그보다는 가벼운 정도의 확증으로 충분하다. 다만 이런 일상적인 경우는 다른 맥락에 있는 다른 믿음들에 대하여 인식적 합리성을 위하여 요구되는 인식적 강도가 달라짐을 보여주는 반면, 인식론적 맥락주의는 맥락이 달라짐에 따라 동일한 믿음이 지식이 되기 위하여 필요한 인식적 강도가 변화할 수 있음에 초점을 맞추고 있다. 인식적 합리성 개념에 맥락주의적 고찰이 적용될 수 있음을 받아들이면, 인식적 합리성은 실천적 고려와 다시 긴밀하게 관계를 맺게 된다. 한 믿음의 인식적 합리성을 위하여 요구되는 인식적 강도가 인식자의 관심에 의존한다고 하면, 이를 실천적 요소와 연결시키는 길이 열리게 되기 때문이다. 그리고 요구되는 인식적 강도가 순수하게 인식 내적인 요소에 의하여 결정되는 경우가 있다고 할지라도 이는 매우 특수한 경우며, 이러한 소수의 예외적 상황에 기대어 인식적 합리성의 독자성을 옹호하고자 하는 시도는 성공하기 어렵다.

인식적 합리성에 적용되는 맥락주의에 따르면, 한 믿음이 인식적으로 합리적이기 위하여 얼마만큼의 확증이 필요한가는 맥락의 변화에 따라 변하며, 따라서 확증도의 결정에 영향을 미치는 맥락이 갖는 실천적 요소만큼 인식적 합리성도 실천적 요소를 갖는 것으로 보인다. 다시 말하면 인식자 또는 평가자가 처한 맥락에 따라 한 믿음이 인식적으로 합리적인 것으로도 인식적으로 합리적이지 못한 것으로도 분류될 수 있다. 이는 앞서 살펴본 경우들과는 다른 유형의 실천적 의존성이다. 앞의 경우들은 인식적 합리성 논의의 대상이 되는 믿음의 선택에, 또는 인식적 합리성을 결정하는 증거의 유형의 선택에 실천적 요소가 개입하는 것을 보여준다. 이제 맥락주의는 믿음이 결정되고 그 인식적 합리성과 관련된 증거의 유형이 결정된 후에도 맥락에 따라 문제의 믿음이 인식적으로 합리적일 수도 아닐 수도 있음을 보여주기 때문이다. 여기서 맥락의 결정에 실천적 요소가 개입한다면, 결국 실천적 요소에 따라 인식적 합리성의 결정이 달라지는 결과가 따르는 셈이다.

그렇다면 과연 인식론적 맥락주의는 인식적 합리성의 결정에 실천적 요소가 개입함을 확정적으로 보여주며, 인식적 독립성 가정은 근본적으로 흔들리는가? 인식적 합리성의 독자성을 옹호하는 사람들이 이에 대응하는 방법이 있을 수 있을까? 이들에게 한 가지 위로가 될 수 있는 것은 인식론적 맥락주의가 아직 인식론 내에서 정설로 자리잡고 있지는 못하다는 점이다. 이런 점에서 맥락주의에 의존하여 인식적 합리성의 독자성을 공격하는 논증은 '인식론적 맥락주의가 옳다면 인식적 합리성에 실천적 고려가 개입한다'는 것을 보이는 정도의 조건적인 논증이 될 수밖에 없다. 그러나 인식론적 맥락주의는 인식적 영역의 독립성을 비판하는 점에서 더 근본적인 한계가 있다. 인식론적 맥락주의는 인식적 평가를 위한 기준의 변화만 제시할 뿐, 한 믿음의 인식적 질은 궁극적으로 전통적 인식론이 제시한 요소들, 즉 증거 연관, 논리성, 진리성 등의 요소들에 의하여 결정됨을 그대로 수용하고 있기 때문이다. 지역에 따라 와인이 1등급이기 위한 기준은 달라질 수 있지만, 그럼에도 불구하고 평가 대상이 되는 와인의 질은 동일할 수 있다. 즉, 미국과 프랑스에서 와인의 등급을 정하는 기준이 다르다 하더라도, 와인의 등급은 공히 맛이라고 하는 균일한 성질에 의존할 수 있다. 마찬가지로, 영재가 되기 위한 기준은 두 나라에서 서로 다르다 하더라도, 그 기준은 모두 IQ에 의존하는 것일 수 있다. 즉, 한 나라에서는 영재이기 위해서는 IQ가 150 이상이어야 하고 다른 나라에서는 160 이상이어야 하더라도, 두 나라에서는 공히 IQ에 의하여 영재가 결정되는 것이다. 마찬가지로 인식론적 맥락주의는 인식적 합리성의 기준을 만족하기 위한 기준이 때로는 높아지고 때로는 낮아지고 있다고 하지만, 인식적 합리성을 위하여 요구되는 믿음의 속성들은 증거 연관, 논리성, 진리성 등의 성질에 여전히 머물고 있는 것이다. 이러한 특징은 두 믿음의 인식적 합리성의 지위가 뒤바뀌는 두 인식론적 맥락이 있을 수 없다는 사실에서도 잘 나타난다. 즉, 한 믿음이 인식적으로 합리적이고 다른 믿음이 인식적으로 합리적이지 않은 그런 맥락이 있다고 하면, 두 믿음의 인식적 합리성의 지위가 뒤바뀌는 맥락은 있을 수 없다. 이는 인식론적 맥락주의가 믿음들을 증거에 의한 뒷받침이라는 균일한 기준으로 줄을 세우고 있으며, 다만 인식적 합리성이라는 기준을 적용하는 지점만이 변할 수 있음을 주장하기 때문이다.[8] 이러한 논의에서

---

8) 따라서 이에 근거하여 인식론적 맥락주의는 인식적 평가에 관한 객관주의로서 상대주의와는 궤를 달리하는 입장이라 주장할 수 있다. 물론 이는 상대주의를 어떻게 정의하느냐에 달려 있다. 어떤 속성에 관한 상대주의가 단지 '어떤 틀에서는 한 대상이 그 성질을 갖지만, 다른 틀에서는 그 성질을 갖지 않을 수 있다'는 정도를 의미한다면, 맥락주의는 인식적 합리성에 대한 상대주의를 함축한다. 그러나 상대주의가 뒤바꿈의 가능성을 함축하는 주장이라면, 인식론적 맥락주의는 상대주의가 아니다. 상대주의에 관한 논의는 이 글의 범위를 벗어나므로 다른 기회로 미루자.

나타나는 바와 같이 인식론적 맥락주의에 따르면, 믿음의 인식적 합리성 결정과 관련된 성질들은 증거 연관, 진리성 등의 인식적 성질들이다. 인식적 독립성 가정이 여전히 유지되고 있다. 독립성이 다소 위축되어 있음은 사실이다. 평가에 관계된 기준의 설정은 더 이상 순수하게 인식적인 영역에 맡겨질 수 없는 것으로 나타난 셈이며, 기준이 적용되는 성질들은 인식적 영역에 남아 독립성을 유지하고 있다.

3. 인식적 합리성과 인식적 가치

지금까지 우리는 실천적 차원에서의 고려가 인식적 합리성에 다면적으로 영향을 미치고 있음을 보았다. 일정한 명제 또는 믿음이 인식적 합리성 논의의 대상으로 부각되는 과정에 실천적 고려가 개입함을 보았고, 명제가 확정된 뒤에도 그 명제의 인식적 합리성을 결정하기 위하여 필요한 증거의 유형을 결정하는 과정에 또다시 실천적 차원이 개입함을 보았다. 그리고 인식적 합리성을 위하여 요구되는 확증의 기준이 결정되는 과정에 실천적 고려가 개입할 수 있음을 보았다. 인식적 합리성의 논의에 실천적 차원이 이렇게 여러 차원에서 개입하고 있음에도 불구하고 인식적 합리성의 독자성은 그 핵심이 흔들리지 않고 있다. 인식적 합리성은 증거 연관, 진리성, 논리적 고려 등의 순수하게 인식적 요소에 의하여 결정된다는 인식적 독립성 가정이 자리를 잡고 있고 보존될 수 있기 때문이다. 인식적 독립성 가정이 위의 도전에 대한 대응의 배후에 자리잡고 있으며, 또한 이러한 대응의 성공에 의하여 그 가정은 다시 강화되고 있다. 이 절은 지금까지의 논의와는 달리 한 믿음 또는 탐구 행위의 이론적 합리성이 그 믿음이 갖는 실천적 가치에 의하여 직접적으로 영향을 받는다는 것을 보이는 논증을 제시한다. 정확하지는 않지만 이해하기 쉬운 방식으로 표현하면, 한 믿음이 쓸모 없기 때문에 인식적으로 합리적이지 못하다는 요지의 결론을 옹호하는 논증을 제시하고자 한다. 이는 인식적 독립성 가정을 공격하는 효과를 가지며, 따라서 기존의 이론적 합리성 논의의 근간을 흔드는 효과를 갖게 된다.

이 논증은 다음과 같은 구조를 갖는다 :

전제 1 : 한 믿음의 인식적 합리성은 그 믿음과 관련된 탐구의 인식적 합리성에 의존한다.
전제 2 : 인식적 가치가 더 높은 탐구가 선택 가능할 때, 가치가 낮은 탐구를 하는 것은 인식적으로 비합리적이다.
전제 3 : 인식적 탐구들 사이의 가치의 차이는 (때로) 그들 사이의 실천적 효용성의 차이에 의존한다.
결   론 : 한 믿음의 인식적 합리성은 (때로) 그 믿음과 관련된 탐구의 실천적 가치에 의하여 결정된다.

전제 1과 전제 2로부터 한 믿음의 인식적 합리성은 그 믿음과 관련된 탐구의 인식적 가치 그리고 당시에 선택 가능한 다른 탐구들의 인식적 가치, 그리고 이들 인식적 가치들의 비교 평가에 의존한다는 결론이 따른다. 그리고 전제 3은 인식적 가치가 (때로) 실천적 효용성에 의하여 결정된다고 주장한다. 이로부터 한 믿음의 인식적 합리성은 (때로) 그 믿음과 관련된 탐구의 실천적 효용성에 의하여 영향을 받는다는 결론이 필연적으로 따른다. 이 절에서는 한 믿음의 인식적 합리성이 그 믿음과 관련된 탐구의 인식적 가치와 관련됨을 주장하는 처음 두 전제들을 논의하고, 이제 이론적 영역과 실천적 영역을 연결하는 전제 3은 다음 절에서 논의한다.

전제 1은 한 믿음의 합리성을 탐구의 합리성과 연결시킨다. 여기서 탐구란 일정한 주제에 대하여 의문을 제기하고, 이에 대한 답으로서의 일정한 믿음에 도달하는 과정을 의미한다. 일단 인식적 합리성 개념을 믿음에 도달하는 과정으로서의 탐구에 적용할 수 있다는 것을 받아들이면[9] 전제 1은 자명한 것으로 보인다. 왜냐하면, 일정한 주제에 대하여 문제를 제기하고 답을 구하고자 하는 것이 인식적으로 합리적이지는 않지만, 그 주제에 대한 일정한 믿음을 취하는 것이 인식적인 관점에서 합리적일 수 있다고 하는 것은 역설적으로 들리기 때문이다. 여기서 비록 평가의 대상이 탐구에서 믿음으로 이행하고 있기는 하지만, 평가의 차원에서는 아무런 변화도 일어나고 있지 않다는 점에 주목하자. 이렇게 평가의 차원이 고정되어 있다는 사실을 주목하면 전제 1은 논란의 여지가 없어보인다. 일정한 문제에 대하여 그런가 아닌가를 묻는 것 자체가 인식적인 관점에서 볼 때 장려할 만한 일이 되지 못한다면, 그 문제에 대하여 일정한 태도를 취하여 믿음을 구성하는 것 역시 인식적인 관점에서 볼 때 장려할 만한 것이 되지 못한다.

위의 전제 1에 담겨 있는 의존성은 필요 조건으로서의 의존성이다. 전제 1은 탐구가 비합리적이면 그 결과인 믿음이 비합리적임을, 따라서 탐구의 합리성이 주어진 믿음의 합리성을 위한 필요 조건임을 주장하고 있다. 이는 당연한 일인데, 탐구의 합리성이 그 탐구 결과인 믿음의 합리성을 보장하지 못하기 때문이다.

---

[9] 인식적 합리성이라는 개념이 오직 믿음에만 적용될 수 있다고 생각하는 사람은 한 탐구가 인식적으로 합리적인가 아닌가를 거론하는 것에 대하여 거부감을 느낄지 모르겠다. 이 문제는 전제 2를 논하는 부분에서 다룰 기회가 있을 것이므로 그때까지 논의를 미루기로 하자.

일정한 문제에 대한 탐구가 합리적이라는 사실은 그 탐구의 결과로 그 문제에 대하여 어떤 답을 내려야 하는지에 대하여 아무런 함축도 갖지 않는다. 이 부분은 그 탐구의 결과 어떤 증거가 획득되는지 그리고 그 증거에 비추어 문제에 대한 긍정적 대답과 부정적 대답 중에서 어느 것이 더 설득력을 갖는지에 의하여 결정된다. 결국 전제 1은 한 믿음의 인식적 합리성을 위해서는 그 믿음과 관련된 증거 연관, 진리성, 논리성뿐 아니라 그 믿음을 산출하는 탐구의 인식적 합리성이 역시 필요함을 보여주는 셈이다. 따라서 이 전제는 인식적 독립성 가정에 담긴 생각, 즉 개별적 믿음과 관련된 증거 연관 등의 사항이 믿음의 인식적 합리성을 위하여 충분하다는 생각과 긴장을 구성한다. 이것이 아직 인식적 독립성 가정을 바로 위협하지는 않는다. 만약 탐구의 인식적 합리성이 여전히 증거 연관, 진리성, 논리성 등에 대한 고려에 의하여 규정되는 것이라면, 인식적 합리성은 여전히 이들 성질들의 틀 내에서 정의되어 인식적 독립성 가정의 핵심은 유지될 수 있기 때문이다.

전제 2는 한 믿음의 인식적 합리성이 그 믿음과 관련된 개별적 탐구의 인식적 합리성에 의존할 뿐 아니라, 그 탐구를 포함한 당시에 선택 가능한 여러 탐구들의 가치에 대한 비교 평가에도 의존한다는 것을 주장한다. 즉, 믿음의 합리성이 그 믿음과 관련된 탐구의 합리성뿐 아니라 여러 탐구들의 인식적 가치가 어떠한가에 의하여 영향을 받음을 주장한다. 이렇게 개별적 믿음의 인식적 합리성을 결정하는 것이 가치에 대한 고려까지 포함하게 되면, 믿음의 인식적 합리성을 단지 증거 연관, 논리성, 진리성에 의하여 정의하는 인식적 독립성 가정의 본격적인 결별이 시작된다. 이제 인식적 합리성이 여러 탐구들이 갖는 인식적 가치에 대한 비교 평가와 어떻게 관련되는가를 살펴보기 위하여 다음의 예를 보자. 탁월한 지진학자인 영수는 한 지역에서의 지진 발생 가능성을 예측하고 그와 관련된 자료를 컴퓨터에 시뮬레이션하고 있었다. 그러나 영수는 휴식 삼아 바닷가로 산책을 나갔고, 이 과정에서 자신의 컵에 담긴 모래알의 수에 관심을 가져 하루를 온통 모래알을 세면서 보냈다. 때마침 이 순간에 컴퓨터는 다음날 그 지역에 대규모의 지진이 있을 것을 예측하는 정보를 산출하였다. 그러나 영수는 바닷가에서 모래알을 세며 소일을 하고 있었기에 이러한 정보를 영원히 놓치게 되었다.[10] 여기서 지진 발생과 관련된 지식은 컵에 있는 모래알 수에 관한 지식에 비하여 인식적 가치가 높다. 즉, 지진이 언제 발생할 것인가와 내 컵에 몇 개의 모래알이 있는가 중에서 어느 것이 더 알 만한 가치가 있는가 하고 물으면, 우리는 주저 없이 앞의 것이라고 대답한다. 이 두 지식들 사이에 나타나는 인식적 가치의 차이를 어떻게 설명할 것인가는 앞으로 밝혀져야 할 일이고 논란의 여지가 있을 수 있지만,[11] 지식들 사이에 인식적 가치에서 차이가 있다는 가정 자체는 직관적 호소력을 갖고 있어 논란의 여지가 없어보인다. 이제 지식들 사이에 인식적 차이가 있다는 것에 의존하여 전제 2를 입증하는 설득력 있는 논증을 구성할 수 있다.

실천적 합리성에서 한 행위가 실천적 합리성을 갖고 있는가는, 행위자에게 선택 가능한 행위들이 어떤 것들이며 각 행위가 초래하는 결과들이 갖는 실천적 효용성이 어떠한가에 의존한다. 다른 가능한 대안 행위들에 비하여 결과적 효용성이 더 높을 때 한 행위는 실천적 합리성을 갖는다. 이로부터 이끌어낼 수 있는

---

10) 이러한 상황을 더욱 극단적으로 보이기 위하여, 영수는 컴퓨터가 지진 발생과 관련된 정보를 산출하는 단계에 돌입하고 있음을 알면서도 모래알을 세는 일에 집착하여 몰두하고 있었다고 하자. 이 경우에는 모래알을 세는 인식적 탐구가 비합리적임이 더욱 분명하게 드러난다.

11) 아래 전제 3을 논의하는 부분에서 이 주제가 구체적으로 다루어질 것이다.

귀결은 한 시점에 주어진 다양한 행위의 선택지들 중에서 실천적 효용성이 절대적으로 높은 선택지가 있음에도 그보다 효용성이 훨씬 떨어지는 행위를 선택하는 것은 실천적인 관점에서 볼 때 합리적이지 않다는 점이다. 실천적 합리성과 관련된 위의 진술에서 '행위' 대신에 '탐구'를 대입하고 '실천적'이라는 표현 대신에 '이론적' 또는 '인식적'을 대입하면 다음과 같은 결론이 따른다 : 한 탐구가 이론적 합리성을 갖고 있는가는 인식자에게 선택 가능한 탐구들이 어떤 것들이며 각 탐구가 초래하는 결과들이 어떤 인식적 효용성을 갖는가에 따른다. 한 시점에 주어진 다양한 탐구의 선택지들 중에서 인식적 효용성이 절대적으로 높은 선택지가 있음에도 그보다 인식적 효용성이 훨씬 떨어지는 탐구를 선택하는 것은 인식적 관점에서 비합리적이다. 여기서 '인식적 효용성'이라는 표현에 거부감을 느끼는 사람이 있다면 대신에 '인식적 가치'라는 표현을 사용하여도 같은 이야기를 할 수 있으며, 이것이 바로 전제 2의 내용이다.

전제 2는 이론적 합리성의 영역에 실천적 합리성의 구조를 적용한 결과로서, 그 설득력은 실천적 합리성에 관한 정설만큼 단단한 기반에 서 있다. 즉, 지식 사이의 인식적 가치의 차이를 인정한다면, 이를 토대로 실천적 합리성의 구조를 인식의 영역에 적용하는 것을 거부할 수 없으며, 전제 2는 이러한 적용의 결과일 뿐이다. 앞서 전제 1에서 남겨놓은 문제, 어떻게 인식적 합리성을 믿음이 아닌 탐구에 대하여 적용할 수 있는가에 대하여도 같은 방식으로 대답할 수 있다. 행위의 결과들이 여러 실천적 효용성을 갖듯이, 인식적 탐구의 결과들이 믿음을 산출하여 다양한 이론적 가치를 갖게 된다. 그렇다면, 행위의 경우에 그 귀결들의 효용성의 비교에 근거하여 행위 자체의 실천적 합리성을 결정할 수 있듯이, 인식의 경우에도 한 인식적 탐구의 인식적 합리성을 그 결과인 믿음들이 갖는 인식적 가치의 비교 평가에 의하여 결정할 수 있을 것이다. 실천적 행위의 실천적 합리성을 결과를 통하여 거론할 수 있다면, 마찬가지로 한 인식적 탐구의 인식적 합리성을 결과인 믿음들의 인식적 가치를 통하여 거론할 수 있다.

전제 2와 관련한 위의 논의는 탐구의 인식적 합리성이 주제의 인식적 가치에 의존함을 보여준다. 물론 탐구의 인식적 합리성이 그 주제의 인식적 가치에 의존하는 방식은 인식적 합리성의 정도가 주제의 인식적 가치의 정도에 비례한다는 형태의 단선적인 의존성이 아니다. 이 의존성은 인식자에게 더 가치 있는 탐구가 직접적으로 선택 가능함에도 덜 가치 있는 탐구를 선택할 경우 이것은 인식적으로 합리적이지 않다는 형태의 좀더 복잡한 형태의 의존성이다. 따라서 그 주제 자체가 가치가 낮다고 할지라도, 더 가치 있는 주제가 선택 가능한 범위 안에 들어와 있지 않으면 그 주제를 탐구하는 것이 인식적으로 합리적일 수 있다. 반대로 비록 한 주제가 매우 가치 있는 주제라 할지라도 그보다 월등히 가치가 높은 주제가 선택 가능한 범위에 들어와 있다면 그 주제를 탐구하는 것은 인식적으로 합리적이지 않다는 결론이 따른다.

전제 1은 인식적 합리성에 대한 전통적 견해인 인식적 독립성 가정과의 긴장을 예고하였었다. 이제 전제 1과 전제 2의 결합은 이 가정과의 본격적인 결별을 예고한다. 인식적 독립성 가정은 한 믿음의 인식적 합리성은 그 믿음이 증거와 어떤 연관을 갖고 있는가에 의하여 결정된다는 견해를 핵심으로 한다. 즉, 한 믿음의 인식적 합리성은 그 믿음이 어떤 내용으로 되어 있으며, 증거의 내용에 비추어볼 때 그 믿음이 참일 개연성이 어떠한가에 의하여 전적으로 결정된다는 내용이 이 가정의 핵심을 이루고 있

다. 따라서 이 가정에 따르면, 그 믿음의 내용이 어떠한가, 그 중
요한 진리를 담고 있는가 등은 한 믿음이 인식적으로 합리적인
가를 결정함에 무관하다. 그러나 이제 이러한 견해가 수정되어
야 함이 드러나고 있다. 이미 보았듯이 한 믿음이 인식적으로 합
리적인가는 그것을 산출한 탐구의 인식적 합리성에 의존하며,
탐구의 인식적 합리성은 경쟁 관계에 있는 탐구와 비교해볼 때
그 결과적인 믿음들의 인식적 가치가 어떠한가에 의존하기 때문
이다. 즉, 믿음의 인식적 합리성의 결정에 믿음의 인식적 가치에
대한 고려가 개입하고 있는 것이다.

4. 인식적 가치와 인식 외적 가치

전제 3 : 인식적 탐구들 사이의 가치의 차이는 (때로) 그들 사이
　　　　의 실천적 효용성의 차이에 의존한다.

지금까지 우리는 한 믿음의 인식적 합리성은 그 믿음을 산출
하는 탐구의 인식적 합리성에, 그리고 탐구의 합리성은 다시 (우
회적인 방식이지만) 그 탐구가 산출하는 지식의 인식적 가치에
의존함을 보았다.[12] 결국 한 탐구의 인식적 합리성과 그 결과로
서의 믿음의 인식적 합리성은 탐구 주제와 그 결과로서의 지식

---

12) 얼핏 보면 여기에는 악성적 순환이 포함되어 있는 것으로 보인다. 믿음의
인식적 가치가 높으면, 그에 관한 인식적 탐구는 인식적으로 합리적이 되고, 이
는 다시 믿음에 인식적 합리성을 부여하는 것처럼 보인다. 그렇다면, 인식적 가
치가 높은 주제에 대한 믿음은 거저 인식적으로 합리적이 되는 악성적 boot-
strapping이 작용하는 것처럼 보인다. 그러나 우리의 논의에는 이러한 악성적
순환이 포함되어 있지 않다. 이와 관련해서는 나의 논의에 대한 반론을 살펴보
는 부분에서 상세히 논의할 기회가 있을 것이다.

이 갖고 있는 인식적 가치에 의존하는 셈이 된다. 그렇다면 우리는 이제 일정한 탐구 주제 또는 지식의 인식적 가치를 어떻게 정의할 것인가 하는 문제를 다루어야 한다. 탐구 또는 지식의 인식적 가치가 어떻게 결정되는가에 따라 인식적 독립성 가정과의 결별의 정도가 달라질 것이기 때문이다. 지금까지의 논의는 한 믿음의 인식적 합리성은 다른 탐구와 그에 따른 지식의 인식적 가치에 대한 고려에 의하여 영향을 받는다는 것을 보여주었다. 이 상황에서 만약 이들 탐구와 지식들의 인식적 가치가 순수하게 증거 연관, 논리성, 진리성 등에 의하여 결정되는 방법이 있다면 인식적 독립성 가정은 위축된 형태로나마 그 면목을 유지할 수 있다. 그러나, 믿음의 인식적 가치의 구성에 더 이상 인식적이라고 부를 수 없는 요소들이 참여한다면, 이제 인식적 독립성 가정은 어디에도 발을 붙일 수 없게 된다.

지진의 발생과 관련된 사실은 이 컵에 몇 개의 모래알이 있는가보다 알 만한 가치가 있어보인다. 즉, 지진의 발생에 관한 진리는 컵에 있는 모래알의 수와 관련된 진리보다 더 높은 인식적 가치를 갖고 있다는 것은 부정할 수 없는 사실로 보인다. 과연 인식적 가치의 차이는 어디에 근거하는가? 인식적 독립성 가정을 유지하면서 지식들 사이의 인식적 가치의 차이를 설명하는 한 방법은 지식 또는 탐구의 인식적 가치를 그것이 초래하는 또는 함축하는 진리의 양에 의하여 정의하는 방법이다. 만약 탐구의 인식적 가치가 그 탐구가 초래하는 진리의 양에 비례한다면, 인식적 가치에 대한 고려는 관심, 호기심, 효용성 등과 같은 인식 외적인 차원을 배제한 채 진리의 양에 의하여 규정된다. 이 경우 인식적 가치가 진리에 의하여 규정되므로 인식적 독립성 가정이 유지된다. 그러나 이러한 시도는 성공할 수 없다. 만약 함축하는 진리의 양이 인식적 가치의 척도라면, 원자에 관한 임의의 보편 명제는 분자에 관한 어떤 보편 명제보다도 인식적 가치가 더 높다는 결과가 나온다. 필연적으로 원자의 수는 분자의 수보다 더 많기 때문이다. 그러나 이러한 결과는 받아들일 수 없다. 원자에 관한 보편 진술 중에는 참이면서도 이론적 가치가 희박한 진술이 있을 수 있으며(예를 들어, '모든 원자는 고체다'와 같은 진술), 이보다 이론적 가치가 높은 진술로서 분자에 관한 진술은 얼마든지 있을 수 있다. 마찬가지로, 우주의 발생에 관한 진술은 일회적 사건에 관한 진술이지만, 이 진술은 모래알의 본성에 관한 복수의 진술보다 높은 인식적 가치를 가질 수 있다. 따라서 진술의 이론적 가치는 양이 아니라 질에 의하여 결정되고 있음에 틀림없다.

여기서 믿음을 갖게 되는 것은 일정한 문제에 우리가 관심을 갖게 되고 그에 대한 답을 구하기 때문이라는 사실을 다시 상기할 필요가 있다. 어떤 문제에 대한 답을 구한다는 것은 그 문제에 대한 진리를 추구한다는 것이다. 어떤 질문에 대한 답을 얻고자 하면서, 그 답이 참인가에 대하여 무관심하다는 것은 자가당착이다. 이러한 사실은 인식적 작업의 궁극적 목표라고 전통적으로 간주되고 있으면서 인식적 평가에서 중심의 위치를 차지하고 있다고 간주되는 바의 참을 추구하고 거짓을 피한다는 목표가 본래적이라기보다는 파생적이라는 것을 시사한다.13) 어떤 동기에서든 우리는 일정한 질문을 던지게 되고, 이 질문에 관심을 갖게 됨으로써 참에 도달하는 것에 관심을 갖게 된다. 참된 믿음에

---

13) 진리 추구라는 인식의 목표에 대한 다음의 논의는 소사(Ernest Sosa)의 글 "The Place of Truth in Epistemolog" in M. DePaul and L. Zagzebski eds., *Intellectual Virtue : Perspectives from Ethics and Epistemology* (Oxford University Press, 2002)에 많이 의존하고 있다. 이 글에서 Sosa는 인식적 합리성과 인식적 정당성이 진리를 추구하고 거짓을 피한다는 목표에 의하여 규명된다는 전통적 인식론의 견해를 비판하고 그에 대한 대안을 제시하고자 한다.

도달하는 것은 본래적 목적이라기보다 현재 관심의 대상이 되는 문제에 대한 해답을 얻고자 하는 목적에 의존하여 발생하는 파생적 목적의 성격을 지닌다. 소사(Ernest Sosa)는 이를 음식의 비유를 통하여 설명한다. 자장면을 먹고자 하는 사람이 있다고 하자. 이 사람은 영양가 있는 음식을 먹고자 하는 본래적인 욕구는 가지고 있지 않다. 다시 말하면, 영양가 때문에 음식을 선택하지는 않는다. 그러나 이왕 한 음식을 먹게 되면 그 음식이 영양가가 있기를 바라는 그런 사람이다. 마찬가지로 진리에 대한 추구도 본래적인 가치를 갖는다기보다는 어떤 동기에서든 일단 한 문제를 제기하고 그에 대한 답을 추구하게 되면 그에 따라 진리를 추구하고자 하는 욕구가 파생적으로 생겨난다.[14] 이러한 견해에 따르면, 참을 추구하는 것이 일정한 질문에 대한 답을 구하려는 목표에 파생적인 만큼 참을 추구하는 것이 갖는 의미는 그 질문이 갖는 의미에 의존하게 된다. 해답을 얻고자 하는 문제가 중대하면 그에 대한 참을 추구하는 것도 중대하겠지만, 애초의 문제 자체가 시시하고 의미 없는 것이라면 그에 대한 참된 답을 추구하는 것도 그만큼 시시하다는 이야기다.[15] 말하자면, 문제 또는 주제가 얼마만큼의 중요성을 갖는가에 따라 참을 추구하고 거짓을 피하는 것의 가치가 달라지며, 그에 따라 그 문제에 대한 탐구와 그 탐구 결과로서의 믿음의 인식적 가치가 달라진다. 우주의 발생에 관한 탐구가 모래알의 수에 대한 탐구보다 인식적 가치가 높다는 것은 참을 추구하고 거짓을 피하는 인식적 목표가 전자와 관련하여 더 큰 중요성을 갖는다는 것을 의미한다. 그

---

14) 나는 Sosa의 이 비유가 적절하지 않다고 생각한다. 답을 구하고 진리를 추구하는 것 사이에는 필연적인 연관이 있다. 앞에서 보았듯이 한 질문에 대한 답을 구하는 것은 참을 구하는 것을 필연적으로 함축한다. 반면, 맛있는 음식을 추구하는 것과 영양을 추구하는 것 사이에는 이런 필연적 연관성이 없기 때문이다.
15) Sosa, 같은 책 참조

리고 전자와 관련하여 진리를 추구하는 것이 더 중요한 이유는 그 주제가 우리에게 더 중요하기 때문이다.

위 문단의 요지는 다음과 같다. 어떤 지식 A가 a 정도의 인식적 가치를 지닌다는 것은 A와 관련하여 진리를 추구하고 거짓을 피하는 것이 a 정도 중요하다는 것을 의미한다. 그리고 A와 관련하여 진리를 추구하는 것이 a 정도로 중요한 이유는 인식자에게 A가 속한 주제와 관련하여 답을 갖는 것이 a 정도의 중요성을 갖기 때문이다. 이 논의에 따르면 한 지식 또는 주제적 탐구의 인식적 가치는 최종적으로는 그 지식 또는 탐구가 인식자에게 어떤 중요성을 갖는가에 의존한다. 즉, 주제 또는 지식이 인식자에 대하여 갖는 중요성이 그들의 인식적 가치를 결정하게 된다. 이렇게 되면, 인식적 가치의 구성에 다양한 인식 외적 요소들이 참여하는 가능성이 열린다. 왜냐하면, 한 탐구 또는 지식이 인식자에게 중요하게 여겨지는 이유는 인식자의 관심에 따라 다양할 수 있기 때문이다. 한 주제가 나의 생사를 좌우하기 때문에 나에게 중요한 것으로 간주될 수 있으며, 종교적 이상을 실현하는 데에 도움이 되므로 나에게 중요한 것일 수 있다. 이외에 다양한 관심들이 개입할 수 있다. 이제 실천적 효용성 때문에 중요성이 결정되고, 이로부터 인식적 가치가 파생적으로 결정되는 사례를 앞서의 지진의 경우와 관련하여 논증의 형태로 제시하면 다음과 같은 모습을 지닌다 :

1. 지진의 발생에 관한 지식은 내 머리카락의 수에 관한 지식에 비하여 높은 실용적 효용성을 갖기에, 전자는 후자에 비하여 나에게 더 중요하다.
2. 따라서 진리를 추구하고 거짓을 피하는 인식적 목표는 전자와 관련하여 더 큰 중요성을 갖는다.
3. 따라서 전자에 관한 지식이 더 큰 인식적 가치를 갖는다.

인식적 독립성 가정을 옹호하는 사람들은 인식적 가치의 결정에 실용적 효용성이 개입한다(개입할 수 있다)는 놀라운 주장이 이처럼 단순한 논증에 의하여 옹호된다는 사실을 의심의 눈길로 바라볼 것이다. 이들은 여전히 실천적 영역과 인식적 영역의 구분의 직관을 버리지 않고 A 주제의 탐구와 B 주제의 탐구가 갖는 실천적 효용성의 차이는 한 탐구를 선택하는 것의 실천적 합리성을 말해줄 뿐 이로부터 이론적 합리성을 도출할 수 없다고 주장하면서, 위의 논증에 두 영역 사이의 혼동이 있다고 주장하고 싶어할 것이다. 이들은 위의 1과 2에서의 중요성은 실용적 관점에서의 중요성이고, 3은 인식적 관점에서의 가치라고 주장하면서, 2에서 3으로의 이행 과정에 애매화의 오류가 개입하고 있다고 주장하고 싶어할 것이다. 즉, 한 명제와 관련하여 진리를 추구하고 거짓을 추구하는 것이 실용적 가치가 있다는 사실로부터 그 명제에 관한 지식이 인식적 가치를 있다고 말하는 것은 오류라는 것이다. 즉, 한 문제에 관하여 인식적 목표를 추구하는 것이 실용적 가치를 갖는다는 전제로부터 그 문제의 탐구가 인식적 가치를 갖는다는 것은 인식적 목표의 개념과 실용적 가치의 개념을 결합하여 만들어낸 우스꽝스러운 오류라고 주장하고 싶어할 것이다.

사실 위의 논증은 다소의 오해의 소지를 담고 있으며, 이런 점에서 위와 같은 대응은 형식 논리적으로 볼 때 일견 설득력이 있어보인다. 더 나아가, 위와 같은 대응이 성공적이라면 이는 상당한 확장 가능성을 갖는다. 인식자가 주제에 부여하는 중요성이 실용적 효용성이 아닌 다른 관점에서 유래하는 경우에도 동일한 형태의 대응을 구성할 수 있기 때문이다. 그러나 위와 같은 대응법은 위 논증의 표면적인 구조에 집착한 것일 뿐 위 논증의 실체를 간과하고 있다. 위의 대응법에 따르면, 1은 한 지식이 다른 지식에 비하여 더 큰 실용적 효용성을 갖기 때문에 실천적 관점에서 더 중요하다는 것을 주장하는 것으로 해석된다. 이는 1을 일종의 동어 반복으로서의 무의미한 진술로 만들고 있다. 그러나 실상 위 논증의 1에서 '중요성'은 실천적 중요성을 의미하는 것이 아니라, 지적인 호기심의 대상으로서의 중요성을 의미하는 것이다. 즉, 1은 실용적 관점에서 중요한 것일 경우에 우리는 그 지식에 대하여 더 큰 호기심을 갖게 되는 경우가 있다는 것을 말하고 있다. 즉, 실용적 가치가 호기심의 정도를 결정하는 경우가 있음을 말하고 있는 것이다. 따라서 2에서 말하는 중요성도 호기심 만족이라는 관점에서의 중요성을 의미한다. 그렇다면, 1, 2, 3 모두에서 중요성은 이론적 차원의 중요성이며, 1은 이 이론적 차원의 호기심이 때로 실천적 효용성에 의하여 구성됨을 주장하고 있을 뿐이다. 이제 위 논증을 오해의 소지가 적은 형태로 다시 표현하면, 다음과 같이 기술될 수 있다.

1. 지진의 발생에 관한 문제는 내 머리카락의 수에 관한 문제에 비하여 높은 실용적 효용성을 갖기에, 우리는 전자에 대하여 후자보다 더 큰 지적인 호기심을 갖는다.
2. 따라서 진리를 추구하고 거짓을 피하는 인식적 목표는 전자와 관련하여 더 큰 인식적 의의를 갖는다.
3. 따라서 전자에 관한 지식이 더 큰 인식적 가치를 갖는다.

때로 우리의 지적 호기심이 실용적 효용성에 의하여 인도된다는 것을 주장하는 1은 논란의 여지가 없다. 2는 진리를 추구하는 인식적 목표는 우리가 더 큰 호기심을 갖는 명제와 관련하여 더 큰 의미를 가짐을 말하고 있으며, 이는 앞에서 이미 설명되었다. 우리가 큰 호기심을 갖고 있어 진리 추구라는 목표가 중요성을 띠는 그런 명제에 관한 지식이 높은 인식적 가치를 갖는다는 것을 3은 주장한다. 이 논증은 앞선 논증에 포함된 오해의 소지를 없애면서 동일한 결론을 도출하는 효과를 갖는다. 그러나 그 내용에서 두 논증은 다를 것이 없다. 뒤 논증은 앞 논증에서 '인식자에게 중요한'을 '인식자의 지적 호기심이 되는'이라는 표현으로 바꾼 것뿐이다.

인식적 가치가 다른 유형의 관심 또는 가치와 긴밀한 관계를 갖고 있음을 지금까지 주장하였으며, 특히 이러한 관심들과 가치 중에서 실천적 효용성이 인식적 가치에 영향을 미칠 수 있음을 보았다. 여기서 인식적 영역을 인식 외적인 영역과 관련시키는 이러한 움직임에 저항하여 인식적 가치를 순수하게 이론적 또는 인식론적 영역 내에서 정의하는 어떤 대안이 있을까? 인식적 가치를 인식 외적인 영역으로부터 고립하여 정의하는 한 방법은 한 명제에 대한 지적인 호기심이 다른 어떤 관심에 의하여 촉발되지 않고 순수하게 지적인 인식적인 관심에서 유발됨을 주장하는 것이다. 인식적 가치는 자생적인 가치를 갖는다, 또는 선험적인 가치를 갖는다고 주장하는 것이다. 예를 들어, 우주의 발생이라는 주제는 이 컵에 들어 있는 모래알의 수에 비하여 선험적으로 인식적 가치가 높다든가, 우리는 본래적으로 전자에 대하여 더 높은 호기심을 갖고 있으므로 전자에 더 높은 인식적 가치를 부여한다든가 등의 대답을 제공하는 방법이다. 그러나 이러한 대답이 인식적 가치의 구성에 대한 대답의 끝이라고 한다면, 이것은 상당히 불만족스럽다. 이러한 경우에 선험성에 호소하는 것은 인식적 가치의 기원을 더 이상 묻지 말라는 선언처럼 들린다. 그리고 본래적으로 인식적인 호기심에 의존하는 것도 마찬가지다. 우리가 우주의 발생에 대하여 이 컵의 모래알의 수보다 더 큰 호기심을 갖고 있다는 것은 자명한 사실이지만, 이 경우에 우리에게 다시 다가오는 질문은 우리는 왜 우주의 발생에 대하여 더 큰 호기심을 갖게 되었는가 하는 것이다. 이 질문은 유의미하고 정당한 질문처럼 보이는데, 이에 대하여 그러한 호기심은 다른 인식 외적인 영역과 독립한 본래적인 것이라고 주장하는 것은 위의 정당한 질문에 대한 부당한 대응이며, 인식 외적인 영역과의 연관을 통하여 이 질문에 대답하는 다양한 통로가 열려 있으므로 이들을 통하여 대답하는 것에 비하여 이러한 대응은 이론적으로 열등하다. 그리고 본래적으로 인식적인 호기심, 선험적인 호기심 등이 있다고 하더라도 이것은 현재의 논의에 대한 도전이 되지 못한다. 우리는 인식적 가치가 인식 외적 관심에 의하여 결정되는 경우가 있음을 주장하고 있지, 인식적 가치가 모든 경우에 인식 외적인 관심이나 중요성에 의하여 결정되고 있다고 주장하고 있지 않기 때문이다. 물론 순수하게 이론적인 관심에서 발생하는 이론적 가치가 있는지는 의심스럽지만, 이에 관한 논의는 미래에 남겨두고 여기서는 그보다 더욱 조심스러운 주장을 하고 있는 것이며 그것만으로 이 글의 논의를 위하여 충분하다. 따라서 우리의 인식적 가치들 중에서 순수하게 이론적인 관심에서 발생하는 경우가 있다는 요지의 위의 반론은 이 글의 논의에 대한 위협이 되지 못한다.

진술의 이론적 가치를 인식 외적인 영역과 독립하여 정의하는 또 다른 시도는 설명적 능력, 단순성, 정합성 등의 과학철학에서 애호되는 개념에 호소하는 것이다. 우선 설명적 능력의 개념을 보자. 설명이라는 개념은 순수하게 인식적 개념이므로, 이를 통하여 인식적 가치가 정의될 수 있다면 인식적 가치는 기타의 가치로부터 독립할 수 있다. 그러나 설명적 능력에 호소하는 것은 현재의 문제를 해결하는 대안이라기보다는 문제를 한 단계 뒤로 후퇴시키는 역할을 할 뿐이다. 왜냐하면, 한 진술의 설명적 능력은 단순히 그 진술이 함축하는 진술들의 수에 의하여 정의될 수는 없으며, 어떤 진술을 함축하는가가 그 진술의 설명적 능력을 결정하는 데에서 중요하다. 따라서 설명적 능력을 결정하기 위해서는 진술들이 갖는 인식적 가치가 먼저 해명되어야 하므로, 설명적 능력이라는 개념이 현재 우리가 해명하고자 하는 진술의 인식적 가치를 정의하는 데에 사용될 수 없다.

단순성, 정합성 등의 과학철학에서 애지중지되는 개념들의 경우는 어떠한가? 이들을 통하여 인식적 가치를 정의하고자 할 때의 문제는 이들 개념들이 명확히 규정되지 않은 개념이라는 점이다. 그렇기 때문에 과연 이들이 인식 외적인 가치들과 동떨어진 개념인지가 분명하지 않다. 단순한 이론 체계가 또는 정합적 이론 체계가 애호되는 이유가 그 자체의 미학적 가치 때문이라고 한다면 이는 실천적 효용성 등의 인식 외적인 것들과 독립한 것이라 할 수 있다. 그러나 단순함, 정합성 등이 아무 다른 이유 없이 그 자체의 가치로 옹호된다는 것은 별로 설득력이 없어보인다. 아마도 단순한 또는 정합적인 이론 체계가 세계를 더 잘 설명하기 때문이라고 한다든가, 이들이 설명하는 데에 용이한 도구를 제공하기에 이들이 선호된다고 말한다면, 이는 설득력이 있어보인다. 전자는 결국 설명적 능력에 호소하게 되므로, 앞서 말한 이유에서 우리의 논의에 대한 도전이 되지 못한다. 그리고 설명을 위한 용이한 도구이기 때문에 인식적 가치가 있다고 하면, 단순성 또는 정합성은 실천적 효용성에 대한 대안이라기보다는 실천적 효용성에 의하여 설명되는 층위가 다른 개념이라고 보아야 할 것이다. 나는 여기서 단순성과 정합성을 실천적 효용성을 통하여 정의하고자 하는 엄청난 작업을 하고자 하는 것이 아니다. 다만 단순성과 정합성이 인식적 가치를 규정하는 인식 외적인, 그 중에서도 실용적인 가치에 대한 대안이 될 수 있는지는 논란의 여지가 많음을 지적하고자 하는 것이다. 단순성과 정합성을 통하여 인식적 가치를 정의하고자 하는 접근법이 갖는 한계는 이 정도에 머물지 않는다. 앞서 우주의 발생에 관한 진술과 컵 속의 모래알의 수에 대한 진술의 비교에서 보았듯이, 진술의 인식적 가치는 주제적인 가치와 관련을 맺고 있다. 즉, A라는 주제에 관한 진술은 B라는 주제에 관한 진술보다 인식적 가치가 높다는 식으로 주제상의 비교가 인식적 가치의 비교에서 중요한 위치를 차지하고 있다. 그러나 정합성과 단순성은 이러한 주제적 차이에 따른 인식적 차이를 설명하는 도구라기보다는 동일 주제에 대한 이론들의 인식적 차이를 설명하기 위한 도구에 해당한다. 즉, 단순성은 동일 주제에 관한 두 이론 중에서 설명력이 동일하면, 더 단순한 이론이 선호된다는 내용을 갖는다. 정합성의 조건도 마찬가지다. 따라서 단순성과 정합성을 통하여 인식적 가치를 정의하는 것은 우리의 문제에 대한 대답으로서 여러 한계를 갖는다.

지금까지 나는 주로 실천적 효용성의 예를 통하여 인식적 가치가 인식 외적 관심과 인식 외적인 가치를 통하여 구성된다는 것을 주장하였다. 인식적 가치를 해명하는 다른 대안들은 인식적 가치를 해명하는 데에 자체적으로 한계를 갖고 있거나 아니면, 인식 외적인 가치를 통하여 해명하는 것과 차원을 달리하고 있어 실천적 효용성을 통한 해명에 대한 도전이 되지 않음을 보이려 하였다. 그러나 다시 말하건대, 위에서 살핀 다양한 대안들이 인식적 가치에 대한 부분적인 해명이 될 수 있음을 부정하고자 하는 것은 아니다. 다시 말하면, 인식적 가치가 순수하게 인식적인 요소를 통하여 정의되는 경우가 있을 수 있음을 부정하고자 하는 것은 아니다. 다만 현재로서는 실천적 효용성을 포함한 인식 외적인 가치들이 인식적 가치를 규정하는 중요한 한 요소일 수 있음을 주장하고자 하는 것이며, 인식적 가치를 규정하는 다른 대안들이 이들이 인식적 가치를 실천적 효용성을 포함한 인식 외적인 가치를 통하여 해명하는 것에 도전이 되지 않는다는 것을 주장하고자 할 뿐이다. 이제 인식적 가치를 인식 외적인 가치를 통하여 해명하는 것이 갖는 의미를 요약하면서 이 글을 마무리하고자 한다.

5. 결 론

우리는 이 글에서 인식 외적 가치가 인식적 합리성에 구성적으로 참여한다는 것을 주장하였다. 이 주장은 두 요소로 이루어졌다. 한 믿음의 인식적 합리성은 그 믿음의 인식적 가치에 (우회적으로) 의존한다는 것이 첫째 요소며, 한 믿음의 인식적 가치는 그와 관련된 인식 외적인 가치에 의존하는 경우가 있다는 것이 둘째 요소다. 여기서 둘째 요소는 제한적이고 부분적인 주장이다. 따라서 우리는 최소한 한 믿음과 관련된 인식 외적인 관심과 가치가 그 믿음의 인식적 합리성의 결정에 영향을 미치는 경우가 있음을 보인 셈이다. 이러한 주장이 모든 믿음의 인식적 합리성에 관한 보편적 주장으로 확장될 수 있는가는 모든 인식적 가치가 인식 외적인 관심과 가치에 의하여 구성되는가에 달려 있다. 이 가능성은 앞으로의 탐구에 의존하며, 미리 이 가능성을 배제할 이유는 없다.

이 글은 논증은 전통적 인식론의 핵심을 이루는 인식적 합리성의 독립성 가정을 정면으로 공격한다. 독립성 가정에 따르면, 한 믿음의 인식적 합리성은 그 믿음과 관련된 증거 연관, 진리성 그리고 논리적 성질들에 전적으로 의존한다. 자세히 보면, 이 가정에는 두 형태의 독립성이 포함되어 있다. 따라서 이 글의 의의는 이 두 형태의 독립성을 각기 부정하는 것을 통하여 해명될 수 있다. 독립성 가정에 포함된 첫째 독립성은 가치론적인 고려로부터의 독립성이다. 이는 한 믿음이 인식적 합리성을 갖는가는 그 믿음의 내용이 중요한가와는 무관하다는 것을 의미한다. 한 믿음의 인식적 합리성은 그 믿음의 내용을 뒷받침하는 증거, 진리성, 논리적 성질들에 의하여 정의될 뿐, 그 믿음의 내용이 인식적인 측면이나 인식 외적인 측면에서 어떤 중요성을 갖고 있는가는 인식적 합리성에 무관하다는 것이다. 독립성 가정에 포함된 둘째 독립성은 다른 믿음의 인식적 합리성으로부터의 독립성이다. 이는 한 믿음의 인식적 합리성 여부는 주어진 증거에 의하여 결정되므로 다른 믿음의 인식적 합리성 여부로부터 독립적임을 의미한다. 표면적으로 볼 때는 이 두 번째 독립성을 전통적 인식론에 부여하는 것은 논란의 여지가 있어보인다. 왜냐하면, 한 믿음이 인식적으로 합리적인가 하는 것은 다른 믿음들의 인식적 합리성에 영향을 받는다는 것은 상식이기 때문이다. 인식적 합리성에 대한 정합론을 받아들일 경우는 말할 것도 없고 토대론의 경우에도 이는 마찬가지다. 한 믿음의 인식적 합리성을 위한 잘 알려진 필요 조건은 그 믿음에 대한 파기자가 없어야 한다는 것이다. 그 믿음을 파기하는 믿음이 있을 뿐 아니라 이 파기자 믿음이 인식적으로 합리적이라면 문제의 믿음이 인식적으로 합리적이라는 것은 전통적 인식론자 어느 누구도 부정하지 않는다. 그럼에도 불구하고 전통적 인식론이 어느 정도의 독립성을 옹호하고 있음은 부정할 수 없다. 여기서 거론되는 입증하는 증거 또는 파기자라는 것은 문제의 믿음과 관련하여 내용적 연관을 갖고 있을 경우에 한하여 성립한다. 즉, 한 증거가 문제의 믿음을 지지할 수 있는 이유는 증거와 믿음 사이에 내용적 연관성이 있기 때문이다. 마찬가지로 한 파기자가 문제의 믿음에 대한 파기자가 될 수 있는 이유는 믿음들 간의 관계에 대하여 부정적인 연관성을 갖고 있기 때문이다. 따라서 전통적 인식론이 비록 여러 믿음들의 인식적 합리성이 서로 의존하고 있음을 주장한다 하더라도, 이것은 내용적 연관성이 주어진 일정 주제 내에 있는 믿음들 사이의 의존성이다. 이런 점에서 전통적 인식론은 인식적 합리성에 관한 주제적 독립성을 함축하고 있다고 볼 수 있다.

이미 보았듯이 우리의 논증은 두 독립성 모두를 비판하는 효과를 갖는다. 우리는 인식적 합리성에 실천적 합리성의 전략적 논리 구조를 대입하였으며, 이 결과 한 믿음이 인식적으로 합리적인가는 그 믿음과 관련된 탐구의 인식적 가치, 그리고 당시에 선택 가능한 다른 주제에 대한 탐구가 갖는 인식적 가치와의 비교에 의해서도 영향을 받음을 보았다. 즉, 내 머리카락의 수에 대한 믿음의 합리성이 내일 지진이 올 것인가라는 믿음과 관련된 탐구로부터 영향을 받으며, 이들이 영향을 주고받는 구조 속에 각 믿음과 관련된 가치의 고려가 중요함을 보았다. 두 형태의 독립성을 공격한 것 외에 추가로 이 글의 논증은 인식적 가치와 인식 외적 가치가 밀접한 관계가 있음을 보인 것이다. 즉, 한 믿음의 인식적 합리성의 결정에 가치론적인 고려가 개입할 뿐 아니라 이때의 가치가 인식 외적인 고려에 의하여 영향을 받을 수 있음을 주장하였다. 이는 인식적 평가의 영역이 기타의 평가 영역과 긴밀히 관계를 맺고 있음을 보여주어, 인식론이 다른 가치의 영역과 고립된 섬이 될 수 없음을 보여주는 의미가 있다.

이제 이 글의 논증에 대하여 제기될 수 있는 두 가지 비판을 살펴봄으로써 글을 마무리 짓고자 한다. 가능한 첫째 비판은 이 글의 논증이 인식적 합리성에 관한 회의론을 초래한다는 것이다. 한 주제에 관한 믿음이 있다고 하자. 대부분의 경우 이 주제보다 인식적 가치가 높은 주제가 있다. 우리의 논증에 따르면, 이로부터 주어진 주제에 대한 탐구는 인식적 합리성이 없으며, 따라서 위의 믿음이 인식적 합리성을 갖고 있지 않다는 결론이 따른다. 이 비판에 대응하는 한 방법은 총알을 물어, 회의적 결론을 그래도 수용하는 것이다. 회의적 결과를 초래한다는 것 자체가 왜 한 입장에 대한 비판이 될 수 있는지가 분명하지 않다. 그러나 더욱 중요한 것은, 우리의 논증이 이런 회의적 결과를 초래하지 않는다는 사실이다. 우리의 논증은 실천적 합리성에 대한 논의의 경우와 마찬가지로 한 탐구의 이론적 합리성에 영향을 미칠 수 있는 대안적 탐구의 범위를 현재의 인식 주관에 접근 가능한 것들에 제한하고 있음에 주목하자. 더 나은 효용성을 갖는 대안적 행위가 논리적으로 가능하다는 사실만으로 현재의 나의 행위가 실천적으로 불합리하다는 결론이 나오지 않는다. 마찬가지로, 인식적 합리성에 관한 논의의 경우에도 현재의 나의 인식적 탐구보다 인식적 가치가 높은 결과를 갖는 다른 탐구가 논리적으로 가능하다는 사실만으로 나의 탐구가 인식적으로 비합리적이라는 결과가 따르지 않는다. 따라서 인식적 가치가 더 높은 대안적 탐구의 논리적 가능성만으로 회의적 결론을 도출하는 위 비판은 이 글의 논증에 대한 오해에 근거하고 있다.

우리가 고찰할 둘째 비판은 이 글의 논증은 어떤 경우에 믿음의 인식적 합리성과 관련한 악성적 자체 옹호(boot-strapping)를 허용한다는 것이다. 한 인식적 주제가 엄청난 인식적 가치를 갖고 있다고 하자. 이는 주어진 주제에 관한 탐구가 엄청난 인식적 가치를 갖고 있음을 의미한다. 이는 다시 이와 경쟁할 수 있는 대안적 탐구가 없음을 의미한다. 그렇다면 이 탐구는 단지 주제의 중요성에 의하여 인식적 합리성을 가지며, 이와 관련된 믿음도 거저로 인식적 합리성을 얻게 된다. 그러나 이 비판도 이 글의 논증에 대한 오해에 의거한다. 이 글에서 주장하는 것은 대안이되는 경쟁적 탐구들 중에서 현재의 탐구보다 인식적 가치가 높은 탐구가 없어야 한다는 것이 주어진 믿음의 인식적 합리성을위한 필요 조건임을 주장하고 있지 충분 조건임을 주장하고 있지 않다. 비록 인식적 가치가 더 높은 대안적 탐구가 선택 가능한범위 내에 존재하면, 문제의 탐구와 그에 따른 믿음은 인식적 합리성을 갖지 못하게 된다. 그러나 그런 대안적 탐구가 선택 범위내에 존재하지 않는다 할지라도, 그것만으로 문제의 믿음의 인식적 합리성이 보장되지는 않는다. 탐구의 결과 얻어지는 증거에 의하여 지지된다는 추가적 조건이 필요하다. 따라서 우리의논증은 주제의 중요성만으로 한 믿음의 인식적 합리성이 보장되는 결과를 초래하지 않는다.

제2부
심리철학과 형이상학

심성 내용의 신체성이란 무엇인가?

윤 보 석

1

심성 내용의 신체성(Embodied Mental Content)은 정대현 교수가 바로 그 제목, 거의 500쪽에 가까운 그 책에서 본격적으로 다루고 있는 주제다. 중요하고 흥미로운 주제다. 이 글에서 필자가 관심을 가지는 것은 다음의 두 질문이다. (i) 심성 내용의 신체성이 무엇인가? (ii) 과연 심성 내용은 신체성을 가지고 있는가? 후자에 대한 답은 전자에 대한 답을 전제한다. 심성 내용의 신체성이 무엇인지가 분명해야만 그것이 옳은지 아닌지 따져볼 수 있기 때문이다. 심성 내용이 신체성을 갖는다는 게 무슨 말인가? 심성 내용이 신체성을 갖지 않는다면 어떤 함축이 있는가? 이 글에서는 특히 신체성에 대한 정대현 교수의 논의와 관련된 몇 가지 의문점을 기술하려고 한다.

2

정대현 교수는 다음과 같은 주장을 한다.

> 그러나 행동주의는 특정한 존재론을 가지고 있다. 이원론이 아닌 유물론이라는 존재론을 지향한다. 그러나 역설적이게도, 이원론을 비판하는 유물론의 언어는 이원론의 흔적을 가지고 있다. <정신적인 것은 미신적이거나 없다>라는 주장에서 그러한 흔적이 보이는 것이다. 그러나 한국어의 몸과 마음의 언어는 그러한 이분법적 사고의 틀을 인정하지 않는다. 마음과 몸은 이원적 대립 관계보다는 안과 밖의 양상일 뿐 총체의 부분이라는 관점을 나타낸다(383쪽).[1]

이원론을 극복하는 것이 정대현 교수의 주된 관심사임은 분명하다. 그런 점에서 정대현 교수의 입장은 통상 이원론과 정반대가 되는 입장으로 간주되는 행동주의 그리고 유물론에 가까울 것이라고 예상해볼 수 있다. 그러나 위에서 보듯이 정대현 교수는 행동주의와 유물론도 넓게 보아 이원론적 사고의 틀을 벗어나지 못하는 것으로 평가한다. 이는 흥미로운 주장이나 많은 논쟁을 불러올 수 있다. 우선 행동주의가 이원론이 아닌 유물론을 지향한다는 정대현 교수의 지적이 어떤 행동주의를 염두에 두고서 나온 것인지 분명치 않다. 최소한 행동주의의 대변자인 라일에 따르면 '이원론 혹은 유물론'이라는 양분법을 설정하는 것 자체가 "범주 오류(category mistake)"다. 한편으로 유물론자들은 단지 이원론을 부정할 뿐 아니라 자신들의 입장이 행동주의와도 확연히 구분됨을 강조한다. "내적"인 것을 완전히 부정하는 행동주의와 달리, 행동을 넘어서는 실재로서의 마음을 인정한다고 주장한다.

---

1) 지금부터 괄호 안의 쪽수는 정대현 교수의 저서 『심성 내용의 신체성』의 쪽수다.

정대현 교수는 행동주의의 "행동" 개념을 "정신적, 심리적 요소를 배제하고 외연적이고 계량적인 관찰 가능한 단위"로 제한시킨 의미로 이해한다(428쪽). 그러한 의미의 행위는 물론 정대현 교수가 배척하고자하는 것이다. 왜냐하면 행동 혹은 몸 동작이 이미 정신적, 심리적 요소를 담고 있다고 생각하기 때문이다. 필자는 정대현 교수의 이런 생각에 동의한다. 행동주의적 행동 개념에 대한 정대현 교수의 비판은 의지를 특정한 입력과 출력의 관계 기능에 대한 이름으로 해석하는 기능주의에도 적용되며, 물리주의도 그런 비판으로부터 자유스럽지 못하다. 정대현 교수의 이러한 지적은 훨씬 더 상세히 토론될 필요가 있다.

사실 기능주의자들이 이해하는 바 행위와 내적 심적 상태의 관계는 실증주의적 인식론의 잔재가 남아 있다. 행위는 관찰 용어(O-terms), 내적 심적 상태는 이론적 용어(T-terms)에 의해 기술되며, 관찰 용어의 의미는 독자적으로 정의되었다고 가정하고 이론적 용어의 의미는 그 용어가 담겨 있는 이론 내에서 정의된다. 관찰 용어가 지시하는 것은 통상 동작(bodily movements, motor responses)이다. 예를 들어, 주사위를 던지는 행위는 동작에 해당되지 않는다. "손을 위로 올리는" 행위가 좀더 동작에 가까우나, 더 정확히는 "손의 올라감"이 더 기능주의에서 의도된 의미의 행위라고 볼 수 있다. 손을 위로 올리는 행위는 의도성이 전제되어 있는 반면, 기능주의자들이 의도하는 행위란 이론적 배경 없이 인식될 수 있는 것이어야 하기 때문이다. 기능주의의 행위는 분명히 정대현 교수가 의도하는 "몸 동작"과 부합하지 않는다. 정대현 교수가 의도하는 "몸" 개념에 따르면 '몸은 생각한다'는 개념적으로 참이다.

그러나 정대현 교수가 행동주의의 행위를 기능주의의 행위와 동일시한 것은 무리가 있다. 물론 행동주의자들 중에서 행위를 좁게 해석하는 경우도 있으나, 라일에 따르면 행위는 훨씬 포괄적인 개념이다. 예를 들어, 주사위를 던짐, 칠판에 도표를 그림, 전철역이 어디인지 손짓으로 안내해줌, 아이들에게 자동차를 조심하라고 당부함 등 이미 세계의 여러 대상과의 연관 속에서 기술된 것이 라일이 얘기하는 행동이다. 이는 손가락의 운동, 근육의 이완, 팔의 위치 이동 등 신경계의 출력이라고 기술될 수 있는 동작과 상당히 거리가 있다. 기능주의는 통상 행동주의의 장점을 계승하고 단점을 보완한, 좀더 개선된 반이원론이라고 간주되나, 행위에 관한 이해를 보면 오히려 이원론으로 다시 후퇴한 것 같다. 이는 물리주의적 심리 이론이 주류 입장인 현대 심리철학에서 심적 인과의 문제가 다시 부활한 것과 밀접히 연관되어 있다고 본다. 마음을 행동과 지각 사이에 놓고 세계와 분리시킨 이원론적 사고에 따르면 지각 / 마음 / 행동을 감각 입력 / 두뇌 / 행동 출력으로 동일시하는 것이 너무나 매력적으로 보인다. 이원론 청산은 라일이 인식했으나 기능주의자가 상실해버린 행동 개념에서 그 출발점을 찾을 수 있을지도 모른다.

행동주의와 유물론은 반이원론이라는 점에선 공통적이나 그들 사이에 중요한 차이점이 있다. 이원론에 대한 서로 상당히 다른 대응들이 존재하며, 이원론에 대한 여러 다양한 방식의 대응들을 섬세히 구분하고 그들의 차이점을 정확히 인식하는 것은 정대현 교수가 추구하는 작업의 성공을 위해 아주 중요한 사항인데, 행동주의를 유물론적 존재론에 포함시켜 한 부류로 간주하는 것은 그런 목적을 위해 도움이 되지 않는다. 정대현 교수가 문제시하는 이론은 단지 행동주의나 유물론만이 아니다.

사물적인 내용론은 여러 가지 문제점을 가지고 있고 그것은 이원론의 물질과 마음의 관계의 분리주의 때문이라고 생각한다. 그 분리주의는 결국 실재나 의미의 단위를 관계적으로가 아니라 대상적 또는 원자적으로 생각해온 전통이다(335쪽).

　3부에서 다룬 이러한 많은 논의들은 서로 다른 방식으로 심성 내용의 논의에 기여하고 있다. 그러나 이들은 강약의 차이는 있지만 모두 이원론의 범주 안에서 수행되고 있다고 보인다(14쪽).

책의 처음 3부에서 다룬 논의는 실로 방대한 내용을 담고 있다. 1부에선 프레게, 러셀에게서 시작하여 콰인, 카플란, 바와이즈 / 페리의 상황 이론 그리고 크립키의 믿음에 관한 퍼즐을 다루고 있고, 2부에선 속성이원론, 기능주의, 심성 내용의 자연주의화, 차머스의 범신론을 논하고 있으며, 3부에선 포돌의 개인주의 내용론, 외부주의 내용론, 럿거즈학파의 내용론까지 섭렵하고 있다. 이 모든 이론이나 접근이 모두 이원론의 범주 안에서 수행되는 것으로 간주될 수 있는가? 필자가 보기엔 상당히 이질적인 이론들처럼 보여서 어떤 공통점을 찾기 어렵다. 그리고 공통점이 있더라도 그 것은 피상적인 공통점일 뿐 오히려 중요한 내용은 그들 사이의 차이점에 있을지 모른다. 그러나 필자 자신은 위에서 언급된 이론들을 다 잘 알고 있지는 않기 때문에 앞으로 더 연구할 사항으로 남겨두고, 우선 여기서는 정대현 교수가 현대 철학에 암암리에 계승되고 있다고 생각하는 이원론적 사고가 무엇인지를 알아보기로 하자. 즉, 어떤 개별 이론이 이원론적의 범주 안에서 수행되고 있는지를 묻기에 앞서, 이원론적 범주 안에서 수행된다는 것이 도대체 무슨 말인지 알아보자.

3

정대현 교수가 주로 주목하는 이원론은 데카르트의 실체이원론이다. 실체이원론은 몸과 마음을 두 개의 독립적인 존재자로 (전자는 연장성을 후자는 사고/의식을 본질로 가지는) 간주하고 각 개인은 그 두 실체로 구성되어 있는 것으로 보는 이론이다. 마음은 그 주체에게 투명하게 드러나는 반면, 몸은 우리가 잘못 알 수 있는 대상이다. 그러나 유물론에 따르면 몸과 별개의 실체는 존재하지 않는다. 이렇게 정면으로 대립하는 유물론과 이원론의 공통 분모가 무엇인가? 실체이원론이 가정하고 있는 심성 내용의 신체성의 개념은 다음과 같이 정의될 수 있을 것이다.

<심성 내용의 신체성> 심성 내용이 신체적이라는 말은 심성 내용이 물리적 몸의 존재에 의존한다는 말이다.

"의존"한다는 개념은 다양하게 정의될 수 있을 것이다. 그런 가능성을 열어두고 일단 위의 정의에서 출발해보자. 물리적 몸이 존재하지도 않고 심성 내용이 있을 수 있다면, 위의 정의에 따라 심성 내용은 신체적이 아닐 것이다. 이원론은 바로 그런 의미에서 심성 내용이 신체적이 아니라고 하는 주장이다. 반면, 유물론적 심리 이론에 따르면 심성 내용은 신체적이다. 왜냐하면 심성 내용이 물리적 몸의 존재에 의존하기 때문이다. 유물론적 심리 이론도 위의 신체성 개념을 가정하여 정의될 수 있다. 유물론은 심성 내용이 신체적이라고 주장한다는 점에서 이원론적 심리 이론과 차별화된다. 이원론과 유물론은 모두 공통된 신체성 개념을 전제하고 있다고 볼 수 있다. 이 공통된 신체성 개념이 정대현 교수가 비판하고자 하는 것인가? 만일 그렇다면 이원론과 유물론은 공히 전제하는 신체성 개념 자체가 왜 잘못 되었나? 그리고 정대현 교수가 옹호하고자 하는 심성 내용의 올바른 신체성 개념이란 무엇인가?

물리주의자들은 몸과 마음의 개념적 분리 가능성을 부정하지는 않는다. 오히려 몸과 마음은 개념적으로 분리될 수 있음을 인정한다. 이 점에서는 이원론자와 다르지 않다. 단지 개념적 분리로부터 형이상학적 분리가 도출되지 않는다는 것이 그들의 주장이다. 반면, 정대현 교수는 몸과 마음의 개념적 분리 가능성조차 인정하지 않는 것 같다. 개념적 분리 가능성을 부정하는 이유가 무엇인가? 데카르트가 자신이 몸 없이도 존재할 수 있음을 최소한 상상할 수는 있다고 했는데, 이를 부인할 이유가 있는가? 흔히 하는 말로 상상은 자유가 아닌가? 우리가 우리 마음의 내용에 대해서는 1인칭적 권위를 가지나 우리 몸에서 일어나는 일에 대해서는 잘 알지 못할 수 있다. 즉, 마음에 대한 명제는 개념적으로 몸에 대한 명제를 함축하지는 않는다. 마음에 대한 명제가 개념적으로 몸에 대한 명제를 함축한다고 보는 근거는 무엇인가?

정대현 교수는 한국어의 단어들에 주목한다. 우리의 언어인 "몸"과 "마음"이 표현하는 개념에 따르면 아예 몸과 마음은 개념적으로 분리되지 않는다고 정대현 교수는 주장하는 것 같다. 그의 주장대로 "몸"과 "마음"이 표현하는 개념들이 하나가 다른 하나를 포함하는 관계에 있다고 해보자. 그렇더라도 어떤 결론이 도출될 수 있는지 불분명하다. 첫째, 데카르트가 제기한 철학 문제가 서양 언어가 담고 있는 사고 틀에 국한된 문제라면 정대현 교수가 언급하고 있는 서양 언어 내에서 표현된 메를로 퐁티의 신체성 개념은 어떻게 볼 것인가? 혹시 mind-body problem은 서양 철학자들이 mind와 body의 개념에 대한 잘못된 파악에 기인하는 것인가? 그렇다면 반드시 동양 언어, 한국어를 얘기해야 할 필요는 없는 것 같다. 자신들 언어에 대한 잘못된 이해 때문에 문제가 발생하였다고 지적하면 되니까.

둘째, 한국어에 녹아 있는 개념 틀과 사고 체계에 따르면 아예 몸과 마음은 구분되지 않으므로 몸이 마음과 동일한지 아닌지 물을 수조차 없다는 사실로부터 서양 철학의 오래된 한 문제를 해소할 처방을 도출해낼 수 있을까? 즉, 데카르트가 제기한 "mind-body problem"은 해소되는가? 왜 하나의 개념 틀과 사고 체계가 다른 개념 틀과 사고 체계보다 우월하거나 열등하다고 할 근거가 무엇인가? 아마 정대현 교수는 단지 어떤 언어, 문화에서 발생하고 대두된 문제가 다른 언어, 문화에선 대두되지 조차 않음을 지적함으로써, 철학적 문제는 항시 국지적이며 따라서 심신 문제를 마치 보편적인 문제처럼 간주하는 것이 잘못되었음을 주장하려는지도 모른다. 그렇다면 만일 몸과 마음의 개념이 모든 다양한 문화와 언어에서 분리된다면, 심신 문제는 비로소 심각한 문제가 된다는 말인가? 개별 자연 언어가 표현하는 개념에 대한 인류학적 사실이 철학적 문제의 해결 혹은 해소와 어떻게 관련되는지를 따지려면 정당한 사유와 근거를 제시할 수밖엔 없는데, 정대현 교수의 논의를 보면 그 정당함조차 사고가 행해지고 표현되는 문화와 언어 내에서 규정될 수밖에 없으므로 올바른 답을 찾는다는 게 무의미해지는 것 같다.

마지막으로, 도대체 우리말의 "몸"과 "마음"이 담고 있는 신체성 개념은 과연 분명하기는 한가? 그 개념에 따르면 실체가 하나냐 혹은 둘이냐 묻는 것은 무의미하고 오히려 양상이나 측면을 얘기해야 한다는 주장에 정대현 교수는 동조하는 것 같다 — 심재룡 교수의 통찰을 언급하면서 "이러한 분석이 정당하다면, '마음'에 대한 실체론적 이해의 가능성은 멀어진다고 보인다"(375쪽). 그러나 또 한편으로 '유기적 음양'을 논할 때 "유기적 음양에서의 몸과 마음은 사람을 구성하는 두 가지 실재적 요소"라고 말하며 유기적 모델이 "심성 내용을 조명하는 장치가 될 것이다"라고 주장한다(361-362쪽). 한편에선 실체론적 이해를 배척하면서 또 한편에선 그것을 끌어안는 것 같다. 그리고 이러한 혼합이 한 문장 내에서 발견되기도 한다 — "마음과 몸은 이원적 대립 관계보다는 안과 밖의 양상일 뿐 총체의 부분이라는 관점을 나타낸다"(383쪽). 만일 양상이나 측면을 얘기하고자 한다면, 심성 내용의 신체성은 심성 내용에 의해 기술된 사람의 한 양상이 다른 양상에 의존한다는 의미로 이해되어야 할 것이다. 반면에 심성 내용이 사람을 구성하는 한 요소를 기술하는 것이라면 심성 내용의 신체성은 그 요소가 다른 요소에 의존함을 의미해야 할 것이다. 도대체 신체성이란 무엇인가?

　정대현 교수가 언급하는 부부 관계의 예를 보자. 두 사람은 독립적으로 존재하다가 부부가 될 때 서로에 대한 배우자로 존재한다. X가 배우자가 되려면 X 이외의 Y라는 사람의 존재에 의존한다. 이는 O가 일광소욕(sunburn)이 되기 위해선 O 이외의 어떤 천체 대상의 존재를 필요로 하는 것과 같다. 그러나 정대현 교수는 두 사람이 부부 관계가 될 때 한 사람이 다른 사람 없이 존재할 수 없는 것처럼 얘기한다. 이것이 유기적 음양 관계에 들어가는 것이라고 한다. 그러나 이는 부부 관계에 대한 올바른 분석인지 의심스럽다. X와 Y가 부부 관계가 성립할 때 X와 Y는 각자 배우자가 된다. 부부 관계가 없다면 누구도 배우자가 될 수 없다. 그러나 그렇다고 해서 X의 존재가 Y의 존재에 의존하는 것은 아니다. 부부 관계가 마치도 X와 Y를 강하게 묶어놓아 각자의 독립적 존재를 상실하게 하는 관계인가? 만일 독립적 존재를 상실하게 하는 관계라면, X는 다른 사람 Z와 아무런 관계도 가질 수 없을 것이다. 그러나 한 개인은 여러 사람과 다양한 관계에 들어갈 수 있다. X는 Y의 배우자이기도 하지만 Z의 아버지이기도 하고 W의 친구이기도 하다. 정대현 교수는 몸과 마음이 마치 융합하여 둘이 아닌 하나가 되어서 몸과 마음은 그 한 실체의 두 양상이라고 말하기도 하고, 한편으로 몸과 마음은 각자가 두 실재적 요소라고 말함으로써 여전히 하나는 아닌 둘임을 말하기도 한다. '유기적 음양 관계'는 모순된 개념처럼 보인다. 물론 이는 필자의 잘못된 이해에 기인할지도 모른다. 그러나 중요한 점은 어떤 언어이든지 그것이 담고 있는 몸과 마음의 관계에 대한 개념이 항상 자명한 것은 아니며 그 개념을 분석한다는 것이 복잡한 이론적인 작업을 포함할 수 있고, 그러한 철학적 작업이 오로지 특정 자연 언어의 단어에 대한 고찰에 의해서만 인도될 성질의 것은 아니라는 점이다.

4

심성 내용은 통상 재현적 내용과 현상적 / 감각적 내용으로 구분된다. 믿음과 같은 명제 태도는 대표적으로 재현적 내용을 가진 상태이고, 고통과 같은 상태는 현상적 내용을 담고 있다. 필자가 이해하고 있는 이원론적 사고에 따르면 심성 내용은 내부에 혹은 이 안에 있어 주체에게 투명하게 드러나고 반면 세계는 외부에 혹은 저 밖에 있어 주체가 전자에 대한 확실한 지식에 근거하여 추론할 수밖에는 없다. 이러한 이원론적 사고 틀 내에서 세계에 대한 지식이 어떻게 정당화될 수 있는지를 보이는 것은 어려운 문제다. 이원론적 구도에서는 세계가 변화한 반사실적 상황에서도 심성 내용은 여전히 동일하기 때문에 심성 내용에 대한 오류 불가능한 지식을 가지고 있다고 해도 그 지식이 실제로 어떤 세계가 현실 세계인지를 구분해주지 못한다. 반면 심성 내용의 신체성을 주장하는 철학자는 이원론에 반하여 넓게 보아 심성 내용이 세계에 의존한다고 주장하는 것으로 이해될 수 있다. 그러나 여기서 반드시 신체성의 개념 자체에 대한 상이한 가정이 있다고 볼 필요는 없다. 이원론자와 반대자 모두 신체성을 넓게 보아 세계 의존성으로 파악할 수 있다. 신체성이 그렇게 이해되더라도 반이원론자에게 열려 있는 여러 가지 선택지가 있다.

(Ⅰ) 재현적 내용, 현상적 내용 모두 세계에 의존한다.
(Ⅱ) 그 중 하나, 특히 재현적 내용만 세계에 의존한다.

만일 현상적 내용이 재현적 내용의 한 종류라면 위의 두 선택지는 하나로 통합될 것이다. 그렇다고 해도 다음의 두 가지 선택이 가능하다.

(A) 심성 내용이 환경과 독립되어 기술될 수 있는 신체 내적 조건에 의존한다.
(B) 심성 내용이 더 넓은 환경에 의존한다.

이런 식으로 논의를 전개하는 것이 문제가 있는가? 문제가 없다면, 이런 여러 선택지 중 정대현 교수가 옹호하고자 하는 심성 내용의 신체성과 상응하는 선택지는 무엇인가?

통상 현상적 내용은 차치하고라도 재현적 내용은 넓은 물리적/사회적 환경에 의존한다는 것이 심성 내용에 대한 외부주의다. 그러나 퍼트남의 사고 실험을 받아들이더라도 외부주의가 곧바로 도출되는 것은 아니다. 환경이 변화함으로써 바뀌는 것은 "물"이 지시하는 지시체다. 사고 실험으로부터 외부주의를 도출하기 위해선 "물"이 표현하는 개념이 지시체를 결정한다는 가정이 필요하다. 따라서 여기서도 여러 선택지가 가능하다. 지시체가 다르면 개념과 믿음도 달라진다는 가정을 받아들이면, 개념과 믿음은 개체 내적인 조건에 수반할 수 없다. 정의에 의해 개체 내적인 조건은 동일하기 때문이다. 그러나 외부주의는 통상 심적 인과와 자기지의 문제를 발생한다고 비판받는다. 하나의 대안은 마음이 두뇌에 수반해야만 함을 받아들이고 따라서 개념이 신체 내적 조건에 의해 결정되어야 한다고 입장이다. 그렇다면 개념이 지시체를 결정하지 못한다는 결론을 받아들여야 할 것이다. 이 또한 받아들이기 어려운 결론일 수 있다. 이 두 가지 선택 이외에도 개념을 신체 내적 조건에 의존하는 부분과 지시체를 결정하는 부분으로 분리하는 선택도 가능할 것이다. 이 모두 심성 내용에 대한 여러 사실과 직관을 얼마나 잘 설명해주느냐에 따라 평가되어야 할 것이다. 필자는 이원론에 대한 진정한 대안은 이러한 논의의 어느 곳에서 숨겨져 있을 것 같다는 생각을 한다. 좀더 구체적으로 외부주의를 받아들이되 심적 인과와 자기지의 문제를 만족스럽게 해소할 방법이 있다면 이는 이원론의 극복에 기여할 것이다.

5

위에서 정대현 교수의 논의에 대해 제기될 수 있는 질문 그리고 의문점 몇 가지를 서술하였다. 만일 그 의문점들이 필자의 실수나 착오에 기인한 것이라면 정대현 교수가 이를 지적해주길 기대해본다. 필자는 어떤 점에선 필자 자신이 그런 실수나 착오를 했기를 원한다. 왜냐하면 필자는 정대현 교수의 기본적인 시각에 동정적이며 따라서 정대현 교수의 작업이 성공하기를 원하기 때문이다. 그리고 이는 필자만의 태도는 아니라고 본다. 물리주의적 심리 이론은 이원론을 극복하면서 동시에 행동주의를 회

피하는 대안처럼 간주되어 왔으나, 이런 주류 입장에 대해 비판적인 철학자들이 적지 않다.[2] 우선 주류 입장을 잘 표현하는 김재권 교수의 글의 보자.

그러나 만일 당신이 과학 이론에 대한, 혹은 심리학에 대한 "실재론"의 관점을 채택한다면, 행동적으로 적합한 모든 기술들이 심리학적으로 적합하다고 생각하지는 않을 것이다. 실재론자에게 있어서, 적합한 심리학이란 "심리학적 실재성"을 갖는 것이어야 한다. 즉, 그것이 상정하는 내적 상태들은 입력과 출력 사이의 인과적 매개체 역할을 하면서 그 유기체 안에 실재하는 상태로 있어야 한다. 이것은, 그 유기체의 올바른 기계 기술인 튜링 기계만이 그 유기체에 대한 수용할 만한 심리학 이론이라는 것을 의미한다.[3]

행동주의를 넘어선 심적 상태에 대한 실재론은 행동의 내적 원인을 상정해야 하며 여기서 이원론을 방지하자면 그 내적 원인이 신체의 물리적 상태여야 한다는 것이다. 물론 튜링 기계를 사용하는 기계기능주의를 비롯한 기능주의 일반에 따르면 그 물리적 상태가 관계적으로 기술될 때 그 물리적 상태가 심적 유형에 포섭이 된다고 한다. 즉, 기능주의는 존재론적 유물론이나 개념적인 이원론이라고 볼 수 있다.

그러나 기능주의는 비환원주의적 유물론으로 간주될 수 있고 그런 한에서 그 이론은 궁극적으로 김재권 교수의 설명적 배제의 문제(the problem of explanatory exclusion)에 봉착하게 된다. 아마 정대현 교수을 글을 읽고 김재권 교수는 다음과 같이

---

2) 예들 들어, Hornsby, J.(1997), *Simple Mindedness*, Putnam, H. (1994), "Sense, Nonsense, and the Senses : An Inquiry Into the Powers of the Human Mind", Van Fraassen, Bas (2002), *The Empirical Stance*.
3) 김재권, 『심리철학』, 160-161쪽.

말할지도 모른다 — "심적 내용을 담지한 상태가 물리적 상태로서 입력과 출력 사이의 인과적 매개체 역할을 하더라도 심적 내용 그 자체가 인과적 효력을 가진다는 것을 함축하는 것은 아니며, 심적 내용이 인과적 효력을 가지기 전까지는 진정한 의미에서 심성 내용의 신체성은 없다." 김재권 교수는 비환원주의적 유물론에 대한 비판을 기반으로 하여 환원주의적 유물론을 지지하려고 한다. 왜냐하면 심성 내용이 환원되지 않고는 심성 내용이 인과적 효력을 가지기 어렵다고 생각하기 때문이다. 그러나 필자는 그 반대로, 만일 김재권 교수의 비환원주의적 유물론이 적절하다면 이는 유물론의 출발이 잘못되었음을 시사한다고 생각한다. 심적 상태에 대한 실재론을 택한다고 해서 심적 상태를 입력과 출력 사이의 내적 인과적 상태로 동일시할 필요는 없다. 김재권 교수의 배제의 문제는 바로 심적 상태를 내적 인과 상태로 동일시한 후 그 다음 그 상태의 심적 내용이 어떤 인과적 효력을 갖느냐고 묻기 때문에 발생한다. 이는 잘못된 순서다. 우리는 오히려 심적 내용의 신체성으로부터 출발하여 심적 상태의 인과적 실재성에 대한 견해에 도달한다. 영희는 "병원이 왼쪽 편에 있다"고 생각했기 때문에 왼쪽으로 갔다. 심적 내용은 행위를 인과적으로 설명하는 데 핵심적인 공헌을 한다. 이 사실이 바로 우리가 심적 내용을 담지한 상태 자체가 인과적 실재성을 가진다고 생각하는 이유다. 심적 상태의 인과적 실재성에 대한 우리의 믿음의 정당성이 어디에 기초해 있는지를 무시하고, 아예 심적 상태를 그것의 내용과 분리시켜 내적 물리 상태와 동일시하고 그 다음 심적 내용의 인과적 효력을 복구하려는 시도는 잘못되었다. 그러한 시도의 배경에 이원론적 사고가 존재한다. 왜냐하면 심적 상태가 애당초 몸과 세계로부터 독립되어 존재한다고 생각하면 그것이 비록 세계를 지향하는 성질을 가지더라도 그 성질이 심적 상태의 본질이라고 보기 어렵기 때문이다.

위에서 간략히 김재권 교수의 배제의 문제와 연관시켜 심적 내용의 신체성을 논의해보았다. 물론 필자는 이러한 생각을 더 발전시켜보고 싶으나 이 글은 필자의 생각을 발표하는 것이 주된 목적이 아니기 때문에 더 이상 논의하지는 않겠다. 그러나 정대현 교수가 주목하는 심성 내용의 신체성이 심리철학의 현안들과 밀접히 연관된 중요한 주제임은 분명하다.

□ 참고 문헌

김재권(1996), 『심리철학』, 하종호·김선희 옮김, 철학과현실사.

정대현(2001), 『심성 내용의 신체성』, 아카넷.

Hornsby, J.(1997), *Simple Mindedness*, Harvard University Press.

Putnam, H.(1994), "Sense, Nonsense, and the Senses : An Inquiry Into the Powers of the Human Mind", John Dewey Lectures, the *Journal of Philosophy* 91 : 9.

Van Fraassen, Bas(2002), *The Empirical Stance*, Yale University Press.

정대현 교수의 『심성 내용의 신체성』

민 찬 홍

1

근년에 이르러 우리 사회의 인문학자, 사회과학자들이 외국의 연구물을 도입하는 데에 급급할 뿐 우리 현실이 요구하는 바의 학문적 반성을 내놓지 못하고 있다는 비판이 점점 높아지고 있다. 아닌 게 아니라 개항 이래 우리 사회는 서구의 선진 학문을 도입하는 것을 학계의 지상 과제로 삼아왔고, 그후 100여 년 동안 영어를 비롯한 외국어를 연습해서 외국의 학술 문화를 빠르게 이해해서 번역하고 요약해내는 것이 이 땅 학자들의 최고의 덕목이 되어 왔다. 최근, 우리 사회의 서구화가 적어도 외형적으로는 서구의 모델 국가들에 근접할 정도에 이르고, 동시에 사회 체제를 서구 틀에 빠르게 맞추어가면서 온갖 모순과 질곡들이 드러나면서, 이제 인문·사회과학자들에 대한 사회적 요구도 달라지고 있다. 우리 사회의 인문학자들은 더 이상 서구인들의 삶에 대한 서구인들의 반성을 옮겨놓지 말고 우리의 사회적 삶에 대한 우리 자신의 반성을 내놓을 것을 요구받고 있다. 인문학 본연의 과제로 돌아올 것!

사실 인문학 본연의 과제로 복귀해야 할 필요성이 강조되었던 것은 어제오늘의 일은 아닌 것 같다. 최근 사회적 요구가 노골화되기 훨씬 전부터 많은 철학자들은 이 땅의 철학자들이 서양 철학의 대리점 노릇을 벗어나야 한다고 역설했었다. 학부 시절에 평자는 선생님들로부터 외국어 문헌들을 정확하게 읽어내는 일의 중요성을 강조하는 말씀과 서양 철학의 문헌들을 번역하는 데 급급한 현실을 개탄하는 말씀을 동시에 들었다. 그런데 이 두 가지 말씀 사이에는 큰 차이가 있었는데, 전자는 현실이요 후자는 당위라는 것이었다. 철학계의 한 귀퉁이에 끼여 십수 년을 지내면서 평자는 우리가, 우리 학계 전체로서든 학자들 개인으로서든, 후자의 당위를 실천해낼 역량을 갖추었는지에 대해서 아직 회의를 다 떨치지 못하고 있다.

이런 차제에 정대현 교수의 『심성 내용의 신체성』은 그 기획에서 우리 시대에 분석철학자가 이 땅의 철학자로서 본연의 임무를 다한다면 어떤 연구를 내놓을지 보여주는 획기적인 저술이라 할 만하다. 이 책에서 정 교수는 분석철학에서 가장 활발하게 논의되어 왔던 덩치 큰 세 가지 문제를 차례로 다루고, 분석철학 밖에서 이루어진 현대 한국 철학의 논의들을 두루 살핀 뒤, 더 나아가서 마음과 몸에 관한 한국적 접근이라 할 만한 반성을 시도한다.

2

정 교수의 기획에서 첫 부분은 "제1부 : 논리적 탐구"라는 제목이 붙어 있는데, 명제 태도 문제에 대한 논리학, 언어철학의 논의들을 검토하는 부분이다. 정 교수는 프레게와 러셀 이래 논리학과 언어철학의 중심 문제가 되어온 명제 태도의 문제, 즉 내포적 맥락과 명제적 내용의 문제를 검토하는 데에서 시작하여 콰인의 지칭 불투명성 논증, 카플란, 크바르트 등을 논하고, 이어서 바와 이즈와 페리의 상황의미론을 비교적 자세히 소개하고, 크립키의 믿음의 퍼즐 문제와 그에 대한 논의를 소개하고 검토한다.

"제2부 : 존재론적 접근"이라는 제하의 둘째 부분은 심리철학의 몇 가지 문제들을 다룬다. 여기서 정 교수는 물리주의와 수반 이론, 기능주의와 기능적 환원주의 그리고 드레츠키, 포더, 밀리칸 등의 심성 내용의 자연화 프로그램을 검토한 후에 찰머스의 자연주의적 이원론을 고찰하는 것으로 논의를 맺고 있다.

세 번째 부분은 "제3부 : 언어적 조명"이라는 제목을 붙이고 있는데, 여기서 주로 포더의 좁은 내용과 퍼트남과 버쥐의 넓은 내용론 간의 논쟁을 다루고 있다. 정 교수는 먼저 심성적 인과의 문제 및 심성의 제거주의 입장을 간략히 살핀 후에 버쥐가 '심적인 것에 대한 개인주의'라고 이름 붙였던 포더의 좁은 내용론을 검토하고, 의미 내지 내용이 머릿속에 들어 있는 게 아니라는 퍼트남의 넓은 내용론과, 화자가 속한 언어 공동체에 따라서 발화의 내용이 달라질 수 있음을 보여주는 버쥐의 외부주의 논증을 검토한 후에 포더의 통찰을 유지하면서도 외부주의적 고려를 접수하려는 럿거즈대학의 몇몇 철학자들의 최근 연구를 소개하는 것으로 논의를 맺는다.

"제4부 : 신체론적 탐색"은 이 책의 제목이 왜 "심성 내용의 신체성"인지를 보여주는 부분인데, 여기서 정 교수는 주로 최근 한국 철학자들의 연구를 섭렵하면서 분석철학, 현상학, 포스트모더니즘, 우리 전통 사상과 불교철학 등을 아우르려고 시도한다. 특히 15장에서는 '마음'과 '몸'이 우리말에서 보이는 통사적-의미론적 특징들을 고찰함으로써 서구의 심신이분법을 대신할 수 있는 한국적 대안을 모색하고, 이어서 16장에서는 지금까지의 고찰을 토대로 "심성 내용은 신체적이다"라는 자신의 테제에 도달하고 있다.

3

군이 되풀이할 필요도 없겠지만, 정대현 교수는 연구의 양에서나 연구가 포괄하는 범위에서 그리고 연구 수준에서도 우리 철학계, 적어도 분석철학계의 표준이자 모범이 되는 분이다. 평자는 학술 토론의 여러 국면에서 정 교수 못지 않은 또는 그보다 나은 식견을 보여준 분들을 많이 보았지만, 정 교수처럼 끊임없이 연구에 매진하여 분석철학의 모든 문제에 대해서 일정 수준 이상의 식견을 두루 갖춘 분은 거의 보지 못하였다. 평자는 우리의 삶을 반성하여 한국의 철학을 낳아야 한다고 역설하는 서양 철학자, 분석철학자들을 많이 보았지만, 정 교수처럼 그러한 문제 의식을 연구를 통하여 소화해내려는 줄기찬 노력을 기울여온 분을 별로 보지 못하였다. 철학의 다른 분야, 예컨대 사회철학에서라면 몰라도, 분석철학처럼 사회적 현실에 대하여 직접적인 발언거리를 갖지 못하는 분야에서 정 교수의 이런 노력은 특히 돋보이는 것이다.『심성 내용의 신체성』은 정 교수의 이런 문제 의식과 연구의 또 하나의 결실일 것이다.

그럼에도 불구하고, 평자는 이 책이 기획의 의도를 충실히 반영해내는 데에 성공적인가에 대하여 매우 회의적이다. 이 책의 성공을 방해하는 첫 번째 장애는 난해함이다. 이 책은 도무지 따라 읽기 어렵게 되어 있다. 책의 제1부는 워낙에 전문적인 내용들을 담고 있기도 하려니와, 그 방면에 약간의 공부가 있는 독자라고 하더라도 책을 따라가면서 저자가 말하려는 바를 잡아내기란 쉽지 않아보인다. 예컨대 기호논리학과 언어철학의 초보적인 공부를 마친 학부생이나 대학원생 정도라 해도 이 책을 읽어가면서 몰랐던 것을 배우기란 매우 어려울 것으로 보인다.

또한 각 장마다 내용을 소개하는 수준이 다른 점도 문제다. 예컨대 3장은 불친절해서 이해하기 어렵고, 4장은 너무 세세해서 이해하기 어렵다. 4장은 바와이즈와 페리를 요약한 노트를 보는 것 같은 인상을 준다. 책의 제1부 정도의 내용을 다루는 책이라면 훨씬 더 친절한 안내가 필요할 것이다.

또 책의 각 장들이 따로 노는 것처럼 보이는 것도 이 책을 따라가기 어렵게 한다. 이 책은 하나의 주제를 향해서 나아가는 하나의 글이라기보다는 비슷하게 연결된 주제들로 묶인 논문집처럼 보인다. 프레게와 러셀에게서의 명제 태도와 간접 지시는 그들의 논리 체계 및 의미론의 체계에 대하여 그것들이 제기하는 문제들을 어떻게 해결할 것인가가 초점이 된다. 그러나 콰인에게서의 지칭 불투명성은 그의 언어 이론에 문제를 제기하기보다는 번역 불확정성 논제를 지지하는 하나의 근거가 된다. 따라서 프레게나 러셀이 지향 문맥을 다루는 것과 콰인이 다루는 것은 목표가 상당히 다르다. 정 교수가 크바르트의 지향 전출을 다루는 절에서 "콰인의 실패"를 말하는 것은 콰인이 지향 문맥을 다룰 때 목표로 하는 것에 대한 명료한 논의를 앞세우지 않는다면 이해하기 어렵다.

제2부에서 다루어지는 문제들도 이것이 심성 내용의 신체성 논제를 확립하려는 정 교수의 의도와 어떻게 연결되는지 읽어내기 어렵다. 서론과 제4부를 보면 제2부에서 정 교수는 물리주의 및 심성 내용을 자연화하려는 (역시 물리주의적) 시도들이 실패

한다는 것을 찰머스의 이원론 논증을 통하여 보이려 했던 것 같다. 그러나 기능주의와 자연화 프로그램의 성패를 찰머스에 의거해서 판단하는 데에는 동의하기 어렵다. 이것들은 별개의 논의를 요구하는 문제들로 보인다.

이 책에서 가장 통일성이 두드러진 부분은 좁은 내용과 넓은 내용을 다루는 제3부라고 생각된다. 제3부는 아마도 심성 내용이 무엇에 달려 있는가를 논하려는 기획 의도와 직접 연결되는 부분이라고 보인다. 이 문제에 대해서 비교적 포더에 동정적인 생각을 갖고 있으면서도 정 교수가 논의하는 럿거즈학파의 철학자들이 내세우는 입장들에 대해서는 잘 알지 못하던 평자로서는 이 대목에 대해서 내용에서 평할 것은 없다. 13장은 많은 사람들을 다루면서도 잘 정리되어 있어서 읽기에 좋았다는 소감을 붙여둔다.

이 책의 제4부는 다소 환상적이다. 평지에서 한 걸음 내딛는 것도 조심스러워 하는 척하는 분석철학자가 영화 「와호장룡」의 고수로 변신이라도 한 듯 동서 고금의 사상들 속을 종횡무진 날아다니는 모습이 어지럽다. 정 교수가 당대 한국 철학자들의 연구를 따라가는 데 부지런한 점에 대해서는 전부터 존경하고 있던 터이지만, 이렇게 많은 사람들의 많은 생각을 짤막짤막한 만화경처럼 훑어나가면서 무엇이 얻어질 것인지 의아하다.

제4부의 15장과 18장은 한국어의 일상 언어 분석이라 할 만한 대목을 담고 있다. 우리가 분석철학을 배워서 궁극적으로 해야 하는 것이 바로 이런 분석일 것이다. 그러나 평자는 이 책에서 정 교수가 보여준 한국어의 일상어 분석에 대해서는 좀처럼 동의하기 어렵다. 우리말에서 "마음먹다"라고 말하고 "정신나갔다"고 말한다고 해서 마음은 음식의 일종이고 정신은 다리를 가진 거라고 생각할 수는 없다. 물론 정 교수의 분석이 이런 정도라

는 건 아니지만, 일상어의 비유적인 표현들, 관용적인 구절들로부터 철학적인 통찰을 끄집어내기 위해서는 이 책의 15장과 18장보다 훨씬 더 광범위하고 체계적인 연구가 필요하리라고 생각한다.

각 부분에서 장들 간의 연결도 읽어내기 어렵지만, 제1부에서 제4부까지 각 부분에서 이루어진 논의가 어떻게 "심성 내용은 신체적"이라는 논제와 관련되는지도 평자로서는 전혀 감이 잡히지 않았다. 아마도 제1부는 분석철학의 전통적인 논의를 고찰해 본다는 역사적인 의미가 있을지 모르겠고, 제2부에서는 물리주의의 문제점을 드러냄으로써 서구적인 물질 개념을 극복하는 데로 갈 수 있다고 생각할 수 있을지도 모르겠다. 제3부는 심성 내용의 소재를 논하는 대목이므로 정 교수의 논제에 필수적인 대목이라고 할 것이다. 그러나 제3부 마지막 장에서 소개되었던 럿거즈학파의 철학자들은 이 문제에 대해서 동일한 입장을 가진 걸로 보이지 않는데, 여기서 정 교수가 도달한 결론은 무엇이었는가? 이점이 분명해지지 않고서는 제3부의 논의가 정 교수의 테제에 어떻게 기여하는지 분명치 않다.

4

이 책에서 정 교수는 크게 두 가지 별개의 기획을 갖고 있었다고 봐야 할 것 같다. 첫째는 분석철학의 연관 문제들을 섭렵하고, 더 나아가 서양 철학의 다른 사조들에서 관련된 문제가 어떻게 다루어지는지 살피고, 거기에 동양과 한국의 전통 사상에서 얻을 수 있을 통찰을 더하여 심성 내용에 대한 포괄적인 접근을 시도한다는 것. 둘째는 심성 내용에 대한 한국어 일상어 분석을 통하여 심성 내용에 대하여 새로운 접근 틀을 모색한다는 것.

평자가 보기에 아마도 정 교수는 심성 내용은 신체적이라는 논제의 "신체성"이라는 개념 내지 그 단어는 전자의 접근, 그 중에서도 특히 후기 현상학과 포스트모더니즘에 대한 우리 철학계의 논의로부터 도달한 것 같고, 심성 내용이 신체적이라고 말할 때 의미하는 바와 그에 대한 부분적인 논거들은 후자의 고찰을 통하여 얻었던 것 같다. 그 결과 이 책의 줄거리는 중심 논제와 유기적으로 연결되지 못한 채로 남아 있고, 이 논제와 관련하여 정 교수가 정말 하고 싶어했던 말들은 서론과 결론에만, 그리고 본론의 한 구석에서만 나타나게 되었던 것은 아닌가싶다.

이 책은 완성도에서 평자의 기대를 충족하지 못하며, 중심 테제와 책의 주된 줄거리도 유리되어 있는 걸로 보이고, 심지어 중심 테제가 의미하는 바가 무엇인지도 분명치 않다. 그러나 평자는 이 책이 정 교수의 학문 여정에서 마침표를 찍는 연구가 아님을 알고 있으므로 실망을 표하지는 않겠다. 정 교수가 동의하든 안 하든 평자는 이 책이 앞으로 그가 보여줄 성취의 엄청난 폭과 깊이를 미리 가늠하게 해주는 일종의 연구 계획서로 간주하려다.

로봇의 심성 내용
— 정대현의 심신음양론은 반물리주의인가?

김 선 희

1. 서론 : 인간의 마음과 기계의 마음

정대현은 『심성 내용의 신체성』이라는 저서를 비롯한 일련의 논문들에서 심신 관계를 유기적인 음양 관계로 보는 새로운 입장을 개진하고 있다. 그 입장이 지향하는 바를 살펴보면, 심신음양론은 단순히 심신 관계에 대한 이론이 아니다. 그것은 데카르트를 중심으로 하는 마음과 물질의 이원론적 세계관과 그러한 이원론을 전제로 하는 모든 존재론을 비판하는 동시에 그것의 대안을 제시하고 있는 야심찬 기획이다. 즉, 음양적 존재론은 마음과 몸의 관계에 대한 이론을 넘어서서 존재와 우주 전체에 대한 대안적 존재론인 것이다. 서구의 이원론적인 존재론에서 비롯되는 어려운 문제들이 산재해 있다면, 그것의 대안으로 제시되는 새로운 존재론이 이원론적 형이상학이 해결하지 못하는 문제들을 적절히 해결할 수 있는 설명력과 장점이 있는지 살펴보는 것은 중요한 의의가 있다.

이 글에서는 이런 의미를 갖는 정대현의 음양적 존재론의 입장을 먼저 살펴보고, 그 입장의 설명력과 한계를 비판적으로 검토하고자 한다. 필자는 유기적 심신음양론의 설명력을 검토할 수 있는 기준으로서 인간의 마음과 기계의 마음을 비교하는 전략을 사용하고자 한다. 심신음양론이라는 새로운 존재론은, 필자가 보기에 사이버네틱스 정보 이론으로 해석된 음양론으로 이해될 수 있기 때문이다. 알다시피, 사이버네틱스 정보 이론에 의하면 인간과 기계 사이에 엄밀한 경계는 존재하지 않는다. 인간도 기계도 정보 처리 시스템이라는 점에서 동등하다. 심신 음양적 존재론에서도 무기체로서의 기계와 유기체로서의 인간의 마음은 복잡성의 정도에서만 차이가 있을 뿐 질적인 차이는 없다고 보인다.

그러면 정대현의 심신 음양 관계의 존재론과 우주론으로부터 귀결되는 성(誠)의 지향성(음양적 지향성)과 성기성물의 인간관을 고려할 때, 인간의 마음과 기계의 마음 사이의 연관성을 어떻게 이해할 수 있는가 하는 물음은 중요한 문제로 제기된다. 구체적으로 말하자면, 로봇의 심성 내용을 묻는 다음의 물음들이 제기된다. 기계나 로봇은 심성 내용을 가질 수 있는가? 로봇은 현상적 의식 없이도 (지향적) 심성 내용을 가질 수 있는가? 로봇의 (심리) 문장 발화는 신체적이고 수행적인가, 무의미한 소리 기호의 나열인가? 로봇 인간도 신체성 / 인격성을 갖는가? 또한 로봇은 사회적인가? 즉, 로봇들의 공동체가 가능한가? 혹은 인간과 로봇의 공동체가 가능한가? 나아가 로봇은 성기성물을 기원할 수 있는가?(로봇의 합장은 성불을 기원하는 것인가?) 그리하여 로봇은 종교적 마음을 가질 수 있는가?

이 물음들을 다루는 작업은 동시에, 심신음양론이 얼마나 물리주의와 근접하는지를 검토하는 작업이 될 것이다. 즉, 심신음양론은 과연 반물리주의인가? 음양적 존재론 자체가 데카르트의 이원론적 전제를 토대로 하는 형이상학적 물리주의를 거부하는 데서 출발한다는 점에서, 그것은 더 이상 데카르트의 물질 개념에 근거한 (외연적) 물리주의는 아닐 것이다. 그러나 물리주의는 형이상학적 개념을 고수하지 않고도 경험과학의 탐구에 개방되어 있는 가설적인 의미로 사용될 수 있다. 그렇다면 음양적 존재론은 가설적인 의미의 물리주의와 양립할 수 있는지, 나아가 심성 내용을 설명하는 데에서 음양론이 물리주의보다 더 설득력이 있거나 진전된 것인지를 비판적으로 살펴보기로 한다.

2. 새로운 존재론의 이해 : 사이버네틱스 정보 이론으로 해석된 음양론

정대현은 마음과 몸의 관계에 대한 기존의 심신 이론들이 데카르트 이원론의 기본 전제에서 출발한다는 점에서 공통적인 오류를 지닌다고 본다. 인간과 세계를 마음(정신)과 몸(물질)이라는 두 개의 독립적 실체로 되어 있다고 보는 이원론으로부터, 정신과 물질 중의 하나로 환원하는 관념론자와 물리주의자 그리고 비환원적 물리주의(속성이원론)에 이르기까지 기본적으로 데카르트의 이원론적 형이상학에 근거해 있다는 것이다. 그는 이런 입장들이 마음과 몸의 관계에 대한 올바른 이론이 될 수 없다고 보고, 마음과 몸의 관계를 일종의 음양 관계로 보는 심신음양론을 제안한다.

"몸과 마음을 이원적 관계로 해석해온 데카르트 전통은 현대의 물리주의의 배경을 이루고 있다. 몸과 마음을 두 가지의 독립적 존재자로 보거나 두 존재자 중에서 타자는 부인하고 일자를 선택하는 이러한 상황에서 나의 논의는 전혀 다른 문법을 요구한다. 몸과 마음은 두 가지 요소일 뿐 독립적 존재자들이 아니라는 것이고, 이들은 단일한 실재를 구성하는 구조에서 양자의 관계를 표상해야 하는 것이다. 이러한 조건을 만족하는 가장 가까운 개념들 중의 하나로 '음양'을 고려할 수 있을 것이다."[1]

정대현에 의하면, 데카르트 전통의 이원론은 '연장으로서의 물질'과 '사고하는 마음'의 두 가지가 세계를 구성하는 독립적 실체라고 상정하는 이론이고, 물리주의는 이원론의 두 실체 중에서 연장으로서의 물질의 존재만을 인정하는 존재론이다. 여기서 물리주의 역시 이원론의 '연장으로서의 물질'을 그대로 수용한다는 점에서 이원론의 전제와 오류를 공유하고 있다. 더구나 물리주의는 이원론의 구조 속에서 물질의 존재만을 인정함으로써 심성을 배제하는 태도를 취할 수밖에 없고, 그리하여 인간 경험에 주어지는 심리적 측면들을 무리하게 설명해야 하는 부담을 지게 된다고 비판한다.[2]

정대현은 마음과 몸을 독립적인 존재로 보는 이원론의 구조를 비판하고, 심신 두 요소의 유기적인 관계를 모색하기 위하여 기존의 음양론에 드러나 있는 음양의 관계를 분석하고 발전시키고자 한다. 그는 먼저 음양 개념에 대한 실체적 해석, 기능적 해석, 양상적 해석을 차례로 제안하고 비판적으로 검토한 후, 자신이 추구하는 음양 개념을 기능적 음양과 양상적 음양의 단점을 제거하고 장점을 취하여 '유기적 음양'으로 제시한다 : 유기적 음양 관계의 두 항목은 (1) 단순한 양상이 아니라 실제적인 요소여야

---

1) 정대현(2001), 『심성 내용의 신체성』, 아카넷, p.358. 강조 표시는 필자.
2) 같은 책, pp.355-356.

하고 (2) 두 요소는 대상을 구성하는 요소여야 하며(이들 없이는 그 대상이 존재할 수 없다는 점에서 대상을 구성하는 실제적인 요소다) (3) 두 요소들은 그 대상을 떠나서 그 자체로 독립적 실체성도 의미도 갖지 않는다. 이 세 가지 조건을 만족할 때 두 요소는 유기적 음양 관계에 들어갈 수 있다.[3]

그러면 유기적 음양론은 구체적으로 마음과 몸의 관계를 어떻게 설명하는지 살펴보자. 몸과 마음이 음양적으로 맞물려 사람을 구성한다고 할 때, 몸과 마음이 음양적으로 맞물려 있다는 것이 무엇을 의미하는가? '마음과 몸이 유기적 음양 관계를 만족하여 사람을 구성한다'는 입장을 **심신음양론**이라고 부르도록 하자. 심신음양론에 따르면, 마음과 몸은 신체(=인격)의[4] 내외(안과 밖) 관계로서 음과 양의 관계다. 구체적으로, 음양적 내외 관계는 정보적 측면으로서의 마음(사람의 안)과 사물적 외양(시각적 내용)으로서의 몸(사람의 밖)이 상호 유기적으로 구성되어 있다는 것이다. 여기서 마음과 몸이 유기적 음양 관계를 이룬다는 것은 두 요소 중에 하나 없이는 다른 하나가 있을 수 없고(즉, 마음 없이 몸이 있을 수 없고 몸 없이 마음이 있을 수 없다), 동시에 그것이 속해 있는 존재(사람)를 구성할 수 없는 관계다. 마음이나 몸 어느 하나 없이는 사람이 존재할 수 없고, 또한 사람을 떠나서 마음과 몸은 독자적으로 실제할 수도 의미를 가질 수도 없다. 이렇게 사람은 마음과 몸의 실제적인 두 요소가 유기적인 음양 관계를 이루어 구성되어 있다는 것이 심신음양론의 요지다.[5]

이러한 유기적 음양론은 심신 관계만이 아니라 존재 일반에 적용하는 존재론으로 확장된다.[6] 정대현은 정보 개념을 의미론

---

3) 같은 책, pp.358-361.
4) 정대현은 신체를 인격과 동의어로 사용한다.
5) 같은 책, pp.359-361.

적인 것이 아니라 수학적이고 통사론적인 것으로 볼 경우 음양적 존재론을 확장할 수 있다고 본다. 즉, 정보를 '사태의 통사적 구조'로 정의할 경우, (심성 내용을 포함하여) '모든 사태는 음양적 구조로 되어 있다'는 가설을 수용할 수 있다는 것이다. 이에 따르면, "그 사태의 음양적 구조는 그 사태의 물질적 요소와 그 사물이 이루어져 있는 바의 통사적 요소다. 두 요소는 서로가 요청되지 않고서는 그 사물이 될 수 없는 구성적 요소다."[7] 어떤 사물도 안과 밖의 논리적 관계를 가지며, 시간의 문맥에서 음양의 기능적 관계를 갖는다. "특정 시간에 사물의 밖이란 시각적 대상의 내용이고 사물의 안이란 정합적 정보 구조의 상태가 될 것이다."[8] 이처럼 (사태와 사건, 개체와 사물을 포함하여) 모든 존재는 물리적 외양(시각적 내용)과 정보적 특성 / 구조를 가지고 있으며 두 요소의 유기적 음양 관계로 구성되어 있다.

이와 같이 정보가 사태들의 통사적 구조라는 것을 받아들이면, 정보의 편재성과 마음의 편재성을 지지할 수 있다. 모든 존재에는 정보적 측면으로서의 마음이 구성 요소로 들어 있기 때문이다. 즉, 모든 존재는(대상이든 사건이든 관계든) 공적인 시각 대상으로서의 물리적 외양과 사태의 통사적 구조라는 정보에 의해 상호 유기적으로 이루어져 있다. 데카르트 사물론이 아니라 음양적 사물론을 받아들이면, 모든 사물들은 인격이 참여 / 해석하는 언어적, 정보적 측면으로 이루어진다는 점에서 신체성 / 인격성의 사물이 된다. 동시에 사물의 정보성과 심성성을 시사해주며, 정보의 편재성, 언어의 편재성, 마음이 편재성 가설의 길이 열리게 된다.[9]

---

6) 정대현은 한 개인을 심신의 음양 관계로 설명할 수 있듯이, 부부 관계 같은 인간 관계와 나아가 만물 전체에 대해서도 음양존재론을 적용할 수 있다고 주장한다(여기서 성기성물의 인간관이 도출된다).

7) 같은 책, p.365.

8) 같은 책, p.385.

그런데 정대현의 음양존재론의 중심 축을 이루는 정보 개념은 그리 낯설지 않다. 그것은 정보를 통사론적으로 이해하는 노버트 위너의 사이버네틱스 정보 개념에 기초해 있다. '어떤 사태도 정보다'라는 범정보론의 입장과 더불어 정보를 수학적이고 통사론적으로 이해하는 점에서 사이버네틱스 정보 개념과 유사하다. 그리고 세계를 해석하는 모델로서, 정보의 전개 과정을 기초로 한다는 점에서도 유사하다. 사이버네틱스는 개별적 실체 대신에 과정과 (정보) 유형의 존재론을 주장한다. 여기서 하나의 유기체는 개별적으로 분리되고 독립된 하나의 실체가 아니며, 자연계나 생물계 자체가 어떤 것이 되어가고 있는 유동적이고 과정적인 존재로 간주된다. 음양적 존재론은 사이버네틱스 정보 이론과 마찬가지로 개별적 실체들의 존재가 아니라 사건과 과정의 존재론에 가깝다. 음양존재론에 의하면, 한 사태를 구성하는 두 요소는 특정한 정보적 계기에 의하여 서로를 요구하기 때문에 음양 관계에 들어가고, 음양 관계로 구성된 존재는 엄밀하게 말하면 일종의 사건으로 보아야 한다. 그것이 대상으로 보일 때조차 사실상 그것은 대상이 드러나는 사건인 셈이다. 사물이나 심성의 신체성 / 인격성도 이를 지지한다.

인간론과 우주론의 관점에서 볼 때도, 음양적 존재론 및 음양적 지향성은 기계와 인간의 동등성을 인정하는 사이버네틱스의 관점을 수용하는 구조를 가지고 있다. 사이버네틱스는 정보 교환에 기초하는 의사 소통과 관리의 현상이 원리적으로 인간과 기계와 동물을 동등한 존재로 만든다고 주장한다. 정보 처리 시스템으로서 정보의 소통이라는 차원에서 보면, 인간과 동물과

---

9) 같은 책, pp.455-456 참고. 여기서 신체성은 '음양의 두 요소가 하나의 온전한 개체나 사건을 이루기 위하여 상호 교섭하는 정보적 계기를 맞추는 데에서 음양 중 몸의 역할'로 제안된다.

기계는 동일한 원리를 따른다는 점에서 질적인 차이나 구분은 존재하지 않는다. 즉, 인간은 일종의 정보 처리 기계며, 기계 역시 의사 소통하고 정보 처리하는 유기체로서 어떤 의미로 특별한 종류의 인간이라고 할 수 있다. 이것은 기계가 인간 유기체와 동등하며 기계도 인간과 마찬가지로 사고할 수 있다는 주장을 함축한다. 마찬가지로 음양존재론에 따르면, 우주의 모든 사태는 음양적 구조를 가진 정보적 사태이고, 그렇다면 마음은 인간의 전유물이 아니라 복잡성의 정도에서만 차이가 있을 뿐 만물이 공유하는 것이 된다.

이와 같이 정보의 개념과 인간론 및 우주 존재론에서, 심신음양존재론은 중요한 측면에서 사이버네틱스의 관점을 공유하고 있다. 정대현은 전통적인 음양론을 (탈신비화하여) 새로운 현대과학의 정보 이론으로 해석해낸 셈이다. 그런 점에서 음양존재론은 심신 문제를 비롯한 철학적 문제들을 현대적으로 해결할 새로운 잠재력을 갖고 있다고 볼 수 있다.

그러면 사이버네틱스 정보 이론을 배경으로 하는 음양존재론은 심성 내용의 문제를 얼마나 설득력 있게 설명할 수 있는가? 그리고 그 한계는 무엇인가? 이제 로봇의 심성 내용을 중심으로 이 물음에 접근해보기로 한다. 음양적 존재론과 음양적 지향성에 의하면, 인간의 마음과 기계의 마음은 어떤 차이와 연관성을 지닐 것인가?

3. 로봇은 심성 내용을 가질 수 있는가?

심신음양론의 입장에 비추어보면, 기본적으로 로봇과 같은 기계에도 마음과 심성 내용을 귀속시킬 수 있는 긍정적인 근거들을 쉽게 찾을 수 있다. 사실상 로봇이 심성 내용을 가질 수 있는 근거는 음양존재론의 기본 원리에 속한다고 할 수 있다. 왜냐하면, 기본적으로 "마음은 (정보 처리) 복합성의 정도를 갖는 개념"이고, "마음은 인간만이 아니라 동물, 식물, 무기체에 부여할 수 있으며"[10] 정보 처리 복합성 정도에 차이가 있을 뿐, 일체의 만물은 마음의 능력을 지닌다는 것이 음양론의 주요한 함축이기 때문이다.

우선 무기물-식물-동물-인간으로 위계지워지는 아리스토텔레스 형이상학의 존재 계층은 마음의 복합성 정도에 비례하는 듯 보인다. 정대현은 마치 이러한 존재 계층의 순서대로 마음이 복합적이라고 주장하는 듯 보이기도 한다.[11] 하지만 이것은 표면적 관찰이고, 오늘날 컴퓨터 / 기계나 로봇, 특히 인간형 로봇의 경우에는 무기체임에도 인간에 버금가는 정보 처리 복합성 능력을 지닐 수 있다. 특히 튜링 테스트를 통과하는 컴퓨터(혹은 AI 탑재 로봇)는 인간에 버금가는 지능과 사고 능력을 지니고, 그리하여 심성 내용을 지닌다고 해야 할 것이다. 그러나 로봇 같은 무기체는 감각질과 같은 현상적 경험 능력이 없는 것이 아닌가? 현상적 의식이 없는 무기질이나 로봇에게 심성 내용을 귀속시키는 것이 어떻게 정당화될 수 있는가? 이런 반론을 예상하면서, 정대현은 차머스의 '온도계 논변'을 빌어 답변하고자 한다.[12]

현상적 의식의 문제와 관련하여 고려할 때, '온도계 논변'을 다음과 같이 해석할 수 있다 : 인간의 사고 기능을 보면, 인간의 뇌에서도 의식의 역할은 보이지 않으며 의식을 상정하지 않고도 두뇌의 정보 처리 과정을 이해할 수 있다. 마찬가지로 온도계의

---

10) 정대현(2005), 「誠의 지향성 : 이원적 지향성에서 음양적 지향성으로」, 『철학논집』 제9집, 서강대 철학연구소, p.80.

11) 같은 글, pp.80-83.

12) 같은 글, p.83.

경우 정보 처리 과정을 이해한다면, 의식을 상정하지 않고도 정보 처리하는 온도계에게 심성 내용을 부여할 수 있다. 그렇다면 같은 이유로 (비록 현상적 의식이 없을지라도) 정보 처리하고 의사 소통하는 로봇에게도 마음과 심성 내용을 부여할 수 있다. 즉, 두뇌를 지닌 인간이 입력된 정보(질문)에 반응하여 정보를 처리하고 그 결과로 적절한 행동(답변)을 출력하듯이, 컴퓨터나 로봇이 유사한 방식으로 정보의 입출력을 통하여 주어진 질문에 적절한 방식으로 답변하고 행동한다면(즉, 튜링 테스트를 통과한다면) 로봇에게도 역시 인간에게 부여되는 심성 내용을 귀속시키는 것이 마땅해보인다. 여기서 인간의 경우에나 로봇의 경우에나 주관적 의식은 본질적인 역할을 하지 않으며 필수적으로 요청되지도 않는다.

정대현이 근거로 삼는 '차머스의 온도계 논변'에 의하면, 정보 처리하는 온도계에게 마음을 부여하듯이, 정보 처리하고 의사 소통하는 로봇에게도 마음과 심성 내용을 부여할 수 있는 것으로 보인다. 적어도 튜링 테스트를 통과하는 AI 탑재 로봇은 인간과 동등한 수준의 정보 처리 능력을 갖는 만큼 인간적 사고 능력을 지니며, 그리하여 심성 내용은 갖는다고 보아야 할 것이다. 그러나 다음과 같은 의문이 제기된다. 정보 처리 과정에서 로봇이 발화한 문장에 대하여, 그것이 우리처럼 문장의 의미를 이해하고 심성 문장의 내용을 의도하여 발화할 것이라고 할 수 있는가? 달리 말하자면, 로봇의 발화는 언어 공동체의 주체로서 수행된 것인가, 아니면 무의미한 소리 기호의 나열인가? 잘 알다시피 서얼(J. R. Searle)은 중국어방 논증을 통하여 컴퓨터나 로봇은 의미를 이해하는 언어적 주체가 아니며, 로봇의 발화는 무의미한 기호의 나열일 따름이라고 주장하였다. 이 논증에 대하여 음양존재론이 로봇은 단지 무기물 단계에 속하므로 언어 주체의 지위에 이르지는 못한다고 대응한다면, 그것은 비일관적으로 보인다. 음양존재론의 관점에서, 로봇이 인간과 동등한 수준의 마음 복합성과 정보 처리 능력을 지닌다면, 이제 더 이상 로봇을 무기물 수준의 마음에 놓고 비교할 수 없기 때문이다. 이 수준의 로봇은 돌멩이나 바위의 정보적 사태 이상이며, 로봇의 발화는 돌멩이가 굴러가는 소리 이상이다. 그리하여 로봇에게 마음과 심성 내용을 귀속하기 위해서는, (무기물 수준의 깡통 로봇이 아니라) AI-로봇의 정보 복합성 정도에 걸맞는 방식으로, 로봇은 언어적 주체로서 의미를 이해하는 것이며 또한 로봇의 발화는 수행적이라는 것을 보여야 할 것이다. 이 물음은 로봇의 사회성을 묻는 물음이 될 것이다. 즉, 로봇들의 사회는 가능한가? 혹은 로봇은 언어 공동체의 일원이 될 수 있는가?

4. 로봇이 사회를 형성할 수 있는가?

정대현에 의하면, 의미는 개인의 내부로부터 발생하는 것도 아니지만 사람들의 외부로부터 주어지는 것도 아니다. 의미는 차라리 사람들의(사회 공동체) 삶의 구체적 문맥으로부터 얻어지는 것이다. 문장의 의미(언어)를 이해하거나 심성 내용(마음)을 지니기 위해서는 언어 공동체 성원들 간의 연대성을 전제로 한다. 다시 말해서, "언어는 공동체의 생활 양식에 의하여 의미를 부여받는다는 의미에서 신체적"이다. 그리고 "마음이란 사회적 내용의 개인적 체험의 장이다."[13] 마음이란 사회적 내용을 개인적으로 체험하는 장소라는 것이다.

그런데 심신음양존재론에 따라 마음이 정보 처리 복합성의 정

---

13) 정대현(2001), p.454.

도에 비례하는 개념이라면, 인간에 견줄 만큼 정보 처리 복합성을 갖는 AI-로봇은 단순히 (울산 바위와 같은) 무기질 차원의 심성 내용이 아니라 인간이 지니는 수준의 마음의 내용을 가져야 한다는 것을 함축한다. 그리고 인간의 마음이 사회적이듯이, 로봇이 진정한 의미에서 마음과 심성 내용을 갖기 위해서는 사회(로봇들의 공동체)가 필요하다. 사회 공동체에 속하지 않는 로봇은 진정한 의미로 심성 내용을 갖는 것이 아니며 소리와 기호를 나열하는 것에 불과할 것이기 때문이다.

그러나 정보의 복합성 정도가 곧 사회성을 함축하는가? 둘은 별개의 능력으로 보인다. 즉, 정보 처리 능력의 동등성, 사고 기능의 동등성만으로 심성 내용이 요구하는 수행성과 사회성이 저절로 얻어지는 것은 아니다. 마음이 정보 처리 복합성 정도의 개념이고 로봇이 인간 정도의 복합성을 갖는다고 할지라도, 로봇의 문장 발화가 인간의 경우처럼 수행적이고 사회적이라는 것이 저절로 보증되는 것은 아니라는 것이다. 그런 점에서 로봇에게 진정한 의미의 심성 내용을 귀속시키기 위해서는 '로봇들의 사회성'을 논증할 필요가 있다.

이상은 마음을 정보 처리 복합성 정도로 간주하는 음양존재론의 입장을 일관성으로 이해할 경우, 복합적인 정보 처리 체계로서의 로봇에 대하여 심성 내용을 부여하기 위해서는 로봇의 사회성을 독립적으로 논증할 수 있어야 한다는 것을 함축한다. (인간의 마음이 사회적이듯이, 정보 처리 복합성 정도에서 비슷한 로봇도 마음을 갖는다면 그것의 심성 내용은 사회적이어야 할 것이다.)

로봇의 사회성에 대한 논증을 여기서 자세히 다룰 의도는 없으며, 음양존재론으로부터 어떤 구체적인 논증을 찾기도 어려워 보인다. 그렇지만 컴퓨터 과학 기술의 이론적 배경으로부터 대략적인 이야기를 할 수는 있을 것이다. 음양존재론의 현대적 해석을 가능하게 하는 사이버네틱스 원리에 의하면, 기계나 로봇은 인간과 마찬가지로 의사 소통하는 유기체로 간주된다. 정보 처리 시스템으로나 의사 소통 체계로나 인간과 기계 / 로봇은 구분되지 않는다. 이것은 기계나 로봇이 의사 소통 가능한 공동체의 일원이 될 가능성을 원리적으로 지지한다. 로봇들의 공동체 / 사회가 가능한 것이다. 그런데 인간과 로봇들이 공존하는 공동체를 상정할 경우, 로봇의 사회성은 인간 사회에 의존적인가? 즉, 인간이 로봇을 제작하고 창조할 경우에만 로봇의 공동체는 가능한 것인가? 로봇은 존재론적으로나 의미론적으로나 인간에 의존해서만 사회성을 지닐 수 있는가? 혹은 로봇들만의 공동체나 로봇의 사회는 불가능한가?

폰 노이만은 '자기 자신을 복제하는 기계'라는 개념에는 아무런 논리적 결함이 없다는 사실을 증명하였다. 자가 복제를 하는 기계 집단을 상상할 수 있다면, 기계 집단이 자연 선택을 거쳐 사회의 무리를 형성하고, 나아가 일종의 문화를 발생시킬 수 있다는 가정을 해볼 수 있다는 것이다.[14] 폰 노이만이 품었던 생각은, 기계가 자체 내 구도를 명기한 청사진을 구비하고 보편적 구성 능력과 제어 장치 및 복사기를 갖추고 있다면, 그러한 기계가 완벽한 자기 복제품을 만들어내는 것이 논리적으로 가능하다는 것이다. 즉, 기계가 먼저 청사진을 읽어낸 뒤 조립에 필요한 각 부위를 환경에서 끌어 모아 하나의 복제물을 구성한다. 이 복제물에 청사진을 구비시키면 완벽히 원형을 복제해낸 물체가 태어나게 된다. 그리고 복제 과정에서 실수로 인해 불완전한 복제물이 창조됨으로써 자연 선택이 이루어진다는 것이 요지다. 이런

---

14) 존 카스티, 『인공 지능 이야기』, p.192-193 참고. 클라우스 에메케, 『기계 속의 생명』, 이제이북스, pp.72-80 참고.

생각은 적어도 로봇들의 사회가 논리적으로 모순이 없으며 개념적으로 상상 가능하다는 것을 보여준다. 앞으로 첨단 과학 기술의 발전을 염두에 둔다면, 기계의 자기 복제를 통한 기계 / 로봇들의 사회는 기술적으로도 열려 있다고 할 수 있다.

그렇다면 인간 종이 없는 로봇들의 사회도 가능할 것이다. 그리고 인간이 멸종하고 로봇들이 진화한 그런 세계에서도 마음과 심성 내용은 존재할 것이다. 그러면 로봇이 인간을 대체한 그런 사회에서 심성 내용은 어떤 것일까? 그것은 인간의 마음보다 더 진화된 마음의 단계인가? 혹은 로봇의 사회는 인간의 마음과는 다른 종류의 심성과 새로운 삶의 양식으로 대체된 것일까? 인간 없는 로봇 사회에도 종교는 존재할 것인가?

5. 로봇은 성기성물을 기원할 수 있는가?

인간 종이 사라진 로봇 사회에도 종교적 마음이 존재할 수 있을까? 예컨대, 로봇도 성기성물(成己成物 : 나를 이루는 것과 만물을 이루는 것이 맞물려 있다)을 기원하고 성불을 염원하는 종교적 마음을 지닐 수 있는가? 정대현은 정보 처리 복합성 정도에 따라 성(誠)의 능력을 만물에 부여할 수 있다고 본다. "성(誠)은 인간만이 아니라 만물의 마음 능력이다."[15] 마음의 능력에 비례하여 성의 능력도 그 복합성 정도에 따라 무기물, 식물, 동물, 인간에게 부여할 수 있다.[16] 그리고 정보 처리 복합성 정도에 비추어본다면, 로봇의 성(誠)의 능력은 무기물 단계를 넘어서서 인간의 성(誠)의 능력과 비견할 만하다. 그러면 성(誠)의 능력이란

---

15) 정대현(2005), p.78.
16) 같은 글, pp.87-88.

무엇인가? 정대현은 심성 내용을 몸가짐의 개념으로 규정하듯이 성(誠)의 능력도 몸가짐의 개념으로 조명하고자 한다.

"몸과 마음의 음양론은 몸가짐을 단순히 심성적인 것으로 보지도 않고 단순히 물리적인 것으로 해석하지도 않는다. 몸가짐은 몸과 마음이 음양적으로 맞물려 있는 전형적인 경우이다. 특정한 몸가짐은 개인에게서 표출되지만 그 의미는 1차적으로 사회적이고 2차적으로 개인적이다. 머리를 숙이는 몸가짐은 인사, 존중, 양보, 겸손이라는 사회적 의미를 가지고 있다. 어떤 개인이 인사, 양보, 존중, 겸손의 간절한 의지를 가지고 머리를 뒤로 아무리 세게 젖힌다고 해도 그것은 인사, 존중, 양보, 겸손을 나타낼 수 없다. 몸가짐은 1차적으로 사회가 구성한 문법이다 …."[17]

몸가짐이 1차적으로 사회적이고 2차적으로 개인적이라면, 성(誠)의 개념을 드러내는 합장(合掌)의 몸가짐도 마찬가지다.

"… 동양 전통에 나타나는 합장의 몸가짐을 살펴보자. 합장은 <당신 안의 신적인 요소들의 번영을 빕니다>, <성불되십시오> 등의 여러 가지 해석에 열려 있지만 또 하나의 해석도 가능할 것이다 : <당신의 성기성물을 기원합니다>, <자기를 이루고 만물을 이루소서>. 합장의 몸가짐은 이 명제의 발화이고 이 발화는 형식적이고 소외적인 인사일 수는 없다. <당신의 성기성물과 나의 성기성물은 맞물려 있습니다>는 일인칭 참여의 간절한 내용이기 때문이다. 만물 연대의 선언이기 때문이다. 합장의 세밀한 의미들은 여러 가지 해석에 열려 있지만 이 몸가짐의 큰 얼개는 보편성의 소망이라는 점에서 분명하다."[18]

이에 따르면, 합장의 몸가짐은 성기성물을 기원하고 성불을

---

17) 정대현(2001), p.444.
18) 같은 책, p.446.

염원하는 사회적 의미를 지닌다. 동시에 개인들은 이러한 몸가짐이나 언어에 대해 성실한 태도를 취하고 (이에 대하여 사회가 구성한 판단을) 온 인격을 다하여 따름으로써 사회적 의미의 합장에 참여하고 이를 성취하는 관계에 들어간다. 이것이 성불을 염원하는 종교적 마음의 표현이 된다.

이상을 고려할 때, 로봇의 마음은 인간의 종교적 마음이나 인간의 성의 능력을 표현할 수 있는가? 혹은 로봇의 마음은 인간의 종교적 마음과 질적으로 거리가 있는 것일까? 심신음양론은 어떤 입장을 취하는가? 이제 한 가지 상상력을 비트겐슈타인의 언어 게임과 연결시켜보자. 성불을 염원하는 합장의 몸가짐을 모종의 규칙을 따르는 신체-언어 게임으로 간주할 수 있다면, 그리고 인간적인 몸을 한 로봇이 그러한 신체를 사용하는 언어 게임에 참여할 수 있다면, (로봇의 심성 내용을 부인하는 비트겐슈타인의 입장에도 불구하고) 로봇의 합장이나 성불 염원을 의미 있게 말할 수 있는 방식을 찾을 수 있을는지도 모른다. 즉, 로봇이 합장의 몸가짐이라는 신체-언어 게임을 공유하는 공동체의 일원이 될 수 있다면, 로봇도 성기성물을 기원하는 종교적 마음을 표현하는 것이 가능할는지 모른다. 음양존재론의 입장에서 이것을 부정할 이유란 더욱이 찾기 어려워보인다.

6. 심신음양론은 물리주의와 양립 불가능한가?

이상에서 우리는 정보 처리 복합성 정도에서 인간과 동등한 수준을 지닌 로봇의 심성 내용에 대하여 살펴보았다. 이것은 동시에 인간의 마음과 심성 내용이 어떤 성격의 것인지를 반영해 준다. 음양존재론의 관점에서 로봇의 심성 내용을 인정하는 근거들을 일관적으로 따라간다면, 역으로 (종교적 기원을 드러내는 마음을 포함하여) 인간의 심성 내용은 비자연적이거나 비물리적인 어떤 것도 전제하지 않는다는 의미에서 탈신비화된다. 무기체로서의 로봇이 심성 내용을 지니도록 만드는 것은 초월적이거나 비물리적 영혼이 아니며 복합적인 정보 처리 능력이다. 그러한 로봇의 정보 처리 복합성과 물질적 복합성이 유기적 음양 관계로 맞물릴 때 마음이 출현한다. 그렇다면 인간의 지향적 마음을 위해서도 데카르트적인 비물리적 영혼이나 칸트적인 초월적 자아를 상정할 필요가 없어진다. 종교적 마음을 비롯한 인간 마음의 초월적인 특성들도 자연 내재적인 것으로 간주된다.

나아가 음양존재론의 구조를 살펴보면, 그것은 심물 수반을 비롯하여 개별자 물리주의와 같은 최소 물리주의 명제들과도 잘 양립한다는 것을 알 수 있다. **음양존재론은 정보(및 마음)의 편재성을 함축하는 동시에 물리적 기술의 편재성을 함축하기 때문이다.** 그에 따르면 모든 사태는 음양적 구조로 되어 있는데, 그 사태의 음양적 구조란 그 사태의 물리적 요소(물리적, 시각적 외양)와 통사적 요소(=정보)가 서로 유기적으로 구성되어 있어서 어느 한쪽 없이 그 사태는 존재할 수 없다. 그런 점에서 한 사태의 물리적 요소와 정보적 요소는 공변 관계를 이루게 될 것이다. 이런 의미에서 둘 사이에 수반 관계가 성립하며, 모든 사태는 정보적, 심성적 기술과 더불어 물리적 기술을 가질 것이다.

이것은 데이빗슨의 개별자 사건존재론과 대단히 유사하다. 데이빗슨의 사건 존재론에 의하면, 모든 사건은 개별자로서 심리적 기술과 더불어 물리적 기술을 갖는다. 하나의 개별적 사건이 심적 술어로 기술되기도 하고 물리적 술어로 기술되기도 한다. 따라서 모든 심적 사건은 ― 또한 물리적 기술을 갖는다는 의미에서 ― 물리적 사건이기도 하다. 그런데 데이빗슨의 경우, 모든 심적 사건이 물리적으로 기술되지만 모든 물리적 사건이 심적으로 기술되는 것은 아니라는 점에서 심물 사이에 존재적 비대칭성이 있다. 이와 달리 심신음양론은, 한 사태의 음양 구조를 이루고 있는 물리적 요소와 정보적 요소 중에 어느 하나 없이는 그 사태가 존재할 수 없다는 점에서, 심신 사이의 유기적인 합일 관계를 주장한다.

심신음양존재론이 모든 사태는 물리적 기술을 갖는다는 의미에서 물리주의라면, 물론 이것은 정대현이 비판했던 (이원론자가 제시한 두 실체 중의 한 선택지인) "연장으로서의 물질"을 채택하는 물리주의(355쪽)와는 다르다. 그러나 음양존재론이 데카르트적 물질 개념을 전제로 하는 외연적 물리주의를 거부할지라도, 경험과학적 탐구에 개방적인 가설적 물리주의와 상충할 필요는 없을 것이다. 가설적 물리주의는 대략 다음과 같은 태도를 취한다 : 물리적인 것은 물리학, 신경과학, 생물학, 화학, … 의 영역 안에서 기술될 수 있는 것이고, 모든 현상은 이러한 경험과학의 탐구 대상이 될 수 있다는 개방적 가설에 따라 현상을 탐구하고자 한다. 이것은 데카르트적 이분법을 전제하지 않으면서도 물리주의자의 기본 정신을 반영한다. 그리고 물리주의 안에 통사적 정보 개념을 모순 없이 포괄할 수 있다면, 음양존재론은 개방적이고 가설적인 의미의 물리주의와 양립할 수 있다. 즉, 사이버네틱스 정보 이론으로 해석된 음양론은 어떤 의미에서 경험적이고 가설적인 물리주의의와 양립하거나 그것의 한 형태로 발전할 수 있다.

이와 같이 심신음양론이 최소물리주의와 양립할 수 있다면, 심성 내용의 문제를 해결하는 음양론 고유의 설명력 내지 장점은 무엇인가? 정대현은 자신의 음양론과 물리주의와의 차별성을 (자신의 저서의 제목을 반영하듯이) 심성 내용의 '신체성'에 두고 있다. 이것은 때로 '인격성'으로 간주되기도 한다. 필자가 이해한 바에 따르면, '심성 내용의 신체성'이란 모든 사물은 신체성의 사물이고 신체성은 단지 외연적이고 물리적인 것이 아니라 인격/주체의 관점에서 해석하는 정보적 측면으로 구성된다는 의미에서 사물의 심성성 및 정보성을 시사한다. 그것은 사물이 외부적으로 드러나는 객관적이고 물리적인 기술을 부정하는 것이 아니라, 객관적 관점의 물리적 기술과 더불어 사물을 바라보는 주체의 관점이 그 사물을 구성한다는 것이다. 물리주의가 객관적 관점을 취한다면, 음양존재론은 주체의 관점과 객관적 관점 사이의 유기적 통합을 시도한다는 점에서 새로운 의의가 있다. 분명히 심신음양론은 심물 사이에 공변 관계나 수반 관계 이상의 유기적 맞물림 관계를 주장함으로써 마음과 몸이 분리된 것이 아니라 유기적 단일체라는 것을 보이고자 한다.

　그럼에도 심신음양론이 마음과 몸 혹은 주관적 관점과 객관적 관점 사이의 유기적 합일 관계를 주장할 때, 그것이 지향적 심성 내용의 문제를 더 잘 해결할 수 있는지는 분명치 않다. 음양론의 입장에서도 심성 내용의 문제들이 많은 부분 해결되지 않은 채로 남아 있는 것 같기 때문이다. 예컨대, 우리가 존재하지 않는 대상에 대하여 심성 내용을 갖는 경우를 생각해보자. 우리는 존재하지 않는 대상에 대해서도 얼마든지 생각하고 감정을 느낄 수 있다. 정대현은 '어머니를 그리워 함'이라는 예를 들면서, 그것의 심성 내용은 그리워하는 마음과 어머니라는 외부 대상의 두 요소가 유기적인 음양 관계로 맞물려 있다고 본다. 이에 따르면, 어머니 그리움이라는 심성 내용은 단지 심리적인 것도 아니고 객관적으로 존재하는 어머니라는 사물적인 것만도 아니다. 어머니 그리움에서 '기억되는 어머니'와 '어머니 보고싶음'은 분리될 수 없으며, 하나가 없이 다른 하나는 존재할 수 없다는 것이다(363쪽). 이것은 나의 어머니에 대한 그리움과 내 어머니의 존재가 적절하게 연관되어 있는 경우에만 올바로 적용된다. 그러나 외부 대상이 없는 심성 내용의 경우는 어떠한가? 만일 나를 복제한 로봇이 거짓 기억 정보로 인해서 '어머니 그리워함'이라는 심성 내용을 가지게 될 경우를 상상해보자. 혹은 어머니에 대한 거짓 기억을 주입 받은 인조 인간이나 복제 인간이 어머니를 그리워하는 상황을 생각해보자.19) 로봇의 심성 내용은 나의 것과 같은 심성 내용인가? 혹은 나의 것은 참된 내용이고 복제체의 것은 허구적인 정보인가? 그렇다면 그 이유는 무엇인가?

로봇의 심성 내용은 (그리워하는) 어머니라는 외부 대상이 결여되었기에 나의 심성 내용과 같은 것일 수 없다. 또한 우리가 논의했듯이 로봇이 심성 내용을 가질 수 있고, 인조 인간이 어머니를 그리워하는 감정을 느꼈다면 그러한 심성 내용을 부정하기도 어려울 것이다. 이때 로봇의 (심성 내용의) 신체성은 어디에서 오는가? 즉, 로봇은 어떻게 "자신의 몸과 마음으로 어머니 그리움이라는 심성 내용을 경험"하는가?(363쪽) 아마도 로봇이 어머니를 그리워하는 심성 내용은 (그것의 외부 대상이 없으므로) 단지 주입된 두뇌 정보 상태에 대한 것일 것이다. 그러면 두뇌 정보에서 기인한 어머니에 대한 그리움과 실제의 어머니에 대한 그리움의 차이는 무엇인가? 여기서 음양존재론은 존재하는 것에 대한 심성 내용과 존재하지 않는 것에 대한 심성 내용을 '일관적으로' 구분할 수 있는가? 음양론이 범정보론을 받아들일 때, 정보 차원에서는 두뇌 안에 있는 것과 두뇌 밖에 있는 것의 차이, 가상과 실제의 차이가 모호해지는 것이 아닌가? 심신음양론은

---

19) 예컨대, 영화 「블레이드 러너」의 인조 인간을 상기해보자. 영화의 여주인공 레이첼은 유전적으로 제작된 인조 인간 안드로이드다. 레이첼은 성인으로 만들어졌음에도 인위적으로 조작되어 주입된 기억으로 인해서 어린 시절의 어머니를 '기억'하고 그리워한다.

정보 내용만 있고(혹은 정보가 만들어낸 이미지만 있고) 물리적 외양(외부 대상)은 없는 심성 내용을 어떤 방식으로 설명할 수 있는가?

성(誠)의 음양적 지향성

김 영 건

1

정대현 교수의 철학적 작업으로부터 나는 무엇을 배울 수 있는가? 정대현 교수의 학문적 성실성은, 그의 철학 내용을 비판하는 학자라고 할지라도 모두 인정한다.[1] 이러한 성실성과 그것에 근거한 학문적 다산성은 바로 내가 그로부터 배워야 하는 한 덕목이 될 것이다. 그렇지만 그는 내가 배워야 할 학문적 덕목에 한 가지를 더 추가시키고 있다. 그것은 바로 현대 영미 철학 혹은 분석철학의 철학적 발전과 성과들을 비판적으로 조정함으로써 그가 우리에게 친숙한 사유 방식 혹은 동양적 전통의 사유 방식

---

[1] 정대현 교수의『맞음의 철학』을 비판적으로 검토하고 있는 이영철은 정대현 교수의 "학자적 성실성과 다산성"에 대해서 존경을 표현하고(이영철, 1997, p.170), 마찬가지로 정대현 교수의『심성 내용의 신체성』을 매우 비판적으로 검토하고 있는 민찬홍도 정대현 교수에 대해서 "분석철학계의 표본이며 모범"이라고 말하고 있다(민찬홍, 2002, p.297).

을 이론화하는 것이다. 이러한 철학적 작업이 비록 실패에 불과한 것으로 판명난다고 하더라도, 나는 이것이 매우 중요한 것이라고 생각한다. 왜냐하면 그것이 바로 이 땅에서 철학하는 철학자의 진지한 주체성을 보여주는 분명한 흔적이라고 생각하기 때문이다.[2]

정대현 교수의 『맞음의 철학』이 맞음의 개념을 통해서 동양적인 내재적 세계관에 대한 언어적 체계화를 보여준다면, 『심성 내용의 신체성』은 신체성이나 몸의 개념을 통해 동양적 세계관에 대한 심리철학적 체계화를 보여준다. 정대현 교수의 철학 안에서 이 두 가지는 긴밀하게 연관되어 있는 것처럼 보인다. 『맞음의 철학』에서는 분명하게 표현되지 않았지만, 『심성 내용의 신체성』에서는 그것이 음양론임을 보여주고 있다. 나아가 『다원주의 시대와 대안적 가치』에서는 다원주의 사회의 대안적 가치에 대한 철학적 정당화가 바로 음양론을 통해 이루어지고 있다.[3]

---

2) 민찬홍은 다음처럼 말한다. "정대현 교수의 『심성 내용의 신체성』은 그 기획에서 우리 시대에 분석철학자가 이 땅의 철학자로서 본연의 임무를 다한다면 어떤 연구를 내놓을지 보여주는 획기적인 저술이라 할 만하다"(민찬홍, 2002, p.296). 또 그는 다음처럼 말하기도 한다. "우리의 삶을 반성하여 한국의 철학을 낳아야 한다고 역설하는 서양 철학자, 분석철학자들을 많이 보았지만, 정 교수처럼 그러한 문제 의식을 연구를 통하여 소화해내려는 줄기찬 노력을 기울여온 분을 별로 보지 못했다. 철학의 다른 분야, 예컨대 사회철학에서라면 몰라도, 분석철학처럼 사회적 현실에 대하여 직접적인 발언거리를 갖지 못하는 분야에서 정 교수의 이런 노력은 특히 돋보이는 것이다"(같은 글, p.297).
3) "만일 모든 가치가 특정한 세계관을 기반한 것이라면 여기에서 추구하고자 하는 대안적 가치도 하나의 세계관에 기초하고자 한다. 그 세계관은 음양론으로서 동북아 전통 중에서 한 선택지다"라고 정대현 교수는 말하고 있다(정대현, 2006, p.340).

2

나는 개인적으로 음양론을 별 근거가 없는 소박한 형이상학에 지나지 않는다고 생각한다. 세상의 모든 것을 음과 양으로 보는 것은 흥미롭지만, 그러나 음과 양의 분류 기준조차 엉성하고 다 의적인 것에 지나지 않는다고 생각한다. 따라서 음양론은 우리 가 살고 있는 세계나 자연을 해명하는 데 그렇게 중요한 철학적 설명력을 보여주고 있다고 생각하지 않는다. 그러나 정대현 교수는 내가 이렇게 부정적으로 생각하는 음양론을 발전시키고 있으며, 그것을 지향성에서 핵심적인 것으로 생각한다. 그러나 그의 이러한 철학적 시도는 어떤 설득력을 보여주고 있는 것인가?

3

정대현 교수에 의하면, 지향성(intentionality)은 인간만의 특성이다. 즉, "인간-자연 지속성 여부의 논의의 핵심에는 지향성 이라는 주제가 자리하고 있다. 인간은 그리고 인간만이 지향성 이라는 성질을 만족하는 사유의 능력을 가지면서 그 이외의 존재는 그러한 능력을 갖지 않는다는 것이다."[4] '인간-자연 지속 성'이란 인간과 자연이 서로 다른 존재가 아니라 일종의 연속성을 가진다는 주장이다. 정대현 교수에 의하면, 서양 전통은 인간 -자연의 이분법에 기초하여 인간-자연 지속성을 부정한다. 따라서 "서양 전통은 인간만이 지향성을 표현하는 도덕적 주체자이고 자연은 그렇지 않다"고 주장한다. 정대현 교수는 인간-자연의 연속성 혹은 인간-자연 지속성, 인간과 자연의 친화성을 주장

---

4) 같은 책, p.360.

하기 위해서 인간만의 고유한 특성인 지향성을 음양적 지향성으로 재구성하려고 한다. 이 경우 음양적 지향성은 인간뿐만 아니라 모든 사물들이 지니고 있는 성질이 된다. 달리 표현하자면 인간뿐만 아니라 모든 사물이 다 마음을 가지고 있다.[5] 그는 다음처럼 말한다.

"지성(至誠)이면 진성(盡性)하여 성기성물하고 성(聖)의 경지에 이른다." 이것은 『중용』의 대의라고 생각한다. 『중용』은 이 대의를 인간만이 아니라 만물에 적용하고 있다. 여기에서 주목하고자 하는 것은 이 가설이 전제하고 있는 "(M1)성은 인간만이 아니라 만물의 마음 능력이다"라는 명제다.[6]

『중용』에서 이야기하는 성(誠)은 바로 마음의 능력이며, 그것은 인간뿐만 아니라 모든 사물들이 다 지니고 있다. 따라서 모든 사물은 지향성을 가지고 있다. 그리고 정대현 교수는 모든 사물이 지니고 있는 지향성이 바로 음양적 지향성이라고 주장한다.

그런데 진짜 모든 사물은 지향성을 가지고 있는 것인가? 일반적으로 지향성은 정대현 교수가 지적하듯이 물리적인 것과 심리적인 것을 구분하는 징표로서 간주된다. 따라서 물리적인 것은 지향성을 갖고 있지 못하지만, 심리적인 것은 지향성을 가지고 있다. 그런데 정대현 교수는 이것을 부정하면서 인간을 포함한 모든 만물은 지향성 혹은 마음의 능력을 가지고 있다고 주장한다. 모든 사물들은 도대체 어떤 마음의 능력과 상태를 가지고 있는 것인가?

---

5) "『중용』에서 성(誠)은 인간만이 아니라 자연의 논리다. 『중용』의 이러한 성(誠) 일원론은 '인간은 지향성, 자연의 법칙성'의 논리로 규정되는 이원론 전통과 대조된다"(같은 책, p.378)라고 정대현 교수는 말하고 있다.
6) 같은 책, pp.365-366.

마음은 영혼도 아니고 인간의 사유의 능력도 아니라, 0에서 1 사이의 정보 처리의 복합성의 정도를 허용하는 개념이라는 것이다. 도식적 편의성으로 예시한다면, 무기물은 0.1 ; 식물은 0.2 ; 동물은 0.3 ; 인간은 0.4와 같은 방식의 복합성의 정도를 갖는다고 상정할 수 있을 것이다. 지성이 발달된 외계인이 있다면 그 위의 복합성을 가질 수 있을 것이다.[7]

정대현 교수에 의하면 마음은 영혼도 아니며 인간의 사유 능력도 아니다. 그것은 "복합성의 정도를 갖는" 것이며, 한마디로 "정보 처리의 체계"며 능력이다. 정대현 교수는 자신의 이러한 주장이 "드레츠키(F. Dretske), 밀리칸(R. G. Millikan) 등의 믿음의 자연화 논변" 등으로 지지될 수 있을 것이라고 말하고 있다. 정대현 교수가 주장하는 것처럼 마음을 일종의 정보 처리의 능력이나 체계로 간주한다면, 그가 주장하는 인간-자연 지속성의 논제가 유지될 수 있을 것이다. 그러나 분명한 것은 이러한 논제를 옹호하기 위해서『중용』의 대의에 호소할 필요가 없다는 것이다.

지향성을 자연주의화시키는 자연주의 철학자들에 의하면 인간과 자연은 물리적이라는 점에서 지속적이며 연속적이다. 나아가 지향성이 심성적인 것의 대표적 특성도 아니다. 그것은 충분히 자연적인 특성으로 환원될 수 있고, 이런 한에서 심신이원론으로부터 벗어나 있다. 이러한 자연주의 철학이 심신이원론으로부터 벗어나 있지만, 그렇다고 그것이 곧 정대현 교수가 주장하는 동양 전통의 세계관과 동일하다는 것을 의미하지 않는다.[8]

---

7) 같은 책, p.366.
8) 정대현 교수는 이러한 자연주의 혹은 물리주의가 비록 심신이원론을 부정하고 있지만, 여전히 이원론의 서양 전통 안에 있는 것으로 간주한다. 그는 다음처럼 말한다. "이러한 물리주의는 이원론적 배경에 의하여 산출되었다고 믿는다.

오히려 지향성을 자연주의화시키는 자연주의의 철학은 인간-자연의 지속성과 연속성에도 불구하고 유기체적이며 상보적인 동양적 세계관에 대해서 비판적일 것처럼 보인다.

흥미롭게도 그레이엄(A. C. Graham)은 이 비판의 핵심을 다음처럼 보여주고 있다.

과학적 의문을 논의하고 있는 『여씨춘추』보다 더 이른 시기의 철학적 문헌 하나가 묵가의 『묵경(墨經)』이다. 하지만 여기에서는 음양, 오행, 괘상(卦象)에 호소하는 대신에 광학과 기계학에만 한정하여 적용되고 있는 엄격한 인과적 설명을 발견할 수 있다. 더구나 그 실행은 배후에 하나의 원리를 가지고 있다. 곧 사건의 연결은 '필연적(必)'이거나 '적절할' 수 있다는 것으로, 다시 말하면 원인을 가진 연접은 '필연적'이지만 오행의 순환에서 불이 쇠를 이기는 것은 연료와 양에 의존한 그 결과가 '적절하다'는 것이다. 『묵경』은 상관적 설명보다 인과적 설명이 더 뛰어나다고 인식하고 있을 뿐만 아니라, '변(辯)'에서 상관적 설명을 배제한다. 여기서 우리는 놀랍게도 '과학 방법의 발견'으로 나아가지 않으면서 인과적 설명으로 향하는 전근대적 서양의 술렁거림과 비견할 수 있는 중국에서의 병행 현상을 발견하게 된다.[9]

그레이엄은 음양 개념을 상관적 사유(correlative thinking)의

물리주의는 이원론을 부인하면서도 이원론이 제기한 구조 안에서 하나를 부인하고 다른 하나를 선택하여 이 세계를 설명할 수 있다고 믿는 입장이다. … 이원론의 이분법이 잘못되어 있다면 물리주의는 이원론이 잘못되어 있는 어떤 오류를 자체 안에 가지고 있다고 믿는다"(정대현, 2001, p.355). 물리주의는 어떤 오류를 가지고 있는가? "물리주의는 이원론의 '두 가지만 존재한다'는 선택지를 거부할 뿐 그 구성 방식에 나타나는 선택지, 즉 '연장으로서의 물질'을 그대로 수용하는 것이다." 이런 한에서 "인간 경험에 주어지는 심리적 측면들을 무리하게 설명해야 하는 부담을 지는 것이다. 심성 배제적 태도를 취할 수밖에 없기 때문이다"(같은 책, pp.355-356).

9) A. C. Graham 2001, pp.25-26.

결과라고 본다. 그는 이 상관적 사유를 분석적 사유(analytic thinking)에 대조시키는 동시에 인과적 사유에도 대조시킨다. 그 레이엄은 분명하게 밝히고 있지 않지만, 이 인과적 사유도 아마 분석적 사유의 한 유형일 것이다. 그레이엄에 의하면『묵경』이 바로 동양적 전통에 낯설게도 인과적 사유를 주장하고 있으며 추론에서 상관적 사유를 배제하고 있다.

바로 이런 문맥에서 정대현 교수가 시도하는 것처럼 마음을 정보 처리의 체계로 간주한다면 그 정보 처리의 체계 혹은 정보 처리의 능력으로서 마음은 상관적이고 유기체적인 음양적 지향 성으로 이루어지는 것이 아니라 오히려 인과적 과정으로 이루어 져야 할 것이다.10) 따라서 마음이 정보 처리의 체계라는 생각은 비록 인간-자연의 연속성을 보여줄 수 있지만, 그러나 그것은 정대현 교수가 주장하는 음양적 지향성에 대한 증거는 되지 못 한다.

4

인간-자연의 연속성을 보여줄 수 있는 음양적 지향성을 가진 마음은 어떤 것이어야 하는가? 유학의 도덕 형이상학에 대한 송 영배의 다음과 같은 주장은 그 마음이 어떤 것이어야 하는지를

---

10) J. Proust는 다음처럼 말한다. "브렌타노가 지향성을 물리적 세계로부터 마 음의 세계를 구분하는 특성으로, 즉 자연의 과학으로부터 마음의 과학을 구분하 는 특성으로 간주하였지만, 대부분의 현대 철학자들은 지향성을 자연화시키려 고 한다. 즉, 자연의 과학에 적절한 인과적 설명으로 지향성을 해명하고자 한다. 드레츠키나 밀리칸이 주장하는 목적적 의미론(teleosemantics)은 심성 내용을 자연화시키는 가장 극단적인 견해다"(J. Proust, "Intentionality", O. Houde, ed., *Dictionary of Cognitive Science*, Psychology Press, 2004).

암시해주고 있다.

송명의 성리학자들에게는 이 세상의 본질이 결코 불교나 도가에서 말하는 '공'이나 '무'일 수 없었다. 그들에게는 우주 만물의 움직임은 바로 무한한 생명의 움직임이었다. 이러한 우주 생명의 움직임은 그 자체로 '성실함(誠)'인 것이다. 그것이 바로 '인', 즉 인간 세계와 자연 세계를 관통하는 면면한 생명 활동 자체요 그것에 대한 진지한 동참이다. 따라서 인간과 만물은 '천명(天命)'에 의해 각각 다르게 선험적으로 주어진 자신의 고유한 생명 활동을 열심히 전개하고 있는 것이다. 해, 달, 별이 끊임없이 순환 운동을 하고 사계절이 무한히 교차 순환을 하며 인간과 만물이 태어나 생장하고 소멸하는 것, 이 모두는 무한한 우주의 생명 운동의 끝없는 전개, 발전인 것이다. 그것은 단순히 자연 현상인 것만이 아니다. 이런 생명의 끊임없는 발현과 전개는 또한 송명의 리학 혹은 성리학에서 바로 도덕적 의미의 '인, 의, 예, 지'의 전개로 파악되었다. 따라서 유가 철학은 성리학에 의해서 비로소 불교의 '공'과 도가의 '무'의 형이상학적 틀을 맹렬히 비판, 극복하고 유교의 새로운 도덕적 형이상학의 체계를 구축하게 된 것이다.11)

송영배에 의하면 송명 성리학자에게 자연 세계에 존재하는 모든 것들은 무한한 생명의 움직임이며 그 자체 성실한 것이다. 이 성실함, 즉 성(誠)이 인(仁)이요, 그것은 바로 무한한 생명 활동 그 자체다. 비록 인간과 자연 사물의 차이가 선험적으로 주어져 있지만, 생명의 발현과 전개는 송명리학에서 도덕적 의미로 이해된다. 적어도 이런 의미에서 음양적 지향성을 가진 마음은 바로 도덕적 마음이어야 한다. 따라서 정대현 교수가 주장하는 것처럼 마음은 단지 정보 처리의 체계나 정보 처리의 능력이 아니라, 정보 처리의 도덕적 체계이거나 정보 처리의 도덕적 능력이

---

11) 송영배(2000), pp.6-7.

어야 한다.12)

마음을 단순히 정보 처리의 체계로 간주하지 않고 오히려 정보 처리의 도덕적 체계로 간주하는 것이 정대현 교수가 주장하는 성기성물(成己成物)의 이념에 부합되는 것처럼 보인다.

성기성물은 진성(盡誠)을 통한 만물의 성(性)의 본연적 구현에서 성취된다. 진성이란 무엇일까? 주자가 해석한 대로 진성은 중용으로 요약될 수 있을 것이다. 치우치지 않고 알맞은 것으로서의 중(中)과 변함없이 일정하고 바른 것으로서의 용(庸)이다. 중은 공시(共時)적인 것이고, 용은 통시(通時)적인 것이라 생각한다. 중용은 산수적 중간이 아니라 시중(時中)인 것이다. 고로 진성은 정성되면 밝아지고, 밝으면 곧 정성되는 것으로 말해진다.13)

정대현 교수는 진성(盡誠)이 중용이라고 주장하고 있다. 그리고 그 중용은 바로 시중(時中)이다. 산수적 중간이 아니라 때에 적절하게 맞추어 행위하는 것, 즉 천도(天道)의 도리의 이룸을 향한 과정, 이러한 과정을 수행하는 것은 분명히 단순한 정보 처리의 체계가 수행할 수 있는 것이 아니라 도덕적인 정보 처리의 체계가 수행할 수 있다. 실제로 정대현 교수는 다음처럼 지적하고 있기도 하다.

---

12) "성(誠)이 만물의 능력이라 한다면, 만물도 성(聖)의 경지에 이른다 말할 수 있어야 한다. 그러나 정말 그러한가?"라는 남경희의 지적에 대해서, 정대현 교수는 "성(聖)을 특정 질서의 인격적 개념으로 제한할 때 그러한 의문은 정당하지만『중용』은 만물 중화의 내재적 과정으로 해석한다고 믿는다"고 답변하고 있다(p.365). 정대현 교수의 주장처럼, 성(聖)을 만물 중화의 내재적 과정으로 해석한다는 것은 도대체 무슨 의미인가? 자기 본성을 실현한다는 의미인가? 즉, 정보 처리의 체제가 잘 작동하고 있다는 의미인가? 아니면 어떤 도덕적 본심을 잘 구현, 실현하고 있다는 의미인가?『중용』의 대의는 후자일 것이다.
13) 정대현(2006), p.438.

"도덕 본심은 천도이다"라는 요청적 명제는『중용』의 기본 전제라고 생각한다. "지성(至誠)과 진성(盡性)은『중용』전편 주지이다"라는 양조한의 지적은 정당하다고 믿는다.14)

분명히 도덕 본심이 천도(天道)다. 따라서 천도의 도리의 이룸을 향한 과정은 바로 도덕 본심을 이루는 과정이며, 만물이 가지고 있는 마음의 능력으로서 성(誠)은 바로 도덕적인 것이다.

이 세계는 이데아, 논리, 초월적 실재에 의하여 구성, 규제, 지배받는 것이 아니라, 내재적으로 주어져 있는 질서이다. 맞음, 옳음, 착함, 참, 정의, 정당성, 합리성 등 인간의 인식이나 윤리의 기준은 내재적이다. 부정성에 효과적으로 대체하는가에 따라 생의 종은 진화한다. 기준들은 인간 공동체의 발전에 따라 점진적으로 나아간다. 이렇게 명료화된 논어의 윤리 질서는 개과천선으로 요약될 수 있다고 믿는다.15)

정대현 교수의 이러한 주장은 진화의 발전이 도덕적인 것을 보여주고 있다. 즉, 살아남기 위해서 우리는 개과천선을 해야 하며, 그것은 도덕적이며 성을 지향한다는 것이다. 정대현 교수는 이러한 주장을 인간에 한정하고 있지만, "만물의 개체마다 천도를 담지하고 있고 이 개체가 그 천도의 도리를 이룩할 때 그 개체는 성(誠)의 주체가 되는 것"16)이며, 또 도덕 본심이 천도라면, 이러한 주장을 오직 인간에만 한정하기 어렵다고 생각한다. 따라서 자연 세계에 존재하는 모든 것은 그것이 도덕 본심인 천도를 담지하고 있는 한에서 바로 도덕적 정보 처리의 체계다. 그러나 이러한 주장이 허용될 수 있는가? 아마도 그것은 도덕이라는

---

14) 같은 책, p.386.
15) 같은 책, p.396.
16) 같은 책, p.384.

개념을 잘못 사용하는 대표적 예가 될 것이다.

5

정대현 교수는 모든 사물들이 일종의 마음 능력으로 성(誠)을 가지고 있다고 주장한다. 그리고 이 성(誠)을 음양적 지향성으로 정형화할 수 있을 것이라고 생각한다. 그는 다음처럼 말한다.

> "성(誠)은 사물이 스스로 이루어지는 원리이다(誠者 自誠也)"라는 명제가 보이는 바 성(誠)의 비의지성이다. 이러한 성(誠)은 자연의 본연의 모습이고 인간의 자연화의 근거이다. 이러한 성(誠)은 '지향성' 개념으로 규정한다면 그것은 이원적 지향성이 아니라 음양적 지향성이라고 믿는다. 이러한 지향성이 자연과 인간의 이분법을 전제한 것이라면 음양적 지향성은 자연과 인간의 총체적, 일체적 관계를 유지하는 논리라고 생각된다.[17)

사물들은 음양적 지향성을 가지고 있고 『중용』에서 이야기하는 것은 스스로 이루어지는 원리로서 성(誠)을 가지고 있다. 따라서 이 성(誠)을 마음의 능력, 즉 정보 처리의 체계가 가지고 있는 능력이라고 할 때, 이 정보 처리의 체계는 스스로 이루어지는 원리를 갖고 있는 것이 된다. 정대현 교수는 이 점을 논증하기 위해 두 가지 논증을 제시한다. 하나가 그가 '진화의 논증'이라고 명명한 것이고, 다른 하나는 '마음의 경우 유형 논증'이다.

진화의 논증은 "마음은 단일한 실체의 종이 아니라 복합성의 정도를 갖는 개념"이라는 주장을 "종이 진화하였다면 종의 마음

---

17) 같은 책, pp.383-384.

도 진화하였다"는 근거로서 옹호한다.

이 논증이 마음이 복합성의 정도를 갖는 개념을 어떻게 옹호하고 있는지 명백하지 않은 것처럼 보인다. 이 논증을 통해 주장하고자 하는 바가 인간 종만이 마음을 가지고 있지 않다는 것이다. 인간 종이 진화하였다면 인간 종의 마음도 진화하였다는 것을 인정할 수 있다. 그러나 일반적으로 마음을 가지지 않다고 간주할 수밖에 없는 어떤 자연 종이 진화하였다면, 그 자연 종의 마음도 진화하였다고 주장할 수 있는가? 그렇게 주장하기 위해서는 이미 마음은 단일한 실체의 종, 즉 인간의 종만이 갖는 것이 아니라 복합성의 정도를 갖는 개념이라는 것을 전제하고 있어야 한다. 따라서 이 논증은 마음이 복합성의 정도를 갖는 개념이라는 것을 타당하게 입증하고 있지 못하다.

반면에 마음의 경우 유형 논증은 정대현 교수가 스스로 지적하는 것처럼 비록 "잠정적이고 개괄적일 수밖에 없다"고 해도, 진화 논증보다 더 많은 설득력을 보여주는 것처럼 보인다. 정대현 교수는 하나의 설명 가설을 도입한다. 즉, 개체 유지, 개체 적응, 생리적 욕구, 안전 욕구, 소속과 사랑의 욕구, 존중 욕구, 심미적 및 인지적 욕구, 개체 실현 등의 '개체 경향성 서열'이 가능할 수 있다. 이 서열에 따라 인간, 동물, 식물 그리고 무기물 등이 정보 처리 능력으로서 마음을 지닌다는 것을 설득력 있게 설명할 수 있다. 개체 경향성 서열이라는 모형이 설득력 있는 설명을 지닌다면, 그것은 마음이 복합성의 정도를 갖는 개념이며, 따라서 정보 처리의 체계라고 할 수 있는 증거가 된다.

이런 문맥에서 인간은 개체 경향성 서열의 모든 것을 지니고 있다. 반면에 동물은 참과 거짓을 구분할 수 있는 반성 능력이 없다. 오히려 동물에게 있는 것은 유사 반성 능력이다. 식물도 개체의 유지와 적응을 위한 식물적 차원의 희미한 시각, 청각,

취각의 입력 양상을 가지고 있다. 이런 의미에서 식물에서도 정보 처리의 과정이 일어난다. 마찬가지로 무기물의 경우에도 찰머스가 제시한 온도계처럼 정보 처리의 조정과 반응 능력을 가지고 있다. 바로 이런 의미에서 존재하는 모든 것은 정보 처리의 체계며, 이런 마음을 가지고 있다. 이런 마음의 능력이 『중용』에서 이야기하는 음양적 지향성을 가진 성(誠)이다.

그러나 정대현 교수의 주장처럼 모든 사물들이 정보 처리의 마음을 가지고 있고, 그 정보 처리의 능력을 성(誠)이라고 말할 수 있다고 하더라도, 이것을 음양적 지향성이라고 부를 수 있는지는 매우 의심스럽다. 도대체 음양적 지향성이란 무엇인가?

6

정대현 교수는 음양 관계를 형식화시키고 있다. 비형식적으로 말하자면 음양 관계는 다음과 같은 여덟 가지 조건을 충족시키면 된다. 즉, X와 Y가 체계 내의 상호 불가피한 두 요소여야 한다. XY는 요철(凹凸)과 같은 방식으로 보완 작용한다. X와 Y는 상호 감응 관계에 들어갈 수 있어야 한다. 체계 전체의 구조는 음양적 요소에 의하여 표상될 수 있어야 한다. X와 Y는 다른 대상으로부터 영향받으며, 그 영향에 따라 X와 Y의 관계가 추이된다. X와 Y는 시간적 과정성을 갖는다. 추이 관계와 과정은 반복적으로 지속된다.

정대현 교수는 이러한 음양 관계에 대한 분석을 기초로 하여 음양적 지향성을 다음처럼 정형화시키고 있다.

(Y2) x와 y는 tn에 음양적으로 지향적이다. ⇔ x와 y는 체계 Z1에 속

하고 Z1에서 tn-1에서 tn에 이르는 변화 C에 따라 x와 y는 tn-1에서 가졌던 관계와는 다른 요철(凹凸)의 (Y1) 관계를 tn에 현저하게 갖게 된다.

정대현 교수는 이 정형화에서 나타나는 "tn"이 무엇인지 가르쳐주지 않고 있다. "마음 복합성 명제와 음양 관계 명제는 지향성이 어떤 운동 상태의 '관심 있는 현저 성질'이라는 것"이라고 정대현 교수가 스스로 정리한 내용을 보면, tn은 어떤 운동 상태나 진화 상태를 의미하는 것처럼 보인다. 그는 또 다음처럼 말하기도 한다.

마음과 몸의 관계를 논리적 음양 관계로 볼 수 있다면 이것은 보다 일반화될 수 있을 것이다. 어떠한 사물도 안과 밖의 논리적 관계를 갖는다는 가설이 그것이다. 어떠한 사물도 음양의 기능적 관계를 갖지만 또한 그 기능적 관계가 확정된 것이 아니라는 것이다. 그 기능적 관계는 특정한 시간 제시의 문맥에서만 의미가 있다는 것이다. 이러한 구조가 설득력이 있다면, 어떠한 사물도 안과 밖의 관계가 시간이라는 제3자와의 관계에 맞물려 있다고 해야 한다.[18]

이러한 주장에 의하면 tn은 바로 '특정한 시간 제시의 문맥'을 표현한다. 따라서 "x와 y가 음양적으로 지향적이다"라는 것은 "특정한 체계와 특정한 시간 문맥에 속하는 x와 y가 이전과는 다른 현저한 요철 상태를 갖는다"는 것을 의미한다. 그러나 이러한 주장은 무엇을 의미하는 것일까?

가령 "마음은 지향적이다"라고 주장할 때 우리는 그것이 무엇을 의미하는지 알 수 있다. 그것은 마음이 언제나 어떤 무엇에 관한 것임을 의미한다. 따라서 "마음은 지향적이다"라는 문장은

18) 정대현(2001), p.385.

"마음은 무엇에 관한 것이다"라고 번역할 수 있다. 여기에서 지향 관계는 마음과 그 지향적 대상과의 관계다. 마음과 그 지향적 대상과의 관계가 지향적 관계일 때, 음양적 지향성은 마음과 그 지향적 대상과의 관계가 음양적임을 의미한다. 이것을 (Y2)에 대입하면 아마도 다음과 같이 표현될 수 있을 것이다.

(Y2K) 마음과 지향적 대상은 음양적으로 지향적이다 ⇔ 마음과 지향 대상은 체계 Z에 속하고 특정한 시간 문맥에서 변화 C에 따라서 이전에 가졌던 관계와는 다른 요철 관계를 현저하게 갖는다.

이 정형화를 통해서 분명하게 알 수 있는 것은 다음 세 가지다. 즉, 마음과 지향적 대상이 어떤 체계에 속해 있다. 특정한 시간 문맥에서 마음과 지향적 대상의 관계는 요철 관계다. 그 요철 관계는 변화한다. 이런 의미에서 "마음은 음양적으로 지향적이다"라는 것은 "특정한 체계와 특정한 시간 문맥 속에서 마음은 지향적 대상에 관해서 요철 관계를 갖는다"고 간단하게 요약할 수 있다.

7

정대현 교수에 의하면, 성(誠)은 마음의 능력이다. 이때 마음은 바로 복합성의 정도를 갖는 정보 처리의 체계다. 따라서 성(誠)은 복합성의 정도를 갖는 정보 처리의 체계가 지니고 있는 능력이다. 이 성(誠)에 대해서 정대현 교수는 다음처럼 더욱 분명하게 정식화한다.

(S1) 개체의 성은 만물의 도리와 맞물린 그 개체의 도리를 이루는 개체의 수행 성질이다.

특정한 한 개체의 성, 즉 특정한 한 개체가 보여주는 정보 처리 능력은 만물의 도리와 맞물린 그 특정한 개체의 수행 능력이며, 그것은 그 개체의 도리를 이룬다. 정대현 교수는 이 성(誠), 즉 만물의 도리와 맞물린 특정한 개체의 수행 능력이 음양적 지향성을 가지고 있다고 주장하면서, 그것을 다음처럼 정형화시킨다.

(Y3) x는 y를 향하여 tn에 (至)성(誠)을 다한다. $\Leftrightarrow$ x는 y를 향한 $tn-1$ 관계에서 tn 관계로의 전환에서 도리(道理)를 구성하는 참다움을 기준으로 음양적 지향성 전환을 수행한다.

이 정형화에서 x는 특정한 개체나 그 개체의 마음을 의미하는 것이라고 할 수 있다. 그런데 y는 무엇인가? (Y2K)의 분석에 따르면 y는 지향적 대상이어야 한다. 따라서 어떤 특정한 개체나 그 개체의 마음은 지향적 대상을 향하여 지성(至誠)을 다한다는 것은 체계 내에서 바로 도리를 구성하는 참다움을 기준으로 현저한 요철 관계를 갖는다는 것을 의미한다. 그리고 이 현저한 요철 관계는 바로 만물의 도리와 맞물린 채 음양적 지향성을 수행하는 특정한 개체의 도리를 이룬다.

그런데 과연 이러한 해석이 타당한가? 성(誠)은 마음의 능력이라는 정대현 교수의 주장은 인정할 수 있다. 그리고 마음은 복합성을 가지는 정보 처리의 체계라는 정대현 교수의 주장에 동의하지 않지만, 그 주장이 무엇을 말하려고 하는지 나는 이해할 수 있다. 이런 정보 처리의 체계가 지향성을 가지고 있다는 주장도 나는 이해할 수 있다. 그러나 이런 정보 처리의 체계가 음양적 지향성을 가지고 있다는 정대현 교수의 주장은 여전히 이해가

되지 않는다. 그것은 음양 관계를 해명하는 데에서 나타나는 요철 관계, 감응 관계가 무엇인지 명백하지 않기 때문이다.[19] 나아가 더욱 중요한 것은 음양 관계를 이루는 두 요소 x와 y가 진짜 마음과 지향적 대상에 대한 것인지, 아니면 특정한 개체 x나 y에 대한 것인지, 아니면 특정한 요소 x와 y에 대한 것인지 분명하지 않기 때문이다.

성(誠)의 지향성에 대해서 좀더 발전된 형식화를 정대현 교수는 다음처럼 제시한다.

(Y4) x는 y를 향하여 tn에 지성(至誠)을 다한다 ⟺ x는 y를 향한 tn-1 관계에서 tn 관계로의 전환에서 x와 y가 각기 속하는 공동체의 체계들 S1와 S2의 간주관적 체계의 도리가 제시하는 성물(成物)을 기준으로 음양적 지향성 전환을 수행한다.

이 정형화에서 x와 y는 하나의 개체를 의미하는 것처럼 보인다. 여기에서 x 대신에 특정한 한 개인, 즉 나를 대입하면, "내가 지성을 다한다"는 것은 "내가 y를 향하여 지성을 다한다"는 것을 의미한다. 도대체 나는 무엇을 향하여 지성을 다하는 것인가? 인간인 내 경우에서 내가 지성을 다하는 대상은 바로 내 자신의 도리를 이루는 내 진정한 본성일 것이다. 나 혹은 내 마음과 내

---

19) "음양 관계를 요와 철의 방식으로 기술하는 것은 충분한 설명력이 없다", 즉 요철 관계가 무엇을 뜻하는지 분명하지 않다는 이병덕의 비판에 대해서 정대현 교수는 다음처럼 말한다. "이 비판은 요철의 관계가 구체적 내용을 담고 있지 않다는 의미에서 참이다. 그러나 이 문맥에서의 이 기술은 구체적 내용의 제시보다는 서양 언어의 이원적 구조에 대안적인 일반 존재론의 구조를 지적하는 것으로 만족하고자 하는 것이다"(정대현, 2006, p.345). 그러나 서양의 이원론적 전통에 대한 대안적인 일반 존재론의 구조를 지적하는 것이라고 해도, 여전히 음양 관계의 핵심적 내용을 이루는 요철 관계와 감응 관계가 무엇을 의미하는지는 불분명하다.

진정한 본성은 음양의 짝을 이루는 것인가? 정대현 교수가 주장하는 것처럼 그리고 우리에게 익숙한 동양 철학의 전통이 가르쳐주는 것처럼, 내 진정한 본성은 우주의 모든 것들은 서로 맞물려 하나의 도리를 이룬다. 이 경우 나와 음양 관계에 있는 것이 바로 전체적이고 하나인 자연의 도리인가?[20]

나는 도대체 무엇을 향해 내 지성(至誠)을 다해야 하는가? 내가 남자인 한에서 y는 나와 음양 관계에 있는 어떤 여성을 지칭하는 것인가? 따라서 "내가 특정 여성을 향하여 지성을 다한다"는 것은 "서로 공통적인 체계와 특정한 시간 문맥 안에서 내가 그 여성을 향하여 도리를 구성하는 참다움을 기준으로 현저한 요철 관계를 갖는다는 것"을 의미한다. 그런데 이것이 의미하는 것은 무엇인가?

유기적 음양 관계는 인간 관계에서도 나타난다. 부부 관계가 그 중 하나일 것이다. 남자와 여자가 부부로 결합되기 전에 두 사람은 남남이었다. 그러나 부부로 결합된 다음에는 두 사람은 서로에 대한 배우자로서 존재한다. 한 사람은 상대방이 없이 배우자로서 존재할 수 없

---

20) 정대현 교수는 다음처럼 말한다. "인 개념은, 예를 들어 두 사람이 독립적 실체로서 존재하는 구조에서는 이해되기 어려울 것이다. 인 개념은 두 사람이 구성하는 특정한 인간 관계의 두 요소이지만 그 인간 관계로부터 독립해서는 존재의 의미를 상실하는 그러한 인간 관계일 것이다. 인에 대한 이러한 해석은 성기성물(成己成物, 나를 이루는 것과 만물을 이루는 것은 맞물려 있다)의 개념에 의하여 지지된다. 만물의 이룸과 독립하여 나의 이룸은 주어지지 않고 그 역도 성립하는 것이다. 성기와 성물은 독립적 과정이 아니라 하나의 과정의 두 요소들이라는 것이다. 성기와 성물은 유기적 음양 관계에 들어 있는 것이다"(정대현, 2001, p.362). 분명히 인의 경우에서 음양 관계를 이루는 것은 비록 독립적 실체는 아니지만 하나의 개체인 두 사람이다. 그러나 성기성물의 경우, 음양의 짝을 이루는 것은 나와 만물이거나 혹은 나의 이룸이라는 사건과 만물의 이룸이라는 사건이다. 성기성물의 경우 도대체 무엇이 음이고, 양인가? 성기(成己)와 성물(成物)이 서로 유기적 음양 관계라는 것은 기껏해야 이 두 가지가 긴밀하게 연결되어 있다는 은유에 지나지 않는 것처럼 보인다.

는 관계에 들어 있는 것이다. 두 사람은 결혼 전에 배우자로서 존재하지 않았고 결혼을 통해서만 상호 배우자로서 부부 관계에 들어가는 것이다. 두 사람은 부부로서, 부부의 두 요소가 되면서, 또한 서로가 없이 배우자로서 존재할 수 없는, 유기적 음양 관계에 들어 있는 것이다.[21]

나와 내가 지성을 다하는 특성 여성의 관계는 단순한 관계가 아닐 것이다. 분명히 부부 관계에서 남편은 아내가 없다면 존재할 수 없고 아내는 남편이 없다면 존재할 수 없다. 그러나 이것은 일종의 개념적 관계다. 부부 관계가 아닌 특정한 여성에 대해서 내가 지성을 다하는 그런 관계도 그 특정한 여성이 존재하지 않는다면 그러한 관계가 성립될 수 없다는 점에서 개념적 관계인 것처럼 보인다. 그러나 이 개념적 관계가 음양적 관계라고 할 때, 부부 관계에는 해당될 수 있어도 특정한 여인에 대해서 지성을 다하는 관계에는 해당되지 않는다. 왜냐하면 나는 y에 특정한 여성 대신에 특정한 남성을 대체한다고 해도, 여전히 내가 그에게 지성을 다하는 관계는 성립하기 때문이다. 이 경우는 음양적 지향성의 관계에서 배제되는 것인가? 따라서 두 남자 x와 y 사이에는 음양적 관계, 요철의 관계, 감응의 관계가 부재하는 것인가?[22]

---

21) 정대현(2001), pp.361-362.

22) 정대현 교수는 음양론이 "복합적인 대상 존재론을 전제한다"고 말하고 있다. 즉, "김갑돌과 박갑순이 각기 X와 Y라는 음양의 요소로써 하나의 관계적 대상, 예를 들면 부부 또는 연인을 구성할 수 있다. 또한 김갑돌이라는 개체가 X와 Y라는 음양의 요소를 가질 수 있고, 더 나아가 김갑돌의 신체 특정 부분이 X와 Y라는 음양의 요소를 가질 수도 있는 것이다. 달리 말하여, 세포의 개체들이 미세한 음양의 요소를 가질 수 있듯이, 남한과 북한이 거시적 음양의 요소로서 하나의 통합된 개체를 구성할 수도 있는 것이다"(정대현, 2006, p.348). 그러나 중요한 것은 음과 양의 구체적 요소의 차이에 따라 서로 달라지는 관계를 모두 음양의 관계로서 부르는 것은 그것들 사이에 나타나는 차이를 무시할 수밖에 없다는 것이다.

정대현 교수는 모든 만물에 부여할 수 있는 음양적 지향성, 성(誠)의 지향성이 무기물, 식물, 동물, 인간에게 나타나는 구체적 모습을 다음처럼 묘사하고 있다. 즉, "무기물의 성(誠) 능력은 개체의 정보 체계가 그 자체 내부에서 뿐만 아니라, 주변 체제와 갖는 상호 작용에서 나타난다." "식물의 성(誠) 능력은 방향적 운동성을 갖는다." 즉, 식물은 정보를 입력할 뿐만 아니라 신진대사를 위해 유기체의 활성화된 정보 처리를 이룩한다. 식물에 비해 동물의 성(誠) 능력은 복합적 구조를 갖는다. "동물은 목적적 운동성을 갖는다." 인간의 성(誠) 능력은 더욱 복합적이다. "인간은 무기물, 식물, 동물의 국면을 가지고 이 차원의 성기(成己)의 성(誠) 능력을 가지고, 또한 인격자로서 성기(成己)의 성(誠) 능력을 가진다."23)

정대현 교수는 존재하는 모든 것들이 지닌 마음의 능력, 성(誠)의 능력을 정보 처리의 특성에 따라 묘사하고 있다. 그 정보 처리의 능력을 한마디로 음양적 지향성의 구조를 가지고 있다. 그러나 정대현 교수가 주장하는 것처럼 비록 존재하는 모든 것들이 정보 처리 능력으로서 마음의 능력을 가지고 있다고 해도, 그것을 모두 음양적 지향성이라고 말할 수 있는 것인가?

무기물의 경우에는 오히려 지향적 개념을 동원할 필요도 없는 단순한 자극과 반응의 메커니즘이며, 그것은 인과적 관계에 따라 작동된다고 주장하는 편이 더욱 상식에 부합되는 것처럼 보인다.

<사태의 통사적 구조>로서의 정보 개념은 설득력과 시의성을 갖는 만큼, 유기적 음양론의 확장을 지지한다고 믿는다. 모든 사태는

---

23) 정대현(2006), pp.374-375.

음양적 구조로 되어 있다는 가설을 수용할 수 있다. 그 사태의 음양적 구조는 그 사태의 물질적 요소와 그 사물이 이루어져 있는 바의 통사적 요소이다. 두 요소는 서로 요청되지 않고는 그 사물일 수 없는 유기적 요소이다. 예를 들어 물이라는 사물은 물질적인 요소를 가지고 있지만 또한 H_2O라는 통사적 구조를 가지고 있다. 물을 구성하는 두 요소는 그러한 의미에서 음양적인 것이다. 유리창의 깨짐이라는 사건은 외부의 충격과 내부의 깨짐이라는 물질적인 요소를 가지고 있지만 또한 두 사항 간의 인과적 관계가 형식화될 수 있는 통사적 요소를 가지고 있다. 세계의 모든 사건들이 인과적 연쇄상에 있다면 이것은 사물들의 정보 통사적 구조 없이는 불가능하다고 보인다. 그렇다면 세계의 음양적 구조는 훨씬 설득력을 갖는 것으로 보인다.[24]

음과 양이 하나의 짝을 이루는 것처럼, 마찬가지로 사물의 물질적 요소와 사물의 통사적 요소 혹은 사물의 물질적 요소와 사물의 정보적 요소는 서로 짝을 이룬다. 음과 양처럼 이 두 가지 요소는 하나의 개체를 구성하는 데 반드시 필요한 두 가지 요소다. 그런데 이 두 가지 요소는 음과 양처럼 서로 상보적인 것인가? 따라서 마치 달이 가득 차면 이지러지기 시작하듯이 한 개체를 구성하는 물질적 요소와 정보적 요소는 그런 관계를 보여주는가? 분명히 물의 물질적 요소와 통사적 요소 사이에는 이러한 관계가 없을 것이다. 오히려 정대현 교수의 설명은 아리스토텔레스의 질료 형상 이론을 연상시킨다.[25] 물은 그 본질로서 H_2O

---

24) 정대현(2001), p.365.

25) 그 자체 논란의 여지가 있지만, 아리스토텔레스의 형상과 질료를 리와 기라고 말할 수 있을 것이다. 그러나 주자학에서 태극이 리며 음양은 기다. 하나의 개체가 음과 양의 두 요소를 가지고 있다고 할 때, 그것은 기의 차원에서 말하는 것이다. 따라서 하나의 개체는 음과 양뿐만 아니라 태극, 즉 리의 차원도 지니고 있어야 한다. 주자가 주장하는 것처럼 마음은 기이지만, 성(性)은 리다. 따라서 하나의 개체를 물질적 요소와 정보적 요소로 분석하는 것은 음양론의 분석보다는 오히려 리기론의 분석과 유사한 듯 보인다.

라는 형상을 지니는 동시에 그러한 형상이 구현되는 물질적 요소로서 질료를 요구한다. 그러나 이러한 해명은 질료와 형상이라는 이원적 요소들의 긴밀한 상보성을 보여주지만 음양적 관계는 아니다.

나아가 정대현 교수는 인과 관계마저도 음양적 구조로 이해될 수 있다고 주장하는 것처럼 보인다.[26] 그러나 유리창의 깨짐이라는 사건이 외부의 충격과 내부의 깨짐이라는 물질적 요소를 가지고 있는 동시에 인과적 관계로 형식화될 수 있는 통사적 요소를 가지고 있다고 해도, 그 두 사건 간의 관계는 논리적으로 독립적이다. 그러나 음양적 관계에서는 음과 양의 짝은 서로 논리적으로 긴밀하게 연관되어 있다. 왜냐하면 양을 전제하지 않으면 음을 기술할 수 없고, 음을 전제하지 않으면 양을 기술할 수 없기 때문이다. 즉, 그의 주장처럼 음과 양은 하나의 사건, 대상, 기능을 구성하는 구성 조건이기 때문이다.

형식론자는 어떤 사태를 영원한 현재의 단면에서 보편적으로 읽어낼 관심과 필요로 보는 것이다. 그리고 이러한 작업은 어떤 목적들에는 중요하다. 그러나 그러한 추상적 읽기는 모든 목적에 적합한 것이 아니다. 유기체나 생명을 조명하거나, 총체적인 관계나 과정의 현상을 설명하는 데는 적합하지 않을 수도 있다. 맞물림은 시간이 배제된 형식적 관계뿐만 아니라 시간이 도입되는 유기적 관계도 나타낸다.[27]

---

26) 가령 정대현 교수는 다음처럼 말한다. "데카르트의 사물론이 아니라 음양적 사물론을 받아들일 수 있다면 모든 사물들은 신체성의 사물이 된다. 사건들의 인과 관계는 사건들이 들어 있는 특정한 논리적, 정보적 내용에 의하여 특정한 방식으로 구성되기 때문이다. 사물들의 음양 관계는 그러한 인과 관계를 포함한 요소들의 맞물림이고 이러한 맞물림은 데카르트의 사물성을 전제하는 단순한 외연성의 맞물림일 수 없다"(정대현, 2001, pp.455-456).
27) 정대현(2006), pp.345-346.

정대현 교수가 옳게 지적하듯이 형식론, 즉 형식 체계의 관점에서 이해하거나 추상적 읽기는 어떤 목적에는 적합하지만 다른 목적에는 적합하지 않다. 마찬가지로 모든 사물의 관계를 음양적 관계로 이해하는 것은 어떤 목적에는 적합하지만, 그러나 모든 목적에는 적합하지 않을 것이다. 정대현 교수가 지적하는 것처럼 유기체나 생명을 조명하는 경우에는 적합하지만, 무기물의 경우에는 적합하지 않을 것이다.

분명히 인과적 관계는 지향적 관계가 아니다. 따라서 지향적 관계가 정대현 교수가 지적하는 것처럼 음양적 관계라면 그것은 인과적 관계가 구분되어야 한다. 인과적 관계는 논리적 관계와도 구분된다. 지향적 관계를 구성하는 것이 논리적이며 의미론적 관계라면, 이것을 음양적 관계라고 정당하게 부를 수 있는 것인가? 마찬가지로 식물이나 동물은 어떤 방향적 혹은 목적적 운동성을 가지고 있다고 할 수 있지만, 그런 목적 지향적이며 기능 지향적인 정보 처리의 과정이 모두 음양적이라고 부르기는 어려운 것처럼 보인다. 적어도 이런 의미에서 비록 정대현 교수가 주장하는 것처럼 존재하는 모든 사물이 정보 처리의 능력으로서 성(誠)의 마음을 지니고 있다고 해도, 그 마음의 지향성이 음양적이라고 부를 수는 없는 것처럼 보인다. 정보 처리의 능력으로서 마음이 보여주는 다양한 양상들의 차이를 기술하는 것이 오히려 우리에게 중요할 것이다.

9

정대현 교수는 음양 관계가 사물적이 아니라 논리적이라고 주장한다. 또한 음양 관계는 실체적인 것이 아니라 관계적이며 유기체적이라고 주장한다.[28] 음양 관계가 사물적이 아니라 논리적이라는 정대현 교수의 주장은 음양론은 일종의 존재론으로 이해하는 것이 아니라, 언어적이며 개념적인 장치로 이해하는 것처럼 보인다.[29] 정대현 교수의 이러한 의도는 지향성의 경우에서도 동일하게 나타난다. 그는 지향성을 심성적 지향성으로 이해하는 대신에 언어적 지향성으로 이해하는 것처럼 보인다. 즉, 우리 마음이 지닌 지향성은 바로 언어적 지향성, 의미의 지향성에 근거하고 있다. 정대현 교수는 다음과 같은 세 명제로 지향성의 비이원적 구조를 주장한다.

(F1) 언어는 그 의미를 진리론적으로가 아니라 언어 공동체의 생활 양식에 의하여 부여받는다.

(F2) 언어 공동체의 생활 양식은 개인이나 집단의 심리적 상태가 아니라 언어 공동체가 자연사의 부분으로 살아내는 것이다.

(F3) 자연사로서 생활 양식은 이원적 뿔의 어느 것도 아니다.

정대현 교수가 구성하고 이 논증에서 핵심적인 것은 "자연사로서 생활 양식"이다. 이 자연사로서 생활 양식 혹은 언어 공동체의 생활 양식이 언어 표현에 의미를 부여하고 따라서 한 언어 표현을 지향적으로 만든다. 그런데 이 자연사로서 생활 양식은 무엇인가? 정대현 교수에 의하면 그것은 물리적인 것도 아니고 또한 심리적인 것도 아니다. 존재하는 모든 사물들이 성(誠)의 지향성을 갖고 있다는 점에서 자연사로서 생활 양식은 인간이

---

28) 정대현(2001), p.387.

29) 그러나 정대현 교수는 다음처럼 말하기도 한다. "심성 내용의 신체성 관점은 유기적 구성의 음양론의 존재론에서 출발할 때 심성 내용의 인격성이 주어진다고 가정하고, 그 인격성은 언어 공동체의 생활 양식의 체계에서 수행하는 몸가짐에서 표현된다고 주장한다"(같은 책, p.335).

지니고 있는 정보적 지향성처럼 보인다. 따라서 우리 인간은 우리가 지닌 정보적 지향성을 근거로 언어의 의미를 합의한다. 그러나 이러한 합의는 "제정, 합의, 선포의 형식으로 이루어진 것이 아니라, 언어 공동체들이 인간으로서의 삶을 유지해가는 과정에서 도달한 의미 부여라고 보인다."[30]

그러나 어떻게 언어의 의미가 생활 양식을 통해 구성되는가? 달리 말해 어떻게 언어적 지향성이 정보적 지향성을 근거로 하여 구성되고 합의되는가?

> 언어의 의미는 신체성을 통하여 구성된다는 관점을 나타내는 것이다. 언어 의미가 결정되는 방식은 인간의 몸, 즉 공동체의 몸을 통하여 구성된다는 관점이다. 신체성과 지향성은 언어 의미의 결정 과정에 대한 반대되는 관점을 드러내는 것이다. 신체성은 일차적 술어가 아니라 체계의 관점인 것이다. 체계적 관점으로서의 신체성은 생각의 주체인 것이다.[31]

언어의 의미를 구성하는 생활 양식, 정보적 지향성이 여기에서는 "신체성"이라는 개념으로 표현되고 있다. 언어의 의미는 인간 한 개인의 신체, 몸을 통해서 구성되며, 그런 개인이 공동체적 존재인 한에서 언어의 의미는 공동체의 몸을 통해 구성된다. 이런 의미에서 "언어는 신체적이다." 즉, "언어는 진리나 지향성으로가 아니라 공동체의 생활 양식에 의하여 의미를 부여받는다는 의미에서 신체적이라고 특성지을 수 있을 것이다. 공동체가 생활 양식으로 의미를 언어에 부여한다는 것은 신체성을 분할할 수 없는 기본 단위로 상정하고 있다는 것을 의미한다. 인격이라는 개념, 언어의 의미, 책임의 주체 등의 구조에서 신체성이 기본

---

30) 같은 책, p.365.
31) 같은 책, pp.338-339.

단위이고 그 이하로 분할할 수 없다는 뜻이다."[32] 정대현 교수가 언어 의미를 구성하는 신체성과 지향성을 대조시킬 때, 그 지향성은 심성적인 것을 지적하는 것처럼 보인다. 그 심성적 지향성이 바로 신체성을 통해 구성되지만, 그러나 이미 신체성도 지향성을 지니고 있다. 신체성이 지니고 있는 지향성을 정보적 지향성이라고 부를 수 있을 것이다. 이 정보적 지향성이 어떻게 언어적 지향성을 구성하는가? 그는 다음처럼 말하고 있다.

<의미는 개인의 내부로부터 발생하는 것이 아니지만 사람들의 외부로부터 주어지는 것도 아니다>. 차라리 의미는 사람들의 삶의 구체적 문맥에서 얻어지는 것이다. 예를 들어 <사람은 좌측 통행, 차마는 우측 통행>이라는 문장의 의미가 주어지는 방식을 관찰할 수 있을 것이다. 이 문장의 의미는 왕이나 학자 같은 어떤 개인들이 소원하는 심리 상태를 반영하여 결정된 것이 아니다. 이것은 또한 어떤 자연법칙같이 사람들의 외부로부터 주어지는 것도 아니다. 그 의미는 사람들의 삶의 방식에서 얻어지는 것이다. 이러한 생활 양식은 가끔 독재자에 의하여 지시되는 경우도 있지만 바람직하게는 성원들이 공동체적으로 도달하는 결과이다. 공동체의 생활 양식은 구체적인 합의나 절차적인 합의일 수도 있지만 그렇지 않을 수도 있다. <자연사적>일 수 있는 것이다. 연극의 무대에서 비가 올 때 모든 배우들이 동시에 우산을 펼 수 있지만, 실재의 종로 네거리에 비가 올 때도 사람들은 동시에 우산을 펼 수 있다. 전자는 합의된 공동체적 의지에 의하여 동시에 펴는 것이지만 후자는 다르다. 후자는 합의 없이 각 개인들이 자신의 보호를 위하여 수행하는 행위이지만 동일한 행위 양식에 도달하게 되는 것이다. 이 행위 양식은 각 개인을 보호할 뿐만 아니라 공동체의 모든 개인을 보호한다는 의미에서 자연사적으로 얻어지는 공동체적 생활 양식이 되는 것이다.[33]

---

32) 정대현(2001), p.454.
33) 정대현(2001), p.350.

이것이 어떤 문장의 의미가 바로 공동체의 자연사적 합의를 통해 구성된다는 것을 보여주고 있다. 가령 "사람은 좌측 통행, 차마는 우측 통행"이라는 문장의 의미는 개인의 심리 상태를 반영하는 것도 아니고, 그렇다고 자연의 필연적 법칙을 반영하여 결정하는 것도 아니다. 그것은 바로 우리가 우리 생활 양식에 따라 구성하는 것이다. 정대현 교수는 이러한 자연사적 합의를 종로 네 거리에서 비가 올 때 우리 모두가 자연스럽게 우산을 펴는 행위를 통해 설명하고 있다. 우리는 아주 자연스럽게 비에 젖지 않기 위해서 우산을 편다. 비가 오면 우산을 펼 것이라고 직접적으로 합의한 적은 없지만, 우리 모두 자연스럽게 그렇게 한다. 바로 문장의 의미, 즉 언어적 지향성도 이런 방식을 통해 구성된다.

그렇지만 우리에게 중요한 것은 "사람은 좌측 통행, 차마는 우측 통행"이라는 구체적인 문장이 보여주는 의미 내용이 아니다. "사람은 좌측 통행, 차마는 우측 통행"이라는 문장이 구체적으로 의미하는 내용은 정대현 교수가 주장하는 것처럼 자연사적으로 합의할 수 있다. 따라서 자연스럽게 사람은 좌측으로 통행해야 하고, 차마는 우측으로 통행해야 한다. 그러나 이러한 의미 내용을 표현하게 해주는 언어의 의미는 자연사적으로 구성되기보다는 이미 우리에게 주어져 있고 우리는 이것을 통해 이러한 문장을 표현한다.

문제는 우리에게 주어져 있는 이러한 언어가 어떻게 정보적 지향성으로 구성될 수 있는가 하는 것이다. 어떤 의미에서 이미 정보적 지향성은 언어적 구조를 가지고 있다.[34] 그러나 정보적 지향성이 이미 언어적 구조를 가지고 있다는 점에서 언어적 지향성을 정보적 지향성으로 해명하는 것은 단지 문제를 미루는

---

34) 정대현 교수는 정보적 내용을 통사적 구조로 한정하고 있지만, 그러나 정보가 정보로서 기능하기 위해서는 의미론적 요소가 반드시 있어야 할 것처럼 보인다.

것에 지나지 않는다. 도대체 어떻게 하나의 물리적 사물에 불과한 것이 정보적 지향성을 가지고 있는가?

어떤 의미에서 정대현 교수는 이러한 질문이 틀린 것이라고 생각하는 것처럼 보인다. 왜냐하면 그것은 이원론적 전통에서 묻는 질문이기 때문이다. 오히려 세계에 존재하는 모든 것이 이미 정보적 내용과 물질적 재료를 가지고 있고, 이 둘 사이의 관계는 음양적이다. 그러나 여기에서 음양적이라는 것은 무슨 의미인가? 그것은 정보적 내용과 물질적 재료가 서로 상보적인 두 요소라는 것인가? 정대현 교수는 이 상보성 이외에 맞음이라는 원리로 더 첨가하고 있다.

둘째, 동물들은 초기 단계에서 재인의 능력이 없었을 것이다. 그리하여 현재의 자연 종인 개가 주인을 알아보는 것은 상당히 복잡한 단계의 재인의 능력인 것이다. 그러나 개의 재인은 단순히 진리론적으로 설명되기보다는 총체적 문맥에 맞는 상황의 인식으로 설명될 수 있을 것이다. 초기의 재인 인식은 친숙이었을 것이고 친숙은 생존에 유익한 성질의 좋음이었을 것이다. 그리하여 자연 종 개는 진화론적으로 맞음의 유무의 인식적 장치를 획득하였다고 할 수 있다. 셋째, 인간은 습득된 맞음의 인식 장치에 의하여 맞음의 습관을 구성한다. 생존에 맞는 습관을 구성하는 것이다. 습관은 편리할 뿐만 아니라 효율적이고, 경제적일 뿐 아니라 기계적이기 때문이다. 넷째, 습관이 구성되었을 때 특정한 맞음 관계는 하나의 가치로 발생하는 것이다. 습관은 좋음과 싫음의 구조를 수반하고 이 구조를 유형화하기 때문이다. 다섯째, 이 맞음의 가치로부터 공동체가 이루어진다. 인간 자연 종은 인간 무리를 수반하고 맞음의 가치를 공유하는 무리끼리 모일 때 공동체는 얻어진다. 여섯째, 이 공동체의 생활 양식은 의사 소통의 노력을 포함하고 의사 소통의 수단인 언어는 공통체적으로 부여하는 의미를 획득한다.35)

개가 재인의 능력을 습득하는 것은 총체적 문맥에 맞는 상황의 인식으로 설명된다. 그리고 그 개는 이러한 능력을 진화론적으로 발전시킨다. 마찬가지로 인간 종도 맞음에 따라 인식하고 그것을 습관으로 구성한다. 그러한 습관은 인간 생존에 들어맞는다. 이러한 들어맞음 때문에 맞음은 하나의 가치가 되고, 여기에서 공동체가 이루어진다. 이 공동체의 생활 양식이 언어에 의미를 부여한다. 이 진화론적 과정이 바로 들어맞음의 관계며, 음양론적이다.

그렇지만 이 맞음 개념은 어떤 것인가? 그것은 규범적인 것인가? 아니면 자연적인 것인가? 비록 정대현 교수가 주장하는 것처럼 언어의 의미가 발생적으로, 진화론적으로, 자연적으로, 음양적으로 구성된다고 해도, 이것이 심성과 언어의 지향성이 그렇다는 것을 의미하지는 않는다. 왜냐하면 그런 발생적이며 진화론적 설명이 가능하기 위해서도, 퍼트남이 주장하듯이 우리는 규범적인 기능을 하는 논리적, 개념적, 의미론적 질서를 전제해야 하기 때문이다.[36]

10

정대현 교수가 주장하는 성(誠)의 음양적 지향성이란 한마디로 무엇인가? 그것은 존재하는 모든 것들이 자신의 본성에 충실하면서 결국 모든 것을 이루는 그런 상태를 지향한다는 것을 의미한다. 음양적 지향성을 이렇게 이해할 때, 다음과 같은 성기성물(成己成物)에 대한 정대현 교수의 주장이 성립된다.

---

35) 정대현(2006), pp.414-415.
36) 김영건(1999), pp.272-277.

성기성물(成己成物)은 자아와 타자를 구분하면서도 연결한다. 서구의 주객합일론과 대조할 수 있다. 주객 합일은 개념적으로 분석할 때 논리적으로 가능하지도 않고 윤리적으로 바람직하지도 않다. 주객 합일은 관념적으로 구성되었을 뿐이라고 믿는다. 그러나 성기성물은 자아와 타자를 존재 차원에서 구분하면서 완성 차원에서 연결시킨다. 그러나 이 연결도 양자의 합일이 아니고 양자의 완성의 동시성일 뿐이다.37)

음양적 지향성이 지향하는 성기성물은 자신과 타인의 구분을 구분한다. 이러한 존재론적 구분에도 불구하고, 그것은 자신과 타인은 완성의 차원에서 연결시킨다. 따라서 음양적 지향성은 바로 성기성물의 완성을 지향한다. 그런데 여기에서 "지향한다"는 것의 의미는 무엇인가?

서얼(J. R. Searle)은 다음처럼 말한다. "지향성의 개념은 적어도 다음과 같은 두 가지 혼동의 원천이다. 첫째, 지향성과 내포성을 혼동하는 것이다. 즉, 대상을 표상하고 세계에 있는 대상이나 사태를 표상하는 능력과 외연성의 기준을 통과하지 못하는 어떤 문장이 가진 속성을 혼동하는 것이다. 두 번째의 혼동은 철학에서 특별한 개념으로 사용하는 지향성을 일상적 의미에서 '의도'와 어떤 특별한 연관성이 있다고 생각하는 것이다."38) 혹시 서얼이 지적하는 두 번째의 혼동을 정대현 교수가 범하고 있지는 않은가?

비록 정대현 교수가 이러한 오류를 범하고 있다고 해도, 그가 주장하는 성기성물의 가치와 그것을 근거해주는 음양적 세계관은 수용할 수 있는가? 나는 이것을 하나의 제안이나 권유로서 수용할 수 있다. 왜냐하면 약자를 바라보는 따스한 도덕적 심정

---

37) 정대현(2006), p.29.
38) Searle(1994), pp.379-380.

이 체계적으로 나타나 있기 때문이다. 그러나 정대현 교수의 주장이 음양적 세계관이 우리 언어, 심성, 존재의 진실한 구조를 보여준다는 것을 함축한다면 나는 그것을 수용하지 않는다. 왜냐하면 여전히 나는 음양론이 적절한 설명 가설의 역할을 하고 있다고 보지 않기 때문이다.

□ 참고 문헌

김영건(1999), 「맞음과 확실성」, 『철학연구』 제46집.
민찬홍(2002), 「『심성 내용의 신체성』」, 『철학』 제72집.
송영배(2000), 『한국 유학과 리기 철학』, 예문서원.
이영철(1997), 「정대현 교수의 『맞음의 철학』」, 『논리연구』 제1집.
정대현(2001), 『심성 내용의 신체성』, 아카넷.
_____(2006), 『다원주의 시대와 대안적 가치』, 이화여대 출판부.
Graham, A. C.(2001), 『음양과 상관적 사유』, 이창일 번역, 청계.
J. Proust(2004), "Intentionality", O. Houde, ed., *Dictionary of Cognitive Science*, Psychology Press.
Searle, J. R.(1994), "Intentionality(1)", S. Guttenplan, ed., *A Companion to the Philosophy of Mind*.

유기적 음양의 관점에서 본 심신 관계
― 정대현 모형 비판

고 인 석

1. 들어가는 말 : 심신 문제의 본성

왜 심신 문제는 그토록 오랫동안 철학의 주요 문제였나? 이 물음을 들여다보면 거기엔 다시 심신 관계에 대한 세 개의 물음이 들어 있다. 왜 심신 문제는 '그토록 오랫동안' 문제였나? 그리고 그것은 어째서 '철학적' 문제인가? 끝으로, 그것은 어떤 의미에서 중요한 문제인가? 첫 번째 물음에 대한 싱거우면서도 적절한 대답은 '그것이 속 시원하게 풀리지 않았기 때문'이고 '그럼에도 불구하고 사람들이 그것에 답하고 싶었기 때문'이다. 두 번째 물음 앞에서 나는 하이데거가 언급했던 형이상학적 물음의 특성을 떠올린다. 심신 관계의 물음은 본성적으로 묻는 자를 물음의 대상 영역 안으로 끌어들인다. (사실 이 물음은 묻는 자가 바로 **그것** 때문에, 즉 '자기 자신을 이해하고 싶어서' 묻는 물음이다.) 따라서 이 물음은 묻는 자와 탐구되는 대상을 분리하는 전통적인 주-객의 탐구 도식으로는 퍼낼 수 없는, 개별 과학의 접근 가능성 너머의 물음이다. 내가 보기에는 이것이 심신 문제를 난문으로 만드는 가장 중요한 요인이다.

끝으로 그것은 왜 중요한 문제인가? 이 물음은 앞의 두 물음에 닿아 있다. 심신 관계가 만일 중요한 문제가 아니었더라면 그것이 설령 속 시원하게 풀리지 않았다 해도 그토록 오랫동안 철학자들을 괴롭혔을 리가 없다. 다시 말해 첫 번째 물음은 이미 심신 문제의 중요성에 대한 부분적인 대답을 포함하고 있다. 이 문제는 묻는 자가 꼭 풀고 싶은 문제라는 의미에서 중요한 문제다. 하지만 왜 그토록 이 문제를 풀고 싶은 건가? 심신 문제는 물질의 궁극적 구성 요소나 우주의 기원에 관한 물음과도 다른 어떤 절실한 해결 욕구의 대상인 듯하다. 이 물음에 대한 한 가지 답은 이미 위에서 주어졌다 : 자기 자신을 이해하고 싶어서다. 나는 심신 문제가 인간 존재를 스스로 이해해 보고픈 인간의 근원적 욕구의 산물이라고 본다.

별 실없는 이 화두가 우리에게 가져다주는 것이 있을까? 있다. 나는 심신 문제에 접근할 때 방금 언급된 것과 같은 기본적인 사항들을 염두에 두어야 한다고 본다. 예컨대 심신 문제에 대한 토론에서 더 중요한 주제와 덜 중요한 주제를 가려내야 할 때, 당면 문제에 관해 제안된 해결안들 가운데 더 좋은 대답과 덜 좋은 대답을 가려내야 할 때, 우리는 이 물음의 이런 특성들을 생각할 필요가 있다. 어떤 심신 이론이 좋은 심신 이론인가? 우리로 하여금 우리 스스로를 잘 이해하게끔 도와주는 이론일 것이다. 우리 자신을 이해하려는 갈망을 적절히 해소시켜주는 답이 좋은 답일 것이다. 물론 물음은 여전히 남아 있다. 그런 이해를 가능케 하는 답이려면 어떤 덕목을 갖추어야 할까?

나는 알프레드 노스 화이트헤드가 『과정과 실재』의 서두에서 언급했던 조건을 떠올린다. 그에 따르면 형이상학 체계는 두 가지 덕목을 갖추어야 한다. 하나는 (경험적) 적합성이고 다른 하나는 정합성이다. 화이트헤드의 어법에서 하나의 체계가 적합하다는 것은 그것이 우리의 구체적인 경험을 적절히 설명함으로써 그것을 포섭할 수 있어야 한다는 것이다. 그리고 정합성은 그 체계가 내적 일관성과 요소들 간의 유기적 관련성을 갖추고 있어야 한다는 조건이다.

나는 이 논문에서 심신 문제에 관한 정대현의 논의를 부분적으로 분석하려 한다. 정대현의 심신 논의는 두 가지 점에서 주목할 만하다. 하나는 그가 심신 문제를 구체적인 언어 사용의 맥락과 꾸준히 연결시키고 있다는 점이고, 다른 하나는 그가 특히 '한국어' 그리고 '한국 사람의 삶'이라는 맥락 속에서 그림을 그리고 있다는 점이다. 우리는 여기서 그의 논의가 추구하는 '적합성'의 한 특징을 발견하는 동시에 **철학적 체계의 적합성이 문화적 특수성을 반영하는 것**일 수 있음을 깨닫는다. 심신 문제에서 '한국' 혹은 '동북아시아 문화'라는 경계선이 얼마나 중요한지에 대해 나는 아직 충분한 감각을 얻지 못했지만, 그렇게 좁은 의미의 '우리'와 '동일한 생물 종이라는 의미의 우리' 사이의 간격이 이 문제를 다루는 데 얼마나 큰 의미를 갖는지 분명히 드러나지 않은 상황이라도 '좁은 범위의 우리'에 대한 고찰은 유용한 출발점이 될 것이다. 이런 판단은 전자가 후자의 부분 집합에 상응한다는 점을 고려하면 더구나 필연적이다.

2. 심신 이론의 현주소로부터

당연히 우리는 적절히 포괄적인 시야로부터 출발할 필요가 있다. 오늘날 심신 이론의 현주소는 어디쯤 되나? 나는 김재권이 10여 년 전에 서술한 상황에서 근본적으로 달라지지 않았다고 본다.[1] 철학적 논의의 마당엔 여전히 비환원적 물리주의의 다양한 버전들, 다른 한편으론 두뇌 연구의 경험적 성과를 토대로 한 환원주의적 물리주의의 강한 전진, 또 반면에 여전히 흥미로운 형태로 제기되는 반환원주의적 반론들. 하지만 뭉뚱그려 바라볼 때 주류의 견해를 대변하는 중심 개념은 물리주의다.[2] 나는 심물 수반이 합리적인 물리주의의 버전에 필수적인 요소가 아니며 물리적 실현의 관계만으로도 오히려 더 설득력 있는 물리주의의 구도가 그려질 수 있다고 보지만, 이는 다수의 견해와는 거리가 있다.[3]

정대현도 수반을 근간으로 하는 물리주의를 여전히 심신 이론의 중요한 토대로 인정하는 듯하다. 비록 다른 사람 — 김재권 — 의 견해에 관한 토론의 장면이지만 수반과 물리주의에 관한 그의 견해를 반영하고 있다고 여겨지는 한 문단을 인용해본다.

"[심리 현상의 자율성을 인정하는 것]과 [물리주의]는 일관되지 않는가? 초견적 인상과는 달리 양자는 일관될 수 있다고 나는 생각한다. 심리 현상은 물리적 현상에 수반하므로 그 현상은 어떤 물리적 설명을 가질 수 있다고 생각한다. 그리고 그것이 심리적으로 기술되는 한에 있어서는 체계 안에서의 자율적 설명을 가질 수 있도록 허용될 수 있을 것이다. 심리 현상의 자율성은 이러한 설명의 가능성의 주장으로 이해되어야 한다. 그렇지 않고 만일 이것이 <심리 현상의 독특

---

1) 김재권(1993)과 김재권(2005)을 비교하라.
2) '물리주의'라는 개념의 정체는 물리주의가 폭넓게 수용되고 있는 상황에 비추어볼 때 뜻밖에 불명료하지만, 이런 의구심의 여지에도 불구하고 물리주의의 지위 자체는 위협받고 있지 않은 것으로 보인다.
3) 고인석(2001) 참조.

한 영역>이라는 표현으로 규정될 때 이것은 물리주의와 일관될 수 없는 입장으로 비약하게 될 것이다"(정대현(2001a), 138ff).

여기서 정대현은 심적 현상의 자율성과 물리주의를 둘 다 원하고 있는 것처럼 보인다. 그러나 그는 둘을 양립시키기가 어렵다는 사실 역시 분명하게 인식하고 있다. 한편, 그는 물리주의가 심신 수반의 논제를 함축한다고 생각하며, 또 그래야 한다고 본다. 이런 마당에 그의 해결안은 '자율성'의 의미를 해석하는 과정에서 그것을 제한하는 것이다. 어떻게? '심리 현상은 물리적인 것과 유리될 수 있다는 의미의 고유 영역을 갖지 못한다. 물리주의자는 그런 영역 그런 '현상의 존재'를 인정할 수가 없다. 그러나 서술과 설명의 차원에서는 분리가 가능하다.' 그는 '그런 (자율적 방식의) 설명이 가능하다는 주장'이라고 안전하게 표현하지만 조금 더 강하게 말해도 좋을 듯싶다. 슬픔에 젖어 있는 내 심정에 대해 서술하는 일은 심적 용어와 심적 설명의 틀을 이용해서 가능할 뿐만 아니라, 그렇게 하는 것이 숱한 맥락에서 더 적절하다. 한 가지 사태에 대해 복수의 서술 방식이 가능한 경우는 흔하다. 이런 경우 학문적 관점은 어떤 서술이 '더 적절한지'를 따진다. 또 마하(Ernst Mach)의 방식으로 표현한다면 어떤 서술이 더 경제적인지를 따진다. 그리고 '경제성'은 '생물학적 조건이라는 기반에 근거한 덕목'이라는 점에서 무시할 수 없는 알찬 무게를 지닌다.

생사조차 모르고 지내던 부모나 형제를 수십 년만에 다시 만나서 단 하루를 함께 보내고 다음날 다시 헤어져야 하는 이들의 마음이나 그들의 행태를 서술하고 설명하는 일은 뉴런의 수준이나 시각 경험의 물리적 기반을 이루는 광학적 혹은 전자기적 현상의 수준에서 가능할는지 모르지만 부적절하고 비경제적이다.

서로 얼굴을 마주 대한 두 사람의 흉부 근육 일부분에 왜 일시적으로 강한 수축 현상이 일어나고 안구가 급격히 충혈되면서 눈물샘이 과다한 분비 활동을 시작했는지 생리학적 수준에서, 그리고 다시 그 아래 놓인 세포생리학적 수준에서, 다시 분자생물학적-전자기학적 수준에서 서술하고 설명하는 일은 어떤 방식으로 가능할 것이다. 그러나 이런저런 생화학적 과정을 거쳐 두뇌라는 세포 덩어리에 전달된 전기적 신호의 물리적 특성과 다시 거기서 출발한 전기적 신호에 따른 근육의 이완과 수축의 양상에 관한 이야기는 문제의 사태와 관련된 대부분의 구체적인 '설명 요구 맥락'에서 그 요구를 낳은 구체적인 욕구를 해소시키지 못한다.[4]

설명의 요구를 낳는 다양하고 구체적인 맥락의 힘에 대해 깊은 철학적 관심을 가진 정대현은 "설명의 다원성"을 의식하고 있다. "동일한 문제에 대하여 […] 심리적 설명 이외에 경제적, 역사적, 정치적, 프로이트적, 마르크스적, 종교적 설명 등을 생각해볼 수 있다"(139). 설명의 다원성은 이보다 더 세분화된 수준에까지 펼쳐져 있다. 현대 심리철학이 심적 현상의 범주에서 다루는 다양한 현상들에 대해서도 유효한 설명의 틀은 유일하지 않다. 이른바 수반물리주의와 실현물리주의, 이런저런 동일론, 심신이원론 등은 그런 틀의 예이거나 아니면 후보군에 속한다.

주요한 견해들 가운데 가장 욕심 사나운 견해라고 할 만한 유형동일론은 이미 가망 없는 것으로 판명되었다. 한편, 낱항동일론(token identity theory)은 비록 참인 듯 보이긴 하지만 심성적

---

4) 나는 이른바 통속 심리학이 제거의 대상이 아니며 오히려 그것을 세련화하는 일이 인간이 스스로를 ― 특히 그 정신적 특성을 ― 이해하려는 시도 속에서 의미 있는 과제라고 본다. 여기서 세련화는 개념의 외연을 명료하게 규정하는 일과 체계 전체의 통일성을 고양하는 일을 포함한다.

인 것에 대한 이해에 실질적인 도움을 주지 못한다.[5] 낱항동일론은 일반화나 보편 법칙의 수립을 허용하지 않기 때문이다. 어째서 그런가? 낱항들은 물리적 수준에서도 정신적 현상의 영역에서도 언제나 완전히 고유하고 특수한 것으로 존립하기 때문이다. 그것은 그것이 존재하거나 생성하는 바로 그 시점까지의 그 낱항이 우주 전체를 대하는 고유한 입각점 그리고 거기서 연유하는 고유한 취사선택의 결과를 함축하고 있다. 낱항동일론의 또 한 가지 중요한 약점은 '낱항동일성' 자체가 경험적으로 확인 불가능한, 그리고 반증 역시 불가능한 속성이라는 점이다.

3. 수반물리주의의 한계

수반물리주의의 경우에는 어떤가? 물론 여기서 한두 문단의 논의로 다룰 수 있는 문제는 아니다. 그러나 구체적이고 개별적인 정신 현상을 설명하는 데 활용될 수 없는 총체적 수반(global supervenience)의 경우를 제외하면 수반 논제의 예화(例化)는 항상 물리적인 것과 정신적인 것 양쪽 영역의 구체적인 범주화를 끌어들이는데, 두 영역의 이런 범주화는 근본적으로 임의성 ─ 또는 일종의 맥락 의존성 ─ 을 띤다. 그리고 이런 임의성이나 맥락 의존성은 구체적인 정신 현상의 물리적 기반이나 신체 상태의 정신적 함의에 대해 '엄밀한 동시에 객관적인' 판단을 내리지 못하게 하는 요소로 작용한다.

예를 들어 '유쾌함'이나 '황당함'에 대응하는 두뇌의 신경생리학적 상태나 신체 상태의 외연은 일반적으로 단일하고 균질한 집합을 구성하지 않는다. 자연히 예의 심적 상태를 물리적 상태

---

5) 이는 정대현의 평가지만 나 역시 같은 생각이다. 정대현(2001), 6장 참조.

의 차원으로 번역하는 경우 그 경계는 모호해지고, 심지어 애매성을 드러내기도 한다. 어떤 외연에 어떤 심적 상태가 대응되는가 하는 문제는 비록 제멋대로라는 의미의 임의성은 아니지만 언어적-역사적-문화적 그리고 심지어 개인적 배경에 따라 차이를 허용한다.

여기서 여전히 흥미로운 문제는 이런 '차이'의 정확한 성격이다. 이런 차이나 애매성-모호성이 언어적-개념적 범주화에 관련된 임의성에 — 최소한 부분적으로 — 기인한다는 것은 분명하다. 그렇기 때문에 '그의 마음이 지금 과연 유쾌한지'에 관해 설령 두뇌의 물리적 상태를 극도로 상세하게 모니터할 수 있는 장비와 기법 그리고 주어진 시점을 전후로 한 그의 행태를 충분히 면밀하게 관찰할 수 있는 여건이 제공된다 해도 우리는 일의적이고 보편적으로 판단할 수 없다.

한편, "아주 유사해서 어떤 관점에서 보더라도 '실질적으로 동일하다'고 말할 수 있는 복수의 두뇌 생리학적 상태 또는 두뇌 물리적 상태가 있다고 가정할 때 그것들이 늘 실질적으로 동일한 정신적 상태와 결부되어 있을 것인지" 역시 검토 대상의 범위에서 제외되는 문제는 아니다. 심물 수반의 논제를 수용할 경우 이 문제는 거의 뻔한 물음이 되는 것처럼 보이지만, 수반 논제는 논리적 참도 아니고 그렇다고 경험적 증거를 통해 뒷받침되지도 않는다. 또 만일 수반 논제 자체의 정당성에 대한 토론을 보류하고 그것의 수용을 일단 전제한다 하더라도 방금 언급된 문제에는 여전히 철학적 고민이 요구되는 면이 있다. 왜냐하면 수반 논제는 존재론적 의미에서 **완전히 동일한** 물리적 상태를 지닌 체계에 대해서만 언급할 뿐, **유사한 물리적 상태**를 지닌 상이한 체계 간의 정신적 유사성이나 차이에 대해서는 말하고 있지 않기 때문이다. 이것은 중요한 사실이다. 왜냐하면 현실 세계에서 관심의 대상이 되는 심물 관계는 원칙적으로 모두 후자와 같은 '상이한 체계 간의 유사성'에 근거하고 있기 때문이다. 소박하게 표현하면, 세상에 동일한 두뇌는 단 두 개도 없고 두 정신이상자의 예후가 정확히 동일한 경우도 없다.

예를 들어 지난 달 홍 박사가 겪은 자동차 추돌 사고에서 얻은 좌측 전두엽 부분의 손상이 사고 이후 그의 언어 구사에서 나타나고 있는 미세한 일련의 이상 징후와 어떻게 결부되어 있는지, 또 홍 박사와 거의 같은 증상을 나타내고 있는 E 병원의 신입 환자는 홍 박사와 동일한 전두엽 손상이 언어 이상의 원인일 것인지, 또 만일 홍 박사 같은 30대 한국 남성이 아니라 아프리카 태생의 15세 소녀가 홍 박사와 흡사한 언어 장애의 징후를 보인다면 그 경우 역시 같은 부위의 전두엽 손상이 일어났음을 의미하는지, 또 홍 박사와 정확히 동일한 부위는 아니지만 홍 박사의 손상 부위를 포함하는 더 광범위한 전두엽 손상이 일어난 경우 홍 박사와 같은 증상은 일단 당연히 나타나리라고 추측할 수 있는지 …, 이런 종류의 물음들은 실제로 우리 삶의 맥락 속에서 문제가 되는 것들이다. 그리고 심신 관계에 대한 적절한 이론이라면 이런 물음들에 대해 수용 가능한 합리성을 지닌 동시에 폭넓은 경험적 적합성을 지닌 체계적 해명을 제공해주어야 한다. 나는 동일성의 개념을 기반으로 한 수반 논제가 이런 요구에 부응하지 못한다고 본다.6)

나는 물리적 상태의 공간7)과 정신적 상태의 공간을 상정할 때 한쪽 공간에서 나타나는 거리 질서, 즉 메트릭(metric)이 상응하

---

6) 나는 다른 논문에서 심신 수반 논제가 경험적 내용을 갖지 않는다는 것을 주장하고 경험적 적합성을 지니는 '느슨한 수반 논제'의 정식화를 시도한 바 있다. 경험적 적합성을 지니는 수반 개념의 정식화는 아직 세련화되어야 할 과제다.

7) 주어진 계의 물리적 상태를 그것을 규정하는 변수들의 값으로 환산하면서 각 변수를 하나의 차원에 대응시킨 공간.

는 다른 쪽 공간에서 일반적으로 보존된다고 볼 수 없다고 생각한다. 그러나 반면에 나는 두뇌 혹은 한 신체와 결부된 물리적 상태의 공간과 그 두뇌 혹은 신체의 소유자에게서 현실화되는 정신적 상태의 공간 사이에 상당한 강도의 규칙성을 띠는 객관적 상관 관계가 성립한다고 본다. "상당한 강도의 규칙성"이란 항상 그렇지는 않지만 유의미한 높은 확률로 성립한다는 것을 뜻한다.[8]

하지만 이처럼 '질서의 변형과 불규칙성을 동반하는 고도의 규칙성'에 대한 논의는 이 글의 범위를 벗어나 다른 논의의 마당을 필요로 하니 이쯤에서 매듭을 지어두고, 우리는 이제 앞에서 거명한 몇 가닥의 현대 심리철학의 주요 견해들과 구별되는 다른 접근의 시각 하나를 살펴보기로 한다. 그것은 정대현의 음양관계론이다. 앞에서 우리는 심신 이론의 존재 의미를 반추하면서 '좋은 심신 이론'의 본성을 생각해보았다. 심신 이론의 일차적 존재 의미가 이 글의 견해처럼 '우리의 우리 이해', 그런 이해를 향한 갈망의 해소에 있다면 나는 정대현이 강조하는 바 "서양 심리철학의 주된 견해들은 몸과 마음 간의 '소통'을 제대로 조명하지 못한다"는 약점 이외에도 다른 접근 방식이 폭넓게 고려되어야 할 이유가 있다고 본다.

4. 정대현의 음양관계론

정대현은 『심성 내용의 신체성』(2001)의 결론부에서 심신 관

---

8) 앞으로 이런 규칙성의 세부적 특성에 대한 과학적 탐구와 이런 상관 관계에 얽힌 개념적, 논리적 그리고 존재론적 논의를 담당하는 철학적 탐구는 이제까지보다 한층 더 활발한 소통과 협력을 하게 될 것이고 또 그래야만 할 것이다.

계를 이해하는 기본 틀로 '음양의 관계'라는 구도를 제안한다. 이 구도는 심신 이해에서 하나의 새로운 접근법을 지시한다. 또 그 것은 위에서 언급한 바 있는 정대현 자신의 '수용 가능한 물리주의의 버전 제안하기' 작업과도 뚜렷이 구별되는 작업 방향을 함축하고 있다는 점에서 흥미롭다.

　우선, 정대현의 음양 이야기는 하나의 '모형'으로 이해되는 것이 적절하다. 이와 달리 수반론이나 물리적 실현주의는 모형이 아니라 논제로 세워졌다. 즉, 그것은 원칙적으로 논증 또는 논박의 대상으로 상정된다.9) 반면에 모형은 애초의 의도에서부터 참이나 거짓이라는 지위를 갖지 않으며, 따라서 논증이나 논박의 대상이 아니다. 그러나 그렇다고 해서 모형이 논제에 비해 덜 엄밀하다든가 다른 어떤 의미에서든 — 어떤 학문적 관점에서 — 불만족스럽다고 느끼는 이가 있다면 그것은 오해의 소치라고 말해두고 싶다.

　여기서 말하는 모형은 과학철학의 맥락에서 기어리(R. Giere) 등이 말하는 모형(model)과 같은 개념이다. 예컨대 물리학자는 꽤 넓은 범위의 물리적 현상을 용수철에 매달려서 "$F = -kx$"라는 힘의 지배를 받으며 평형점을 중심으로 진동하는 물체의 모형을 기반으로 설명한다. 이런 의미의 모형은 각각 어떤 종류의 유사성 관계에 근거하여 성립하며, 참-거짓이 아니라 '(얼마나)

9) 그러나 그것들은 논제로 "상정되었을" 뿐이다. 예컨대 심물 수반 논제의 경우 그것의 참임을 밝히는 입증도 거짓임을 밝히는 반증도 원리적인 난관 앞에 서 있다. 수반이나 물리적 실현을 논제로 보는 것은 그것들에 대해 가능한 유일한 관점은 아니다. 다만 나는 수반 등에 대한 작금의 논의가 그런 관점을 중심으로 전개되어온 일에 주목하면서 오히려 심신 관계에 대한 논의는 다른 입각점 — 이 논문의 서두에서 언급된 유용성 — 을 중심으로 이루어지는 것이 합당하다고 주장하는 것이다.

적절하거나 혹은 부적절한가'에 따라 평가된다. 다시 말해 주어진 모형이 실재를 구성하는 요소들 혹은 실재에 대한 우리의 경험의 요소들을 얼마나 가까우면서도 포괄적인 유사성 관계 속에 서술하고 설명해낼 수 있느냐가 모형을 평가하는 관건이다.

나는 심신 관계에 대한 논의가 논문의 앞부분에서 거론된 것처럼 '인간이라는 부류의 특성을 스스로 이해해보려는 인간의 지적 욕구에 얼마나 효과적으로 부응하느냐'라는 관점에서 평가되어야 한다고 보며, 이런 관점에서 볼 때 논제의 증명 또는 반증이라는 접근 방식보다 모형을 통한 접근이 올바른 길이라고 믿는다.10) 이제 나는 정대현의 음양 모형에 대한 몇 가지의 비판적 질문과 제안을 통해서 이 모형의 세련화를 향한 자극의 유발을 시도해보려 한다.

1) 정신과 몸은 각각 음양의 어느 요소와 대응하는가?

심신 관계를 음양이라는 구도에서 파악한다는 제안을 접했을 때 나에게 떠오른 첫 번째 의문은 음양이라는 쌍과 몸과 마음이라는 쌍 사이에 어떤 대응의 관계가 성립하는가였다. 짧게 말해서 : 몸이 양이고 마음이 음인가 아니면 거꾸로 몸이 음이고 마음이 양인가? 혹은 이도저도 아니고 심신이 음양적 관계로 파악되긴 하지만 어느 것이 어느 편과 꼭 짝지어져 있다고는 볼 수 없는가? 이 제3의 가능성에도 몇 가지의 세부적인 양태가 있다. 심신의 음양적 관계는 때로 — 맥락에 따라11) — 마음이 양이 되기도 하고 때로 몸이 양이 되기도 하면서 마음이 양이면 몸이 음, 마음이 음이면 몸이 양의 자리를 차지하는 관계인가? 아니면 수없이 다

---

10) 수반이나 물리적 실현 역시 모형의 관점에서 재해석될 수 있을 것이다. 정대현(2001)은 스스로 이미 자신의 유기체주의적 접근 방식에 "모형"이라는 평가를 부여한 바 있다.

11) 『심성 내용의 신체성』 15장 그리고 김혜숙(2000), 특히 69쪽 참조.

양한 마음의 일과 몸의 일들은 분석하면 음 또는 양의 도식에 편입시킬 수 있지만 그 총체로서의 마음과 몸은 잘라서 이것이 '음이다' 혹은 '양이다'라고 말할 수 없는가? 즉, 우리가 '마음의 일' 혹은 '몸의 일'이라고 부르는 범주가 음양이라는 관점에서 보면 비균일적이어서 마음-몸의 구획과 음-양의 구획을 일치시킬 수 없는가? 아니면 혹시 이 물음은 애초부터 도무지 정당하게 물어질 수 없는 종류의 것은 아닌가? 이것은 사소한 문제일는지 모르지만 음양 관계 모형이 하나의 완숙한 체계성에 도달하려면 해명되어야 할 문제라고 본다.

2) 음양 관계의 성격

두 번째 문제는 '음양 관계'의 구체적인 성격이다. 정대현은 이명현과 김혜숙의 논의를 비판하고 한편으로 활용하면서 종합적으로 음양 관계에 관해 다음과 같은 정의를 제시한다.

[X와 Y는 음양 관계에 있다.] ⇌
1) {X와 Y는 $z_1, z_2, \cdots z_n$으로 이루어지는 총체의 체계 Z 안에서 특정한 대상, 사건 또는 기능 z_i를 구성하는 상호 불가피한 두 요소다.} &
2) {X와 Y는 하나가 요(凹)와 같은 방식으로 작용하면 다른 하나는 철(凸)과 같은 방식으로 작용한다.} &
3) {체계 Z에서, 어떤 대상들 z_i와 z_j는 각각의 음양적 요소들 X_i와 Y_i 그리고 X_j와 Y_j의 관계에 의해 상호 감응의 관계에 들어갈 수 있다.} &
4) {체계 Z의 구조는 이들의 음양적 요소들에 의하여 Z의 적어도 하나의 특정한 대상 z_j에 의해 표상될 수 있다.} &
5) {X와 Y는 다른 대상들 z_j로부터 영향을 받아 $X(z_j)$와 $Y(z_j)$로

행동하고, 그 영향의 성격에 따라 X와 Y의 관계가 추이될 수 있다.} &

6) {X와 Y의 관계는 그들의 시간적 단계들 Xi, Xii, Xiii, ⋯ 과 Yi, Yii, Yiii ⋯ 간에 대응하는 관계들로 구성되는 과정성을 갖는다.} &

7) {앞의 단계들 5)와 6)은 단일성이 아니라 반복성으로 지속된다.}12)

그런데 이와 같은 정대현의 음양 관계 정의는 한눈에 쏙 들어오지 않는다. 그는 이명현의 규정에서 애매 모호성을 제거하고 김혜숙의 논의에서 주요 요소들을 추려 형식화하려는 시도의 결과로 위와 같은 규정에 도달했다. 그런데 이런 과정에서 음양 관계에 대한 다양한 고려 사항이 쌓이면서 그런 요소들을 최대한 끌어안아야 한다는 고민이 복잡한 형태의 정의를 낳은 것이 아닌가싶다.13) 우선 위의 정의에 대한 피상적인 고찰을 통해 우리는 음양 관계가 그런 관계에 있는 두 관계 항의 1) 상호 불가피성과 2) 어떤 형태의 '상반성-상호 보완성'을 함축하고 6) 과정적 성격과 7) 반복성-지속성의 측면을 지닌다는 사실을 확인할 수 있다. 또 그것은 3) 관련된 대상들을 상호 감응의 관계로 인도할 수 있고 4) 특정한 대상을 통해 그것이 속한 체계의 표상을 가능케 한다. 그러나 위의 정의에 담긴 생각을 좀더 쉽게 풀어 이해해보려는 취지에서 다음과 같이 몇 가지 질문을 던져본다.

---

12) 정대현은 이와 같은 정의가 필요 충분 조건을 함축하는지도 분명치 않을 뿐만 아니라 음양 관계에 대해 정의가 제공하는 이해 역시 잠정적인 성격을 띤다고 말한다. 피정의항과 정의항을 연결하는 '≎'라는 기호 역시 그런 의미로 규정되었다. 정대현(2005), 85쪽 참조. 정대현(2001), 18-19쪽과 비교.
13) 이런 인상은 물론 피상적 고찰에 근거한 천박한 것일 위험도 크다.

① 줄긋기 문제

심신 관계는 음양 관계의 한 사례이고 음양 관계는 심신 관계를 포괄하는 더 일반적인 관계 개념이라고 볼 수 있다. (이는 우리의 개념적 직관과도 부합한다.) 위의 정의는 음양 관계 일반에 관한 것이니 당연히 심신 관계에도 적용될 것이고, 그렇다면 우리는 위 정의에 나타나는 각 형식 요소가 심신 관계 일반 또는 어떤 심신 관계의 개별적 사례에서도 대응 요소를 가진다고 기대할 수 있다. 그리고 이런 대응 요소들을 거명해볼 수 있다면 위의 정의를 좀더 구체적으로 이해하는 발판이 될 것이다. 우선 위의 정의를 심신 관계 일반에 적용할 경우 X, Y는 몸과 마음에 대응한다고 보는 것이 자연스럽다.[14] (아니면 '정신적인 것'과 '신체적인 것'이 더 적절한가?) 이 경우 Z는 어떤가? Z를 '인간'이라고 해석하는 것이 제일 먼저 자연스러운 가능성으로 떠오르는데, 그것은 올바른 해석인가?[15]

② 관계 항의 성격 문제

위의 정의에서 1)은 음양 관계의 관계 항 X, Y를 "요소들"로 규정한다. 그런데 이 "요소"는 어떤 "대상, 사건 또는 기능을 구성"하는 요소들이고 이 요소들은 이런 구성에서 음양의 방식으로 상호 보완하며 "작용"한다. 여기서 우리는 X와 Y의 존재론적 지위에 대해 어떤 추론을 할 수 있나? 우선 '대상'이라는 개념은 res extensa라는 의미의 '사물들'로 이해할 수도 있지만 아주 폭

---

14) 여기서는 둘 중 어느 것이 몸이고 어느 것이 마음인가 하는 물음이 성립하지 않는다. 위의 정의는 X, Y에 대해 완전히 대칭적이기 때문이다.

15) 이런 판단의 근거는 X-Y-Z가 존재론적 질서 속에서 한 수준에, 그리고 xi-yi-zi가 다른 한 수준에 있다는 고려다. 그러나 사실 전혀 달리 생각할 수 없게끔 강요하는 요소는 없다. 실제로 Z를 '인간들의 사회'에 대응시켜 해석하는 것도 가능하다. 아래 '상호 감응'에 대한 논의를 보라.

넓게 추상적 개념16)과 공간을 점유하는 사물들을 포괄하는 개념으로 해석될 수도 있다. 일단 전자의 경우라고 생각해보면, 대상과 사건은 개별자의 특성을 지닌다. 그리고 '구성'이라는 조건과 결부시켜볼 때 사물이 사건을 구성하는 요소일 수도 있고 사건이 사물을 구성하는 요소라고 해석하는 것도 가능하다.17) 그런데 '기능'의 경우는 좀 다르다. 기능은 항상 무엇의 기능, 즉 무엇이 지닌 기능이어야 한다고 보이기 때문이다. 이 무엇의 자리에는 통상적으로 사물이나 방금 언급한 넓은 의미의 대상이 온다. 주인 없는 기능은 없다는 점에서 기능은 대상이나 사건과 달리 존재론적으로 의존적인 — 즉, 비독립적인 — 지위를 갖는다고 평가할 수 있다. 기능의 주인은 다시 광의의 대상이거나 아니면 사건이 될 것이다.

내가 여기서 지적하려는 것은 대상-사건-기능 간의 존재론적 차이다. 이 차이가 "… 을 구성한다"는 말의 의미에서 통일성을 훼손하는 것으로 보이기 때문이다. 민수의 갈비뼈가 민수의 몸을 구성하는 것과 동일한 갈비뼈가 '민수의 늑골 골절 사건'을 구성하는 것은 서로 다른 구성의 경우이고, 조각가 염 선생의 엊저녁 마지막 손질이 오늘 전시회장으로 옮겨진 부조(浮彫)를 구성하는 것과 바로 그 손질이 그 부조의 출품이라는 사건을 구성하는 것 역시 다른 구성의 예들이다. 개념의 이런 폭 자체가 정의의 결함이라고 볼 수는 없다. 하지만 이런 폭이 제안자에 의해 의도되거나 적어도 적극적으로 용인된 것인지, 또 '구성' 개념의 이런 폭에 수반하여 발생하는 관계 항의 존재론적 지위의 폭 역시 그러한지는 궁금하다.

---

16) 예컨대 '수학적 대상(mathematical object)'이라는 개념을 생각해보라.

17) 『과정과 실재(*Process and Reality*)』에 제시된 화이트헤드(A. N. Whitehead)의 존재론이 적절한 예가 될 것이다.

③ 상호 감응의 개념

음양 개념의 분석에서 상호 감응의 요소를 포함시킨 것은 동양적 관점을 수용한 부분이다. 이명현(1997)이 제안한 음양 개념의 정의는 닐스 보어(N. Bohr)가 양자역학의 해석 과정에서 제시했던 "상보성(complementarity)" 개념의 그것과 흡사해보이는 데 비해 정대현(2001)의 음양 개념이 수용하는 '상호 감응'의 요소는 그것과의 뚜렷한 차별성을 만든다.

그런데 이 상호 감응이란 어떤 개념 요소인가? 말뜻을 그대로 풀자면 서로 느끼고 응한다는 것이겠다. 무엇이 서로 느끼고 응하는가? 정의가 지시하는 대로 체계 Z와 그것에 속한 두 대상 z_i와 z_j를 상정하고, 양자를 구성하는 두 쌍의 음양적 요소들 X_i와 Y_i 그리고 X_j와 Y_j를 생각하자. X와 Y가 음양의 관계에 있다면 z_i와 z_j는 상호 감응의 관계에 들어갈 수 있다. Z를 한 인간이라고 본다면 z_i와 z_j는 정의에 따라 그 인간이라는 체계를 이루고 있는 대상들인데, 이때 '대상'은 아무래도 '사물'을 포함하되 다른 존재 범주까지 포괄하는 폭넓은 개념으로 이해되어야 할 듯싶다.[18] z_i와 z_j의 성격을 밝히는 것은 중요한 문제다. 왜냐하면 이들이 바로 상호 감응의 주체이기 때문이다. 그런데 만일 z_i와 z_j가 '한 인간에 귀속된 두 대상'이라면 음양적 심신 관계에서 나타나는 상호 감응의 범위는 한 인간의 내부에 국한될 것이

---

18) 이것은 뻔한 얘기다. 인간은 피부 조직과 갈비뼈, 이두박근 같은 사물들만으로 이루어지는 존재가 아니기 때문이다. 나는 여기에 화이트헤드의 도식을 적용하는 것이 하나의 적절한 길이 된다고 본다. 화이트헤드는 우리가 한 '사람'이라고 부르는 대상을 하나의 '사회(society)'라는 범주에서 본다. 이 사회는 여러 현실적 존재(actual entity)들이 고도의 특수한 질서를 형성하고 유지하면서 결합되어 있는 형태의 존재다. 화이트헤드에게서 가장 기본이 되는 존재 개념인 '현실적 존재'는 본질을 지닌 채 지속하는 어떤 실체가 아니라 우주의 특수한 영역에서 생성되고 그리곤 곧장 소멸해가는 일종의 점적(點的) 존재인데, 통상적인 존재의 범주로 말하자면 하나의 '사건(event)'으로 해석할 수 있다.

다.19) 물론 내 손과 발이 서로 감응하는 것이나 내 의지와 내 손가락이 서로 감응하는 것, 또 어제의 나와 오늘의 내가 서로 감응하는 것은 자연스러운 일일 것이다. 그러나 현재의 해석은 예컨대 내 마음과 네 마음이 서로 감응하는 일이나 서로 눈이 맞은 남녀의 행동거지가 서로 감응하는 일을 포섭하지 못한다. 만일 이런 상황을 나와 마찬가지로 불만스럽게 여긴다면 고쳐야 할 곳은 — 정의의 3)항을 그대로 둔다면 — 'Z를 무엇으로 보느냐' 하는 문제가 된다. 앞에서는 Z를 한 사람으로 해석했지만 이제는 그것을 '사람들' 또는 '인간사(人間事)(의 총체)'로 볼 필요가 생겼다. 그렇다면 X와 Y는 더 이상 Z와 대등한 수준의 체계가 아니게 된다. X를 예컨대 (모든) 몸들의 체계 그리고 Y를 (모든) 정신들의 체계라고 해석하는 것은 몇 가지 점에서 부적절하기 때문이다.

문제가 얽히고 있는 상황에서 나의 의견은 정의를 약간 수정하는 것이다. 수정의 방향은 i) 인간의 정신적-육체적 측면을 구성하는 다양한 계기들과 ii) 개별적 몸과 정신 그리고 iii) 여러 몸과 마음들이 관계 맺고 살아가는 세계의 존재 충위를 적절히 반영하는 형태가 될 수 있을 것이다. 내가 보기에는 상호 감응이나 맥락적 측면에 대한 고려가 이런 계층화와 일차적으로 상충하는 것 같지 않다.

3) 범주화의 문제

심신 관계에 대한 정대현의 논의에서 출발점에 놓인 예리한 통찰 한 가지는 서양 전통의 'mind-body'라는 개념 쌍의 외연이 '몸과 마음'이라는 우리말 개념 쌍의 외연과 일치하지 않는다는 지적이다. 이것은 간과되어서는 안 될 중요한 통찰이다. 하지만

---

19) 이때 '내부'는 공간적 개념과 시간적 개념 양쪽을 모두 포괄하는 개념이다.

이런 불일치는 사실 일반적인 상황의 한 대표적인 사례에 해당한다. 몸과 정신의 영역에 걸친 속성과 기능 그리고 현상들은 자연 종을 형성하지 않는다. 그래서 범주화는 항상 얼마만큼씩의 임의성을 끌어들인다. 이런 사정을 보여주는 문제 하나를 거론해본다.

정대현은 "마음의 '__함'이 몸 '__함'의 필요 조건이고, 몸 '__함'이 마음 '__함'의 필요 조건"이라고 말한다.[20] 그런데 이 진술은 조심스럽게 새길 필요가 있다. 문장에 담긴 두 명제로부터 "몸의 '__함'이 마음 '__함'의 필요 충분 조건"이라는 결론으로 나아갈 수 있을 것처럼 보이기 때문이다. 그런 추론은 정당한가? 논리적 관점에서 본다면 이런 추론은 자연스럽게 보인다. 그러나 내 생각은 부정적이다.[21]

마음과 몸의 '__함' 자리에 각각 특정한 범주를 대입하여 — 그것을 m1, p1이라고 하자 — 예컨대 마음의 'm1함'이 몸 'p1함'의 필요 조건이고, 몸 'p1함'이 마음 'm1함'의 필요 조건이라고 하면, 마음의 'm1함'과 몸의 'p1함'은 서로 필요 충분 조건의 관계에 놓이게 된다는 것이 피할 수 없는 결론으로 보인다. 하지만 이것은 위의 주장을 읽는 필연적인 방식도 아니고 최적의 방식도 아니다.

우리는 예컨대 마음의 각성 없이는 오랜 불와(不臥) 수행으로 고단해진 몸이 바른 좌선의 자세를 취하기 어려울 것이라는 의미에서 '마음의 각성이 몸의 바른 자세 갖춤의 필요 조건'이라고 말할 수 있다. 또 몸의 자세가 흐트러지고서는 눈앞에 놓인 글

---

20) 『심성 내용의 신체성』, 377쪽.
21) 정대현이 이 문제에 대해서 어떻게 생각하는지가 내가 보기에 명시적으로 드러나 있지 않다.

속에 담긴 정수를 깨닫는 마음에 도달하기 어렵다고 가정할 때 우리는 '몸의 곧바른 자세가 지혜로운 마음의 필요 조건'이라고 말할 수 있다. 그러나 이런 두 명제를 받아들이는 것과 몸의 어떤 자세와 마음의 특정한 상태 간의 필요 충분 조건 관계를 인정하는 것 사이에는 분명한 간격이 있다. 그것은 "(몸의) 어떤 자세"나 "(마음의) 특정한 상태" 같은 표현의 모호함 때문에 생기는 문제는 아니다. 즉, 양쪽의 그런 개념들을 임의로 명료하게 규정하더라도 양자 간에 필요 충분 조건, 즉 실질적 동일성[22)의 관계는 일반적으로 수립되지 않는다. 보편적으로 눈앞에 놓인 텍스트의 의미를 꿰뚫어볼 수 있게 하는 지혜를 가져다주는 몸의 자세 같은 것은 없다. 그렇기 때문에 어떤 이는 자기 책상머리에서 어떤 이는 카페의 푹신한 의자에서 또 어떤 이는 책을 손에 들고 교정을 거닐면서 통찰을 구한다. 또 거꾸로 같은 책상머리에 같은 높이의 의자를 놓고 같은 자세로 앉아 있다고 해서 항상 일정한 공부의 마음자세가 주어지는 것은 아니다.

"마음의 '__함'이 몸 '__함'의 필요 조건이고, 몸 '__함'이 마음 '__함'의 필요 조건"이라는 주장을 수용하면서 "그러나 마음의 '__함'과 몸 '__함' 사이에 필요 충분 조건 관계는 일반적으로 성립하지 않는다"고 말하는 것은 어떻게 가능한가? 두 생각 사이의 간격은 마음 상태 혹은 마음 현상의 범주화와 몸 현상의 범주화가 일반적으로 일치하지 않기 때문에 생긴다. 그리고 이 점을 고려함으로써 우리는 앞의 물음에 답할 수 있다. 마음 '__함'의 범주화와 몸 '__함'의 범주화는 일반적으로 일 대 일 대응 관계를 그럴 듯하게 만드는 유형들을 낳지 않았다. 두 집합이 근본적으로 치유 불가능한 '범주 간 경계선 불일치'나 '다 대 다 대응'의

---

22) 여기서 문제가 되는 필요 조건-충분 조건-필요 충분 조건은 개념적-논리적 관계라기보다 현상적 수준에 근거한 실질적 관계를 의미한다고 보아야 한다.

관계를 함축하고 있는지의 여부는 이 논문의 시야를 벗어나는 별도의 문제다. 그러나 현재 우리가 가진 범주 체계를 놓고볼 때 양쪽 영역의 범주들 간에는 일반적으로 일 대 일 대응이 성립하지 않는다. 반면에 '모든 범주들의 총합'이라는 관점에서 본다면 양쪽의 전체 집합 사이에는 필요 충분 조건의 관계가 성립할 수도 있다. 수학적인 방식으로 표현하자면 : $\sum_{몸}$[_함] 과 $\sum_{마음}$[_함] 사이에 필요 충분 조건의 관계가 성립할 수 있다는 것이다. 그러나 이것은 여전히 막연한 가능성이고, 두 전체 집합 각각의 외연 역시 우리에게는 아직 분명히 알려져 있지 않다.

한 걸음 더 나아가 "자연을 그 마디진 곳에서 자르고 깎아(carving nature at its joints)" 그려낸다는 과학적 범주화의 이념을 두뇌의 어떤 물리적 상태나 정신적 상태에 적용하여 범주들을 만드는 일은 광범위하고 깊숙한 임의성의 개입을 통해서만 이루어진다. 임의성이라고 해서 무조건 불만의 대상일 필요는 없다. 토마스 쿤이 과학혁명의 결과로 서술하는 개념 사전(lexicon)의 변화는 사실 대규모 혁명적 변화의 결과로서만 주어지는 것이 아니다. 그것은 사실 어느 학문 분야에서건 국소적 차원에서 늘 일어날 수 있는 사건이다. 세계의 대상, 사건, 속성을 분류하는 우리의 체계에서는 지속적으로 수정과 세분화와 때로 경계선을 허무는 통합이 일어난다.23)

---

23) Woods(1979)에는 정신병리학이라는 전문 분야에서 실제로 일어난 이런 개념 사전의 구체적인 변화가 서술되어 있다. 이 예에서 우리는 정신병리학이라는 개별 과학 영역에서 용어 체계(nomenclature)의 중요성, 그리고 해당 분야 전문가 집단의 결단에 의해 그런 분류 체계 및 그것과 결부된 기본 가정들의 체계에 분석 가능한 변화가 일어나기도 한다는 사실을 확인할 수 있다. 우즈가 보고하는 사례에서 이런 변화는 미국정신과의사협회가 간행하는 *Diagnostic and Statistical Manual of Mental Disorders*의 개정으로 반영되어 나타났다. 또 그 밖에도 이 예는 쿤 식의 과학 혁명의 징후를 동반하지 않았다는 점에서

5. 음양적 관점 대 이원론

정대현의 음양적 관점에 대한 나의 마지막 비판적 질문은 그것이 심신 관계에 대한 기존의 (서양식) 논의에 나타난 이원론적 사고 또는 이분법을 비판하면서도 여전히 다른 종류의 이분법적 구도를 채택하고 있지는 않은가 하는 것이다.[24] 물론 정대현의 음양관계론은 여러 점에서 물질적인 것과 정신적인 것의 두 차원을 분리하고 그것을 다시 엮으려 하는 서양 철학의 전통적 논의와 차별된다. 특히 음양은 서로를 끌어들일 수밖에 없는 양 항의 특성을 강조한다는 점에서 '본질적으로 다른 두 영역을 어떻게 이어야 하는가?(만일 성공적으로 이을 수 없다면 하나를 제거해야 하는가?)' 같은 고민에 빠질 수밖에 없는 서양 전통의 심신 관계 논의와 구별된다. 그러나 예를 들어 그는 은연중에 몸과 마음 혹은 신체와 정신이 인간을 이루는 두 기둥이라고 가정하고 있지 않은가? 그것은 '점진적이라는 의미에서 온건한' 진보를 위한 최소한의 실천적 지혜인가? 우리 전통에는 '신(身)-언(言)-서(書)-판(判)'이 한 인간의 인간됨을 가늠하게 하는 기준 항목들이었던 시기가 있었고, 미래의 언젠가는 'DNA의 상세 구조와 양육'이라는 두 항목이 인간을 구성하는 가장 본질적인 요소들로 인식될 수도 있다.

물론 우리의 논의는 항상 어디선가 출발해야 하고, 학문적 탐구는 그것의 출발점을 성립시키는 모든 물음들을 뒤로 뒤로 끝없이 캐물어갈 수는 없다. 하지만 적어도 심신 관계에 대한 논의가 이 글의 앞부분이 규정한 것처럼 우리 스스로의 현존을 최대

홍미롭다.

24) 정대현은 정대현(2005b)에서도 인간 이해에서의 이분법적 관점을 명시적으로 비판한다.

한 깊이 그리고 폭넓게 이해해보려는 욕구 혹은 그런 어떤 실질적인 필요에 기반을 둔다면, 우리는 정대현이 서양의 이분법적 심물 논의를 반성의 대상으로 삼은 것처럼 이따금 통을 흔들고 밑바닥을 한껏 기울여서 들춰보는 일을 해볼 필요가 있다.[25]

□ 참고 문헌

고인석(2001), 「심신 수반을 다시 생각함」, 『철학연구』 52.

김혜숙(2000), 「음양적 사유와 인과적 사유」, 『철학적 분석』 1.

이명현(1997), 『신문법 서설 : 다차원적 사고의 열린 세계를 향하여』, 철학과현실사.

정대현(2001a), 『심성 내용의 신체성 : 언어 신체성으로 마음도 보인다』(대우학술총서 528), 아카넷.

_____(2001b), 「음양 관계 개념의 유기적 분석」, 『철학적 분석』 4.

_____(2005a), 「성기성물(成己成物) : 대안적 가치를 향하여」, 『범한철학』 36.

_____(2005b), 「성기성물(成己成物) : 리더십의 여성주의적 가치」, 조형 엮음, 『여성주의적 가치와 모성 리더십』.

_____(2005c), 「성(誠)의 지향성 : 이원적 지향성에서 음양적 지향성으로」, 『철학논집』 9.

Giere, R.(1988), *Explaining Science : A Cognitive Approach*, University of Chicago Press.

Kim, Jaegwon(1993), "Non-Reductivist's Troubles with Mental Causation", in Heil, J. / Mele, A. (eds.)(1993), *Mental Causation*, Clarendon Press.

---

25) 심신 문제와 관련하여 정대현이 구상하는 음양적 관점의 특징은 그것이 실체 중심의 사고가 아니라 관계 중심의 사고를 구현한다는 데 있다. 그런데 이런 관계 중심의 사고는 서양 철학자 화이트헤드에게서 흥미로운 형태로 나타난 바 있다. 뿐만 아니라 정대현은 자신의 모형에 "유기체주의"라는 특성을 부과하고 있는데 유기체적 관점은 화이트헤드 형이상학의 중심 특징에 해당한다. 나는 정대현이 심신 관계에 대한 음양적 모형을 세련화하는 과정에서 화이트헤드의 형이상학을 조금 더 적극적으로 참고했더라면 하는 아쉬움을 갖는다. 그의 형이상학 역시 서양 철학 전통의 이분법적 사유를 적극적으로 비판하면서 그 극복의 구도를 모색하고 있기 때문이다.

_____(2005), *Physicalism, Or Something Near Enough*, Princeton University Press.

Woods D. J.(1979), "Carving Nature At Its Joints? Observations On A Revised Psychiatric Nomenclature", *Journal of Clinical Psychology*, 35/4, pp.912-920.

음양 관계의 유기적 분석에 관하여

김 혜 숙

1. 동양 철학 개념 해석의 방법론적 문제

오늘날 우리가 동양 사상과 문화 안의 중요 개념이나 철학적 원리를 이해하고자 하는 경우 해석의 수고로움을 피할 수 없다. 많은 경우 핵심 개념들은 여러 상징들 안에 갇혀 있어서 해석조차 쉽지 않다. 공자 사상의 핵심이라고 말해지는 "인(仁)"도 그렇고 유가 철학 안의 "천(天)", "도(道)" 개념도 그러하다. 우리가 이해하고 있다고 생각하고 한국의 일상어 안에서도 많이 사용되는 개념들도 오늘날 한국인들이 갖고 있는 합리성이나 이해 능력을 바탕으로 설명하고자 할 경우 여러 어려움에 봉착하게 된다. 동양 철학 전공자 중에는 동양 철학의 핵심 개념들이 서양의 개념이나 상징으로 결코 해석될 수 없다는 주장을 펴는 이들도 있다. 이 경우 동양 철학에 관심을 갖는 서양의 철학자들이나 서양 철학을 통해 철학에 입문한 한국의 서양 철학 전공자들이 동양 철학을 자신들이 익숙한 사유의 틀 안에서 동양 철학에 대한 이해를 도모하는 일은 불가능하거나 매우 어려운 일이 된다.

그러나 그렇다고 동양 철학자들만이 동양 철학의 개념들을 정확히 이해한다고 말해야 할 것인가? 중국 학자와 한국 학자, 일본 학자 사이의 차이는 없으며 이들 중 누가 더 잘 혹은 정확히 동양 철학의 개념을 이해하고 있다고 말할 것인가? 다른 개념으로 옮겨서 이해할 수 없다고 한다면 "인"은 언제나 그냥 "인"으로, 영어권 사람들은 그냥 "ren"으로 써야 할 것인가? "인"의 영어 번역어인 "humaneness", "humanity", "human-heartedness" 등으로는 "인" 사상을 정확히 포착할 수가 없다고 해야 할 것인가? 이러한 원론주의적인 고답적 태도가 학문으로서의 동양 철학의 발전에 얼마나 기여할 것인가? 아는 사람만 알고 모르는 사람은 계속 무지하게 남아 있는 결과가 초래되지 않겠는가?

서양의 서양 철학자들과 달리 한국의 서양 철학 전공자들은 자신들의 삶 안에서 동양 철학에서 이야기되는 것들을 체득하고 있는 경우들이 많다. "인"에 대한 설명을 정확히 할 수가 없다고 하더라도 '어진 사람', '인자한 사람' 등의 언어를 사용할 줄 알며, "천"을 정확히 정의할 수 없어도 "하늘이 알고 땅이 안다", "하늘도 무심하다" 등의 표현을 일상 안에서 사용할 줄 안다. 이 경우 이들은 해석 작업에서 동양의 동양 철학자, 서양의 동양 철학 전공자와도 다른 입지점에 놓이게 된다. 그러나 오랫동안 길들여진 문화 전통 안에서 어떤 철학적 개념이나 원리를 암묵적으로 체득하고 있다 하더라도, 나아가 실천적으로 구현하고 있다 하더라도, 이들이 동양 철학에 대해 관심을 갖게 되는 단서들은 대체로 자신들의 지적 배경인 서양 철학의 이론적 논의의 맥락에서 주어진다. 동양 철학의 맥락으로부터 문제를 추출하는 방식이나 문제 의식 자체는 서양 철학의 맥락 안에서 주어지는 경우가 대부분이라는 것이다.

서양 형이상학을 전공한 한국 철학자가 이기론에 관심을 가질 때 그의 주된 문제 의식은 실체(본질)와 현상, 정신과 물질, 유심론과 유물론의 일반적 서양 철학의 문제의 관점에서 주어진다. 인식론자는 동양 철학 내의 "깨달음"의 구조에 관심을 가질 수 있으며, 윤리학자는 "덕", "의"의 문제를 서양의 도덕론과 정의론의 입장에서 접근할 수 있다. 이때 다음과 같은 동양 철학자의 우려는 나름의 타당성을 지닌다.

천의 상징 중에는 서양의 상징적 개념들로서 결코 이해되고 해석될 수 없는 부분들이 많다. 우리는 지금까지 자만하게 이러한 중국 전통의 상징적 가치들을 쉽게 토막내어 내면의 본질을 해치는 어리석음을 범하지 않았는지 모른다. 예를 들어 천은 전우주와 유기적으로 연관된 고도의 상징성이 함축된 그 무엇이다. 소위 천을 단지 실재성, 인격성의 개념의 범주에서 파악하는 것은 동양에서 인간·우주와 신을 별개로 구분하여 이해하지 않는 총체적 사유 방식과 역사 전통을 무시하는 것이다.[1]

오랜 역사 안에서 응축되어온 동양 철학의 개념들을 그 역사 맥락을 살려서 이해하는 일은 매우 중요하다. 해석과 창조 사이의 구분을 명확히 짓는 것이 어려운 일이라고 하더라도 그렇다. 정대현 교수는 우리 철학계 안에서 보기 드물게 서양 철학의 문제 의식과 논의 방법 그리고 문제 분석의 방법을 사용해서 동양 철학과 한국 철학의 중요 개념들을 현대적으로 해석하는 작업을 해왔다. 이러한 작업은 한국에서 서양 철학 전문가들에게도 필요한 일이지만 동양 철학 전문가들에게도 필요하다고 생각한다. 동양 철학은 오늘날의 지적 전통 안에 단순한 고전학으로서가 아니라 '철학'으로 자신의 자리를 매겨야 하며, 이는 현대 인간이

1) 정한균, 『동중서천학』(법인문화사, 2003), 8쪽.

마주하는 여러 철학적 문제들에 대해 개념적 조망과 원리적 해명을 함으로써 이루어질 수 있을 것이기 때문이다.

그러나 여기서 우리는 '철학'이 무엇인가의 물음과 마주치게 된다. 만일 이를 '서양 철학'의 의미로 이해한다면 우리는 동양 철학을 제대로 해석하고 평가한 것이 아니게 될 것이다. 서양 철학은 서양 철학의 맥락 안에서만 이해될 수 있고 동양 철학은 동양 철학의 맥락 안에서만 이해될 수 있다는 의미의 순환은 피할 수 없는 듯이 보인다. 이 순환을 완화시키는 방법은 두 상이한 철학 전통의 맥락을 안으로부터 익힘으로써 맥락을 중첩되게 만드는 것이다. 이는 연구자가 두 철학 전통에 관한 상당한 지식을 가질 것을 요구하지만, 두 전통 간의 철학적 의사 소통이 원활하게 이루어지게 하기 위해서는 반드시 필요한 일이라 생각한다.

2. 음양 개념에 대한 최근 철학적 논의의 배경

음양 개념 및 원리에 관한 현대 논의는 음양 사상이 동아시아 문화의 맥락 안에서 차지해왔던 중요성에 비추어본다면 상대적으로 빈약하다. 동양 철학 안에서도 그러하고, 동양 의학의 맥락 안에서도 그러하다. 음양은 오행 사상과 연관해서 논의되기 때문에 '음'과 '양' 개념에 관한 논의나 음양 원리에 관한 독립적인 논의들은 단편적일 수밖에 없다. 음양에 관한 논의는 대체로『주역』을 논의하는 속에서 많이 볼 수 있는데, 서양 철학 전공자들이 음양에 관해 관심을 갖는 경우에는 자신의 문제 의식의 맥락을 전제하고 있기 때문에 음양에 관한 논의들을 동일 선상에서 다루기가 힘든 것으로 보인다. 예컨대, 필자가 음양론에 관심을 갖고 그 논리 구조를 파악하고자 했던 것은 반본질주의적 여성주의의 관심과 문화인식론의 관심2)에서였다. 반면 이명현의 음양론에 대한 관심은 다른 것들이 상호 공존할 수 있는 맞물림(凹凸)의 철학, 미래 다원주의 시대를 위한 조화의 철학에 대한 관심에서였다 : "음양적 사고의 핵심은 차이와 다름을 맞물림의 관계에서 파악한다. 맞물림의 관계 속에 있는 것들은 더불어 있음의 전형을 보여준다."3) 정대현은 서양의 이분법적 세계관에 대한 대안으로서 음양 원리에 주목한다.4) 이러한 다른 관심에도 불구하고 음양 관계 개념의 합리성과 논리적 구조에 대한 논의는 일반적이고 이론적 차원에서 논의될 수 있을 것이다.

정대현은 그의 글 「음양 관계 개념의 유기적 분석」에서 몇 가지로 제시된 음양 관계의 불측성 논변을 반박하면서 음양 관계를 헤아릴 수 있게 하는 논리를 형식화하고자 한다. 필자가 음양론의 반증 불가능성을 논한 것은 음양론이 지니는 불측성을 말하고자 한 것이 아니라, 음양론을 서구 과학의 관점에서 '과학적' 이론으로 간주할 수 없음을 말하고자 한 것이었다. 음양론은 과학적 이론이라기보다는 하나의 은유 체계이거나 세계관의 성격을 지닌다는 것을 말하고자 한 것이다. 그것은 과학적 합리성은 아니지만, 오늘날 과학이 지배하는 시대에도 낮은 정도의 설명력을 지니는 합리성을 지니며 우리 믿음과 행동의 배후 체계를 구성하는 원초적 상징계로서 우리의 사고와 행동, 가치 판단을 규제하는 규범성조차 갖는다. 음양의 조화가 궁극적 실재의 본성임을 믿는 사람은 한 사태가 잘 뻗어나간 극점(極點)에서도

---

2) 김혜숙, 「음양의 질곡으로부터의 해방」, 『해방의 철학』, 한국철학회 편(철학과현실사, 1996), 「음양적 사유와 인과적 사유」, 『철학적 분석』, 한국분석철학회, 2000(창간호).

3) 이명현, 『신문법 서설』(철학과현실사, 1997), 145쪽.

4) 정대현, 「음양 관계 개념의 유기적 분석」, 『다원주의 시대와 대안적 가치』(이화여대 출판부, 2006), 340-341쪽.

사태가 움츠러들고 기세가 시드는 때를 예비한다. 이 사람이 받아들이는 음양의 원리가 합리적인 것인가, 객관적인 것인가, 정당화되는가, 이해할 수 있는 언어로 설명 가능한 것인가의 문제는 이 사람의 믿음의 구조 안에서는 해명할 수가 없다. 그 구조는 자신이 설명하고자 하는 바를 가정하고 있기 때문이다. 이 구조는 칸트적 의미에서 선험적(transcendental)이다.

세계관 혹은 원초적 상징계가 지니는 선험적 특성을 '헤아릴 수 없다'와 같은 모호한 표현으로 일반화하여 논하는 것은 무리가 있다. 그럼에도 이 상징계가 논리적 불명료성을 배태하고 있는 것보다는 명료성을 배태하고 있다면 우리의 믿음 체계의 합리성은 더 높아질 수 있을 것이다. 아마도 정대현의 의도는 음양 개념의 관계성을 논리적으로 명료화하고 형식화함으로써 음양론에 기초한 세계관을 합리화하고자 하는 것으로 보인다. 논리적, 형식적으로 명료화되는 세계관은 그렇지 않은 (즉, '헤아릴 수 없는', 그래서 신명스러운) 세계관에 비해 더 나은가, 더 옳은가, 더 객관적인가 혹은 더 합리적인가? 필자는 원초적 상징계 혹은 근원적 전제들은 합리적 설명의 가능성에 의해 그 정당성이 확보되는 것이라기보다는 그것의 전제 하에서 영위되는 삶이 얼마나 인간적 가치를 실현시키고 풍요로운 의미와 행복을 인간에게 가져다주는가에 의해 정당성을 확보한다고 생각한다. 세계관의 옳고 그름은 그 세계관 자체의 논리적 명료성과 정합성에 근거하기보다는 그 세계관에 의해 영위되는 삶의 질, 고통의 감소와 행복의 증진 등에 근거한다고 생각한다. 세계관의 합리성에 대한 판별은 이론적이라기보다는 실천적 근거에서 이루어진다는 것이다.

음양 관계의 논리를 형식화하고자 하는 정대현의 시도는 음양론을 하나의 세계관으로보다는 하나의 이론으로 이해하고자 할 때 의미를 지닌다고 생각한다. 다양한 사태와 현상에 대한 설명 개념으로서 음양 개념을 차용할 때 그 사용의 논리 구조가 명확해야 음양에 입각한 설명을 우리가 제대로 이해할 수 있을 것이다. 실상 이제껏 음양론이 미신 혹은 비과학으로 간주되었던 것은 일관된 설명의 논리로서 역할하지 못했기 때문일 것이다. 다음에서는 논리적 명료화를 꾀하는 정대현의 논의에 관해 생각해 보고자 한다.

3. 음양 원리의 형식적 구조화

'헤아리다(測)'는 말은 그 자체로 모호한 의미를 지닌다. '재다', '더듬어서 알아채다', '대체로 이해하다'는 정도로 이해되는데, 정대현은 '헤아릴 수 없다'를 "명제화하기가 불가능하다", "표현 불가능하다"로 이해하여, 『주역』「계사전」의 불측성 문장, "음과 양의 작용의 헤아릴 수 없음을 일러 신이라 한다"를 반박하고자 한다. 음양 관계를 명제적으로 일반화하는 데에서 걸림돌은 음양 관계가 가지는 시간성으로 정대현은 포착한다. 즉, 음양 관계는 체계 내 다른 사물이나 사태와의 연관 안에서 규정되는데, 이 연관성은 과거, 현재, 미래를 모두 포괄하는 것으로서 이렇게 시간성에 대해 열려 있다면 명확하게 연관성을 포착하여 규정하기 힘들 것이다. 어떤 사물 혹은 사태가 맥락에 따라서 어떤 때는 음으로 또 어떤 때는 양으로 범주화되고 그 범주화에 따라 다른 방식으로 작용한다면 명제 형식으로 고정시키기가 불가능할 것이기 때문이다.

정대현은 음양의 관계가 끊임없이 변역한다는 사실이 그것의 표현 불가능성을 귀결시키는 것이 아니라고 주장한다.

음양 요소들이 다른 대상으로부터 영향을 받을 때 그 영향은 원칙적으로 명시될 수 있다고 믿는다. 체계의 대상들은 무한하거나 또는 거의 무한할 수 있다. 그러나 이것은 음양 요소들이 받는 영향들을 표시할 수 없다는 불가능성을 함축하지는 않는다. 만일 모든 영향들이 근본적으로 추적 가능하다면 그 영향들은 표현될 수 있는 것이다. 그리고 그 영향들은 종류에 따라 음과 양의 역할이 변할 수 있다. '추이(推移)의 법칙'인 것이다. 그리고 음양 요소들이 상호 작용하는 과정성도 유의미한 시간적 단명으로 분류될 수 있을 것이다. 음양 요소들은 시간적 색인사를 부여할 수 있고 시간적 색인사의 음양 요소들이 갖는 상호 영향 관계는 명제화될 수 있을 것이다. 이러한 표현 가능성의 구조는 음양론이 요구하는 유기적이고 총체적인 체계성을 손상하지 않고도 유지될 수 있을 것이다.[5]

그리고 음양 관계의 명제화는 다음과 같은 과정에 의해 이루어지고 있다.

- X와 Y는 음양 관계에 있다.
(1) X와 Y는 대상들 z1, z2, … zn으로 이루어지는 총체의 체계 Z 안에서 특정한 대상, 사건 또는 기능 zi를 구성하는 상호 불가피한 두 요소다.
(2) X와 Y는 하나가 요(凹)와 같은 방식으로 작용하면 다른 하나는 철(凸)과 같은 방식으로 보완 작용한다.
(3) 체계 z에서, 어떤 대상들 zi와 zj는 각기의 음양적 요소들 Xi와 Yi 그리고 Xj와 Yj의 관계에 의하여 상호 감응의 관계에 들어갈 수 있다.
(4) 체계 Z의 구조는 이들의 음양적 요소들에 의하여 Z의 적어도 하나의 특정한 대상 zj에 의해 표상될 수 있다.

---

5) 같은 글, 357쪽.

(5) X와 Y는 다른 대상들 zj로부터 영향을 받아, X(zj)와 Y(zj)로 행동하고, 그 영향의 성격에 따라 X와 Y의 관계는 추이될 수 있다.

(6) X와 Y의 관계는 그들의 시간적 단계들 Xi, Xii, Xiii, … 과 Yi, Yii, Yiii, … 간에 대응하는 관계들로 구성되는 과정성을 갖는다.

(7) 그리고 앞의 단계 (5)와 (6)은 단일성이 아니라 반복성으로 지속된다.

여기서 X와 Y를 요소를 나타내는 부호로 사용하고 Z는 사물, 혹은 사건, 기능들의 체계를 나타내는 것으로 사용하는데, 층위가 다른 것들을 나타내면서 연속적인 영어 알파벳을 사용하고 있어서 논의를 따라가는 데 혼란을 초래한다. 이 혼란은 '요소'라고 말해지는 X와 Y를 사물적으로 파악해야 할지, 함수적(기능적)으로 파악해야 할지 불분명하게 만드는 데 기여한다. (3)에서는 사물적인 것으로 보이고 (5)에서는 함수로 역할하는 것으로 보인다. 이 혼란은 음양 개념에 대한 전체적 명제화에 대한 이해를 방해하고 있다.

그러나 더욱 중요한 문제는 음양 관계를 규정하는 중요 개념들, 예컨대 '상호 감응'이나 '추이'가 설명되지 않은 채로 있다는 것이다. 정의되어야 할 것이 정의 항에 그대로 사용되고 있다는 것이다. "zi와 zj는 각기의 음양적 요소들 Xi와 Yi 그리고 Xj와 Yj의 관계에 의하여 상호 감응의 관계에 들어갈 수 있다"에서 상호 감응의 관계가 어떠한 것인지 여전히 설명되지 않고 있으며 상호 감응이 음양적 요소들 사이의 관계라는 것만 말하고 있다. 이것이 Xi와 Xj, Yi와 Yj 사이에서 성립하는 관계인지 아니면 Xi와 Yi, Xj와 Yj 사이에 성립하는 관계인지, 나아가 그 관계는 어떤 관계인지 알 수 없다. 이 문제는 "X와 Y는 다른 대상들

zj로부터 영향을 받아, X(zj)와 Y(zj)로 행동하고, 그 영향의 성격에 따라 X와 Y의 관계는 추이될 수 있다"는 데에도 들어온다. 이 표현은 정확하게는, Xi와 Yi가 대상 zj의 영향으로 Xj와 Yj로 행동하고 그 영향의 성격에 따라 이들은 다시 다른 것으로 전화될 수 있다는 것을 의미하는 것으로 보인다. 『주역』의 「계사하전」의 "굴신상감(屈伸相感)"은 상호 감응을 추이와 다르지 않게 묘사하고 있으며, 주희의 해석 또한 "오고감과 굽히고 핌이 모두 감응하는 자연의 떳떳한 이치이니 …"라고 적고 있는데, 그렇다면 (3)과 (5)는 서로 다른 독립 항으로 기술되어서는 안 될 것이다.

이 모든 부호들 사이의 관계를 이해하는 일은 매우 어려워서, 정대현이 제시하는 이 부호들에 의한 형식화를 통해서 '음양' 관계에 대한 우리의 이해 수준을 높이거나 명료화할 수 있을 것으로 보이지 않는다. 위의 명제들이 말하고 있는 것은 "한 사물의 상호 보완적 요소인 음과 양은 다른 사물들 안의 음과 양의 요소와 상호 감응 혹은 추이의 관계를 가지며 이 관계는 시간을 통해 반복된다"라고 할 수 있다. 이것이 음양 관계를 규정하는 어떤 기준으로 성립할 수 있을지 불분명해보이며 이 기준에 비추어 어떤 것이 음양 관계인지를 결정할 수 있을 것으로 보이지 않는다. 또한 상호 감응이나 추이를 이해하고 있는 사람은 이미 이 기준이 필요 없을 것이며, 이해하지 못하고 있는 사람은 이 기준에 의해 어떤 것이 음양 관계인지 확정지을 수 없다. 음양 관계를 명료화하고 형식화하는 데에서의 어려움은 음양 개념 자체가 가지고 있는 불분명성에 기인한다고 생각한다. 주희의 설명 안에서조차 추이, 추행, 유행, 착종, 대치, 상대라는 개념들에 의한 음양 관계 설명은 불분명하며 혼란스럽다. 『주역산책』의 저자 주백곤은 주희의 음양 관계를 다음과 같이 요약한다.

음양 변역의 법칙에 두 종류가 있다고 하였다. 하나는 유행(流行), 즉 추이(推移)의 법칙을 말한다. 예를 들면 양이 변하여 음이 되고, 음이 변하여 양이 되고, 동이 변하여 정이 되고, 정이 변하여 동이 되며, 밤과 낮, 추위와 더위, 구부러짐과 펴짐, 오고감과 같다. 다른 하나는 대대(待對), 즉 교착의 법칙을 말한다. 천지가 위치를 정하고 산과 연못이 기를 통하며, 음 속에 양이 있고 양 속에 음이 함유되어 있는 것과 같다. 전자는 음양 대립 면의 상호 전화를 가리키는 것이며, 후자는 음양 대립 면의 상호 삼투를 가리키는 것이다.[6]

대체로 추이의 관계는 하나의 상태에서 다른 상태로의 이행으로서 음양은 하나의 스러짐과 자라남(消長)으로 이해되고, 대대의 관계는 음과 양으로 나뉜 사물이나 상태 사이의 대치(對峙), 상대(相對) 관계를 나타낸다. 추행 혹은 유행은 서로 얽혀 있어서(錯綜) 나눌 수 없는 낮과 밤, 추위와 더위, 굽고 폄의 관계를 말하며 서로 상대하고 있으면서 서로 바뀌는 도리(交易)는 하늘과 땅, 위와 아래, 동서남북, 물과 불, 부부, 남녀 등에서 볼 수 있다. 여기서 하나가 이어져서 다른 하나로 이르는 추행의 예로 드는 밤과 낮은 때로는 대대 관계를 보이는 예로도 등장한다. 즉, 밤은 음이고 낮은 양으로서 서로 다른 두 가지인데 밤에도 자시(子時, 대략 자정) 이후는 양이고 양인 낮도 오시(午時) 이후는 음에 속한다. 음 속에 양이 있고 양 속에 음이 있어 상호 교역하여 음양이 각각 음양을 낳는다고 한다. 『주자어류』권 65, "역일(易一)"의 음양에 관한 논의에서 하나의 사물에 음양이 있어서 사람에는 남녀가 있고, 다시 양인 남자의 몸이나 여자의 몸에도 음인 혈(血)이 있고 양인 기(氣)가 있다고 한다(『주자어류』, 65 : 17). 이처럼 하나의 사물은 음양이 되고 다시 음에서도 음양이, 양에서도 음양이 생겨난다. 음이지만 양이기도 하고 양이지만

---

6) 주백곤, 『주역산책』, 김학권 옮김(예문서원, 1999), 156쪽.

음이기도 한 것을 음과 양이 서로를 바꾸어 교역하는 관계로 파악하는 것이 대대의 관계라고 한다면 밤과 낮은 유행의 관계이기도 하고 대대의 관계이기도 한 것이다. 혼백의 경우에도 두 기로 본다면 혼은 양이고 백은 음이지만, 하나의 기로 본다면 펴진 것이 혼이고 굽은 것이 백이라고 한다(『주자어류』 65 : 6). 그렇다면 추이와 대대는 음양 관계의 두 가지 법칙이라기보다 하나의 기로서의 음양과 두 기로서의 음양 관계를 설명하는 원리로 파악해야 할 것이다. 하나면서 둘인 존재는 어떤 존재인가? 이것은 동시적으로 성립할 수 있는가? 아니면 하나였다 둘이 되고 둘이 되었다 하나가 되는 시간적 이행 안에 놓인 존재인가? 음양론은 일원론인가 이원론인가? 서양의 일원론과 이원론의 구분 안에서는 이해하기 힘든 구조를 갖는 것으로 보인다. 이 구조는 언어에 의해서보다는 태극이 보여주는 그림에 의해서 더 잘 포착되는 듯이 보인다. 이를 정대현은 처음에는 "구성적" 관계로, 후에는 "유기적" 관계로 포착하고 있는데, 유기적 관계가 좀더 정확한 것으로 생각된다. 하나의 유기체는 여러 기관들로 이루어져 있지만 그들 사이의 유기적 관계에 의해 하나의 몸을 이루는 것처럼 음과 양은 둘이지만 하나 안에 얽혀 있는 것이다.

유기적 관계는 질적인 관계 또는 내포적 관계로서 이를 외연적으로 파악하고자 하는 정대현의 시도는 애초 논문의 제목이 시사하는 바를 배반하고 있는 문제를 갖는 것으로 보인다. 『주역』의 불측성 명제에 대한 주희의 주석을 보면 "장자가 말씀하였다. '두 가지가 있으므로 측량할 수 없는 것이다'"고 적고 있다. 이는 "장횡거의『정몽(正夢)』「삼양편(參兩篇)」의 "한 가지 사물에 두 가지 체(體)가 있는 것이 기(氣)이니, 하나이기 때문에 신묘하다"[7]에서 나온 말이다. 정이천은 "음이 있으면 곧 양이 있는

---

7)『周易傳義』下, 성백효 역주, 계사상전 역주(전통문화연구회, 1998), 538쪽.

것이요 양이 있으면 곧 음이 있으니, (둘 가운데) 하나가 있다는 것은 곧 둘 다가 있다는 것이요, (아니 더 정확히는) 하나가 있는 순간 곧 둘 다가 있는 것이다."[8] 둘이면서 하나인 유기적 관계를 일러 헤아릴 수 없다고 했다는 것이다. 그럼에도 이 헤아릴 수 없는 둘 사이를 설명하는 경우는 『주역』에서 주로 추(推)의 개념과 감(感)의 개념에 의해 이루어지고 있다. 주희와 정자는 이를 좀더 적극적으로 해석하여 '상호 감응', '감이수통(感而遂通)'으로 포착한다.

4. 내포적 관계로서의 유기적 관계

상호 감응의 개념은 '1) 상태의 이행이나 사물의 바뀜이 반복적으로 일어남(X에서 Y로 그리고 다시 Y에서 X로 되며 이 과정은 반복됨) 2) 작용(감)과 반작용(응)의 연쇄'에 의해 포착된다.

1) 추이의 반복적 운동 : 도덕적 지향성으로서의 감응

이러한 의미는 『주역』의 다음 구절에서 찾아볼 수 있다. "해가 가면 달이 오고 달이 가면 해가 와서 해와 달이 서로 미루어 밝음이 생기며, 추위가 가면 더위가 오고 더위가 가면 추위가 와서 추위와 더위가 서로 미루어 해가 이루어지며, 가는 것은 굽힘이요 오는 것은 폄이니 굽힘과 폄이 서로 감동하여 이로움이 생긴다"(「계사하전」). 여기서 반대되는 상태로의 이행은 동일한 패턴으로 반복적으로 일어난다. 그러나 X-Y-X-Y … 의 단순 병렬이 아니라 미룬다는 행위 혹은 공용이 있고 이를 서로 "감동하

8) 『二程全書』권 19. 김진근, 「『주역』을 통해 본 동양의 논리」, 『주역의 근본원리』, 한국주역학회 편(철학과현실사, 2004), 221, 재인용.

는" 행위로 포착한다. 감동하는 행위란 목적적 행위로서 바른 상태, 되어야 할 상태, 정(正)이나 의(義)로의 이행을 가리킨다. "이로움이 생긴다"는 표현은 이를 가리킨다. "자벌레가 몸을 굽힘은 펴기를 구하기 위해서요, 용과 뱀이 칩거함은 몸을 보존하기 위해서요, 의(義)를 정밀히 하여 신묘한 경지에 들어감은 씀을 지극히 하기 위해서요, 씀을 이롭게 하여 몸을 편안히 함은 덕을 높이기 위해서이니 …"(「계사하전」). 『주역』을 의리역으로 해석하는 정자는 주에서 "굽히지 않으면 펼 수가 없고 편 뒤에 굽힘이 있는 것이니 … 용과 뱀이 숨음은 그 몸을 보존하고 쉬기 위한 것이니, 그렇게 한 뒤에야 능히 뽐내고 빠르게 날 수 있으며 숨어 있지 않으면 뽐내지 못하니, 동(動)과 식(息, 靜)이 서로 감동함이 바로 굴신(屈伸)이다"(『주역』함괘, 傳)라고 말하고 있다. 즉, 추이의 움직임이 단순한 기계적인 반복 운동이 아니라 자신의 이상적 상태를 이루기 위해, 즉 몸을 편안히 처하기 위한 움직임이며 덕을 높이고 크게 하기 위한 것이다.

정자는 감응으로서의 음양의 움직임을 실천적, 도덕적 지향성으로서 파악한 것이다. 그에 의하면 가고 옴을 바르고 한결같이 하면 통하지 않는 것이 없게 되지만 이를 너무 치우치게 자주 하여 사심을 써서 남을 감동시키면 깊은 감동은 일어나지 않게 되어 확연히 통하지 않게 되고 덕을 이룰 수 없게 될 것이라고 한다. '역'이란 끊임없는 움직임 혹은 변화를 의미하는데, 이것을 잘 이해하면 우주 만물의 이치에 통달할 수 있다는 생각은 우리의 지적 전통 안에 뿌리깊다. "낳고 낳음을 역이라" 이른다는 말을 주희는 "음은 양을 낳고 양은 음을 낳아 그 변화가 무궁하니, 이치와 책(易)이 모두 그러하다"고 해석한다. 음양의 추이의 움직임은 도덕적 지향성을 가짐으로써 우주의 변화를 통괄하는 것이면서 인간사의 이치 또한 통괄하는 것이 된다. 이러한 추행의 운동은 외연적으로 다만 X로부터 Y로의 반복적이고 변역적인 이행으로 이해하는 것은 음양 개념의 많은 부분을 놓치는 일이 되며 음양의 유기적 측면도 드러낼 수 없다.

2) 감과 응의 연쇄 반응 : 물리 인과와 내적 감동으로서의 감응

 "한 번 음하고 한 번 양한 것이 도다"를 천지 간에는 하나의 작용과 반응이 있다는 것으로 해석할 수 있을 것이다. 무엇이든 작용이 있으면 작용이 미치는 곳에서 반응이 있게 마련이며 반응은 움직임이므로 다시 그 자체가 작용이 되어 다른 것에 미치게 될 것이다. 이렇게 작용-반응

작용-반응

작용-반응의 형식으로 음양의 움직임을 상호 감응이라 한다. '감'을 뜻하는 함(咸)괘를 정자는 다음과 같이 해석한다. "물건이 서로 감동함은 남녀 만한 것이 없는데 어리면 더욱 심하다. 무릇 군신과 상하로부터 만물에 이르기까지 모두 서로 감동하는 도가 있으니, 물건이 서로 감동하면 형통할 이치가 있다. 군신이 서로 감동하면 군신의 도가 통하고 상하가 서로 감동하면 상하의 도가 통하며 부자와 부부와 친척과 붕우에 이르기까지 모두 정의가 서로 감동하면 화순하여 형통하니, 사물이 모두 그러하다"(『주역』함괘, 전). 여기서 상호 감응은 기계적 인과 관계뿐만 아니라 내적, 정서적 상호 작용도 포괄한다. 주자는 한 가지 일에 근거하여 단 하나의 일을 낳게 되는 것이 감과 응인데, 이렇게 생긴 응에 근거하여 두 번째의 일이 생겨난다고 본다. 이때 응은 감이 되고 두 번째의 일은 응이 된다. 이 두 번째의 일에 근거하여 다시 세 번째의 일이 일어나서 응은 다시 감이 된다(『어류』권 72, 진순록). 이러한 감응은 바람이 불어 나무가 움직이는 기계적 인과 작용뿐만 아니라 남녀 사

이의 관계처럼 상호적 느낌이 생기고 견고해지는 과정 또한 설명하는 원리다. 야마다 게이지는 『주자의 자연학』에서 이를 물리, 화학, 심리를 포괄하는 작용으로 보고 있다 : "물체의 위치의 이동에 한정되지 않는다. 열의 이동이든 화학 반응이든 아니면 인간의 정신적 활동이든 상관없다. 작용이 있으면 모든 다른 사물의 반응을 불러일으킨다." 그는 이를 파악하는 방식은 비분석적 직관적 방법으로 내감의 방법이라고 한다.[9] 감응을 내포적 의미로 포착한 것은 남녀의 감정적 반응의 예에서 드러나는 것으로서, 정자는 "작용을 통해서 천하는 모든 것에 정통한다. 작용이란 바로 내면에서의 작용이다. 외부에 하나의 사물을 가지고 와서 그것에 작용을 가하는 것은 아니다."[10]

5. 음양 상호 감응의 두 가지 방식 : 동류상동과 이류상감

음양이 상호 감응하는 방식은 음은 음끼리 양은 양끼리 모이는 동류상동(同類相動)의 방식과, 반대의 속성인 음과 양, 양과 음이 서로 감동하고 화합하거나 음 속의 양, 양 속의 음의 형식으로 일물을 이루고 있는 이류상감(異類相感) 방식이다. 동류상동은 동중서의 『춘추번로』에서 설명되고 있는 것으로서, 물은 습한 데로 흐르고, 불은 높은 곳으로 오르며, 여름에는 초목이 번성하고 암수가 자식을 만드는 현상으로서 천인상관론의 기초가 된다. 동류상동은 음양뿐만 아니라 오행의 작용이 이루어지는 방식이기도 하여, 자연의 질서에 따라 봄에는 푸른 옷을 입고 동쪽에 거하는 등의 행동을 한다. 동중서는 다음과 같이 말한다.

---

9) 야마다 케이지, 『주자의 자연학』, 김석근 역(통나무, 1991), 76쪽.
10) 같은 책, 76쪽 재인용.

지금 평지에 물을 쏟으면 물은 마른 곳을 떠나 젖어 있는 곳으로 나아가고 땔나무에 고르게 불을 붙이면 젖어 있는 곳을 떠나 말라 있는 곳에 불이 붙는다 …. (중략)

하늘에 장차 구름이 끼어 비가 내리면 사람이 괴로워하는 까닭은 먼저 활동하는 음이 서로 응하여 일어나는 것이다 …. 근심이 있으면 또한 사람으로 하여금 눕고자 하는 것도 이 음이 서로 구하는 것이고 기뻐하는 것이 있는 자는 사람으로 하여금 눕고자 하지 않는 것인데 이는 양이 서로 찾기 때문이다 …. (중략)

하늘에는 음과 양이 있고 사람에게도 음과 양이 있다. 하늘과 땅에서 음기가 일어나면 사람의 음기도 응하여 일어나고 사람의 음기가 일어나면 하늘과 땅의 음기도 또한 응하여 일어나는데 그 도는 하나인 것이다.[11]

반면, 다른 것이 서로 감응하여 화합을 이룸으로써 이로움을 얻는다고 보는 견해는 정자에게서 강하게 드러나고 그의 『주역』 해석의 기본을 이루고 있다. 정이천은 "도에는 둘이니 인(仁)과 불인(不仁)뿐이다. 자연의 리(理)도 이와 같아서 도에는 짝이 없는 것이 없다. 음이 있으면 양이 있고 선이 있으면 악이 있으며 시(是)가 있으면 비(非)가 있으니 하나만인 것도 없고 셋인 것도 없다."[12] 『주역전의』 손(損)괘 육삼 효사에 관한 주에서도 "하늘과 땅의 기가 서로 밀접하게 교접하면 만물의 화순함을 생한다. … 남녀의 정기가 교구하면 만물을 화생하는데, 오질 정순, 전일하기 때문에 생할 수 있다. '한 번은 음이 되고 한 번은 양이 됨'이 어찌 각기 따로 노는 둘일 수 있겠는가?"라고 말함으로써 서로 반대를 이루는 것들이 쌍으로만 존재하고 서로 응함으로써 하나

<hr />

11) 동중서, 『춘추번로』, 남기현 해역(자유문고, 2004), 384-85쪽.
12) 『二程全書』 권 16, 김진근, 「『주역』을 통해 본 동양의 논리」, 『주역의 근본원리』, 한국주역학회 편(철학과현실사, 2004), 218, 재인용.

가 됨을 주장한다.

『주역』에는 동류상동과 이류상감의 방식이 모두 사용되고 있는 것으로 생각되는데, 음양의 결합 방식이 어떤 때 동류끼리 이루어지고 어떤 때에 이류끼리 이루어지는지, 동류로 이루어지는 것이 올바른 방식인지 음양이 결합하는 것이 이상적인 것인지를 밝히기가 매우 어렵다. 『주역』에서 음효가 음 자리에 오고 양효가 양 자리에 오는 것이 정위(正位)라고 보기도 하지만, 신하(음)의 자리를 뜻하는 육이(六二)와 임금(양)의 자리를 뜻하는 구오(九五)를 정응으로 보는 것은 음양 화합의 관점에서이기도 하다. 음의 자리에 양효(陽爻)13)가 오고 양의 자리에 음효가 오는 경우에도 나쁜 해석과 좋은 해석이 이루어지고 있어서 일관성을 찾아보기 힘들다. 양효가 음 자리에 온 구이는 가운데 중(中) 자리에 있으면서 바름(正)을 얻지 못한 것이지만 강하면서 유(柔)의 자리에 옴으로써 중도를 얻었다고 보기도 하고(쾌(夬)괘 구이), 역시 음 자리에 양효가 온 구사가 군자에게는 길하고 소인에게는 비색한 방식(둔(遯)괘 구사)으로 길과 흉이 사람에 따라 달라지기도 한다. 괘효와 효의 관계가 갖는 의미는 주변 효들과의 관계 속에서 결정되는데, 이것을 결정하는 어떤 기계적인 추리의 과정은 없다. 『주역』의 텍스트 안에서 의미의 결정은 내게는 매우 임의적이고 상황적, 맥락적이어서 다면적 해석을 가능하게 하게 하는 것으로 보인다. 예를 들어 태(泰)괘의 경우 상괘는 곤괘(3효 모두 음효)이고 하괘는 건괘(3효 모두 양효)로 이루어져

---

13) 『주역』의 괘는 6개의 효(爻)로 이루어져 있는데, 효는 음효(--)와 양효(ㅡ)의 두 종류로 이루어져 있다. 6개의 효로 이루어진 괘를 중괘라고 하고 3개의 효로 이루어진 괘를 단괘라고 한다. 자연물을 상징하는 8개의 단괘들이 있는데 이들은 효의 종류와 배열 방식에 의해 그 의미가 결정되고 이들 단괘들의 배열 방식에 의해 중괘의 의미가 결정된다. 6개의 효들은 각각의 위치와 주변 효들 간의 관계에 따라 해석을 얻게 된다.

있다. 상은 양의 자리이고 하는 음의 자리이지만 아래로 내려오는 성질의 곤괘가 위에 있고 위로 올라가는 성질의 양괘가 아래에 있음으로 해서 음양이 화합하는 형상의 가장 좋은 괘로 간주된다. 이와 반대로 비(否)괘는 아래에 곤괘가, 위에 건괘가 있는 상으로 되어 있는데 이 괘는 조화를 이루지 못하고 꽉 막혀 있다는 좋지 않은 의미를 지닌다. 자리의 바름을 얻는 것이 항상 좋은 것도 아니고 바름을 얻지 못하였다고 해도 항상 흉한 것이 아니다. 상황에 따라 달리 해석될 수 있다는 맥락주의는 『주역』이 시중론으로 불리는 이유가 되며, 바름을 얻었다고 해서 크게 좋아할 것도 부정(不正)을 얻었다고 해서 절망할 것도 없다. 모든 것은 항상 변화 속에 있으며 상황은 자신 안에 언제나 반대되는 상태로의 전환의 단서를 품고 있기 때문이다.

양과 양이 만나는 것이 좋은지, 음과 양이 만나는 것이 좋은지를 결정할 수 없고 맥락과 상황에 따라서 이는 달리 해석되며, 어떤 맥락과 상황에서 어떤 해석이 이루어져야 하는지에 관해서도 규칙을 마련할 수 있을 것으로 보이지 않는다면 음양의 도를 이해하는 방법은 무엇인가?

6. 맺음말 : 문화적 은유로서의 음양

이러한 음양 개념에 얽힌 여러 문제들은 음양 개념을 과학적 합리성의 관점에서 볼 수 없게 만든다. 오늘날 과학적 합리성의 관점에서 보자면 음양의 내포적 논리와 극단의 맥락 상대성은 『주역』을 형식 논리의 체계보다는 문화적 은유의 체계로 보는 것을 더 합당하게 만든다고 생각한다. 문화적 은유의 체계로 본다고 해서 그것의 합리성을 부정할 필요는 없다. 다만 그 합리성을 과학적 합리성이나 서구의 이분법적, 형식 논리적 합리성으로 환원시키거나 번역할 수 없다는 것일 뿐이다. 정대현의 유기론적 분석은 음양론에 대한 이제까지의 유기론적 해석(크게는 동양적 세계관을 유기론적으로 보는 해석)과 맥을 같이 한다고 생각한다. 정대현 분석이 지니는 힘은 이제까지의 유기론과는 달리 음양의 관계를 논리적 형식화를 통해 합리성을 주장하는 데 있다. 그런데 이러한 외연론적 분석이 과연 음양 관계를 얼마나 명료하게 조명할 수 있을지는 미지수로 보인다. 음양론은 외연적 관계론으로서보다는 의미론으로서 매우 풍부한 상징의 체계를 이룰 수 있으며 한국인의 상상력을 풍요롭게 하는 원천이 될 수 있을 것으로 생각한다. 나아가 음양론, 특히 『주역』에서 보이는 우환 의식을 좀더 궁구한다면 실천 철학의 맥락 안에서 많은 함축을 이끌어낼 수 있을 것으로 보인다. 음양론의 합리성을 구축하는 일은 서구의 형식 논리적 또는 이론적이고 과학적인 합리성의 관점에서보다는 문화적 규범과 가치관 그리고 실천 철학의 관점에서 이루어지는 것이 더 나은 전망을 지니는 것으로 보인다.14)

---

14) 정대현의 음양론은 앞으로의 연구에 많은 자극을 줄 수 있을 것으로 기대된다. 음양 관계의 논리적 구조에 대한 탐구는 좀더 심층적 차원에서 이루어지기를 바라는 마음이다. 나는 이 논문을 쓰면서 많은 것들을 정밀하게 생각해볼 수 있었음에 감사한다. 처음 여성의 관점에서 관심을 가졌던 음양론은 매우 다양하게 전개될 수 있다고 생각한다. 총체적 사유 방식의 특성, 문화적 은유가 지니는 설명력의 성격, 음양 개념에 대한 '설명'과 '이해'의 차이, 문자와 상(象)의 관계 등, 이전부터 가지고 있던 문제 의식들을 좀더 선명하게 할 수 있었고 이에 대한 앞으로의 연구에 대한 희망을 좀더 확고히 가질 수 있었다. 이러한 자극의 부여는 정대현 논문이 가진 가장 큰 미덕이라고 생각한다. 정대현 식의 어려운 언어 구사의 늪을 빠져나오기 위한 노력을 하면서 그 시간의 양 안에서 생각의 많은 갈래들을 만들 수 있었음을 감사드린다.

존재론적 이원론과 존재론적 물리주의

이 종 왕

1. 머리말

존재하는 모든 것이 물리적인 것이라면, 우리가 정신적인 사건이라고 부르는 것들은 과연 인과적 힘을 가질 수 있을까? 김재권은 그들이 인과적 힘을 가지기 위해서 그들은 환원되거나 또는 부수 현상화될 필요가 있다고 주장한다.[1] 그러나 이 두 선택지들 모두 우리의 마음을 구하는 정신실재론으로 받아들이기는 어려운 주장들일 뿐이다. 정신적 사건들이 행동을 야기하는 원인이 아니라 단순한 물리적 사건들의 결과일 뿐이라는 주장은 우리의 강한 일상적 믿음 ─ 우리가 인지자면서 동시에 행위자라는 것 ─ 에 반하는 것이며, 그래서 이것은 정신실재론을 구할 수 없는 결과를 초래한다. 김의 이 주장은 속성이원론(property

1) Jaegwon Kim, "The Rejection of Immaterial Minds : A Causal Argument" in his *Physicalism, or Something Near Enough* (Princeton, New Jersey : Princeton University Press, 2005), pp.70-92.

dualism)이 단순히 속성이원론으로만 머문다면 정신 인과의 문제에 어떤 해결책도 제시할 수 없다는 것이다. 주지하다시피 그의 속성이원론에 대한 비판은 수반 논변(supervenience argument)이 담당한다. 한편으로 우리의 의식과 사고가 신경 세포 그룹에서 일어나는 전기적 움직임의 단순한 결과에 불과하다면, 이것도 마음의 실재성을 구하는 데는 실패하는 결과를 초래하는 것 같다. 이런 두 가지 선택 사항들의 문제점들을 잘 보여주는 한 원리는 필자가 여러 곳에서 주장한 '정신적인 한에서 정신의 인과적 실재성' 원리며, 그 둘 다 이 원리를 만족시키지 못한다는 것이다.2) 김은 이렇게 환원주의를 비판하면서도 또 다른 형태의 환원, 국지적 환원(local reduction)을 변호하는 아이러니를 또한 범하는 것 같다. 즉, 그의 환원주의에 대한 공격의 화살은 스마트/파이글류의 유형동일론이다.

　존재론적 물리주의(ontological physicalism)를 확립하기 위한 출발점은 속성이원론의 형태를 띠고 있어야 할 것이다. 가장 근본적인 인과의 항으로 속성의 예화인 사건의 존재를 가정하고, 사건들 사이의 인과 관계를 설명하는 방식에 따라서 이것은 비환원주의적 또는 환원주의적 물리주의로 나누어져야 할 것이다. 김이 적절하지 못한 정신 인과 이론으로 공격하는 대상은 바로 이 비환원주의적 속성이원론이다. 물론 그는 오직 환원주의만이 존재론적 물리주의를 완전히 만족시키는 유일한 설명적 모델이라고 생각한다 : 이것이 비환원주의는 존재론적 물리주의를 만

---

2) 필자는 이런 주장을 여러 논문들에서 펼쳐왔다. 필자의 「김재권 식 기능주의와 새로운 기능주의적 환원 이론의 가능성」,『철학』제66집, 한국철학회, 2001, pp.157-180, 「두 개념의 제거주의와 동일론」,『철학』제70집, 한국철학회, 2002, pp.159-180, 「한 사건 동일론에 근거한 새로운 기능적 환원적 물리주의」,『철학』제70호, 한국철학회, 2003, pp.129-154, 「사건존재론과 정신 인과」,『철학』제84호, 한국철학회, 2005, pp.173-203들을 보라.

족시키지 못한다는 주장을 포함하고 있다는 것을 의미하는지는 명확하지 않지만 김은 속성이원론을 이원론의 이름으로 또한 비판한다.[3] 이제 우리는 그가 왜 기능적 환원을 통해서 속성동일론을 강력하게 주장하는지 충분히 이해하게 된다. 여기서 필자는 형이상학적 기초와 설명적 모델의 형식과 목적의 측면에서 존재론적 물리주의와는 상당한 차이를 보이는 오래된 데카르트식의 존재론적 이원론(ontological dualism)은 과연 적절한 대안일 수 있는가 하는 의문을 가지게 된다. 김은 이 이원론이 속성이원론 더 심각한 문제를 야기한다고 주장한다 : 이것은 부수 현상론자들조차도 선택할 수 없는 이론으로 전락하게 된다.

가장 중요한 이 논문의 목적은 두 가지 다른 형태의 이원론들이 과연 적절한 정신 인과 이론일 수 있는지를 검토해보는 것이다. 결론은 데카르트 식의 설명적 모델은 그것이 가정하는 근본적인 형이상학적 전제들로 인해서 공간 개념과 의존 개념을 차례로 포함하지 못하기 때문에 적절치 못한 이론으로 전락하는 반면, 속성이원론을 공격하는 수반 논변은 비환원주의를 심각하게 괴롭힐 만한 주장을 포함하고 있지 않다는 것이다. 여기서 필자는 테드 월필드와 토마스 크리스프의 반수반 논변을 변호할 것이다.[4] 또한 필자는 이런 와중에서 특히 정대현이 그런 두 형태의 존재론과는 다른 새로운 토대 개념이라고 주장하는 신체성

---

3) 김재권의 "The Rejection of Immaterial Minds"와 "Physicalism, or Something Near Enough" in *Physicalism, or Something Near Enough* 들을 보라.
4) Thomas Crisp and Ted A. Warfield, "Kim's Master Argument", *Nous* 35 (2002), pp.304-316 ; Ausonio Marras, "Critical Notice of *Mind in a Physical World*", *Canadian Journal of Philosophy* 30 (2000), pp.137-160 ; 그리고 Ned Block, "Do Causal Powers Drain Away", *Philosophy and Phenomenological Research* 67 (2003), pp.133-150 등을 보라. 수반 논변은 때때로 "배제 논변(the Exclusion Argument)"이라고도 불린다. Ned Block은 "인과 배제 논변(the Causal Exclusion Argument)"이라고 부른다.

개념을 검토해볼 것이다. 그러나 이 개념이 기껏해야 속성이원론자들의 심신 개념을 주장하는 것에 다름아니라고 주장하면서 그가 위에서 논의하는 두 가지 형태의 존재론을 혼동하고 있는 것처럼 보인다고 주장하겠다.

2. 존재론적 이원론의 재초대

우리는 데카르트류의 실체이원론에서 무엇을 배울 수 있는가? 이 설명적 모델은 정신 인과를 잘 설명해낼 수 있을까? 심신 문제에서 흔히 논의되는 데카르트의 이론적 불일치는 보헤미아의 엘리자베스 공주에 의해서 지적 된 이래로 현대 리처드 왓슨에 의해서 강력하게 변호되었다 : 그녀는 "어떻게 오직 생각하는 실체인 한 사람 마음이 자발적 행동들을 산출하는 신체적 영혼들[신경들과 근육들 등 안에 존재하는 액체 같은 것들]을 결정할 수 있는가"라고 의문을 가졌는가 하면, 왓슨은 그녀가 지적한 이 중요한 논점이 데카르트의 주된 이론적 실수며 그의 실체이원론의 역사적 쇠락의 원인이라고 주장했다.[5] 이 주장의 요지는 두 가지 근본적으로 다른 실체들인 시간 / 공간적 질량을 가진 몸과 이 모든 물리적 성질을 결여하고 있는 정신적인 것들이 서로 인과적으로 영향을 주기 힘들다는 것이다.

---

5) Elizabeth to Descartes, 16 May 1643. 이 인용은 다니엘 갈버의 논문 Daniel Garber, "Understanding Interaction : What Descartes Should Have Told Elisabeth", in *Descartes Embodied* (Cambridge : Cambridge University Press, 2001), p.172 ; Richard A. Watson, *The Downfall of Cartesianism 1673-1712* (The Hague, Holland : Martinus Nijhoff, 1966) ; Anthony Kenny, *Descartes* (New York : Random House, 1968)들을 보라. 이 주들은 김재권의 논문 "The Rejection of Immaterial Minds"에서 인용된 것들이다.

여기서 먼저 논의되어야 할 것은 로브가 주장했듯이, 데카르트가 과연 원시 흄주의자(proto-Humean)였던가 하는 것이다.6) 그렇다면 그의 인과의 개념은 맹목적인 규칙(brute regularity)이나 단순한 항구적 연접(constant conjunction)에 다름아니라는 것이다. 즉, 이것이 참이라면 그는 더 이상 두 실체들 사이를 연결하는 형이상학적 구속 요소를 고안해내야 하는 무거운 짐을 떠맡을 필요가 없다. 그렇다면 그에게 심신 문제의 이론적 불일치를 범했다는 책임을 씌우는 것은 공정하지 않다. 과연 그런가. 그러나 문제는 그가 어떻게 변호될 수 있는가 하는 것이 아니고 그가 심신 사이의 인과를 어떻게 설명할 수 있어야 하는가다. 거물 철학자인 그가 먼저 두 종류의 실체들을 어떤 이유에서 규정했다면, 그 규정 위에서 상식적인 가정인 정신적인 것과 물질적인 몸 사이의 인과를 설명해내야 할 책임이 있다. 정신 인과에 관한 그의 어려움이 단순히 그가 원시 흄주의자였을 것이라는 논변만으로는 해결될 수 없다. 그는 그가 설정한 존재론 속에서 정신 인과의 실행 가능성을 설명해야만 하는 의무가 있다. 로브의 소극적 변호는 정신 인과의 문제와 관련해서 발생한 데카르트의 문제를 근본적으로 완화시켜주지는 못하는 것 같다.

그렇다면 데카르트가 놓친 부분은 무엇인가? 그것은 다음 질문으로 요약될 수 있다. 왜 그런 근본적으로 다른 본성을 가진 두 실체들은 서로 인과 관계 속으로 들어갈 수 없는가? 정신적인

---

6) Louis E. Loeb, *From Descartes to Hume* (Ithaca, NY and London : Cornell University Press, 1981)를 보라. 데카르트를 변호하는 다른 철학자들은 Daniel Garber's "Understanding Interaction : What Descartes Should Have Told Elisabeth" ; Eileen O'Neill, "Mind-Body Interaction and Metaphysical Consistency : A Defense of Descartes", *Journal of the History of Philosophy* 25 (1987), pp.227-245 ; Marleen Rozemond, *Descartes's Dualism* (Cambridge, MA : Harvard University Press, 1998).

것과 물질적인 것이 다른 본성들을 가졌다고 할 때 과연 무엇이 그들의 인과 관계를 방해하는가? 김에 따르면 많은 데카르트의 주석가들이 이 근본적 질문에 대한 답은 주지 않았다.[7] 필자는 이곳에서 두 가지 개념들로 실체이원론이 정신 인과를 설명하기에는 한계를 가진 적절치 못한 설명적 모델이라고 주장하겠다. 그 첫 번째 개념은 김이 주장하듯이 공간(space)이며, 두 번째는 필자가 생각하는 의존(dependency)이다.

먼저 데카르트의 존재론적 세계에 관해서 논의해보자. 그의 세계에는 오직 생각하는(thinking) 실체인 정신적인 것은 전혀 공간을 차지하고 있지 않다. 그에게 공간은 오직 물질적 실체만 가지고 있는 양상이다. 그가 이런 주장을 하는 것은 충분히 이치가 통하는 것 같다. 왜냐하면 만약 정신적인 것이 공간을 차지하고 있다는 주장이 가능하다면 이것은 많은 추가적인 어려운 문제들을 만들어내는 꼴이 되기 때문이다. 그래서 공간상의 특정한 지점에 영혼들을 위치시키는 방법을 검토해볼 필요가 있다.[8] 어떻게 이런 것을 이룰 수 있을지가 의문이다. 먼저 그 영혼들은 서로 겹쳐져 있는가? 그래서 바늘 끝에 여러 천사들이 동시에 위치할 수가 있단 말인가? 어떤 방법으로 이런 상황을 이해할 수가 있을지 의문이다. 도대체 이것을 증명하거나 설득시킬 수 있는 어떤 논증적 근거를 우리는 가질 수 있는지가 황당할 뿐이다. 그렇다면 다음으로 각각의 영혼들을 각각의 공간적 장소에 위치시키는 상황을 가정해보자. 이것은 황당함을 넘어서서 설명적 근거를 갖기는 하지만 이유 있는 어려운 문제들을 야기한다. 만약 영혼이 한 특정한 공간에 위치하고 있다면 어떤 다른 영혼도 그 영혼의 위치에 겹쳐질 수 없다. 이것은 바로 물질의 불가입

---

7) 김재권, "The Rejection of Immaterial Minds", p.74를 보라.

8) 같은 글, pp.88-90.

성의 원리(the principle of impenetrability)와 유사한 정신의 불가입성의 원리로 불릴 수 있을 것이다. 그렇다면 그런 영혼이 물질적인 존재가 될 수 없는 구체적 이유는 무엇인가? 사실상 그 영혼이 그런 불가입성의 원리로 인해서 물질적인 어떤 것으로 간주된다면 그의 실체이원론 자체가 성립되지 않는다. 이원론이 되어야 할 필요가 없다. 정신적인 것으로 불리는 한 물질과 다른 물질적인 몸의 인과라는 것은 문제가 아주 많은 주장이다. 마지막으로 각 영혼이 한 기하학적 위치만 가진다는 주장도 이해하기가 어려운 것은 마찬가지다. 어떤 구조도 없이 한 기하학적 위치만 가진 영혼이 어떻게 체계와 복잡한 구조를 가진 신체를 인과적으로 조작하거나 그것과 인과적으로 연결될 수 있는가? 이런 문제들은 적절한 대답을 가질 수 없을 것처럼 보이는 심신 사이의 문제를 더욱더 어렵게 만드는 주범들이다. 이것이 바로 그의 송과선(pineal grand)에서 마음과 몸이 상호 관련된다는 주장을 비공식적인 것으로 만드는 이유로 작용한다. 송과선의 존재가 공간적 위치를 정신적인 것에 부과하는 꼴이 되는 것이다. 거물급 철학자인 그가 지금 논의된 이런 이치에 통하지 않는 주장을 공식적으로 유지할 리가 없을 것이다. 그래서 마음이 공간의 개념을 전혀 가지고 있지 않는 물질적인 것과 완전히 다른 본성을 가진다고 주장하는 데카르트를 충분히 이해할 수가 있다. 물론 어떤 주장에 대한 이해가 그 주장을 적절한 것으로 만들지는 않는다.

그러나 공간적 위치를 갖지 않는 마음이라는 개념은 이치가 통하기는 하지만, 공간적 위치를 본성적으로 가진 물질적인 몸과 인과 관계를 유지하는 정신 인과의 가능성에 적절한 해결책을 제공하는가? 대답은 강한 부정이다. 김이 주장하는 인과의 짝지음 문제(pairing problem)는 여기서 먼저 논의될 가치가 있다.[9] 간략을 목적으로 핵심만 논의해보자. 두 사건들 A와 B 사이의 인과 관계를 논의할 때 필연적으로 고려해야 할 것은 바로 A와 B 사이의 어떤 관계 R이다. 그러나 이 R을 실행시키기 위해서는 그것이 실행될 수 있는 공간이 필요할 수밖에 없다. A를 "한 총알이 날아감"이라는 사건으로, B를 "철수의 죽음"이라는 사건으로 규정하고, A가 B를 야기했다고 할 때, 우리가 주장할 수 있는 유일한 증거인 그들 사이의 R은 A와 B까지의 공간이다. 이 경우에 우리는 초고속 카메라를 통해서 R을 확인할 수 있을 것이다. 더 나아가서 A와 B 그리고 A′(또 다른 한 총알이 날아감)과 B′(정철의 죽음) 사이의 두 다른 인과 관계들을 고려할 때 A가 B′이 아니라 B를 야기했고 A′이 B가 아니라 B′을 야기했다고 인식시킬 수 있는 근거는 그들 사이에 존재하고 증명할 수 있는 공간의 관계들(거리, 방향 등)이다.

그렇다면 A와 B를 두 영혼들, M을 한 물질적 실체라고 가정하자. A와 B가 t에 어떤 정신적 작용을 수행하고 그 직후에 바로 M에 어떤 변화가 생긴다고 가정하자. 우리는 어떤 방법을 통해서 다음 질문들에 답할 수 있는가? A와 B가 t 직후에 M을 우연이 아니라 실제로 변화시켰다고 주장할 만한 확실한 근거나 증거가 있는가? 또한 A가 아니라 B가 또는 B가 아이라 A가 M에 작용했다고 할 만한 근거는 무엇인가? A가 B보다 M에 더 가깝다고 말한 이유가 있는가? 공간적 관계가 전제되지 않는 한 이런 질문들에 답할 수 없으며, A와 B에 M을 포함해서 공간망을 씌워줄 수 있는 어떤 방법도 우리는 가질 수 없다. 이런 정신적인 것에서 물질적 몸의 관계뿐만 아니라 정신적인 것과 다른 정신적인 것 사이의 관계도 또한 그런 공간성을 씌워줄 수 있는 방법은 없다.

---

9) 같은 글, pp.78-85.

3. 공간과 의존성

실체이원론은 출발부터 전혀 다른 두 개의 본성을 가진 정신 실체와 물질적 실체를 가정함으로써, 이 둘 사이의 인과를 전제할 때 필연적으로 전제해야 할 공간망을 정신적인 것에 씌워줄 수 없기 때문에 정신 인과의 가능성에 적절한 해답일 수 없다. 우리가 인과 관계를 가정하고 그것의 실행성을 논의할 때 인과 항들이 동질성을 가지도록 공통적으로 묶을 수 있는 어떤 좌표계를 설정해야 할 필요가 있고 그것은 바로 공간이다. 이런 김의 생각은 그저 실체이원론이 가정하는 극단적으로 다른 실체들의 본성들 덕분에 그들 사이의 상호 작용을 설명할 수 없다는 반데카르트주의자들이나 데카르트주의자들의 직관적 사고에 충분한 내용을 제공한다. 그리고 우리가 이미 보았듯이 데카르트의 영혼에 공간적 위치를 부여하는 시도는 이런 어려움과는 다른 차원의 다양한 어려움들로 가득했다.

이런 공간의 중요성에 관한 논의가 사실 엘리자베스, 왓슨 그리고 케니 등의 주장에 구체적인 내용을 덧붙이는 아주 중요한 역할을 한다 하더라도, 그들의 주장과 본질적으로 다른 새로운 개념 — 정신 인과의 가능성을 잘 설명해내기 위해서 필연적이지만 실체이원론이 결여하고 있는 어떤 중요한 개념 — 이 있을까? 이제 필자는 실체이원론이 정신 인과의 문제에 대한 해결책일 수 없는 이유를 잘 제시한다고 보이는 또 하나의 개념인 의존을 제시하고자 한다. 실체이원론은 그들 두 실체들 간의 의존성을 결여하고 있다. 필자의 주장은 그 두 실체들이 비록 공간망 속에서 동일한 좌표계를 유지한다 하더라도, 꼭 그들이 인과 관계를 유지할 수 있다고 볼 수가 없다는 것이다. 즉, 공간성은 인과의 필요 조건이기는 하지만 충분 조건은 아니라는 것이다. 공간에 존재하는 항구적으로 연접하고 있는 사건들이 시간/공간에 인접(contiguity in time and space)해 있다는 것만으로 바로 인과 관계에 들어간다고 주장하기는 힘든 것 같다. 우리가 발견할 수 있는 어떤 다른 규정이 없을까? 이것에 대답하기 위해서 먼저 실체 개념을 기억해보자. 상식적으로 실체란 독립적이고 변하지 않고 강한 어떤 것이다. 그리고 이것은 바로 그것이 존재하기 위해서 다른 어떤 것에 의존하지 않는 독립적인 것이란 걸 의미한다. 그것이 가지고 있는 속성들은 변하지만 이것들이 객관성을 유지할 수 있는 것은 바로 그 변하지 않는 독립적 존재인 실체와의 연합 때문이다.

그 두 실체들은 우선 독립적이기 때문에 인과적으로 서로 관련될 수 없어보인다. 그래서 먼저 그 두 실체들은 인과가 성립되는 두 실체들은 우선 상호 동족 관계(mutual affinity) 또는 원인에서 더욱 결과에 더 큰 실재(greater reality)가 존재하지 않아야 함 등의 기초적 개념도 만족시켜주지 않는다. 그러나 이런 수평적 인과 관계(horizontal causation)를 설명하기가 힘들다는 것보다 더 큰 문제는 이 모델로서는 현재 어느 정도 밝혀진 수직적 의존 관계(vertical dependency)를 설명할 근거를 상실한다는 것이다. 이것은 꼭 이런 두 종류의 다른 인과 관계들이 참이라는 것을 말하는 것이 아니라, 다만 어떤 설명적 모델이 적절하다면 그것이 무엇이든, 이런 설득력 있는 다른 형태들의 인과 관계를 다 잘 설명할 필요가 있다는 것을 말한다.

무엇에 근거하여 우리는 데카르트의 모델로 현대 수반 개념의 이해에서 가장 핵심적인 이런 두 종류의 인과 관계들을 일관성 있게 잘 설명해나갈 수 있는가? 먼저 그가 판단하는 실체의 양상은 아마 속성쯤으로 해석될 수도 있을 것이다. 그렇다면 정신적 실체의 속성은 생각하는 것이며 물질적 실체의 그것은 연장 또는 공간일 것이다. 의문들이 일어난다. 그렇다면 한 생각의 예화가 정신적 사건이고 한 연장의 예화가 물질적 사건인가? 그리고 이 사건들 사이의 인과가 전제되었을 때 우리는 수반을 적용할 수 있는가?

필자의 생각은 그렇지 않다. 왜냐하면 한 정신적 사건과 한 물질적 사건과의 인과 문제는 한 실체의 두 속성들의 예화들로 구성되어 있지 데카르트의 경우처럼 두 실체들 각각의 속성들의 예화들로 이루어져 있지는 않다. 심신 문제와 관련된 데카르트의 존재론적 세계는 한 개체를 실체로 보지 않고 오직 그런 두 가지 실체들, 정신과 몸이 있을 뿐이다. 다음으로 만약 그가 한 개체를 독립적 실체로 보았다 하더라도 문제는 심각하다. 그 독립적 실체가 독립적인 두 다른 실체들을 가지고 있는가? 아니면 그 독립적 실체가 단지 실체로 불리는 두 가지 다른 속성들, 생각함과 연장됨을 가지고 있는가? 그렇다면 이 두 번째 방법도 이치가 통하지 않는다. 왜냐하면 다른 본성들을 가지고 있기 때문에 수평적 인과와 수직적 의존 관계 모두 성립될 수 없으며 그래서 실체이원론의 쓸모 없는 설명적 모델로 전락하게 된다.

데카르트의 설명 모델은 그가 실체이원론을 존재론적으로 확립할 때부터 이미 단추를 잘못 채운 것 같다. 그의 존재론적 이원론은 정신 인과를 잘 설명해낼 수 없는 설득력이 없는 모델이다. 이 모든 것은 아마도 그가 존재론적으로 이원론을 선택한 때문일지도 모른다. 우리는 이런 문제를 좀더 나은 한 설명적 모델의 존재론에서 극복해낼 수 있으리라 생각한다. 최소한 존재론적 측면에서만은 말이다. 그것은 바로 존재론적 물리주의다.

4. 속성이원론과 개선된 수반 논변[10]

속성이원론자들에게 공간이라는 개념은 인과의 논의에서 중요한 이슈가 아니다. 그리고 그들에게 의존이라는 개념은 가장 중요한 개념 중에 하나다. 바로 수반은 의존을 표현한다. 그리고 공간이라는 개념이 이슈가 되지 못하는 중요한 이유는 속성이원론이 존재론적으로 물리주의라는 것도 있지만, 그것의 존재론적 기반인 사건존재론 자체가 속성예화론의 근거에 서 있다는 것이다. 이것은 공간의 개념을 중요한 이슈로 포함하지 않는다. 즉, 속성이원론자들이 선택하는 사건존재론에 기초한 인과의 논의는 사건이 인과적 힘을 가지는가 아닌가가 문제이지 기초적 인과 항이 그것이 실체든 아니든 공간성을 갖는가 아닌가 하는 문제는 아니다. 그리고 이 모델은 수평적 인과와 수직적 의존을 잘 설명해낸다. 이 절에서 필자는 속성이원론을 근본적으로 비판하는 속성동일론자인 김의 수반 논변을 비판적으로 검토함으로써 속성이원론을 간접적으로 변호하겠다.

주지하다시피 수반 논변을 고안할 수 있었던 김의 능력은 18세기 미국의 뛰어난 신학자 겸 철학자 조나단 에드워즈(Jonathan Edwards)의 한 언명에서 나온다. 에드워즈의 아주 중요한 철학적 기여는 수직적 결정 관계는 수평적 인과를 배제한다고 주장한다는 데에 있다.[11] 수직적 결정 관계는 공시적인 의존 관계를

---

10) 이 논변이 구체적 형태를 띠고 나온 것은 그의 1998년 저술 *Mind in a Physical World*다. 김재권은 이 논변을 통해서 비환원주의자들의 주장이 정신 인과의 가능성을 설명할 수 없이 결국 딜레마에 빠진다는 것을 보이려고 시도한다. 그러나 이 논변은 비환원주의 캠프에 속해 있는 탁월한 철학자들의 비판에 직면해왔다. 그 후 그는 그의 최신 저술인 *Physicalism, or Something Near Enough* (Princeton, New Jersey : Princeton University Press, 2005)에서 비환원주의자들에 대항해서 이 논변을 더 명료화하고 개선시킨다. 이것을 필자는 개선된 수반 논변이라고 부른다.

이야기하며 수평적 의존 관계는 통시적인 좌에서 우로 가는 시간적 일직선 관계선상에서의 인과 관계를 이야기한다. 예를 들어 우리가 거울로부터 어떤 사물들의 이미지들을 계속해서 보고 있다고 가정하자. 우리가 보고 있는, 변하지 않는 것처럼 보이는 거울 속의 그런 이미지들은 사실은 새로운 빛 광선의 끊임없는 반사와 우리의 자극에 의해서 계속해서 새롭게 만들어지는 것들이다. 그래서 이전의 광선의 자극에 의한 이미지는 곧 새로운 광선의 자극에 의한 이미지로 대체되고 이것은 끊임없이 진행된다. 이 예는 수직적 관계와 수평적 관계의 차이를 극명하게 잘 표현한다. 이전의 이미지와 바로 그 이후의 이미지와의 관계는 각각의 이미지와 이것을 존재하게 하는 각각의 광선과의 수평적 의존 관계와 일치할 수 없다. 에드워즈는 이런 수직적 의존 관계가 수평적 이미지들 사이의 관계를 배제한다고 한다. 이것이 수반 논변의 근본적 아이디어다.

개선된 수반 논변은 두 단계들 속에서 진행되며 두 번째 단계에서는 두 가지 다른 형태의 수반 논변들로 나타난다. 수반 논변의 첫 번째 단계는 다음 문장으로 시작된다 ; 여기서 M과 M*은 정신적 속성들이라고 가정하자 :

첫 번째 단계
(1) M은 M*을 야기한다.

그러나 수반을 응용한다면 우리는 다음을 얻을 수 있다.

---

11) Jonathan Edwards, *Doctrines of Original Sin Defended* (1758), part IV, chapter II, from *Jonathan Edwards*, ed. C. H. Faust and T. H. Johnston (New York : American Book Co., 1935). 이런 생각은 김의 논문 "Epiphenomenal and Supervenient Causation"에 잘 나타나 있다. 에드워즈의 이런 생각은 기회원인론자들(occasionalists)에 의해서 이미 가정되었다고도 이야기 할 수 있다.

(2) 어떤 물리적 속성 P^*와 관련하여 M^*은 그것의 수반 기초로 P^*를 가진다.

(1)과 (2)는 서로 긴장 상태를 유지한다. 왜냐하면 M^*의 기원에 관한 두 가지 다른 이론들이 있기 때문이다 : (a) M이 M^*을 일어나도록 야기했다. (b) M^*의 수반 기초인 P^*가 예화되었기 때문이다. 그러나 에드워즈의 언명을 기억하라. M^* 이전에 무엇이 일어났는지와 전혀 관련 없이 P^*만 일어난다면 M^*은 반드시 일어난다. 그래서 비록 M이 일어나지 않았다 하더라도 P^*만 일어났다면 M^*은 충분히 일어난다. 이제 (3)이 검토될 차례다.

(3) M은 M^*의 수반 기초인 P^*를 야기함으로써 M^*을 야기했다.

여기까지가 수반 논변의 첫 번째 단계의 완성이다. 이 첫 단계는 만약 수반이 가정된다면 정신 대 정신 인과는 정신 대 물리의 인과를 필한다는 것을 보인다. 즉, 동일 수준 인과(same-level causation)는 하향 인과(downward causation)를 필한다는 것을 보여준다. 즉, 수반이 가정된다면 정신적 영역의 인과는 물리적 영역의 인과 없이 설명하기 불가능하다는 것을 보여준다. 이제 두 번째 단계의 논변이 시작된다.

두 번째 단계
이 단계의 논변은 두 가지 형태의 버전들로 이루어져 있다. 먼저 첫 번째 형태의 논변을 검토해보자. 수반으로부터 다음을 얻을 수 있다 :

(4) M은 어떤 물리적 수반 기초 P를 가진다.

이제 자연스럽게 다음이 떠오른다:

(5) M은 P^*를 야기하고 P는 P^*를 야기한다.

그러나 비환원성으로부터 다음 결과를 가진다:

(6) $M \neq P$

그래서 (5)와 (6) 사이 다시 긴장 상태가 조성된다. 그것은 M이 P와 동일할 수 없기 때문에 P^*는 두 가지 독립적으로 충분한 원인들을 가진다. 이것은 배제의 원리(exclusion principle)로 잘 알려진 이유가 존재하기 때문이다. 배제의 원리는 어떤 사건도 한 가지 이상의 충분하고 독립적인 원인들을 참된 인과적 과잉 결정의 경우가 아니라면 가질 수 없다는 것이다. 그러나 이것이 인과적 과잉 결정의 참된 경우는 아니라고 가정되기 때문에 다음을 얻을 수 있다:

(7) P^*는 M과 P에 의해서 인과적으로 과잉 결정되지 않는다.

배제의 원리에 의해서 우리는 M과 P 중에서 하나를 P^*의 원인일 수 없기 때문에 배제해야 한다. 그러나 어느 것을 배제시켜야 할 것인가?

(8) 추측상 정신적 원인인 M은 한 물리적 원인 P에 의해서 배제된다. M이 아니라 P가 P^*의 원인이다.

M이 배제되는 이유는 잘 알려진 폐쇄의 원리 때문이다. 물리

적 세계가 인과적으로 닫혀 있다는 것은 물리적 사건들은 그들이 인과적으로 다른 사건들과 연결되기 위해서 물리적 세계를 넘어가지 않는다는 것이다. 즉, 물리적 사건들 사이의 인과 관계는 물리적 영역 이외에 존재할 수 있는 사건들의 인과적 간섭을 배제한다는 말이다. 이 원리는 만약 한 물리적 사건이 t에 일어나는 한 원인을 가진다면 그것은 t에 일어나는 한 물리적 원인을 가진다고 말한다.

이제 두 번째 형태의 수반 논변을 살펴보자. (3)부터 시작하자:

(3) M은 M*을 M*의 물리적 수반 기초인 P*를 야기함으로써 야기한다.

(4) M은 P*의 한 원인이다.

(5) P*는 M이 일어나는 시간에 일어나는 한 물리적 원인 P를 가진다(폐쇄로부터).

(6) M ≠ P(비환원성에 의해서).

(7) 그래서 P*는 두 개의 구별되는 원인들, M과 P를 가지고 이것은 인과적 과잉 결정의 경우가 아니다.

(8) 그래서 배제에 의해서 M과 P 둘 중 하나는 배제되어야 한다.

(9) 폐쇄와 배제에 의해서 M은 배제되고 P가 남는다.

이것이 두 번째 수반 논변의 완성이다. 첫 번째 버전과 두 번째 그것의 차이는 두 번째가 더 단순 명쾌하고 수반이 전제로 필요하지 않다는 것이기는 하지만, 두 형태들 모두 다 오직 P와 P* 사이의 하나의 인과만 존재한다고 주장하며 M과 M* 사이의 인과는 배제시키는 결과를 초래한다는 것이다. 김에 따르면 이런 방법으로 비환원주의자들의 수반과 비환원성은 정신 인과의 가능성을 완전하게 차단하는 결과를 초래한다. 다시 말해서 결국 이 논변에 의하면 비환원주의는 $M \rightarrow M^*$과 $M \rightarrow P^*$의 인과 관계들을 $P \rightarrow P^*$로 전가시키는 결과를 초래하게 된다.

4. 반수반 논변

수반 논변을 비판하는 철학자들은 주로 위의 두 가지 형태에서 제시된 (7)에 집중한다. 즉, 토대 속성 P*를 일어나게 만든 두 가지 원인들, M 그리고 P를 가정하게 될 때 이것이 참된 인과적 과잉 결정의 경우가 아니라는 김의 논변에 대한 비판이다. 김 스스로도 그의 이전 수반 논변이 이 문제와 관련하여 "아주 옳은 것만은 아니고 적어도 완성되지 않았다"고 주장한다.12) 그런 비판의 선봉에는 크리스프와 윌필드 두 철학자가 있으며, 그들은 문제의 핵심인 M은 일어나지만 P가 일어나지 않는 세계 W를 가정하면서 수반 논변의 부적절성을 공격한다. 만약 그런 세계에서는 참된 인과적 과잉 결정이 일어날 수 있다는 것을 보이기만 한다면 이 반례는 수반 논변이 환원주의로 갈 수밖에 없는 논리를 제공해준다는 주장의 허구를 보일 수 있을 것이다. 먼저 다음과 같이 말한다 :

---

12) *Physicalism, or Something Near Enough*, p.46을 보라.

한 세계 W(한 세계)에 [수반]이 유지되거나 유지되지 않거나 하는 경우를 고찰해보자. 수반이 유지된다고 가정하라. 그래서 M(한 정신적 속성)은 W 안에서 한 물리적 수반 기초 P′을 가진다. W에서 P*에 맞대고 있는 P′의 인과적 지위는 무엇인가? 우리는 되풀이하지 않겠지만 김의 논변(수반 논변)이 다음의 취지를 포함하고 있다는 것을 보았다 : 만약 P′이 M을 위한 한 수반 기초이고 M은 P*를 야기한다면 P′도 또한 P*에 인과적으로 충분 조건을 가진다. 만약 수반이 W에서 유지된다면 그러므로 P*는 W에서 한 물리적 원인을 가지며 그래서 인과적 폐쇄의 원리는 W에서 실패하지 않는다.[13]

W에서는 P가 일어나지 않은 상태에서 생긴 M은 P*의 한 원인이다. 그리고 수반에 의해서 M의 수반 기초 P′(이것은 비록 P는 아니더라도 M의 한 대안적 물리적 기초다)이 있어야 하고, 자연스럽게 P′ 또한 P*의 원인이라고 주장할 수 있으며 이 경우에 M은 P′에 앞서 P*의 원인일 수 있는 위치를 선취한다. 그들의 주장은 이런 세계에서는 P*가 일어나는 원인으로 P′과 M 모두 자연스럽게 가정할 수밖에 없다는 것이다. 그 이유는 김이 주장하는 것처럼 수반이 유지되기 때문이다. 수반이 유지된다면 반드시 M은 P′을 수반 기초로 가지게 되고, 이미 M은 P*의 원인이기 때문에, 동시에 M의 수반 기초인 P′도 동시에 인과적으로 유효할 수밖에 없다는 것을 의미한다. 그리고 W에서는 P*는 P′을 원인으로 가지게 되기 때문에 폐쇄의 원리는 또한 침해되지 않는다는 주장이다. 그들의 이 주장은 옳다. 그렇다면 이런 세계에서 왜 M이 배제되어야 하는가?

김은 이런 가능성을 인정하면서도 수반이 항구적으로 유지되는 한, M 스스로가 그것의 물리적 수반 기초와 독립적으로 P*를

---

13) Thomas M. Crisp and Ted A. Warfield, "Kim's Master Argument", pp.304–316. 이 단락은 p.314를 보라. 괄호 안은 필자가 이해를 위해 첨가한 부분이다.

야기할 수 있을 가능성은 없다는 대답으로 그들의 비판에 대응한다. 실재 세계에서는 항상 P와 P*가 연속적인 인과 사슬에 의해서 연결되기 때문에 P와 P*를 연결하는 인과적 과정과 독립적인 M과 P*의 인과 사슬을 가정하는 것은 일관성이 없다는 것이다. 그래서 그에 따르면 유일한 대안은 이 두 가지의 인과 통로들이 정확하게 동시에 일어나는 것일 뿐이라고 주장하는 것이다. 즉, M이 P*의 원인이기 위해서는 물리적 인과 과정에 무동을 타야만 한다(piggyback)고 주장한다. 그렇다면 M이 어떤 관계를 P'과 유지하고 있는 덕분에 M은 P'과 P*의 인과 사슬에 무동을 탈 자격을 얻고 이 인과 사슬이 그 자신의 것이라고 주장할 수 있는가? 김은 가장 확실한 것은 M이 P에 수반 관계를 유지하는 것뿐이며 M과 P* 사이의 관계는 전적으로 신비스러운 것이라고 주장한다.

그래서 김에 따르면 이 경우는 M과 P가 P*에 인과적으로 과잉 결정되는 참된 경우가 아니라고 주장하며 배제의 원리가 작용할 수밖에 없고 그래서 M이 배제된다고 주장한다. 왜 이 경우가 참된 인과적 과잉 결정되는 경우가 아닌가? 김의 대답은 M과 P가 별개의 구별이 되는 인과적 역할들을 하지 않기 때문이라는 것이다. 그러나 이 의문은 M이 P가 일어나지 않는 세계에서 일어날 수 있는 가능한 세계가 있으며, 이런 세계에서는 M의 수반 기초를 제거시킨다면 M도 제거되는가 하는 의문에 대한 이해가 선행되어야 하는데, 수반에 대한 해석을 다르게 적용시킨다면 대답 또한 달라질 것이기 때문에 수반의 적용을 다르게 하는 두 해석들을 면밀히 검토해보자.

M은 일어나지만 P는 일어나지 않는 세계에서 수반의 성립을 다르게 적용하는 두 가지 해석들이 전개되고 있는 상황이다. 이 해석들이 그들의 입장들을 다르게 만든다. (a) 크리스프와 월필

드의 수반 해석은 M이 일어나지만 P가 일어나지 않는 그런 세계에서는 비록 M이 P*의 원인이라 하더라도 수반이 유지되기 때문에 M의 수반 기초인 P′이 일어나기 때문에 P′이 P*에 인과적으로 유효하다는 것을 말할 수밖에 없다는 것이다. 왜냐하면 P가 일어나지는 않더라도 M의 한 대안적 물리적 기초P′이 수반 때문에 일어나야 하고, 이 세계에서는 P′이 없이도 M은 일어날 수가 있기 때문에 M과 P′은 인과적으로 독립적이라고 주장하기 때문이다. 이 주장은 정당성을 얻을 수 있다. 수반은 P가 없이 M이 일어나는 세계가 불가능하다고 말하지 않고 다만 그런 세계에서는 M의 다른 대안적 물리적 수반 기초(P′)가 존재해야 한다는 것을 말할 뿐이기 때문이다. 크리스프와 월필드의 주장은 적절하며 수반 논변의 한 뿔인 수반이 유지되는 세계 논변에 손상을 충분히 가할 만하다. 존재론적으로 M이 M의 물리적 수반 기초(그것이 무엇이든) 없이 일어날 수 있다면 그 둘은 독립적이라고 말할 수 있다.

즉, 크리스프와 월필드는 두 세계를 가정한다. W1은 M이 P 없이 일어날 수 없고 P가 제거되면 M도 따라 제거되는 세계를 이야기하며, W는 P가 일어나지 않지만 M은 일어나고 수반 때문에 M의 수반 기초 물리적 속성 P′이 P의 대안으로 일어나며 이때 P′이 P*의 원인일 수 있기 때문에 폐쇄를 위반하지 않고, P′ 없이 M이 일어날 수 있기 때문에 M도 또한 P*의 원인일 수 있다. 이것은 M과 P′은 독립적 원인으로 작용할 수 있다는 것을 보이는 세계다. 그래서 이것은 참된 인과적 과잉 결정의 경우를 말하는 것이라는 의미다. 그리고 이 인용에서는 W를 이야기하고 있고 이것이 수반 논변의 부적절성을 보이기에 충분하다는 것이 필자의 생각이다. 이런 세계 W는 충분히 규정 가능하다. 그러므로 김의 주장과는 수반이 유지되는 W에서 정신 인과는 충분히 구해질 수 있다.

그러나 김의 수반의 적용은 다르다. (b) 김재권은 비록 가능 세계에서 P가 없이 M이 일어날 수 있지만 그 세계에서도 M이 P'의 대안으로 P'을 가지게 되자마자 M과 P' 사이에서 유지되는 법칙이나 원리는 이미 가능 세계의 그것들이 아니라 실재 세계의 존재론적 수반 관계 속에서 유지되어야 한다는 말이다. 그렇다면 김의 논리에 따라 당연히 W가 참된 인과적 과잉 결정의 경우를 보여주는 세계가 아닐 수 있다. 그 이유는 여기서 되풀이하지 않겠다.

두 해석 중에서 필자는 (b)보다 (a)의 해석에 더 동정심이 간다. 그 이유로 필자는 크리스프와 월필드가 가정한 가능 세계가 충분히 규정 가능하다고 생각되기 때문이다. 그리고 그 규정된 세계의 이해를 위해서는 그들의 논리를 잘 따라야 하기 때문이다. 이제 그들은 수반 논변의 나머지 한 뿔과 관련하여 또 다음과 같이 주장한다 :

이제 [수반]이 W에서 유지되지 않는다고 가정하라. 그리고 더 나아가서 바로 김이 제안한 것처럼 W에서 P*의 어떤 물리적 원인도 없이 M은 P*를 야기한다고 가정하라. 주어진 이 가정에서 폐쇄는 실제로 W에서 실패한다. 그러나 김을 따라서 우리는 실재 세계는 수반 세계라고 가정했었다. 이 가정으로부터 W는, 우리가 [수반]의 정규화에서 관련된 양상연산자(modal operator)를 어떻게 판독하는가에 달려 있기 때문에, 법칙적으로 또는 형이상학적으로 불가능한 세계 중하나라는 결론이 도출된다. 그래서 만약 W가 김이 제안한 방법으로 [폐쇄]가 위반된 세계라면 W는 적어도 법칙적으로 불가능하다.
과잉 결정의 비환원주의적 펜들은 이것에 대해 무엇을 생각해야하는가? 그들은 그들의 견해를 그것이 법칙적으로 (그리고 아마도 심지어 형이상학적으로) 불가능한 세계 안에서 [폐쇄]가 실패한다는

것을 포함하기 때문에 포기해야 하는가? 왜 그들이 그래야 하는지 우리는 인정할 수 없다.[14]

이 주장은 또한 아주 적절하다. 우리는 수반이 법칙적으로 필연적이라는 것을 잘 안다. 그래서 수반이 유지되지 않는다면 그 세계는 법칙적으로 필연적이지 않은 세계라는 것을 말한다. 그렇다면 그 세계에서 폐쇄는 작용하지 않을 것이며 그것 때문에 그 세계는 법칙적으로 불가능한 세계가 될 것이다. 그런 법칙적으로 불가능한 세계에서 일어나는 것 때문에 법칙적으로 가능한 세계에서 일어난 인과적 과잉 결정의 가능성을 포기해야 할 필요는 없다. 그렇다면 수반 논변의 또 한 뿔의 해석도 정신 인과의 가능성을 해칠 수는 없다.

상대적으로 이 논변에 대한 김의 대응은 그들의 논변의 한 부분만을 주장하기 때문에 정확하지 못하다. 그는 "W가 법칙적으로 불가능한 이유는 W에서 어떤 물리적 법칙이 위반되었기 때문이 아니라 어떤 정신적 속성들이 물리적 속성들에 수반을 하지 못했기 때문이다"[15]라고 주장하다. 그것은 우리 세계의 어떤 정신 물리 법칙이 W에서 실패했기 때문이라고 주장하는 것이다. 정신 물리 법칙의 위반은 물리 법칙의 위반을 수반하지 않는다는 것을 말하고 있다. 그러나 크리스프와 월필드는 수반이 유지되지 않기 때문에 M이 P*의 물리적 원인이 없이 P*를 야기함으로 폐쇄가 침해된다는 것을 말하고 이것은 곧 법칙적으로 불가능하다는 것을 말한다. 그래서 이것은 차례로 물리적 법칙이 침해된다는 것을 말할 뿐만 아니라 정신 물리적 법칙도 침해된

14) Thomas M. Crisp and Ted A. Warfield, "Kim's Master Argument", pp.304-316. 이 단락은 p.314를 보라. 괄호 안은 필자가 이해를 위해 첨가한 부분이다.

15) *Physicalism, or Something Near Enough*, p.46.

다는 것을 말하는 것이다. 김의 대응은 한쪽만 담당한 것이고 다른 한쪽에 대한 대응은 간과한 것 같다. 그들은 두 가지의 법칙들 모두를 부정한 것이다.

결과적으로 수반 논변은 인과적 과잉 결정의 가능성이 가진 문제점을 명백하게 보여주는 데 실패한 것 같다. 인과적 과잉 결정 논변에 대한 김의 대응은 이전의 그의 주장을 상당 부분 되풀이하는 것으로 채워지는 것 같다. 그리고 새로운 어떤 것이 있다면 이런 인과적 과잉 결정의 가능성을 완전히 배제할 수 있는 강한 형태의 새로운 인과적 폐쇄 원리(strong closure)를 채택할 수 있다는 것을 주장한다는 것이다. 수반 논변이 정신 인과의 문제와 관련하여 인과적 과잉 결정의 가능성을 완전히 차단하는 것처럼 보이지는 않는다.

5. 신체성은 문제를 해결하는가?

잘 보았듯이, 실체이원론의 문제는 공간성과 의존성을 적용시킬 수 없는 것 때문에 발생했다. 그리고 그런 문제들과 멀리 떨어져 있는 적절한 속성이원론은 속성 동일을 염두에 둔 수반 논변의 공격을 잘 견뎌내는 것처럼 보였다. 속성 동일은 그 동기부터 다시 생각해봐야 할 것 같다. 속성이원론은 문제가 그렇게 있는 것처럼 보이지는 않는다. 여기서 두 논점들을 지적할 필요가 있다. 첫째로, 같은 이원론이지만 실체이원론과 속성이원론은 전혀 다른 존재론적 기반을 가졌다. 즉, 형이상학적 기초, 설명적 논리 그리고 이론의 목적 등의 전혀 다른 성질들을 가지고 있다. 전자는 두 실체들 사이 서로 영원히 소통할 수 없는 간극이 존재하는 이론이며, 후자는 존재론적으로 이 세계의 모든 것을 물질적인 것으로 보기 때문에 그런 문제들을 벗어나 있지만 정신적 사건의 인과적 힘과 수반에 관한 해석의 차이에서 김의 수반 논변으로부터 공격받는 이론이다. 그들은 전혀 다른 성질의 이원론들이다. 그러나 소위 김의 기능적 환원주의도 존재론적으로 많은 문제를 내포하고 있는 이론이다. 필자는 이 논점을 여러 다른 곳에서 주장해왔다.16) 그가 한 사건의 구성적 속성이 하나밖에 없음에도 불구하고 그것을 두 개 이상 늘려서 사용하기 때문이라는 것이 필자의 주장이었다. 이것은 이 논문과 본질적 관계를 갖지 않기 때문에 더 이상 논의하지 않겠다. 둘째, 김이 비록 기능적 환원을 통해서 속성 동일을 도모하지만 그의 사건존재론적 기반은 속성이원론에 다름아니다. 그에게서 정신적 사건과 물리적 사건은 완전히 다르다. 왜냐하면 전자는 정신적 속성의 예화이고 후자는 물질적 속성의 예화이기 때문이다. 그리고 각각의 사건은 하나의 구성적 속성만을 가지고 있기 때문에 그의 이론의 실질적 토대는 속성이원론이다.

이 시점에서 필자는 하나의 존재론적 개념에 눈을 돌리고자 한다. 이것이 이런 어려운 상황을 개선시켜주는 역할을 할지도 모르기 때문이다. 그것은 정대현이 주장하고 있는 신체성이라는 개념이다. 이것은 김의 동일론적 형태에서 한 발자국 더 나아가는 듯한 인상을 강하게 준다. 만약 그의 주장이 적절한 근거를 가진다면 우리는 우리의 수수께끼를 조금 더 빨리 푸는 결과를 얻을 수 있을 것이다. 물리주의가 이원론적 배경에서 산출되었다고 비판하며 음양 관계라는 전혀 새로운 존재론적 원리를 변호하는 문맥에서, 정대현은 그의 새로운 신체성 개념에 기초한

---

16) 필자는 이런 주장을 여러 논문들에서 펼쳐왔다. 필자의 「김재권 식 기능주의와 새로운 기능주의적 환원 이론의 가능성」, 「두 개념의 제거주의와 동일론」, 「한 사건동일론에 근거한 새로운 기능적 환원적 물리주의」, 「사건존재론과 정신인과」 등을 보라.

몸과 마음의 이해를 돕기 위해서 다음과 같이 말한다 :

　　물리주의는 이원론적 배경에 의하여 산출되었다고 믿는다. 물리주
　　의는 이원론을 부인하면서도 이원론이 제기한 구조 안에서 하나를
　　부인하고 다른 하나를 선택하여 이 세계를 설명할 수 있다고 믿는
　　입장이다. … 이원론은 연장으로서의 물질과 마음의 작용으로서의 생
　　각, 이 두 가지가 세계를 구성하는 기본적이고 독립적인 존재자라고
　　상정하는 이론이다. … 물리주의는 이원론의 <두 가지만 존재한다>
　　라는 선택지를 거부할 뿐 그 구성 방식에 나타나는 선택지, 즉 <연장
　　으로서의 물질>을 그대로 수용하는 것이다.17)

　　몸과 마음은 두 가지 요소일 뿐 독립적 존재자들이 아니라는 것이
　　고 이들은 단일한 실재를 구성하는 구조에서 양자의 관계를 표상해야
　　하는 것이다. 이러한 조건을 만족하는 가장 가까운 개념들 하나로 <
　　음양>을 고려할 수 있을 것이다.18)

　필자는 정대현의 주장에 세 가지의 비판적 논점들을 먼저 제
기하고 싶다. 먼저, 보이는 것처럼 그는 물리주의를 말하면서 그
것을 속성이원론의 이름으로서가 아니라 실체이원론의 이름으
로 설명한다. 적절한 대입과 응용의 기초 위에서 물리주의를 정
당하게 다루지 않는다. 이미 본 것처럼 물리주의는 속성이원론
이며, 그것은 실체이원론과 전혀 다른 형이상학적 배경, 설명적
목적 등을 가진다. 그 둘은 완전히 다른 이론이다. 다시 말하지만
실체이원론의 관점에서 속성이원론을 정당하게 다룰 수 없다.
그들은 전혀 다른 존재론적 기반들 위에 서 있다. 둘째로, 첫째
논점에서 제기된 것처럼 그의 주장과는 달리 실제로 그가 변호

17) 정대현, 『심성 내용의 신체성 : 언어 신체성으로 마음도 보인다』, 아카넷,
2001, p.355.
18) 같은 책, pp.358-359.

하고 있는 존재론은 속성이원론인 듯하다. 만약 몸과 마음이 두 요소이고 독립적 존재자가 아니라는 것은 이미 자세하게 설명한 것처럼 바로 속성이원론을 주장하는 것에 다름아니다. 그렇다면 그것은 바로 물리주의며 전혀 새로운 어떤 것은 아닌 것처럼 보인다. 실제로 그가 주장하는 개념적 기반이 속성이원론이라고 믿어지는 부분은 도처에 있다 : "이원론은 양자(마음과 몸)를 배타적 관계에 두지만 음양론은 양자를 요구하는 관계에 둔다. … 양자가 나타난 요소 또는 국면으로서 다른 것들과 함께 하나의 존재자를 이루는 구조를 갖는다."19) 이미 보았듯이 실제로 속성이원론은 수평 / 수직 관계의 해석에 의해서 본다면 양자를 요구하는 관계다. 그래서 그가 실제로 현대 물리주의를 비판하고 있는 것이 아니라 변호하고 있는 꼴이 된다. 이런 두 가지 논점들의 근거에서 볼 때 정대현은 성질이 전혀 다른 두 기초 존재론들을 혼동하고 있는 것처럼 보인다. 마지막으로 그의 음양 이론이 그런 새로운 설명적 모델이라면 그 이론을 설명해줄 외재적 특성들이 아니라 내재적 특성들을 그대로 기술할 수 있어야 할 것이다. 하지만 그는 그의 음양에 대한 대부분의 설명에서 그것이 어떤 직접적인 내재적 속성을 가졌나 하는 설명에 대해서는 인색하다.

더 나아가서 그의 주장이 사실상 속성이원론에 다름아니라면 그가 그것을 음양 개념으로 다시 설명해보는 것일 수도 있다. 그러나 그는 이런 가능성으로 음양을 주장하지는 않는 것 같다. 그것은 그가 그 다른 두 이원론들을 혼동하고 있는 것처럼 보이기 때문이다. 그렇다면 음양의 개념으로 현대 물리주의에 대한 새로운 해석을 시도한다는 것은 잘못된 해석이다. 신체성이라는 흥미로운 개념에 대한 정당한 평가는 필자가 제기한 이러한 비

---

19) 같은 책, p.339.

판적 논점들에 대한 일관성 있는 합리적 대응들이 나온 후에야 가능할 것 같다.

6. 결 론

존재론적 관점에서 전혀 다른 두 가지 형태들은 존재론적 물리주의인 속성이원론과 존재론적 이원론인 실체이원론이다. 그들은 전혀 다른 전제들, 형이상학적 배경들 그리고 설명적 목적들을 가지고 있기 때문에 완전히 다른 설명적 모델들이다. 그러나 특히 정신 인과의 설명적 가능성에서 실체이원론은 다양한 문제들로 인해서 적절하지 못한 이론으로 전락한 반면 속성이원론은 수반 논변의 공격을 잘 견뎌내는 이론인 것으로 보였다. 그리고 신체성이라는 흥미로운 개념도 아직까지 정당하게 평가할 만한 상황은 아니라는 결론이 나왔다. 아마 경험주의의 기준들 위에서 우리가 만들 수 있는 본질적인 존재론의 한계가 바로 존재론적 이원론과 존재론적 물리주의가 아닌가 하는 생각이 강하게 든다.

세계 구성과 측정*

남 경 희

  필자는, 언어가 외계에 대해 자의적이거나 무연(無緣)하고, 우리의 언어적 활동이 인간적 생존 방식의 하나로서 일종의 놀이의 성격을 지닌다는 입장에 동조적이다. 그러나 다른 한편으로 우리의 인식 활동이나 언어적 기술이 외계에 관한 것이라는 전통의 이념도 버리기 힘들다고 생각한다. 인간은 허공에서 사는 것은 아닐 것이며, 나아가 외계는 어떤 방식으로든 우리의 삶의 공간으로 존재한다고 생각된다. 이런 상반되는 두 입장을 수렴할 수 있는 방식으로 측정의 이념을 검토하고자 한다. 측정의 이념은 전통적 의미의 실재론의 입장을 취하지 않으면서도 자연과학과 기술의 성공을 잘 설명해줄 수 있을 것으로 생각된다는 점에서 함의가 많은 개념이라는 것이 필자의 판단이다.

---

* 본 논문은 2001년 12월 22일(토), 이화여대 문화관에서 열린 한국분석철학회 동계 연구 발표회에서 발표된 것을 보완한 것이다. 당시 논평자와 질문자들에게 감사한다.

1. 양적 모습과 측정[1]

한 연장적 대상을 미터법으로 재면 30cm, 야드법으로 재면 12인치, 한국 전통의 측량법으로 재면 1자다. 하나의 동일한 대상이 측량 방식에 따라 그 모습이 각각 30, 12, 1의 길이를 가진 것으로 드러난다. 이런 차이에도 불구하고 대부분의 사람들은 그 대상이 하나의 모습을 지니고 있다고 믿는다. 측량법들 간의 환산 법칙에 의해 서로 다른 모습들인 30, 12, 1의 길이들 간에 등식 관계를 정립할 수 있기 때문이라는 것이다. 하나의 연장적 대상은 고정된 하나의 모습을 지니고 있으며, 그 하나의 모습은 측량법과는 독립적이나, 그 대상의 모습이 30, 12, 1로 다양하게 드러나는 이유는, 단지 그 대상을 재는 측정법과 측정 단위가 달라서 그러할 뿐이라고 논한다. 이런 논변의 기저에는 하나의 연장적 대상은 측정되는 경우가 전혀 없더라도 일정한 길이의 양을 지니고 있을 것이라는 가정이 전제되어 있다.

필자는 이런 가정에 대해 비판적이다. 측정을 위해서는 측정 단위가 있어야 한다. 그런데 측정 단위는 측정 대상 그 자체의 모습과는 아무 상관이 없다. 어떤 것을 측정 단위로 할지, 미터나 야드, 척 또는 전혀 다른 어떤 것을 측정 단위로 할지는 전혀 자의적인 것으로서, 측정 대상 자체와는 무관하다.[2] 측정 행위는 측정 대상을 그 단위를 잣대로 하여 대상의 양적인 모습을 규정하는 활동이다. 흔히 측정을 통해 우리는 대상의 모습을 발견한

---

1) 본고는 필자의 「언어의 규정력」(『철학적 분석』, 창간호, 2000년 4월)에 언급되었던 측정에 관한 생각을 발전시킨 것이다. 그래서 본고의 약간은 이 논문의 일부 문장과 구절들을 따왔다.

2) 아마도 측정 대상이나 측정 단위 모두 연장적이라는 공통성은 있어야 할 것이나 이 역시 논란의 대상이다. 이는 곧 논의할 것이다.

다고 믿으나, 이런 믿음은 수정되어야 한다. 측정의 기초 단위는 측정자들에 의해 직관적으로 숙지되어 있는 것이거나 또는 합의에 의해 임의적으로 선택된 것이기는 하나, 측정 단위의 자의성 때문에 측정 결과 역시 자의적이거나 무연하다 할 수 있다.

측정 단위 자체의 모습이 측정 대상에 의존하거나 아니면 좀 더 기초적인 단위에 의해 그 모습이 규정될 수는 없다. 전자의 경우와 같이, 측정 대상에 의존한다면, 이제 그 대상이 측정 단위를 재는 측정 단위가 되어 순환론에 빠진다. 측정이란, 측정되는 것이 스스로는 자신의 양적인 모습을 보여주지 않는 고로, 우리가 이해할 수 있는 관점에서 우리가 수용하는 단위와의 비례적 관계를 통해 측정 대상의 모습을 드러내려는 인식 활동이다. 측정 단위가 다른 단위에 의해 규정되어야 하는 후자의 경우는 무한 후퇴에 빠져 측정 활동이 이루어질 수 없다. 설사 측정하여 그 결과가 나오더라도 측정 결과에 대한 이해는 불확정적이다. 측정이라는 인식 활동은 이렇게 수용된 측정 단위를 기초로 하여 측정 대상을 규정하는 활동이다.

측정 대상 자체는 과연 측정 결과에 전혀 영향을 미치지 않는 가? 측정 대상은 측정 단위와 측정법에 따라 다른 모습을 보일 수는 있으나, 그 자체로서는 하나의 고정된 모습을 지니고 있지 않을까? 일반적으로 사람들은 측정되는 것은 최소한 연장성을 지니고 있으며, 연장적인 것들은 측정되지 않는 경우에도 일정한 양에의 가능성을 지니고 있다고 믿는다. 더 일반적으로 인식의 대상들은 인식되기 이전부터 인식을 통해서 드러날 모습을 지닐 수 있다는 것은 전통 인식론의 기본 전제다.

그 어떤 대상이라도 측정되지 않으면 일정 양은 물론 양에의 가능성, 즉 연장성도 갖지 않는다. 과연 측정되지 않으면 양이나 연장성도 없다고 해야 하는가? 가령 높이 솟은 빌딩을 생각해보

자. 그 빌딩의 높이가 미터법으로 측정할 때 50미터라 해보자. 이런 측정 행위 이전에도 그 빌딩은 고정된 높이를 가지고 있다고 할 수 있을까? 측정이라는 인식 행위의 대상이 되기 이전에 그것은 전혀 다른 것일 수도 있다. 그것은 빌딩도, 높이를 지닌 연장체도, 어떤 종류의 광물들의 집적체일 수도, 주거지일 수도, 원자들의 군단일 수도, 진정으로 그것은 무엇이든 될 수 있다.

무엇이든 될 수 있는 것은 그 자체로서는 아무것도 아니다. 즉, 그 자체로서의 모습을 지니고 있지 않다. 그것이 높이라는 연장성을 지닌 존재로, 나아가 50미터라는 일정한 높이를 지닌 것으로 간주될 수 있는 이유는, 우리가 그것을 측정 대상으로 삼고 나아가 미터법이라는 특정 측정법을 채택하였기 때문이다. 이런 측정이라는 인식 행위에 의해 비로소 그 대상은 인식할 수 있는 존재, 연장성을 지닌 존재, 나아가 특정의 일정한 모습을 지닌 존재가 된다. 대상은 오직 특정의 측정 방법과 단위에 의해 측정되면서 비로소 일정한 양도, 나아가 연장성까지도 가질 수 있다. 그 특정의 측정법과 단위가 그 대상에 관심을 거두자마자, 그것은 일정한 양은 물론 연장성마저도 잃어버린다. 일정한 양이 없는 연장성은 연장성이 아니며, 측정되지 않은 양은 양이 아니기 때문이다.

측정에 의해 드러나게 되는 가능적 일정 양, 가능적 모습이란 것이 있지 않을까? 그러나 선재하는 가능적 양이란 추상의 산물일 뿐이다. 어떤 것이 무엇의 가능성이라 의미 있게 말해질 수 있기 위해서는, 그것은 현실화될 자신의 모습을 필연적으로 결정할 수 있는 그런 것이어야 할 것이다.[3] 그런데 우리는 필연적

---

3) 비트겐슈타인의 『탐구』 다음 참조 : §194. 언제 우리는 다음과 같은 생각, 즉 기계의 가능적 운동들은 어떤 신비한 방식으로 이미 그 기계 속에 있다는 생각을 품는가? 글쎄 우리가 철학을 하는 경우에 … 이 운동의 가능성은 오직 이 운동의 가능성이어야 한다.

으로 무엇이 될 수 있는 것을 단지 그 무엇에의 가능성이라 하지 않는다. 다른 한편으로 일정한 하나가 아니라, 다양한 모습으로 현실화될 수 있는 그런 가능성은 의미 있는, 실질적인 가능성이 아니다. 하나의 대상이 어떤 측정 단위로 재느냐에 따라 다양한, 실로 원리적으로는 무한한 모습으로 나타날 수 있다면, 그 대상이 특정한 양적 모습을 보일 일정한 가능성을 지니고 있었다고 보기 힘들 것이다. 무엇도 될 수 있는 가능성은 의미 있는 가능성이 아니다. 그런 고로 그 어느 경우든 가능성이라는 개념은 무의미한 개념이다.

무규정적인 것이 특정의 어떤 모습으로 현실화될 수 있느냐, 측정이나 언어적 규정 이후에 어떤 특성을 가진 것으로 드러나느냐, 그것이 이전부터 지니고 있다고 여겨지는 어떤 성향이나 가능성이라기보다는, 그것에 가해지는 규정이나 측정 단위에 달려 있다. 다시 측정의 경우를 살펴보자. 하나의 연장적 대상은 그를 미터법, 척관법, 야드법 등, 어떤 측정 단위에 의해 재느냐에 따라 전혀 다른 양적인 모습을 지닌 것으로 규정된다. 하나의 대상을 미터법에 의해 재면 그것의 양적인 모습은 3으로, 척관법으로 재면 대략 9로, 그리고 야드법으로 재면 3.3으로 규정된다. 이들 양적 규정들 사이에는 아무 공통점도 없다.

1미터는 대략 3.3척 그리고 1.1야드다. 혹자는 이런 등식을 매개로 서로 다른 측정 결과를 환원적으로 연산할 수 있다는 사실을 들어 이들 사이에 공통적 기반이 있다고 논할지 모른다. 연산을 위한 등식을 구성할 수 있는 이유는 물론 미터법, 척관법 등이 상호 공통의 기반 위에 기초하고 있어서임을 우리는 인정할 수 있을 것이다. 한 걸음 더 나아가, 이런 연산 등식이 성립함은 아마도 필연적이라고 논할 수도 있을 것이다. 대상의 길이를 재는 여러 측정 단위들은 이들이 길이라는 동일 종류의 양을 재는 것인 한 상호 유비적 관계를 지니고 있어야 한다. 즉, 서로 비교될 수 있는 것이어야 한다. 그렇지 않다면 같은 종류의 양을 재는 단위라 할 수 없다. 가령 미터와 척 사이에는 연산식이 성립하지만, 미터와 킬로그램 간에는 그런 식이 있을 수 없다. 그러므로 서로 다른 측정 단위들 사이의 연산식의 존재는 단지 이들 단위들이 재는 연장성이 같은 종류의 것임을 알리는 것이지, 측정 대상이 그 자체로서 길이가 일정함을 보여주지는 않는다. 연산식의 존재는 오히려 한 종류의 연장성, 가령 길이에 대해 여러, 실로 무수히 많은 길이 측정 단위들이 있을 수 있으며, 그 단위에 따라 대상의 길이가 달라질 수 있음을 시사한다.

측정은 측정자 자신에게 숙지된 측정 단위를 통해서 대상을 규정하는 활동이다. 가령, 길이 측정에서 가장 기초적인 단위로 선택되는 것은 우리의 신체와 관련하여 즉각적으로 숙지될 수 있는 특성들, 한 뼘, 한 걸음 등과 같은 것이다. 그리고 무게 측정의 경우는 한 줌, 한 보따리, 한 다발 등일 것이다.

측정 대상은 길이, 무게 등 일정한 종류의 양을 지니고 있어야 한다. 그것도 일정한 크기의 양을 지니고 있어야 할 것이다. 우리가 무엇을 측정 대상으로 삼는다 함은 이미 그것이 일정한 종류의 양을, 그것도 일정한 크기의 양을 지니고 있다는 전제 하에서 가능한 사태다. 이런 전제가 성립하지 않는다면, 측정의 행위는 가능하지도 않고 의미도 없는 활동일 것이다.

이런 전제에 비추어 측정 대상은 그 자체로서 일정한 양, 일정 크기의 양을 지니고 있다고 말할 수 있을까? 위에서 지적한 바와 같이 우리가 측정하는 대상은 측정 이전에는 무엇이라도 될 수 있는 것이다. 그리고 그 자체로서 무엇이라도 될 수 있는 것, 그런 것이 어떤 일정한 특징이나 성격을 지니고 있다고 말할 수 있을까? 그런 것은 사실상 아무것도 아닌 것, 무규정적인 것, 인식자의 규정에 의해 비로소 일정한 특성을 지니게 되는 것으로 보아야 한다. 그러므로 측정 대상이 일정한 크기의 양을 지니고 있어야 한다는 전제는, 대상 자체의 모습을 반영하기보다는 측정 행위의 논리적 구조로서 요청되는 것이다. 즉, '양화 가능성', 나아가 '측정 대상이 일정 크기의 양을 지니고 있음'은 측정 대상의 특성이 아니라 측정 활동이나 개념의 구조적 특성이라는 것이 정확할 것이다. 측정될 길이의 일정성은 그러므로 측정 행위의 구조적 일부로서 전제되어 있다.

측정되는 것만이 양을 지닐 수 있다. 그 역, 즉 측정의 대상 자체가 양을 지니고 있어서 측정이 되는 것이 아니라, 측정이 되기 때문에 그 측정의 결과로 양이 등장하는 것이다. 측정의 행위는 양적 크기를 지닌 대상을 창출한다. 순수 양, 양화 가능성이란 무의미하다. 양은 측정 행위의 구조적 일부로서만 의미 있기 때문이다. 일정한 양 없는 길이가 없듯이, 측정 없는 양은 없다.

대상의 특성으로 여겨지는 양이나 연장성이 측정 행위의 구조적 일부라는 사실은 측정이 일종의 유비적 인식이라는 점과 연관되어 있다. 측정 대상의 양적 크기는 측정 단위와 비례적 관계에 있다. 가장 기초적인 단위를 1미터라 할 때 2미터인 것은 1:2, 3미터인 것은 1:3, 4미터인 것은 1:4의 비례를 지니고 있다. 측정의 활동은 측정 대상에서 측정 단위와의 비례적 관계를 찾아, 그 대상을 이해하려 한다는 점에서 유비적 사고 활동이라 말할 수 있다. 이런 유비적 사고는 모든 사유 활동의 기초다.[4]

---

[4] 여기서 우리는 동양적 사고에서 특유한 유비적 사고의 중요성을 이해할 수 있다. 흔히 말하듯이 유비적 사고는 원시적 사고라기보다는 기초적인 사고법이다. 나아가 이성(logos, reason)의 기원도 여기에 있다는 것이 필자의 추정이다.

2. 대상의 모습과 언어적 기술

언어적 기술은 일종의 측정이다. 그렇다고 한다면, 언어적 기술은 측정과 동일한 논리적 구조를 지니고 있다. 측정은 일종의 인식이라는 것이 일반적인 믿음이다. 우리는 이런 논제를 부정하지 않으나, 이 논제의 주어와 술어를 바꾸는 것이 더욱 정확하다고 생각한다 : 인식이 측정이다. 인식 활동은 언어에 의존적이며, 나아가 언어적 기술은 측정을 기초로 하므로, 인식 역시 측정을 기초로 한다. 인식의 언어 의존성은 별도의 논의를 필요로 하나, 그에 대한 본격적인 논의는 다른 기회로 미루고 이곳에서는 다음만을 간략히 지적하도록 하자 : 동물이든 인간이든 세계를 인식하더라도 자신이 아는 익숙한 단위로 세계를 재나갈 수밖에 없다. 그런데 그 단위는 인식자 자신만이 아는 것이 아니라 다른 인식 주체와 공유하는 것, 그가 속한 인식 공동체에 의해 공유되어 있는 측정 단위며, 그런 공유성으로 하여 통신의 매체로서 기능할 수 있는 것이어야 한다. 자신만이 사유하는 그런 단위는 객관적 인식을 산출할 수 없으며, 그런 '인식'은 인식의 이념에 위배된다. 인식은, 적어도 객관적 인식의 결과는 언어적으로 기술되어야 함을 필수 조건으로 한다는 점이다. (무엇을 인식한다는 것은 객관적인 존재가 된다는 것, 일정한 공동체의 일원이 된다는 것을 의미한다.) 바로 이런 이유에서 통신의 매체인 언어가 인식의 도구임을 넘어서 언어화 가능성은 인식을 위한 필수적인 조건이 된다. 그리고 외계 인식의 언어 구속성, 즉 통신 구속성 때문에 인식과 사유에 대해 언어가 선재적(先在的)일 수밖에 없다. 그리고 언어가 인식과 사유에 선재적이라면 인식은 외계에 대해 무연적(無緣的)일 가능성이 있다. 위에서 언급한 바와 같이 인식의 행위가 일종의 측정이라 한다면, 인식은 대상을 발견하는 활동이라기보다는 규정하는 행위다.

　언어적 기술은 측정과 어떤 공통점을 지니고 있는가?
(1) 언어적 기술은 측정과 같이 대상의 객관적인 모습을 드러내
　　거나 규정한다.
(2) 대상이 지니는 모습의 객관성은 공유 매체에의 합의에 기초
　　한다. 이런 합의가 전제되지 않는다면 모습의 객관성은 확보
　　할 수 없다.
(3) 측정의 경우 공유 매체는 공유된 측정 단위이고, 언어의 경우
　　는 어휘들과 문장들이다.
(4) 측정 단위와 대상의 양적 크기는 유비적 관계에 있다. 한 어
　　휘의 의미와 그 어휘에 의해 기술된 대상의 모습 간에도 유비
　　적 관계가 있다.5)
(5) 측정 단위나 어휘들은 대상과 무연적이다. 그리고 이들의 수
　　용이나 습득은 무조건적으로 이루어진다.
(6) 측정 단위의 수용이 측정을 위한 준비이듯이, 어휘들의 습득
　　역시 언어적 기술을 위한 준비다.
(7) 동일한 대상이 다른 측정 단위에 의해 재어질 때 대상의 양적
　　인 모습은 상이하게 나타나듯이, 역시 '동일한 대상'이 상이
　　한 언어에 의해 기술될 때 대상의 질적인 모습은 상이하게
　　나타난다. 그러므로 서로 다른 측정 단위나 다른 언어권의 개
　　념들에 의해 기술되는 하나의 동일한 대상이란 존재하지 않
　　는다.

---

5) 플라톤의 『파이돈』 참조. 같음의 형상으로 경험적 사물들 사이의 같음 여부
를 재는 사례. 의미가 잣대의 역할을 한다는 통찰은 아마도 플라톤에서 처음일
것이다. 그리고 대상을 술어적으로 기술함에서 우리는 일종의 유비적 사유를
한다는 것도 그의 지적이다.

이상에서 (1)의 논제는 논란의 여지가 없을 것이다. 모습의 객관성이 공유 매체에의 합의에 의한다는 (2)의 주장에 이의를 제기할 수도 있다. 그러나 인식 내용, 즉 대상의 인식된 모습이 객관적이기 위한 일차적인 조건은 그것이 인식 공동체에서 통용될 수 있는 것이어야 한다는 데에는 이의가 없을 것이다. 달리 말하면, 그 인식 내용이 의미 있는 언어로 표현되어야 한다. 그리고 언어란 의사 소통을 위한 매체이지만, 이런 매체로서 기능할 수 있기 위해서는 그것에 의해 전달되는 내용이 객관적이어야 하는데, 언어란 바로 이런 조건을 충족하는 것으로 인식 주체들에 의해 합의된 공유 매체다. 언어적으로 기술된 바의 객관성을 보장하기 위한 측정 단위가 어휘나 문장이라는 (3)의 논제, 그리고 측정과 언어적 기술이 유비적 관계에 있다는 (3)과 (4)의 논제는 아래에서 논의될 것이다. 이들은 (2)의 논제와 밀접히 연결되어 있다는 점만 지적하기로 하자. (5)는 측정 단위 및 언어의 무연성이라 부를 수 있는 논제다. (6) 측정이나 기술의 단위들이 측정이나 기술 대상과 무연적이라면, 이들의 수용은 무조건적일 수밖에 없다. (7)은 존재의 언어 의존성 논제라 부를 수 있는 것인데, 이들에 대한 논의는 다음 기회로 미룬다.

양적 측정과 언어적 기술 사이에는 중요한 차이가 있는 듯하다. 양적 측정의 경우, 측정 계기는 물리적인 모습을 갖추고 있어, 연장적 대상에 갖다대고 대상을 잴 수 있다. 가령 우리는 1미터 또는 그 이상의 길이를 지닌 것의 양적 크기를 알기 위해 1미터 자로 그 대상을 재어본다. 이런 측정의 행위에서 핵심적인 것은 자와 대상을 비교하는 일, 그리하여 둘 사이의 비례적 관계 또는 배수적 유비 관계를 확인하는 일이다.[6] 유비에 해당하는

---

6) 유비에 관해서는 다음 참조 : Harre, R. 『과학 철학』, 228 이하, 서광사 : 1985

그리스어 analogia는 로고스 또는 자로 대상을 재는 일이라는 의미다. 그 비례가 1 : 1이면 1미터, 1 : 2면 2미터, 1 : 3이면 3미터로 대상을 규정 또는 기술한다.

언어적 기술에서 자의 역할을 하는 것은 무엇인가? 우선 측정에는 두 종류가 있음을 지적할 필요가 있다. 그 두 종류는 동질 측정과 이질 측정이다.[7] 자로 길이를 재는 것이 전자이고, 온도계로 온도를 재는 것은 후자다. 후자의 경우는 수은의 길이로 온도를 잰다. 언어적 기술이라는 측정은 이질 측정과 같은 것이어서 언어적 기술에서는 기술 대상과 동질적인 매개자가 없어도 된다. 그렇다고 해도 언어적 기술을 위한 측정 계기와 같은 것은 있어야 할 것으로 생각된다. 무엇이 그런 역할을 하는가?

가령 '사람'이라는 개념을 생각해보자. "플라톤은 사람이다"라는 언어적 기술은 어떤 의미에서 측정이며, '사람'이라는 개념은 어떤 의미에서 측정자라 할 수 있는가? 자의 경우는 대상의 길이와 비교할 물리적 길이를 지니고 있다. '사람'이라는 개념이나 언어 기호는 사람의 여하한 특성도 지니지 않는 것으로 보인다. '사람'이라는 글자는 자음과 모음, 즉 'ㅅ, ㅏ, ㄹ, ㅏ, ㅁ'의 결합체 또는 이들을 모아 만든 소리로서, 통상 기표라 불리는 이런 것들이 일상적 의미의 자 또는 계기의 역할을 할 수 없음은 명백하다. 그러면 '사람'이라는 어휘는 어떤 의미에서 측정 단위의 역할을 하는가? 이 어휘로 하여금 측정 단위로 기능할 수 있게 하는 언어적 기술을 위한 측정 계기는 무엇인가?

이에 답하기 위해서 측정 계기와 측정 단위가 어떤 모습으로 존재하는지 규명할 필요가 있다. 우선 측정 계기와 측정 단위는

(원저, 1972, 이병욱, 민찬홍 역).

7) 다음 참조 : Harre, R. 위의 저서, 206쪽 이하.

구분되어야 한다. 자는 일종의 측정 계기이지 그 자체는 측정 단위가 아니다. 그런데 측정 계기는 꼭 길이, 무게 또는 부피 등 재어지는 대상과 같은 종류의 특성을 지니고 있어야 할 필요는 없다. 가령 무게를 재는 저울은 그 자체 재어지는 무게와 비교될 수 있는 물리적 무게를 지니고 있지는 않다. 하지만 재어지는 대상의 연장성 등의 양과 비교될 수 있는 측정 단위가 측정 계기에 현재(顯在)해야 함은 필수적이다.

측정 단위는 어떤 형태로 측정 계기에 존재하는가? 그것은 어떤 관념의 형태로 존재한다. 측정 대상의 길이를 재는 것은 정확히 말해서 자나 저울이 아니라 관념의 형태로 저울에 현재해 있는 길이의 단위나 무게의 단위다. 그리고 단위를 구성하는 관념은 사회적 합의에 의해 형성되거나 약정된 것이다. 미터법의 단위들인 미터원기, 킬로그램의 원형 등은 물리적 형태로 존재한다기보다는 어떤 약속의 형태로 정립되어 존재한다. 예를 들면, 1791년 프랑스 국민의회의 위촉에 의해 프랑스아카데미가 결정한 바는, "파리를 통과하는(바르셀로나에서 됭케르크까지) 자오선상에서 지구 원주의 4분의 1의 천만 분의 1을 미터법의 기본 단위로 하여 이를 1미터"라 한다는 것이다. 이어 구성된 국제도량형위원회가 1960년에 "크립톤-86 스펙트럼의 등적색선의 파장의 165만 763.73배"를 1미터로 새로이 정의하였고, 다시 1984년에는 "진공 속에서 2억 9979만 2458초분의 1 동안 빛이 진행한 거리"로 규정하였다.[8]

우리가 일상적으로 측정의 도구로 삼는 것은 자나 저울 등의 물리적 존재인 측정 계기이기는 하나, 이런 계기들은 전체 사회 구성원들이 합의할 수 있는 측정 단위에 대한 정의를 물화한 것

---

8) 『브리태니커백과사전』 참조. 모든 다른 미터 단위는 여기에서 유도한 것이다. 무게의 단위 1g은 밀도가 최대일 때의 물 1㎤의 질량.

이다. 궁극적으로 대상의 양적 크기나 물리적 성질을 재는 것, 대상 측정의 기초가 되는 것은 그러므로 일종의 관념(기표의 배후에 있는 기의와 같은 것)인 단위에 대한 정의다. 여기서 우리는 대상의 양적 크기, 물리적 성질의 모습이라는 것도 결국은 합의에 의해 형성된 어떤 관념에 기초하고 있음을 추론할 수 있다. 물리적 모습이나 양적 크기의 관념성이나 사회성에도 불구하고, 우리는 그 모습이 매우 구체적이고 말 그대로 '물리적'이라 믿는 이유는 그 모습이나 크기를 산출한 것이 측정 단위에 대한 정의를 물화한 계기 자체라 생각하기 때문이다.

1미터라는 길이의 측정 단위 자체는 이렇게 관념의 형태로 존재하는 고로, 그 자체는 재어질 수 없는 것이니 1미터라 할 수 없다. 같은 논리로, 원(原)킬로그램 자체도 1킬로그램이라 할 수 없다.[9] 그러나 1미터 측정 단위를 1미터라 할 수 없는 더 중요한 이유가 있다. 측정 단위는 측정을 위한 기초이지 측정의 대상이 아니다. 그 원기(原器)는 그들에 의해 창출된 술어에 의해 기술되는 대상이 아니라 그런 기술을 위한 기초다.[10] 그런 원기들은 기술 행위의 밖에 또는 한계로서 존재한다.[11] 미터 원기, 1미터의 정의는 이 세상에 있는 모든 1미터짜리 길이를 지닌 것들을

---

9) 이는 미터 원기, 더 근원적으로 1미터의 정의가 1미터일 수 있는가, 철학사적으로는 플라톤의 자기 서술성의 문제와 연관되어 있다. 1미터의 정의를 완벽한 1미터라 할 수 있는가, 정의 그 자체가 과연 정의로운가, 정의의 성질을 완전하게 지니고 있는가의 문제다.

10) 이름은 기술을 위한 준비 작업의 일부이지, 그 자체가 기술이거나 명명인 것은 아니다. Wittgenstein, *Philosophical Investigations*, 49절, tr. by G. E. M. Anscombe, Macmillan Pub.co., 1953.

11) 플라톤의 형상은 서술을 위한 기초라는 점에서 일종의 기초 측정 단위와 같은 성격을 지니고 있다. 그런 점에서 형상은 서술의 대상이 아니다. 플라톤은 원의 형상은 원 자체, 완전한 원이고 아름다움의 형상은 아름다움 자체, 완전한 아름다움이라 하지만, 논리적으로 말해서 원의 형상은 원이 아니고, 아름다움의 형상은 아름다움이라 보기 힘들다.

1미터이게 하는 기초, 나아가 모든 길이들에 규정성을 부여하는 기초, 이해 가능한(intelligible) 길이의 부여자이기는 하나 그 자체는 길이도 아니며 더구나 1미터라 부를 수도 없다.

언어적 기술을 측정이라 했을 때, 우리는 그것이 자로 재는 행위와 유사한 것으로 생각하기 쉽다. 그래서 자에 해당하는 것이 있어야 할 것으로 생각하고 어휘의 물리적 성질에서 그것을 찾으려 하거나 그와 유사한 것이 있다고 믿는다. 어휘들에 상응하여 존재한다고 믿어지는 심적 표상이나 이미지 등이 그러한 것들일 것이다. 그런 것들의 존재는 아마도 사물의 모습을 재는 일종의 자로 요청된 것일 가능성이 많다. 대상의 질적인 모습을 재는 준거가 그를 기술할 어휘에 상응해 있어야 할 것으로 요청된 표상이나 이미지라기보다는 그 어휘의 공인된 사용법이었다. 같은 논리로, 대상의 양을 재는 것도 자가 아니라 공인된 규정이나 정의다. 측정 단위의 존재론적 위치에 관해 위의 논의는 이를 확인해준다. 측정의 진정한 잣대가 되는 것은 물리적인 자가 아니라 그것의 배후에 있는 어떤 공적 규정이다.

측정 구조를 이렇게 규명하고 보면, 언어적 기술이 어떤 점에서 측정인지, 어휘나 개념이 왜 측정 단위일 수 있는지 분명해진다. 우리는 대상을 어휘들로 기술하면서 그것의 의미 또는 그것과 관련되어 있는 공적 믿음이나 규정 또는 사용법에 대어보아 이에 부합하면 그 대상에 그 어휘들 부여하는 것이다.

구체적 예를 통해 살펴보자. 우리는 어떤 조건 하에서 그리고 어떤 과정을 거쳐 한 대상을 '오랑우탄'이라 기술하는가? 1) 한 대상을 '오랑우탄'이라 기술할 수 있기 위해서는 우선 '오랑우탄'이라는 어휘의 의미 또는 그 어휘의 사용 기준을 숙지하고 있어야 한다. 2) 기술할 대상이 그 의미나 기준에 부합하는지의 여부를 판정해야 한다. 3) 부합 여부를 판정한다 함은 어휘의 의미나 기준을 대상의 모습과 비교하는 활동, 전자를 기준으로 하여 대상의 모습을 재는 활동으로 볼 수 있다. 4) 이 의미나 기준은 그 대상만이 아니라 다른 여러 대상들에 반복적으로 적용할 수 있는 그런 일반성과 보편성을 지니고 있는 것이어야 한다. 5) 나아가 이들은 타인들도 인지할 수 있는 그런 객관성을 지니고 있어야 한다. 6) 의미나 기준의 객관성을 위한 최소의 조건은 그 어휘의 사용자들, 즉 언어 공동체의 구성원들에 의해 합의된 것이라는 점이다. 7) 그리고 동일한 측정 단위에 재어질 수 있는 대상들이 상호 비례적 관계에 있듯이, '오랑우탄'이라는 어휘에 의해 기술될 수 있는 모든 대상들은 상호간에 일종의 유비적 관계에 있다.

이상과 같은 언어적 기술의 구조에 비추어볼 때, 언어적 기술이란 관념이나 사용법의 형태로 존재하는 어휘들의 의미나 사용 기준을 측정 단위로 하여 대상의 모습을 일정한 관점에서 재는 활동이라 할 수 있다. 언어적 기술이 일종의 측정이며, 형상이 경험적 사물들을 재는 자라는 견해는 일찍이 플라톤에 의해 시사되었다.[12] 우리는 측정론은 수용하나, 형상의 개념은 공적 사용법 또는 공적 합의라는 개념에 의해 대체되어야 한다고 본다. 근래에는 비트겐슈타인이 언어 기술 측정론의 입장을 더욱 명시적으로 표명하고 있다. 비트겐슈타인의 다음 말을 참조해보자 :

나는 한때 다음과 같이 말했다 : '명제는 자와 같이 실재에 대어진다. 단 자의 눈금 선들의 끝 부분만이 재어질 대상을 실제로 접촉하고 있다'(TLP 2.1512-2.15121). 나는 이제 다음과 같이 수정하여 말하고자 한다 : 명제들의 체계가 자와 같이 실재에 대어진다. 내가 의미하

---

12) Platon의 *Phaedon* 편 72e-77a 참조.

는 바는 다음이다. 내가 공간적 대상에 자를 대면, 나는 모든 눈금 선들을 동시에 대상에 대는 것이다. … 대상의 길이를 나에게 기술해 주는 언명들은 하나의 체계를, 명제들의 체계를 형성한다. 그리고 실재와 비교되는 것은 하나의 명제가 아니라 명제들의 전체계이다.13)

나는 측정 막대를 상징으로 사용할 수도 있다. 즉, 이 막대를 기술 문 속에 편입하여 이를 명제와 같은 식으로 사용할 수 있다. 우리는 심지어 '여러 측면에서 명제는 측정 막대와 같은 특징을 지니고 있어, 우리는 명제들을 측정 막대라 부를 수도 있다(가령, 색깔에 관한 언명 들에서 우리는 색깔 측정 막대를 실재에 대어놓는다)'고 말할 수도 있다.14)

비트겐슈타인은 전·후기 모두에서 언어적 기술을 측정이라 고 보고 있다. 단, 전기에서는 세계를 재는 것이 하나의 명제였음 에 비해 후기에서는 명제들의 전체계다. 언어적 기술이 측정이 라 한다면, 양적 측정이 대상의 양적 크기를 산출하듯이, 언어적 기술은 대상의 객관적 모습을 창출한다. 그런데 세계를 언어로 기술함에는 일상적 의미의 측정보다는 훨씬 더 많고 다양한 측 정 단위들이 동원될 것이다. 이 경우에는 '사람'이라는 단위를, 저 경우에는 '동물'이라는 단위를, 또 다른 경우에는 '합리성'이 라는 단위를 적용하여 사태를 측정한다. 그리고 그 결과를 구조 적으로 연결하여 우리는 그 사태에 대한 기술문인 "사람은 이성 적 동물이다"와 같은 문장을 얻어낸다.

대상의 양적 모습은 측정 단위를 기초로 하여 이해하나, 단위 자체는 다른 단위를 통해 이해되는 것이 아니다. 위에서 지적한

---

13) B. McGuiness, ed. *Wittgenstein and the Vienna Circle*, Blackwell, 1979, p.63.
14) 같은 책, p.185.

바와 같이 측정 단위 자체는 임의적으로 선택되거나 즉각적으로 수용되는 것이다. 같은 논리로 언어의 구성 요소인 어휘들은 외계의 이해를 위한 가장 기초적인 틀이기는 하나, 이들은 자의적으로 선택되면서도 우리에게 절대적으로 강제되며, 우리는 이를 무조건적으로 수용해야 하는 것이다.[15] 한 대상이 왜 '밥', '좋은 것', '동생'이라 불리는지의 이유는 없다. 그런 이유를 모르면서도 그 대상을 '밥', '좋은 것', '동생'이라 불러야 하며, 그래야만 언어 공동체에 편입되어 의사 소통을 할 수 있고, 아니 더 이전에 소통할 의사 자체를 형성할 수 있으며, 그 이후에야 비로소 의미나 이유를 논할 수 있다.

전통적으로는 어떤 것은 '밥'의 의미에 부합하기 때문에 또는 어떤 특성을 지니기에 '밥'이라 불리며, 어떤 것이 '좋은 것'의 의미나 기준을 충족시키기에 '좋은 것'이라 불린다고 생각해왔다. 위의 주장에 대해 저항감을 느낀다면, 그것은 바로 이런 전통의 믿음 때문일 것이다. 우리는 전통의 논리를 전도시킬 필요가 있다. 측정 단위의 선택과 규정은 어떤 이유가 있어서가 아니라 자의적으로 이루어지나, 대상의 양적 크기를 객관적으로 확정하기 위해서는 그 단위와 그에 대한 규정을 무조건 수용해야 한다. 우리는 "크립톤-86 스펙트럼의 등적색선의 파장의 165만 763.73배"가 1미터이기 때문에 이를 1미터의 표준으로 삼는 것이 아니다. 우리는 등적색성 대신 등청색선의 파장을 택할 수도 있다. 어느 것을 선택할지는 자의적이다. 그러나 대상의 길이를 객관적으로 확정하기 위해서는 그 어느 것이든 공적 합의를 통해 선택해야 하며, 일단 선택된 연후에는 무조건적으로 그를 척도로 사용해야 한다. 그리고 이를 1미터의 척도로 사용하는 과정에서

---

15) 언어 기호의 자의성 원리. 소쉬르가 『일반 언어학 강의』에서 언어학의 제일 원리로 제시한 것이다. 나아가 그는 언어 기호의 절대성을 지적하고 있다.

1미터에 대한 관념이 형성된다. 같은 논리로 한 어휘의 의미나 그의 사용 조건은 어휘에 선재하는 것이라기보다는 그 어휘가 무조건적으로 수용, 사용된 연후에 형성된다. 일단 절대적 강제에 의해 대상과 연결된 어휘들이 나의 것이 되면서, 그것은 외계에 대한 이해를 확장하기 위한 기본적인 틀이나 외계의 모습을 재어가기 위한 측정 단위의 역할을 할 것이다.16)

3. 측정 계기와 합의

언어 기술 측정론에 대해 또 다른 이론이 있을 수 있다. 측정에 의해 드러난 대상의 양적인 모습은 객관적이고 정확한 것으로 모두에 의해 수락된다. 측정의 행위는 대상이 지닌 양의 객관적인 모습을 사회적으로 공인하는 기능을 수행한다. 이와는 달리 대상이 언어적으로 기술된다고 해서, 그 기술된 모습이 바로 그 대상의 객관적 모습이 될 수 있는 것은 아니다. 어떤 언어적 기술은 허위일 수 있기 때문이다. 언어적 기술의 행위 자체가 바로 대상의 객관적 모습을 공인하는 것은 아니다.

측정 단위의 규정 — 측정 계기 — 측정 — 측정 대상 — 측정 결과 — 객관성의 확립
어휘 의미나 사용 기준 — x — 언어적 기술 — 기술 대상 — 언어적 기술문 — 객관성 미확립

이상의 대비에서 볼 때 언어적 기술의 결과가 객관성을 확보하지 못하는 이유는, 어휘 사용에서의 주관성이나 위에서 논한

16) 레비스트로스가 해석하는 바, 토테미즘의 체계를 생각해보자.

바 있는 측정 계기(x)의 부재에 있는 것으로 생각된다. 어휘 사용이 주관적일 수밖에 없다면, 그것은 측정 계기가 부재해서며, 객관적 계기의 부재는 언어적 기술을 엄격한 의미의 측정에 미치지 못하게 하는 결정적 요인인 것으로 여겨진다.

이에 대한 응답으로 다음 네 가지를 지적하고자 한다. 첫째, 자와 같은 측정 계기란 단지 약정된 측정 단위를 공인된 방식으로 물화한 것에 불과하며, 위에서 논한 바와 같이 궁극적으로 대상의 길이를 재는 것은 그 측정 단위인 고로, 이 측정 단위를 궁극적 측정 계기라 할 수 있다. 그러나 측정 단위란 공인된 방식의 물화를 통해서 객관성이 확보될 수 있어야만 하는 것이 아닐까? 그렇다. 그러나 객관성 확보에서 중요한 것은 그 계기나 절차가 물적이라는 사실보다는 그것이 공인된 방식에 의한다는 점, 측정 결과가 공인되어야 한다는 점이다. 어휘의 의미나 사용 기준 역시 공인된 방식에 의해 확립된다. 즉, 그들도 그 의미나 사용 기준이 공인이 되어야 어휘로서, 의사 소통의 매체로서 사용될 수 있다. 둘째, 양적 측정의 경우에도 오류는 발생한다. 자로 물건의 길이를 재는 경우와 같이 단순한 측정과는 달리 복잡한 물리학적 측정에서는 오류가 발생할 여지가 많다. 그래서 측정 계기도 표준국 등에 의해 공인되어야 한다는 점을 유념할 필요가 있다.

셋째, 언어적 기술의 경우도 측정 계기와 같은 물화된 또는 가시적 표준이나 계기를 제공할 수 없는 것은 아니다. 색상을 묘사할 때와 같이 감각적 지각 결과를 기술하는 경우는 자로 재는 경우와 같이 간단하여 별로 착오의 여지가 크지 않으며, 나아가 물화된 표준을 제공할 수도 있다. 하지만 다른 자연적 술어에 의한 기술, 심적 술어, 윤리적 술어에 의한 기술 등 좀더 상위적 술어들에 의한 기술로 이행해가면 가시적 표준이나 계기를 제공하는 일이 점차 힘들어진다. 심적인 술어의 단계에 가면 그 표준이나 계기는 매우 복잡하고 정교해지고 다양해지며, 이들은 어휘 사용과 관련된 다중적인 행태나 문맥 등에 의거하여 제공된다. 이렇게 보면 객관성과 관련된 측정과 언어적 기술 사이의 차이는, 언어가 더욱 정교하고 복잡한 그리고 상위적 수준의 측정이라는 사실에서 기인하는 것이다.

전통적으로는 위에 열거한 개념들에 상응하여 표상이나 의미가 있다는 믿음이 형성되어 있다. 그 이유는, 아마도 양적 측정에서 단위에 더하여 이를 물화한 계기(計器)가 있듯이, 이런 계기에 상응하는 것이 언어적 기술의 경우에도 있어야 한다는 생각에서 비롯한 것으로 이해할 수 있다. 이는 위에서 잠시 언급한 바 있다. 그런데 이런 표상들, 심상들의 문제점은 자, 저울 또는 표준 색상표와는 달리 철저히 사적인 공간 속에 존재한다는 것이다. 그래서 불완전한 형태로도 잣대의 역할을 할 수도 없다는 것이다.

언어적 기술을 측정으로 볼 수 있는 가장 중요한 이유는 다음이다 : 대상이 객관적 모습을 구비케 되는 것은 측정과 언어적 기술에 의해서인데, 이들의 활동이 대상의 객관성을 구비케 하거나 드러내는 이유는 측정 단위나 어휘들이 언어 공동체, 인식 공동체에 의해 공유되어 있기 때문이다. 단위나 어휘의 공유는 객관성을 위한 필수적인 조건이다. 대상이 언어적으로 기술된다는 사실에 의해서 바로 그것이 모습의 객관성을 확보하는 것은 아니나, 그것의 모습이 객관화될 수 있는 유일한 방식은 언어적 기술에 의해서다. 이 점에서 언어적 기술은 측정과 핵심적 특성을 공유하고 있다. 측정은 대상에 양적 모습을 등장시키고 이에 객관성을 부여한다. 대상의 질적인 모습을, 적어도 객관적인 모습을 가능하게 하는 것은 언어적 기술이다.

4. 인간은 고무 자

우리는 언어적 측정, 즉 언어적 기술의 경우에도 측정 계기가 있다고 볼 수 있을 것이다. 그러나 언어적 측정을 위한 계기는 통상적 의미의 측정 계기와는 약간 성질이 다르다. 측정과 언어적 기술 간의 차이는 측정 계기의 유무에서라기보다는 계기의 성질에서 찾는 것이 옳을 것이다. 양적 측정은 신축성이 없는 견고한 막대로 재는 것임에 반해, 언어로 세계를 기술하는 일은 마치 고무 자로 세계를 측정하는 것과 같다.[17] 견고한 막대는 외부 온도, 습도, 압력 등의 영향을 받지 않아 대체로 일정한 길이를 유지할 것이다. 이에 비해 고무는 압력 등에 약해서 늘고 줄 수가 있어, 서로 다른 크기의 것이 같은 길이로 재어질 수 있으며, 동일한 대상을 재더라도 고무 자를 늘이고 줄임에 따라 그 대상의 길이는 달리 측정될 수 있다.

그러나 계기가 물질로 되어 있는 이상 절대 불변일 수는 없으므로, 두 계기의 정확성의 차이는 결국 정도의 차이일 것이다. 우리가 염두에 두어야 할 것은, 이미 지적한 바와 같이 대상을 재는 준거는 측정 계기가 아니라, 측정인들이 합의한 측정 방식과 측정 단위라는 점이다. 어떤 행위가 대상의 양적 모습을 드러내는 측정으로 성립할 수 있는가의 여부는 대상을 재는 자가 딱딱한 재질이냐 고무냐에 달려 있는 것이 아니라, 그 어느 것이든 언어 또는 인식 공동체가 그 행위를 측정으로 인정하느냐에 달려 있다. 그러므로 고무 자로 잰 측정 결과에 대해 사람들이 이를 수용키로 합의한다면, 우리는 고무 자로 잰 대상의 모습을 그 대상의 객관적 모습으로 수용할 수 있을 것이다.[18] 그 계기가 고무

---

17) 이런 고무 자의 비유는 비트겐슈타인이 제안한 것이다.

18) Wittgenstein, *Remarks on the Foundations of Mathemathics*, ed., by G.

로 되어 있다는 사실은 아무 상관이 없다.

우리는 한 걸음 더 나아가 고무 자에 의한 측정이 나무 자에 의한 측정보다 측정의 이념을 더욱 잘 드러낼 수 있다고도 말할 수 있다. 고무 자로 재는 측정은 측정의 가능 근거가 측정 단위로 사용되는 것 자체의 길이에 있는 것이 아니라, 그에 관한 합의에 있음을 오히려 드러내주기 때문이다. 일상의 삶에서 고무 자에 의한 측정에 해당하는 것을 들라 하면, 자에 의한 측정에 대비되는 보폭에 의한 측정일 터다.[19] 보폭은 사람마다 다름에도 길이 측정의 원초적 단위로 채용될 수 있었다. 보폭 측정이 자로 재는 측정의 기초이자 더욱 원초적 측정일 뿐 아니라, 소위 '표준' 단위에 의한 측정, 나아가 수학적 물리적 측정의 기초라 할 수도 있다. 측정의 표준, 원형이 되는 것은 미터 원기에 의한 것이 아니라 역으로 보폭에 의한 측정이다.

원래 주제로 돌아가서, 언어적 기술은 어떤 의미에서 고무 자로 재는 것과 같은가? 우리 언어 주체는 어휘와 문장들을 단위로 하여 외계를 재는 측정 계기인데, 언어 주체인 우리는 외부의 압력에 따라 매우 민감하게 반응하는 고무 자와 같다. 우리가 사용

W. von Wright, R. Rhees & G. E. M. Anscombe, Blackwell, 1956, 71쪽, 93-94 절 ; 38쪽 5절 ; 91쪽 140절 ; 377쪽. "수학에서의 모순은 그 적용과 일관되지 않는다. 만약 그것이 일관되게 적용된다면, 자의적인 결과를 낳도록 적용된다면, 그것은 수학의 적용을 어릿광대극으로, 또는 일종의 불필요한 의식으로 만든다. 그 효과는 예를 들면, 늘었다 줄었다 해서 그 측정의 결과가 다양할 수밖에 없는 신축성 있는 잣대의 그것과 같은 것이다. 하지만 보폭에 의한 측정은 측정이 아닌가? 만약 사람들이 밀반죽으로 만든 잣대로 작업을 한다면, 그것이 그 자체로서 잘못된 일이라 해야 할 것인가?"(377쪽) "우리의 피트 자들이 나무나 강철 대산 매우 부드러운 고무로 만들어졌다면, 우리는 진리와 갈등하게 될 것인가? … 그것은 우리의 (통상적인) 측정과 유사한 것이며, 어떤 상황에서는 '실천적' 목적을 충족시킬 수 있다"(38쪽).

19) 같은 책, 377쪽.

하는 어휘들 또는 그에 연관되어 있는 개념 내용들은 인간이라 는 고무 자에 그어져 있는 눈금 또는 측정 단위들에 비유할 수 있다. 언어로 기술하는 대상이 동일한 것인 경우에도 사람마다 기술의 시기마다 그 대상에 갖다 대는 술어들이 달라 기술 내용 이 다르며, 심지어 사용하는 어휘들이 같은 경우에도 의미하는 바가 다른 경우가 많아 해석의 대상이 된다.

어휘 등의 언어 요소를 언어적 기술의 측정 단위라 한다면, 이 단위들에 의해 눈금이 그어져 있는 우리의 두뇌, 정서, 신체는 분위기, 기분, 환경, 문맥에 따라 마치 고무 자와 같이 늘었다 줄 었다 한다. 그래서 우리는 동일한 사태를 두고서도 서로 달리 느 끼고 다양한 기분에 빠져들며 서로 다른 내용을 기술하는 것이 다. 여기서 언어 주체 간의 상호 해석과 조정의 필요성이 생긴다. 물론 이런 해석과 조정도 사전에 정초되어 있는 전반적이고 기 초적인 동일성을 전제로 해서만 의미 있고 가능한 작업이다.

수학, 논리학 등에서와 같이 언어적 기술의 결과가 보편적이 고 일의적인 경우가 없지는 않다. 이런 기술은 말하자면 압력이 나 기온 등의 외적인 변화에 영향을 받지 않는 딱딱한 자를 사용 하여 이루어진 것이라 할 수 있다. 수학, 논리학적 기술의 고정성 은 이 분야에서 사용되는 개념들의 의미 내용에 관해 만인들이 합의하여 보편성이 확보된 그런 것이기 때문이거나 수학, 논리 학의 문법이 그런 것을 요구하기 때문일 것이다.[20]

인간들이 자신을 측정 계기로 해서 외계를 잰 결과는 측정 대 상이 동일한 것이라 할지라도 때에 따라 사람에 따라 다양하게 나타난다. 이런 사실은 언어적 활동의 원리요 당위이기도 하다. 인간 삶의 특유성은 인간의 외계나 타인들에 대한 관계가 다의 적이며, 인간 삶의 공간이 다양성과 불확실성, 예측 불가성, 변동

---

20) 같은 곳.

가능성이 존재하는 공간이라는 점에 있다. 인간의 외계와의 관계가 모든 사람들에게서 동일하고 일의적으로 결정되며, 하나의 사태에 대해서는[21] 그 기술 내용이 동일하여 예측할 수 있다고 한다면, 인간의 삶은 동물들의 생존이나 기계의 존재 방식과 별다를 바가 없을 것이다. 모든 것이 투명하고 정확하며 일의적이라면 자연 세계에서와 같이 법칙화가 가능할 것이고, 기계적 조작 대상이 될 수 있을 것이다. 인간의 삶에 그런 불확정성이나 불확실성이 존재하는 이유는 인간과 외계 사이에 언어가 매개되어 있기 때문이다. 언어는 불확실성의 원인이기도 하지만 새로운 확실성의 기반이기도 하다. 언어 사용 이전에는 인간도 본능, 감각, 반사 기제 등에 의해 외계를 접촉하고 그에 따라 반응하며 살았을 것이다. 그런 단계를 우리는 딱딱한 자에 의해 외계를 측정하던 단계로 비유해볼 수 있다.

그런데 언어가 인간과 외계를 매개하면서부터 인간은 고무 자와 같은 존재로 변하고, 고무 자의 불확정성, 예측 불가능성, 의외성 등에 의해 인간의 삶은 일종의 게임이나 시장적인 성격을 지니게 된다. 게임이란 게임에 참여한 자들이 놀이의 상황이나 타방을 측정한 결과와 그에 따른 행위의 방식이 어느 정도는 예측 불허의 것이어야 게임이 이루어진다.[22] 우리 인간은 고무 자다. 자연 상태에서의 인간의 행태와는 달리 사회 속에서의 인간 행위가 예측 불가한[23] 것은 언어의 개입 때문이다. 언어의 구성

---

21) 이런 표현은 편의적인 것이다. 물상의 동일성이 그에 대한 기술의 동일성에 의해 확보된다면, 물상이 그 자체로서 동일하다는 말은 할 수 없을 것이다.

22) 비트겐슈타인은 우리의 삶이나 문화가 궁극적으로 언어적 활동이며, 언어 활동은 게임이라 통찰한 바 있다. 인간의 삶은 언어 게임이다. 우리는 이 주장의 타당성, 나아가 이 주장의 의미를 위의 논의에서 찾을 수 있다.

23) 이런 이유에서 사회과학이 학문으로 성립할 수 없다고 맥킨타이어는 논하나, 우리는 사회과학이 성립할 수 없는 더 근원적인 이유를 언어의 존재에서 찾을 수 있다. MacIntyre, A., *After Virtue*, Notredame Univ. Pr., 1981.

요소인 개념들이나 언어 기호들은 공유의 것이기는 하나, 이를 사용해 언어 주체들이 세계를 측정하고 기술한 결과는 마치 고무 자가 세계를 재듯이 외적인 요소들의 영향을 받아 서로 다른 측정의 결과를 산출한다.

우리는 인간은 만물의 척도(homo mensura)라는 프로타고라스의 명제를 위의 논의를 배경으로 이해할 수 있을 것이다. 단, 척도로서의 인간은 감각이나 믿음의 주체 또는 개인적이고 사적인 주관으로서의 인간이라기보다는 언어 주체로서의 인간으로 해석되어야 할 것이다.

5. 놀이와 측정

우리는 언어, 특히 기술문들이 외계에 관한 것이라는 믿음을 떨치기 힘들다. 우리는 어떤 세계 속에 살고 있다는 믿음은 직관적으로 타당한 듯하다. 의사 소통의 활동이 통신 공간에서 이루어지는, 통신자들 간의 내적이고 자율적인 활동이기는 하나 그 공간 자체도 허공에 떠 있는 것을 아닐 것이며, 통신 활동도 통신자들이 통신 공간을 감싸고 있는 외계에서 생존하기 위한 노력의 일부다. 그런 점에서 언어적 활동은 외계에 관한 것이기도 한 측면이 있을 것이다. 바로 언어, 통신의 이런 측면 때문에 우리는 언어 무연성 논제를 선뜻 받아들이기 힘든 것이다.[24]

비트겐슈타인의 게임, 자의성, 규칙 준수의 역설, 사적 언어의 불가능성, 소쉬르의 공시성, 언어 상태, 자율성, 자의성 등의 개

---

24) 이 논제는 소쉬르가 '언어 기호의 자의성'이라는 명칭으로 언어학의 제일원리로 제시한 것이다. 이 원리의 구체적 내용은 논란의 여지가 있으나 이에 대한 논의는 추후로 돌린다. 비트겐슈타인 역시 비슷한 입장을 취하고 있는 것으로 보인다.

넘은 언어의 세계에 대한 무연성을 통찰하여 제시된 개념들이다. 위에서 살펴본 측정의 이념은 이들 사상가들의 통찰을 수용하면서도 언어, 인식은 외계에 관한 것이라는 전통의 믿음을 살릴 수 있는 개념으로 보인다. 언어적 활동의 대부분은 그들의 통찰대로 철저히 자율적인 놀이나 시장적 활동이다. 놀이는 폐쇄적으로 자율적인 활동이다. 놀이의 장은 실제에서 놀이 공간의 밖과는 무관할 뿐 아니라 나아가 그와 무관해야 한다. 바둑을 두는 자가 바둑의 역사나 상대방 기사의 사생활에 관해 관심을 가지면 바둑을 둘 수 없다. 놀이의 논리는 외계에 대한 철저한 무관심을 요구한다. 하지만 언어가 우리의 생존의 기본 틀이고, 인간의 생존 활동은 세계 속에서 이루어지는 한에서, 언어 놀이는 세계에 대한, 세계 관여적인 활동이라고 말할 수 있다. 그러므로 언어 활동 전체는 아니어도 언어의 일 국면, 특히 언어적 기술은 본질적으로 측정으로 규정할 수 있다.

측정 개념은 측정 단위가 외계에 무연하며, 그런 고로 그 결과 역시 외계의 모습을 정확히 반영하지는 않으나, 그럼에도 그 결과가 외계에 관한 것, 외계에 관해 우리가 인식한 것이라는 생각을 담고 있다. 앞에 놓인 막대 길이의 양이 1일 수도 있고 3.3일 수도 있고 0.9일 수도 있을 것이며 그 어느 것도 막대 자체의 양은 아닐 것이나, 그 어느 하나를 인식 공동체의 표준으로 채택하게 되면 그것은 우리 행동과 삶의 객관적 준거로서 기능할 수 있다. 그리고 그것은 우리에게 의미 있는, 실질적인 세계의 객관적인 모습의 일부를 이룰 수 있다. 언어적 기술을 측정으로 이해할 때 언어가 전적으로 외계와 무관한 것은 아니라는 생각을 보존할 수 있다는 점에서, 적어도 기술문에 관한 한, 측정이라는 개념이 놀이라는 개념보다는 언어적 활동을 더 적절하게 규정한다고 할 수도 있다. 이런 측정을 통해 우리는 세계를 구성하기도 한다. 흔히 세계의 진상을 발견한다거나 세계관을 형성한다고들 운위한다. 그러나 정확히 말해서 일정한 모습을 지닌 세계가 있고 그를 발견하거나 이에 대한 견해를 형성하는 것이라기보다는 일정한 모습을 지닌 그런 세계는 우리의 언어 활동에 의해 구성되는 것이다. 세계의 구성에서 기초적인 활동은 놀이라기보다는 측정이다.25) 기술측정론은 우리의 언어적 삶을 더욱 적극적이고 건축적으로 볼 수 있는 관점을 마련해준다.

6. 심적 술어의 기초성

필자는 이상의 측정론을 배경으로 정대현 교수가 『심성 내용의 신체성』에서 개진한 주요 입장에 대해 몇 가지 질문을 던지고자 한다. 이 저서는 최근 영미 심리철학의 최근 연구 내용을 자세히 소개하는 한편으로, 그에 대한 비판을 발판으로 삼아 자신의 입장을 개진하고 있다. 전반의 소개 부분은 성실하고 치열한 주제 의식이나 학자적 자세를 보여주는 것이다. 그는 최근 서구 철학계의 연구 성과에 민감하게 반응하며 수용하려 하면서도, 이를 단지 소개하고 추종하는 것에 그치는 것이 아니라 그를 검토하면서 새로운 입장을 전개하려는 주체적 노력을 후반부에서 보여주고 있다.

이 저서의 제목이 드러내주듯이, 정 교수는 이 저서에서 심성 내용의 신체성을 주장하고자 하는 것이다. "이 책은 '심성 내용은 신체적이다'라는 논제를 지지하기 위하여 여러 가지 작업을

---

25) 레비 스트로스는 토테미즘적 체계에서 원형적 언어를 발견하는데, 그에 따르면 토템의 체계는 외계를 구분, 분류, 정리하는 측정 틀의 역할을 한다는 것이다. 이런 해석은 언어적 기술을 측정으로 보는 우리의 입장을 뒷받침한다.

하였다"(452쪽). 그런데 정 교수가 제안하는 신체성이란 서구 심리 철학계에서 의미하는 신체성의 개념, 즉 정신과 대비되는 것으로서의 신체성과는 다른 의미를 지닌 것으로 이해된다. 그는 신체성이란 개념을 한국어의 몸가짐이라는 개념으로 규정하는 것으로 보인다. "결국 심성 내용은 그러한[생각하는] 몸들이 이루어내는 몸가짐의 연결망으로 표시될 수 있다고 생각한다"(15쪽).

후반부나 결론을 이루는 장에 가서도 역시 그 자신의 입장을 몸가짐이라는 개념에 의해 규정하고 있다. 그의 저서에서 주장하고자 하는 바는, "'심성 내용은 몸가짐이다'라는 논제"(431, 434쪽)며, "그리고 심성 내용은 데카르트의 사물성보다는 신체성의 관점에서 접근될 수 있다고 주장하였다. 이러한 명제는 두 가지 명제로 요약될 수 있을 것이다. 첫째, 언어는 신체적이다. 언어는 진리나 지향성으로가 아니라 공동체의 생활 양식에 의하여 의미를 부여받는다는 의미에서 신체적이라고 특징지울 수 있을 것이다. … 둘째, 마음은 공동체적으로 구성된 내용의 개인적 체험의 장이다"(454쪽).

그의 입장이 개진되어 있는 4부에서 중심적인 장으로 생각되는 15장의 제목, '몸과 마음으로 생각한다'는 논제에서 그의 신체성의 개념을 더욱 명확히 드러내고 있는 것으로 보인다. 정 교수가 보는 몸은 '생각하는' 몸인 것이다. 정 교수는 한국어의 몸가짐 개념을 채용하는 것에서 한 걸음 더 나아가 동아시아의 전통을 수용하여 자신의 입론을 강화하고 풍부히 하고자 한다. 정 교수가 말하는 몸가짐이나 신체성은 단지 육체성을 의미하는 것이 아니라, "몸가짐은 몸과 마음이 음양적으로 맞물려 있는 전형적인 경우다"(444쪽).

이렇게 볼 때 정 교수의 신체성에 대한 논의는 한국어의 몸가짐의 개념에 의존하고 있는 듯하다. 몸가짐의 개념을 단지 통상적 의미의 신체성(정 교수가 말하는 신체성, 심성 내용을 정의하는 것으로서의 신체성은 통상적 의미의 신체성이 아니다)이나 육체성이 아니라 심신(서구적 의미의) 양면을 지닌 것으로 파악하고 있는 듯하며, 나아가 몸과 마음이 음양적으로 맞물려 있는 경우로 보고 있다. 이상 간략히 요약해볼 때 정 교수는 그의 저서에서 현대 영미를 중심으로 전개되는 서구 심리철학의 다양한 주장들을 비판하는 한편으로 1) 한국어의 몸과 마음의 개념을 통해 심신 관계를 새로이 조명하려 하며, 2) 동아시아 전통의 음양 사상에도 기대고 있는 것으로 보인다.

만약 이런 논제가 성공적으로 지지될 수 있다고 한다면, 이는 상당한 성과가 될 수 있을 것이다. 우리는 심심 문제를 이제는 서구 시각을 넘어서, 그리고 서구와는 다른 사유 범주에 의해 사고할 수 있을 것으로 기대해볼 수 있다. 이런 작업이 성공적이라 한다면, 이는 분명 탁월한 성취가 될 것이다. 명료화를 위해, 그리고 앞으로의 진전된 논의를 위해 몇 가지 질문을 던지고자 한다.

몸가짐이라는 어휘는 신체라기보다는 영어의 behaviour에 해당하는 어휘로서 이미 사회적 함의가 담겨 있다. 이 후자의 의미로 사용하고자 했다면, 자신의 논제나 저서의 제목을 『심성 내용과 몸가짐』 또는 『심성 내용의 기반으로서의 몸가짐』이라 했다면 정 교수의 의도가 좀더 분명히 드러나지 않았을까 하는 것이다. 이와 대조적으로 '신체'라는 어휘는 한국어에서도 일반적으로 정신과 대조되는 어휘다. 나아가 심성 내용에 관한 정 교수의 입장에서 '몸가짐'이라는 개념이 핵심적인 것으로 이해되는데, 이 개념이 실질적인 것이 되기 위해서는 몸가짐이라는 어휘가 한국어의 몸과 마음이라는 두 어휘 사이의 스펙트럼의 어디에 위치하는 것인지 논의되어야 한다고 본다. 정 교수의 제안이 앞으로의 논의를 위한 화두의 제시로 이해할 수는 있으나, 저서의 주된 주제로서는 몸가짐에 대한 논의, 몸과 마음의 음양적 맞물림에 대한 논의가 좀더 충분히 전개되었으면 하는 아쉬움이 남는다.

심성 내용은 신체성의 관점에서 접근될 수 있다는 논제를 요약하면서(454쪽), "언어는 신체적이"라 주장한다. 그 이유는 "언어는 진리나 지향성으로가 아니라 공동체의 생활 양식에 의하여 의미를 부여받는다는 의미에서 신체적이라고 특징지울 수 있"다는 것이다. 심성 내용이 신체적이고 언어는 신체적이라 한다면 심성 내용 역시 언어적이라 할 수 있을 터인데, 정 교수는 제3부에서 언어적 입장을 비판하고 있다. 위의 주장과 3부의 입장 간의 일관성 여부는 어떻게 되는 것인지 설명이 필요할 듯하다. 언어가 신체적인지, 나아가 그것이 공동체적이라 해서 신체적이라 할 수 있는지는 의문이 생긴다. 이런 의문의 해소가 더욱 필요한 것은, 몸가짐이란 개념이 신체를 언어적으로 공동체적으로 규정할 때의 모습이라는 점이다. 심성 내용의 기반이 될 수 있는 것은 '신체적인 언어'라기보다는 '언어적인 신체', 즉 공동체에서 언어적으로 규정된 신체의 모습이 아니냐는 것이다.

필자는 언어가 공동체의 생활 양식에 의해 의미를 부여받는다는 점에는 대체로 수긍하는 편이나, 그렇다고 해서 언어를 "신체적이라고 특징지울 수 있는" 것인지는 의아스럽다. 심성 내용, 신체성, 언어성 등의 의미나 그 관계가 여하하든, 대체로 정 교수의 입장은 심성적 어휘들이 신체성, 몸가짐으로서의 신체성에 기반한다. 심성 내용은 공동체의 생활 양식에 의하여 의미를 부여받는다는 의미에서 신체적이라 보는 것으로 이해된다. 즉, 몸가짐으로서의 신체성이 심성 내용에 우선적이거나 기반적이라는 것이다. 필자의 개념을 원용하면, 신체가 심적 술어나 심성 내용의 형성이나 심적 술어의 등장을 위한 측정 단위가 되었으리라는 것이 정 교수의 입장인 듯하다.

필자는 이런 논리의 구도를 수용하기는 하나, 심과 신의 관계는 뒤바뀌어야 하지 않는가 생각한다. 좀더 기반적이고 원초적인 어휘들은, 현대적 분류 기준으로는 심적인 것이라 분류할 수 있는 어휘들이라고 여겨진다. 즉, 신체가 심성 내용의 준거라기보다는 심적인 술어들이 먼저 등장하고, 이를 토대로 또는 측정 단위로 하여 신체적인 어휘들이 생성된 것이 아닌가 한다. 어떤 언어권에서든 생존에 대한 이해나 관심을 표현하는 어휘들이 더 기초적일 가능성이 있기 때문이다. 그런 점에서 심적인 것이 신체적인 것을 이해하기 위한 기반적인 측정 단위의 역할을 한다고 보인다. 몸보다는 마음이 우리에게 더 가깝고, 더 이해하기 쉽다. 통상적인 믿음과는 달리 심적인 것이 더욱 구체적이고, 신체적인 것은 추상적인 것이다.

최초의 언어는[26] 외계에 대해 자의적인 것이라고 생각한다. 그럼에도 상대적으로 더욱 시원적인 어휘들은 생존과 관련된 것임을 추정할 수 있으며, 고대인들은 이런 기존의 어휘들은 측정 단위로 하여 외계와 자신을 기술 또는 규정하려 했을 것이다. 어쩌면 최초의 기반적 어휘들이 심적인 것이냐 신체적인 것이냐의 문제는 범주 착오적일 가능성이 있다. 심신의 구분은 근대 이후의 소산이기 때문이다. 서구 정신사에서 가장 오래된 문헌은 호머의 저술들인데, 이곳에서 시각과 관련된 어휘들은 다양한 관심과 정서가 담겨 있는 어휘들이라고 한다. 당시에는 신체나 몸에 해당하는 어휘도 없었다는 것이 문헌학자들의 연구 결과다.

---

26) 헤로도투스에 따르면, 기원 7세기경 이집트의 왕 Psamtik이 최초의 어휘가 무엇인지를 알고자 실험을 했는데, 그 결과 발견한 것은, 믿거나 말거나, becos 라는 어휘였다는 것이다. 이는 Phrygia어로 빵을 의미한다고 한다.

순수한 신체의 감각 능력으로서의 시각 행위를 표현하는 어휘나 통합적 존재로서의 몸의 개념은 상당한 추상화의 과정을 거쳐 후대에 등장한다.

여하간에 세계 기술이나 규정을 위한 최초의 측정 단위는 인간이 냉정한 관찰자로서 고안한 어휘라기보다는 오히려 언어 공동체의 실천적 관심을 담고 있는 것이다. 이들 어휘들은 생존에 대한 관심과 정서로 충전되어 있는 것들이었으리라는 점에서, 적어도 현재의 기준으로는 신체적이라거나 물리적이기보다는 심적이거나 생명성과 관련된 어휘일 가능성이 크다고 생각한다.

좀더 근원적인 질문을 던지고자 한다. 심리철학적 논쟁의 최전선에서 이루어지는 이론들을 소개하고 그들과 함께 논의해보려는 정 교수의 학구적 자세나 성실성은 학계의 모범을 보이는 것이다. 정 교수의 저서는 최근 심리철학의 이론을 가장 포괄적으로 그리고 심도 있게 소개, 논의하고 있는 저서일 것이다. 정 교수의 이런 자세에 필자는 심심한 경의를 표하면서도, 우리가 서구 철학계의 담론 장에 들어갈 수 있는 것인지, 들어가야 하는 당위성이 있는 것인지에 대해 의문을 갖는다. 심리철학적인 논의는 영미에서 반 세기 이상 치열한 논쟁을 전개해왔으며, 그런 논의는 다시 오랜 서양 철학사적 배경을 전제로 하고서야 제대로 이해될 수 있으며, 의미를 지닐 수 있다. 철학적 문제는 허공에서 던져지는 것이라기보다는 어떤 믿음의 체계를 배경으로 하고 제기되는 것이다. 정 교수도 지적하듯이, 언어는 공동체의 생활 양식에 의해 의미를 부여받는다. 그렇다고 한다면 서양의 심신 문제와 한국어의 몸가짐 개념은 의미나 이해의 맥락이 다르지 않을까?

한국 철학계는 서양의 철학사적 배경을 공유하지도 않으며,

그에 대한 이해도 충분하지 않다고 여겨지지만, 그럼에도 한국 철학계가 발전하기 위해서는 서구 학계의 최전선에서의 논의에 귀기울여야 한다고 생각한다. 그러나 그 이전에 또는 서구의 올바른 수용을 위해서, 우리는 그들의 문제 의식이나 이론들이 과연 우리의 것들이 될 수 있는지, 그런 논의들이 우리 지적 철학적 전통과 어떤 식으로 접목 또는 융합할 수 있는지 등에 대한 매개적이고 중간적인 논의가 좀더 충분히 이루어져야 할 것으로 여겨진다. 지적 전통을 공유하고 있는 영미와 프랑스 또는 심지어 프랑스와 독일 간에도 철학적 문제 의식을 공유하기 쉽지 않은 상황이라 한다면, 한국에서 서구의 철학적 문제들이나 이론을 수용하고 논의하기 위해서는, 정신과 철학의 역사에 대한 간절하고 치열한 반성, 서로 다른 방향으로 전개되는 사유의 지평을 함께 조망할 수 있는 과감한 철학적 등정이 필요한 것은 아닐까 한다. 정 교수는 물론 몸가짐이란 한국어 어휘나 음양론을 동원하고는 있으나, 엇물림이 자연스럽기 위해서는 좀더 논의가 전개되어야 한다는 느낌을 갖는다. 이런 의문은 프랑스 철학이나 독일 철학의 연구, 심지어 우리 동아시아 전통 철학의 연구에 대해서도 마찬가지로 제기될 수 있다.

넓은 분류와 간이론적 지칭 가능성

김 영 정

정 교수 논문의 중심 주장은 어떤 이론이 실재론으로 분류되기 위한 최소한의 조건은 진리대응론의 수용이라기보다는 간이론적 지칭 가능성의 확보며, 간이론적 지칭 가능성은 옹호될 수 있으므로 진리의 언어 의존성을 인정하면서도 정 교수의 소위 "최소적 실재론"은 정당화될 수 있다는 것이다. 정 교수의 중심 주장의 옹호 논변의 흐름을 요약하면 간략히 다음과 같다 : (1) 좁은 분류 / 넓은 분류의 구분이 가능하다. 그리고 넓은 분류를 택하면 간이론적 지칭 가능성이 확보될 수 있으며, 이에 따라 간이론적 지칭 가능성에 대한 믿음, 진리 그리고 규칙 개념들로부터의 반론들은 극복될 수 있다 ; (2) 간이론적 지칭 가능성이 확보될 수 있다면 실재론의 최소한의 조건은 진리대응론이라기보다는 간이론적 지칭 가능성이므로, 진리의 언어 의존성을 인정하면서도 최소적 실재론은 옹호될 수 있다. 논평자에게는 정 교수가 간이론적 지칭 가능성을 확보케 해주는 이론을 '최소적 실재론'이라고 정의하고 있는 것처럼 보인다. 그리고 진리가 언어

의존적이라는 것이 인정되어야 하므로 진리대응론은 실재론 옹호에 필수적이 아니라는 정 교수의 언급은 정 교수의 핵심적 주장인 '넓은 분류/좁은 분류의 구분이 간이론적 지칭 가능성을 확보케 해준다'는 입론의 옹호 논변 과정에 별 영향을 미치지 않는 것처럼 보이므로, 위의 (2) 부분은 그냥 넘어가고, 정 교수 논문의 핵심적 부분인 (1) 부분만을 고찰하겠다. 논평자의 핵심적 주장은 정 교수의 좁은 분류/넓은 분류를 받아들여도 간이론적 지칭 가능성이 확보되지 않는다는 것이다.

우선 넓은 분류/좁은 분류의 구별을 살펴보자. 정 교수의 넓은 분류/좁은 분류의 구분은 포돌과 퍼트남의 좁은 내용/넓은 내용의 구분으로부터 출발한다. 좁은 내용이란 마음속에 내재하는 심적 표상을 말하며, 넓은 내용이란 각 가능 세계에서 지시 대상을 결정하는 함수다. 그리고 퍼트남에 따르면, 좁은 내용은 넓은 내용을 결정하지 못하므로 — 즉, 심적 표상이 지시 대상을 결정하지 못하므로 — 의미가 지시 대상을 결정한다는 것을 받아들이는 한, 의미를 좁은 내용으로 국한시켜 생각할 수 없다는 것이다. (퍼트남의 표현을 그대로 빌자면, "의미란 머릿속에 있는 것이 아니다.") 결국, 퍼트남은 지시 대상 자체가 의미의 한 요소로 들어와야 한다고 주장한다.

정 교수의 좁은 분류와 넓은 분류의 구분의 기준은 무엇인가? 정 교수의 핵심적 구절들을 인용해보자. "하나의 표현이 짧은 조건을 만족하는 경우 좁은 분류이고 긴 조건을 만족하는 경우 이것은 넓은 분류다." "하나의 문장이 긴 조건을 만족한다는 것은 짧은 조건을 만족하기보다는 참이 되기 어렵다는 것이고 이것은 실재의 억제성의 제약이 많다는 것이다." 정 교수의 좁은 분류와 넓은 분류의 구분에 대한 설명은 매우 짧고 비유적이다. 이러한 불명료성에도 불구하고 정 교수의 의도는 분명하다. 퍼트남의 좁은 내용 / 넓은 내용의 구분과 유사하게, 좁은 분류는 용어의 지시 대상을 확정할 수 없지만, 좁은 분류에 여러 조건들을 첨가하여 얻어진 넓은 분류는 용어의 지시 대상을 (간이론적으로) 확정할 수 있다는 것이다. 즉, 좁은 분류에다 여러 가지 조건들 혹은 긴 조건을 첨가하면 대상 세계 자체로 나아갈 수 있다는 것이다. (그렇지만 정 교수의 이러한 통찰은 분명히 좁은 내용을 아무리 넓혀도 넓은 내용 자체로 나아갈 수 없다는 퍼트남의 통찰과 상반된다. 이러한 퍼트남의 통찰은 맨 처음 좁은 내용 / 넓은 내용의 구별을 도입한 포돌도 인정하게 된다.)

여기서 의문점이 제기될 수 있다. 넓은 분류가 긴 조건을 만족하는 분류라는 것의 함축이 무엇이며, 과연 그러한 긴 조건으로서의 넓은 분류가 지시 대상을 (간이론적으로) 확정할 수 있느냐는 것이다. 정 교수는 다음과 같은 예를 들고 있다 : "어떻게 '나는 물을 마시고 싶다'는 문장이 긴 또는 많은 조건을 만족해가는 동안 이 문장의 내용은 넓어지는가? 세계의 구조의 조건을 도입하면 지구인은 '물'로서 H_2O를 지칭하지만 쌍둥이 지구인은 그로써 XYZ를 지칭한다는 것이다." 여기서 정 교수는 두 가지 점을 간과하고 있다. 첫 간과점은 '물'과 같은 자연 종 명사에 대해, 세계 구조의 조건을 받아들인다는 것은 다름아닌 크립키-퍼트남류의 고정 지시어 이론을 받아들이는 셈이라는 것이다. 다시 말해, 심적 표상에 관한 조건들을 아무리 길게 늘여도 '물'의 외연은 결정되지 않으므로, '물'의 외연 자체를 의미의 한 요소로 포함시킨다는 것을 인정하는 셈이라는 것이다. 만일 그렇다면, 자연 종 명사의 경우 조건의 길고 짧음에 의해 지시 대상의 확정 여부가 결정되는 것이 아니라, 특수한 단일한 조건인 외연 조건을 첨가하느냐의 여부에 의해 결정되는 것이다. 만일 정 교수가 넓은 분류 이론을 고정 지시어류의 이론까지 포괄하는 이론으로서 제시하고자 의도하였다면, 정 교수의 이론은 적어도 상당한 세련화 작업을 거쳐야만 한다.

두 번째 간과점을 지적하기 위해, 자연 종 명사가 아닌 '쿼크'나 '전자(electron)'와 같은 이론적 개체 명사의 경우를 고려해보자. 이 경우, 자연 종 명사의 경우와 똑같은 방식으로 정 교수가 제시하는 세계 구조의 조건을 새로이 첨가할 수 있겠는가? 쿼크나 전자가 세계의 구조를 형성하는 하나의 존재자인가 하는 것이 바로 과학적 실재론의 한 문제다. 아마도 덧붙일 수 있는 조건들은 관찰 가능한 현상들에 관한 조건들을 포함하여 더욱 과학적으로 확립된 조건들 — 특히, 인과적 조건들 — 일 것이다. 그러나 쿼크나 전자에 관한 문장, 예를 들어 "전자는 원자를 구성하고 있는 소립자의 하나다"에다가 이러한 새로운 조건들을 덧붙인다는 것은 무엇을 의미하는가? 그것은 다름아닌 쿼크나 전자에 관한 좀더 체계적인 이론을 구성해나간다는 것이ㄱ ㅅㄱ을 인정하는 것은 결국 '쿼크'나 '전자'의 지칭 확정은 이론 의존적으로 된다는 것, 따라서 간이론적 지칭 가능성이 불가능하다는 것을 인정하는 셈이다. 이것은 결국 정 교수의 넓은 분류 / 좁은 분류의 구분이 바로 정 교수가 옹호하고자 하는 간이론적 지칭 가능성을 논박하고 있는 셈이다.

물론 정 교수가 이러한 결론을 받아들이지 않을 수 있다. 조건을 첨가하는 것이 항상 이론을 구성하는 것은 아니라고 주장할 수 있다. 그 한 예는 퍼스-퍼트남적인 관용의 원리라는 조건을 덧붙이는 것이다. 그러나 이러한 탈출구에는 퍼스-퍼트남적인 실용적 실재론이 과연 정 교수가 염두에 두고 있는 '최소적 실재론'인가 하는 의문점과 아울러, 퍼스-퍼트남적인 관용의 원리라는 조건이 정 교수가 제시하고 있는 긴 조건 / 짧은 조건과 어떻게 연결될 수 있느냐 하는 의문점이 도사리고 있다. 정 교수가 염두에 두고 있는 '최소적 실재론'이 실용적 실재론을 포괄할 정도로 넓은 실재론이라는 것을 인정한다 할지라도, 이론적 개체 명사들의 지시 대상의 확정 여부는 정 교수가 제시하듯 조건의 길고 짧음에 의해 결정되는 것이 아니라 관용의 원리라는 단일한 조건의 수용 여부에 달려 있는 것이다. 또 다른 한 예로, 정 교수는 퍼스-퍼트남적인 조건이 아닌 해킹 식의 인과적 조건을 덧붙일 수 있다. 논평자가 「과학의 성공과 실재론」이라는 논문에서 제시하였듯이 다음과 같이 주장할 수 있다 : "이론적 개체들의 인과적 힘의 규칙적인 도구적 사용은 이론 의존적이 아닌 단순 문장으로 기술될 수 있다. 이론적 개체의 도구적 인과성에 관한 단순 문장은 그 이론적 개체를 이 개체에 상응하는 이론적 용어의 지시 대상으로서 이론 독립적으로 고정시키는 역할을 하며, 이로써 그 이론적 용어는 일종의 고정 지시어처럼 작동하게 된다. 아무리 이 개체에 관한 이론들이 변한다 하더라도, 그 이론적 용어와 그 이론적 개체 간의 지시 관계는 변할 수 없다." 만약 정 교수가 이러한 해킹 식의 인과적 조건을 받아들인다면, 정 교수의 '최소적 실재론'은 '실용적 실재론'을 허용할 필요가 없다. 그러나 앞에서 지적한 것과 마찬가지로, 이러한 조건 부여가 정 교수가 제시하는 조건의 길고 짧음과 어떤 직접적인 연관 관계를 갖는가? 정 교수는 해킹의 이론을 옹호해야 한다는 부담과 아울러, 자신의 넓은 분류의 이론을 해킹의 인과성 조건을 수용하도록 세련화시켜야 한다는 부담을 안게 된다. 결국, 어떤 탈출구를 택하든 정 교수는 자신의 넓은 분류 이론을 간이론적 지칭 가능성을 확보해주는 철학 이론으로서 주장하기 위해서는 논문 몇 쪽으로는 결코 완수될 수 없는 상당한 작업을 수행해야 하며, 그 성공 가망 또한 논평자에게는 부정적인 것처럼 보인다.

이제 정 교수의 진리로부터의 반론을 살펴보자. 우선 '가바가

이'의 예를 살펴보자. 이것은 분명 정 교수가 주장하듯, 특정한 표현과 대상 간의 지칭 관계의 불확정성을 보여주는 예로 간주될 수 있다. 이러한 불확정성에 대한 정 교수의 해결책은 무엇인가? 어떠한 조건들을 더 첨가하면 이 경우 지칭 관계가 확정된다는 것인가? 어떠한 조건을 주어도 확정되지 않는다는 콰인의 주장을 논박하기 위해서는 그 조건들의 개략적인 윤곽만이라도 제시해주어야 한다. 논평자의 주장은 콰인의 견해가 옳다거나 그르다는 것이 아니라, 콰인의 견해를 논박하기 위해서는 적어도 정 교수의 이론이 조건들의 실질적인 내용을 명시해야 한다는 것이다.

그리고 이 진리로부터의 반론을 종합적으로 요약하는 대목에서 정 교수는 문맥이 넓어갈수록 모순되는 것으로 보이는 두 문장들 간의 경쟁성이 약화되고, 이것이 간이론적 지칭 가능성을 보여준다고 주장한다. 논평자는 문맥이 넓어질수록 모순 문장들 간의 경쟁성이 어떤 의미에서 약화될 수 있다는 것은 인정한다. 그러나 그러한 의미에서의 경쟁성의 약화는 간이론적 지칭 가능성을 결코 함축하지도 전제하지도 않는다. 정 교수의 지적대로, 예를 들어 "'공간은 휘었는가?' 혹은 '공간은 휘지 않았는가?'의 두 문장 중 어느 것이 참입니까?"의 질문은 불완전한 질문이다. 이것은 그 문장들이 속해 있는 이론의 제시와의 관계 속에서 물어야 한다. 그리고 이와 같이 이론의 제시와의 관계 속에서 묻게 되는 것이 정 교수의 넓은 분류에 의한 물음이다. 그러나 이러한 넓은 분류에 의한 물음을 인정하는 것은 정 교수가 옹호하고자 하는 간이론적 지칭 가능성을 반박하는 것이다. 논평자는 왜 그러한가에 대해 「물리적 기하학의 규약성」이라는 논문에서 상세히 다루었다. 간략히 이야기하자면, 아인슈타인의 공간 이론을 받아들이면 공간은 휘었다고 할 수 있으며, 뿌앙카레의 공간 이론을 받아들이면 공간은 휘지 않았다고 할 수 있는데, 이 두 이론 속에서 사용되는 용어 '공간'의 외연은 서로 다르므로 간이론적 지칭 가능성이 확보되지 않는다는 것이다.

믿음으로부터의 반론을 살펴보자. 정 교수의 논변의 핵심은 피에르의 런던에 대한 상호 모순적인 믿음의 예는 지칭론 일반에 대한 반론으로 생각할 수 있으나, 더 많은 조건들을 고려하면 이 예는 단순히 피에르가 모순적인 믿음들을 가지고 있다는 것을 말할 뿐 지칭론 일반에 대한 반론으로 생각될 수 없다는 것이다. 물론 정 교수의 주장대로 피에르의 믿음 체계 속의 조건들에다 새로 세계에 관한 조건을 첨가하면 피에르의 어휘들 'Londres'와 'London'이 동일한 대상을 지칭한다는 것을 주장할 수 있다. 그러나 그것이 간이론적 지칭 가능성, 즉 실재론 / 반실재론의 문제와 어떤 관계가 있는가? 반실재론자도 런던이란 도시가 이론적 개체가 아닌 한, 피에르의 믿음 체계 속의 조건들에다 새로 세계의 (관념론자의 경우에는, 간주관적) 관점에서 주어진 런던에 관한 어떤 조건들을 첨가하면, 피에르의 어휘들이 동일한 대상을 지칭한다고 주장하는 데 어려움이 없다(물론, 만일 반실재론자가 그렇게 주장하기를 원한다면).

규칙으로부터의 반론을 살펴보자. 정 교수의 논변의 핵심은 '+'(덧셈)이라는 기호(단어)가 한 문장에서 더하기로도 커하기로도 해석될 수 있는데, 이것은 미래의 사태나 반사실의 상황이라는 더 넓은 분류 방식에 호소함에 따라 두 함수의 경쟁성은 약화될 수 있다는 것이다. 정 교수의 문구를 직접 인용해보자. "두 함수가 경쟁을 일으키면서 과거의 사실에 의해 결정되지 않는다는 것은 그 분류 방식을 과거의 사실에만 호소하는 좁은 길을 택하였기 때문이다. 이러한 때는 언제나 우리는 더 넓은 분류 방식을 택할 수 있다. 도대체 두 함수가 다르다는 것을 알 수 있다는 능력에 대응하여 넓은 길로 나갈 수 있다는 것이다. 미래의 사태나 반사실의 상황이라는 더 넓은 분류 방식에 호소함에 따라 두 함수의 경쟁성은 약화될 수 있다." 앞서 논평자는 '경쟁성의 약화'라는 표현이 간이론적 지칭 가능성을 논박하는 방식으로도 이해될 수 있다는 것을 지적하였다. 그러한 결과를 낳지 않으려면, 두 함수 간의 경쟁성 약화는 넓은 분류를 채택함으로써 하나의 함수는 옳고 다른 함수는 틀린 것으로 판명될 수 있음을 의미하는 것으로 이해되어야 할 것이다. 이러한 의미의 경쟁성 약화를 받아들일 경우, 간이론적 지칭 가능성은 과연 넓은 분류를 통해 확보될 수 있을까? 정 교수의 논문에서 제시된 커하기 함수의 정의를 받아들일 경우, 분명히 x나 y가 57보다 큰 경우를 고려하면, 더하기와 커하기의 두 해석 중 어떤 해석이 옳은지가 결정될 수 있다는 것은 자명하다. 그러나 문제는 그 새로이 주어진 경우를 만족시키면서도 더하기 ― 커하기가 옳은 해석으로 판명된 경우는, 커하기 ― 와는 다른 새로운 경쟁적인 함수를 항상 구성해낼 수 있다는 것이다. 결과적으로, 적절한 조건이 많이 주어지면 주어질수록 올바른 해석으로 수용될 수 있는 대안들의 범위는 점차 줄어드나, 그럼에도 불구하고 경쟁적인 관계에 있는 함수는 항상 존재한다는 것이다. 즉, 덧셈 기호의 해석으로 이미 명시적으로 주어진 두 경쟁적인 함수 간에는 새로운 경우를 고려함으로써 경쟁성을 약화시킬 수 있으나, 문제는 이 새로이 고려된 경우를 직질히 만족시키면서 동시에 앞선 경쟁에서 살아남은 함수와 새로이 경쟁적인 관계에 있는 함수가 항상 끊임없이 구성될 수 있으므로 덧셈 기호의 지칭은 결코 확정되지 않는다는 것이다. 만약 그렇다면, 정 교수의 넓은 분류가 어떻게 간이론적 지칭 가능성을 확보해준다고 말할 수 있겠는가?

정 교수의 논문은 독창적인 이론을 내놓으려는 매우 야심적인 것이다. 그러나 그의 중심 개념의 설명은 매우 간략하다. 그로 인해 정 교수의 논문을 논평하는 일이 논평자에게는 매우 곤혹스러운 일이었음을 부인할 수 없다. 그것은 정 교수의 논문에 일관적이고 명료한 해석을 가할 수 없어, 정 교수의 논문에 대한 잘못된 이해의 가능성이 도처에 도사리고 있었기 때문이다.

정대현의 필연성의 이해

임 일 환

정대현 교수의 역저『필연성의 문맥적 이해』는 독자들이 단지 그 책의 목차만 잠시 읽어보더라도 경탄을 자아내기에 충분한 책으로 보인다 : 고정 지시어, 통세계적 동일성, 가능세계존재론, 반사실적 가정문, 본질, 인과성과 사건론 등, 아마도 지난 30~40년간의 현대 철학의 쟁점과 논란을 조금이라도 관심 있게 살펴본 모든 독자들은, 정 교수의 이 책이 다루고 있는 주제들이 현대 철학의 가장 핵심적이고도 중요한 문제 영역을 이루고 있음을 쉽게 감지할 수 있으리라 생각한다. 이런 의미에서『필연성의 문맥적 이해』는 지극히 야심적인 책이다. 더구나 방금 나열한 주제들은 정 교수 책의 단지 전반부에 해당되는 목차만 나열한 것이고 후반부 내용은 언어, 지향성, 기술 이론, 비트겐슈타인의 규칙 개념 등 양상성의 개념과 언어 이론과의 관련에 대한 내용으로 이루어져 있다. 따라서 평자는 단지 현대 철학의 주제라기보다는 철학의 영원한 핵심 주제들이라고 부를 수 있는 이처럼 다양하고 포괄적인 이슈들이 어떻게 상호 관련을 맺고 있는가를 살펴보기 위해서만이라도, 정대현 교수의 이 책은 훌륭한 지침서가 될 것이라고 생각한다.

그러나 고백하기에 약간은 부끄러운 일이지만, 평자는 이 책을 읽고, 과연 평자 자신이 이 책이 다루고 있는 난해한 철학적 문제들 중 절반이나 이해했는지 의심스럽다. 많은 문제와 논증들은 실로 평자가 들어보지 못한 것들도 있으며, 실로 평자가 앞으로 평생을 공부한다고 할지라도 과연 이 책이 다루고 있는 주제들에 대해 불확실한 억견이라도 가질 수 있을지 의심스럽다는 생각을 지울 수 없었다. 그런 의미에서 평자는 먼저 평자 자신이 이 책을 적절하게 논평할 수 있는 능력과 자질을 갖추지 못했음을 고백한다. 따라서 평자는 단지 정 교수의 지도를 따라, 평자가 이 핵심적인 철학적 주제들 중 아주 일부를 그것도 평자가 이해하는 범위에서만 약간의 사족을 붙이려고 한다.

정 교수에 따르면 이 책이 다루는 핵심적인 물음은 아주 단순한 물음이다. 그것은 이렇게 표현된다 ; "필연이란 것이 이 세계에 있는 것인가?" 하는 물음이다. 그리고 이 물음에 따라 이 책의 전체의 흐름을 결정하는 정 교수의 주장은 다음과 같이 제안된다. "이 책은 하나의 논제를 제안한다. 필연성은 문맥적이라는 것이다. 그러나 이러한 문맥적 필연성은 두 가지 명제로 표현될 수 있을 것이다. 필연성은 일차적으로 언어적(대언적, de dicto)이고 그리고 그런 조건 하에서 실재적(대물적, de re)일 수 있다"(p.28).[1] 그리고 바로 이 주장의 해명을 위해 책은 두 부분, 즉 대물적 필연성을 다루는 전반부와 대언적 필연성을 다루는 후반부로 이루어져 있다. 따라서 평자는 정 교수의 이 세 가지 핵심적인 물음, 대언적 및 대물적 필연성은 각각 무엇인가 그리고 필연성이란 것이 과연 세상에 있는가 하는 물음들을 우리가

1) 이하 모든 괄호 내의 쪽수는 『필연성의 문맥적 이해』의 쪽수를 표시한다.

어떻게 이해할 것인가에 대해 간략히 비평하고자 한다.

먼저 '대언적 필연성'에서 시작하자. 예컨대 다음과 같은 문장들을 살펴보자 : '모든 사람은 사람이다', '모든 토끼는 토끼다', '철수가 철수면 철수는 철수다' 등. 물론 이 문장들이 표현하는 내용은 너무도 명백하게 참이어서, 이 바쁜 세상을 살아가는 사람들이 평생 한 번도 입 밖에 내어서 주장할 필요조차 느끼지 않을 만큼 뻔한 주장이다. 그러나 철학자들에 따르면, 이처럼 뻔하게 참인 주장들은 그렇지 않은 것들과 중요한 차이점이 있다. 그것은 이것들이 예컨대 '서울은 만원이다'는 주장과는 달리 모순 없이 부정될 수 없다는 것이다. 그런 의미에서 우리는 이 뻔한 문장들 앞에 'Nec' 혹은 '필연적으로'라는 말을 항상 덧붙일 수 있다는 것이다. 그리고 이런 것들이 바로 정 교수가 말하는 '대언적 필연성'이다. 여기에서 언급되고 있는 필연성은 양화 문장 혹은 복합 명제가 구성되어 있는 방식 때문에, 이런 것들은 모순 없이 부정될 수 없고 또 바로 그런 의미에서 '언어적' 필연성이라고도 말해진다.

그렇다면 우리 모두가 알고 있는 뻔한 얘기를 왜 평자가 되풀이 말하는가? 이유는 간단하다 : 정 교수는 '필연이란 것이 세계에 있는가?' 하는 물음이 이 책의 가장 핵심적인 물음이라고 말한다. 그런데 우리는 지금 위에서 말한 뻔한 얘기를 통해 이 물음에 대한 뻔한 대답을 찾았다. 즉, 이 물음의 정답은 '세상에는 필연이란 것이 있다'다. 실상 우리는 필연이란 것이 있을 뿐만 아니라 무한히 많은 그리고 무한히 다양한 필연성이란 것이 세계 내에 있다고 말할 수 있다. 실로 우리가 명제 논리에서 배웠던 모든 토톨로지들이 바로 세상에 존재하는 필연들이라고 쉽게 말할 수 있다. 더구나 그것은 결코 놀라운 사실이 아니다. 그렇다면 우리는 정 교수가 너무나 답이 뻔한 문제를 제기하고 있는 것이 아닌가 하는 의심이 들 것이다. 다시 말해, 세상에 있는 필연이란 너무도 뻔한 것들이어서 말할 가치조차 없는 그런 것들뿐인가?

철학에서 '라이프니츠의 원리'라고 불리는 다음과 같은 명제를 살펴보자

(LL) Nec(x=y면, x와 y는 모든 속성을 공유한다).

이 원리의 내용은, 그것이 무엇이든 두 개가 아닌 동일자는 모든 속성을 공유한다는 사실의 필연성을 주장하는 내용이다. 다시 말해, 이 원리는 속성이 하나라도 다른 것들은 반드시 상이한 대상이라는 원리다. 그런데 이 원리는 '필연적으로 모든 사람은 사람이다' 만큼이나 뻔한 주장인가? 평자의 경험에 따르면, 많은 학생들은 이 원리의 필연성을 직관적으로 이해하지 못한다. 즉, '모든 사람은 사람이다'가 필연적인가 물으면, 주저 없이 필연적이라고 긍정하는 학생도 이 (LL) 원리의 필연성을 이해하는 데 어려움을 겪는다. (따라서 우리는 적어도 여기에 무언가 말할 수는 없지만, (LL)의 필연성을 자명하게 하지 않는 요소가 있다는 것을 인지할 수 있다.) 그러나 이 원리는 실은 '모든 사람은 사람이다'의 필연성과 마찬가지 방식으로 '뻔하게', 즉 대언적으로 필연적이다. 우리가 '모든 사람이 사람이다'의 필연성을 인지하는 것은 이 명제의 부정에서 즉각 모순이 도출되기 때문이다. 그런데 마찬가지로 'a와 b가 동일자면 양자는 모든 속성을 공유한다'는 문장도 부정하면 모순이 도출된다. 왜냐하면 이 조건문의 부정은 (a=b & Fa & ~Fb)를 긍정하는 것이고, 여기에 동일성을 대입하면 Fa&~Fa 형태의 모순이 즉각 도출되기 때문이다. 따라서 '모든 사람은 사람이다'와 마찬가지로 우리는 주어진 문장에 대언적 필연성의 표시, 즉 'Nec'를 부칠 수 있고 그 결과가 위의

라이프니츠의 원리 혹은 더 정확히 '동일자의 구별 불가능성의 원리'(LL)인 것이다. 다시 말해 이 원리는 약간은 복잡하지만 알고 나면 자명한 진리라고 말할 수 있다.

그러나 이처럼 자명하고 뻔해보이는 대언적 필연성의 존재 자체는 그 자체로 심오한 그리고 아주 오래된 철학적 논란의 핵심 주제로 등장한다. 물론 그것은 동일자의 통시간적 동일성 (identity through time)의 문제다. 예컨대 당신이 한 달 전에 당신의 친구 철수를 만났는데 그 철수는 뚱뚱했었다고 가정하자. 그런데 어제 만난 당신 친구 철수는 그동안 맹렬한 다이어트 덕분으로 더 이상 뚱뚱하지 않다고 가정하자. 자 이 경우 '철수'를 'a'로 그리고 '뚱뚱함'이란 속성을 'F'로 각각 표기하면, 철수의 체중 변화 사실은 기초 논리학적으로 아마도 다음과 같이 쉽게 표현될 것이다.

(1) 어제 만난 철수 = 한 달 전의 철수.
(2) Fa(a was F)
(3) -Fa(a was not F)

그런데 문제는 이처럼 기초 논리학으로 표현된 세 개의 참인 전제는, 우리가 위에서 자명한 참이라고 인정했던 라이프니츠의 원리의 부정을 즉각 함축하는 듯이 보인다. (LL)에 따르면 동일자는 모든 속성을 반드시 공유해야 한다. 그런데 어제 만난 철수와 한 달 전의 철수가 상이한 속성을 갖는다면 이들이 어떻게 동일자일 수 있는가? 따라서 우리는 철수의 체중이 변화했다는 사실을 인정한다면 이 원리는 포기되어야만 할 것 같다. 그러나 우리가 이미 보았듯 이 원리를 부인하는 것은 모순이다. 따라서 모순을 범하지 않으려면 우리는 이 논증의 어디가 잘못된 것인가를 발견해야만 한다.

이 문제에 대한 한 가지 극단적인 해결책은 전제 (1)과 (2) 둘 다 모두 참일 수는 없다고 주장하는 것이다. 이 두 전제가 주장하는 것은 철수라는 동일자가 어떤 시점에서 F라는 속성을 갖고 있다가 다른 시점에서 그 속성을 잃어버릴 수 있고 이것이 바로 철수라는 동일자의 "변화"를 표현한다고 주장한다. 그러나 이 두 전제를 인정하면 우리는 철수가 변한다는 것을 인정하는 것이고 그러면 (주어진 논증이 타당하다는 가정 하에) 우리는 (LL)을 부정해야 한다. 그러나 이 원리는 필연적으로 참이다. 따라서 부정되어야 하는 것은 '철수가 변한다' 사실이다. 자, 이러한 응답이 옳으면 세상에 변하는 것은 하나도 없어야 한다. 즉, 세상에서 변하는 것은 하나도 없다. 한마디로 동일자의 시간적인 변화와 동일자의 구별 불가능성의 원리는 양립 불가능하다. 따라서 세계 내의 모든 대상들의 시간적인 변화 자체를 부정할 수밖에 없다.

물론 이러한 파르메니데스적 해결책은 극단적인 해결이다. 평자가 아는 한, 현대 철학에서 다른 방식으로 이 문제를 해결하는 두 가지 전통적인 라이벌 이론이 존재한다. 플라톤과 아리스토텔레스의 실체-속성 두 범주 존재론에 따르면, 일상적인 개체의 통시간적 동일성은 라이프니츠의 원리 (LL)과 전적으로 양립 가능하고, 따라서 세상에 변화가 없다는 파르메니데스적 세계관은 강요되지 않는다. 이 상식적 해결책의 핵심은 개체가 속성을 갖는 것은 항상 시간 상대적으로 이해되어야 한다는 것을 지적하는 것이다. 다시 말해 한 달 전의 철수가 뚱뚱했지만 어제는 더 이상 뚱뚱하지 않았다는 개체 변화의 사실은, 좀더 엄밀히 다음과 같이 표현되어야 한다.

(2′) 시점 t1에서 철수는 F다.

(3′) 시점 t2에서 철수는 −F다(여기서 시점 t1 ≠ t2).

이처럼 철수가 변했다는 형이상학적 사실을, 하나의 동일자가 주어진 시점에 F라는 어떤 속성을 갖고 있다가 상이한 시점에 그 속성 F를 잃는 것으로 상식적으로 이해한다면, 우리는 이 두 전제가 라이프니츠의 원리와 어떻게 양립 가능한가를 아주 쉽게 이해할 수 있다. '상이한 속성을 갖는 것들은 결코 동일자일 수 없다'는 원리는 애초 동일한 시점 t에 동일자들, 예컨대 a와 b가 속성이 결코 다를 수 없다는 뜻이다. 왜냐하면 이를 부정하면, 우리는 동일한 시점 t에(즉, 한마디로 '동시에') 동일자가 F면서 −F임을 인정해야 하고 이는 분명 모순이기 때문이다. 그러나 개체의 변화는 단지 상이한 시점에 동일자가 상반되는 속성을 갖는다는 것만 인정한 것이지 동일자가 동시에 상반되는 속성을 가질 수 있다는 것을 인정하는 것은 아니다. 다시 말해 변화 속의 동일자의 지속성과 동일자 구별 불가능성의 원리는 전적으로 양립 가능하다. 따라서 우리는 파르메니데스의, 사랑도 죽음도 탄생도 없는 영원 불변자의 세계관을 거부할 수 있다.

그러나 현대의 반(反)아리스토텔레스주의자들은 이러한 '형이상학적' 해결을 결코 만족스러워하지 않을 것이다. 이들에 따르면, 이러한 전통적 '시간 상대적' 해결책은 세상에 변화하는 것이 있다는 사실과 자명한 형이상학적 원리 양자를 구출하기 위해, 적어도 세 가지 서로 상이한 근본적인 존재자들, 다시 말해 실체와 속성 그리고 시간이라는 존재자 범주를 인정한다. 그러나 이는 적어도 존재론적인 관점에서 너무 비경제적인 것이 아닌가? 좀더 경제적인 존재론을 선호하는 현대 철학자들에 따르면 여기에 더욱 간결한 해결책이 있다 : 그것은 '주어진 개체가 어떤 시점에서 속성 F를 갖는다'는 것은 더욱 엄밀히 개체의 시간적 부분(temoporal part)이 'F'라는 술어로 기술될 수 있다는 것 이상도 이하도 아니다. 다시 말해 철수라는 개체 그리고 나아가 모든 개체의 시간적 변화는 다음과 같은 논리적 형식을 가져야 한다.

(2″) a-at-t1 is F. 즉 철수-(어제)는 뚱뚱하다.
(3″) a-at-t2 is -F. 즉 철수-(한 달 전)는 뚱뚱하지 않다.

이 해결책의 핵심은 우리가 철수라는 일상적 대상의 변화를 생각할 때 세 개의 상이한 개별자들을 준별해야 한다는 것이다. 즉, 당신이 어제 만난 철수는 철수라는 개체 전체가 아니라 '철수-어제'라는 철수의 시간적 부분뿐이고, 마찬가지로 한 달 전에 당신이 경험한 것은 '철수-한 달 전'이라는 시간적 부분뿐이다. 중요한 것은 '철수-어제'라는 개체와 '철수-한 달 전'이 결코 동일한 개체가 아니다. 다시 말해 엄밀히 우리는 어제 만난 철수가 한 달 전에 만난 철수와 절대적으로 동일한 대상이라고 말할 수 없다. 우리는 단지 서로 상이한 시간적 부분들만 경험한 것에 불과하고, 우리가 '철수'라고 상식적으로 부르는 대상은 철수의 수많은 시간적 부분들의 '집합' 혹은 'Sum'이라고 말해야 한다(이런 의미에서 시간 부분론자에 따르면, '남대문'이란 개체 전체를 눈으로 본 사람은 아무도 없다. 왜냐하면 남대문이란 개체 자체는 사오백 년 전의 시간적 부분을 포함하는 대상이고, 아무도 200년 이상을 살지 못하기 때문이다.) 이제 이 현대적 해결책이 왜 동일자의 구별 불가능성의 원리와 전적으로 양립 가능한지 이해하는 일은 쉬운 일이다. 이 해결책에 따르면, 철수의 변화라는 사실은 철수의 상이한 시간적 부분들이 상반되는 속성을 (혹은 '기술'을) 갖는다는 것으로 환원적으로 분석, 설명될 수 있다. 따라서 상이한 대상이 상반되는 속성을 갖는다는 것은 그 어떤 형이상적 원리와도 상충되는 것이 아니다. 주목해야 할 점은 전통적 해결책과 달리, 이 현대적 해결책은 적어도 초견적으로는 단지 개체에만 존재론적으로 개입한다. 이미 보았듯, 전통적인 해결책은 개체의 변화를 설명하기 위해 실체, 속성 나아가 시간이라는 존재자의 상정을 요구한다. 그러나 현대적 해결책은 콰인이 말하듯, 시간과 속성에 대한 양화를 요구하지 않는다.[2] 문제는 도대체 이들이 말하는 '시간적 부분'이라는 것이 어떤 종류의 대상인가 하는 문제다. 하지만 일견 분명 이들의 해결책은 통시간적 동일성 문제를 해결할 뿐만 아니라 존재론적으로 경제적인 입장이다. 따라서 이들은 자신들의 해결책이 전통적인 해결책보다 훨씬 우월한 것이라고 주장할 것이다.

평자 생각으로, 정 교수의 책에서 고찰되고 있는 현대의 철학자들 중 아마도 절반 이상이 이와 같은 '시간적 부분'론자들이다. 얼핏 생각나는 대로 열거하면, 콰인, 카르납, 그륀바움, 굿맨, 데이빗 루이스, 해롤드 누난 등. 한편, 좀더 전통적인 입장에 선 철학자는 치좀, 크립키, 플랜팅가 정도일 것이다. 한 가지 흥미로운 질문은 사건 존재론으로 유명한 데이빗슨과 김재권이 이 양 전통의 어디에 속할 것인가 하는 질문이다(한편, 현대의 사건 존재론에 대해서는 정 교수의 책, 9장 '인과와 물리적 사건' 및 16장 '언어적 사건과 인과'를 참조할 것). 김재권은 분명 전통적 실체속성이원론에 속한다. 왜냐하면 그의 사건이란 특정 개체가 특정 시간에 속성을 가지는 것으로 이해되고 있기 때문이다. 따라서 그는 '시간적 부분론자'는 아니다. 한편, 데이빗슨의 사건이 어느 전통에 속하는지는 그 자신이 애매한 태도를 취하는 것

---

2) 콰인은 엄밀히 말해 시간적 부분이 '속성'을 제거할 수 있는 것은 아니라는 점을 인정한다. "Identity, Ostension, and Hypostasis" in *From a Logical Point of View* (Harper & Row, 1963).

같다. 왜냐하면 우리가 데이빗슨의 사건론을 통해 이해할 수 있는 것은 구체적 사건이 개별자라는 것, 그리고 동일한 사례 사건이 상이한 방식으로 '기술'될 수 있다는 것, 그것이 김재권의 사건과는 달리 속성, 시간 개체의 구조를 갖지 않는 '무구조적인(unstructured)' 개체라는 것뿐이다. 주목해야 할 점은 이런 모든 구체적 사건에 대한 데이빗슨의 규정이 콰인이 말하는 개체의 시간적 부분(즉, 시공간 4차원 영역의 내용)에 대한 규정들과 전적으로 양립 가능하다는 사실이다. 따라서 평자 견해로는 데이빗슨의 사건은 콰인의 시간적 부분으로 해석될 수도 있고, 또 그렇지 않을 수도 있는 것으로 보인다(실상 내 생각으로 데이빗슨 자신이 이 문제에 대해 모호한 태도를 취한다는 것이 정답인 것 같다). 어쨌든 중요한 것은 통시적 동일성에 관한 한 데이빗슨에게도 이 두 가지 이론 외의 선택은 없어보인다는 점이다.

혹시 독자들은 왜 평자가 널리 알려진 이 두 가지 이론을 장황하게 설명하는가 하고 반문할지도 모르겠다. 그 이유는 정 교수의 다음과 같은 주장 때문이다 : "통시간적 동일성은 통세계적 동일성의 한 유형이라는 것이 그것이다. 양자간의 차이가 있다면 특수적 양상과 일반적 양상 간의 차이라고 보인다"(p.175). 이 주장에서 정 교수는 우리가 이제까지 다루었던 통시간적 동일성의 문제를 통세계적 동일성의 문제의 '한 유형'인 것으로 파악하고 있다. 그러나 평자 생각으로 이는 중대한 오해를 초래할 수 있다. 그 이유는 이렇다.

우리는 이제까지 한 시점에 존재하는 개체가 다른 시점에 존재하는 개체와 속성이 다름에도 과연 동일할 수 있는가를 물었다. 이것이 철학적 논란을 일으킨 배경은 '상이한 속성을 가진 것들은 동일자일 수 없다'는 자명한 원리와 이것이 상충해보이기 때문이었다. 그러나 주목해야 할 사실은 '필연적으로 동일자는 모든 속성을 공유한다'는 라이프니츠 원리는 정 교수가 말하는 '통세계적 필연성'과는 실상 아무런 관련이 없는 원리라는 사실이다(그리고 바로 이 사실 때문에 우리는 그 원리를 de dicto 필연성이라 불렀다). 통세계적 동일성이란, 예컨대 주어진 가능 세계 W1에 존재하는 대상 a가 또 다른 가능 세계에 존재하는 어떤 대상 b와 과연 동일한 것인가를 묻는 물음이다. 따라서 이 물음은 주어진 시점 T1에 존재하는 철수와 상이한 시점 T2에 존재하는 철수와 과연 동일한가를 묻는 물음과 <u>표면적으로</u> 적어도 동일한 유형의 물음인 것처럼 보인다. 이 자연스런 유추는 아주 유혹적이다. 그러나 이 유혹은 전형적인 오류다. 우리가 동일자의 통시간적 동일성 문제를 제기할 때, 문제의 가정은 <u>동일한 가능 세계</u> 내에 존재하는 두 대상 a와 b가 속성이 다른데도 과연 동일한 것인가를 묻는 물음이었다. 여기서 동일성이 문제시되는 대상들은 항상 동일한 하나의 가능 세계 내의 존재자들이다. 따라서 통시간적 동일성의 문제에서 우리는 주어진 가능 세계 내의 대상들만 고려하면 충분한 것이지, 주어진 가능 세계 내의 a와 <u>또 다른</u> 가능 세계 내의 b를 비교할 필요는 전혀 없는 것이다. 다른 말로 하면, 통시간적 동일성의 문제는 가능 세계 <u>내적</u> 문제이지 가능 세계들 간의 문제, 즉 통세계적 동일성의 문제는 결코 아니다.

다른 방식으로 이 논점을 표현하면 이렇다. 우리가 보았듯, 통시간적 동일성의 문제를 야기하는 것은 개체가 변화한다는 사실과, 다음과 같은 라이프니츠의 원리가 양립 가능한가 하는 문제였다.

(LL) Nec(x=y면 x와 y는 모든 속성을 공유한다).

이 원리는 물론 '필연적' 원리이므로 모든 가능 세계를 언급한다. 그러나 이 원리는 모든 개개의 가능 세계 내에서 동일성의 필요 조건이 모든 속성의 공유라는 사실만 주장할 뿐이고, 바로 그런 의미에서 가능 세계 내적 동일성의 조건만 주장한다. 다시 말해, '통시간적 동일성이 통세계적 동일성의 한 유형'이라고 주장하는 것은 통시간적 동일성이 우리의 (LL)이 아니라 그것과 유사한 다음과 같은 원리 때문에 문제가 된다고 주장하는 것이다.

(LL)* Nec(x=y면 Nec x와 y는 모든 속성을 공유한다).

라이프니츠의 원리와 달리 이 원리는 동일자가 모든 속성을 공유한다는 것이 필연적 사실일 뿐만 아니라 바로 그 동일자는 (즉, 대상 자체가) <u>필연적으로</u> 모든 속성을 가져야만 한다는 내용이다. 다시 말해 동일자는 자신이 갖는 모든 속성을 <u>본질적으로</u> 가져야만 한다고 주장하는 것이다. 왜 이 (LL)*이 통세계적 원리인가는 비교적 분명히 이해될 수 있다. 이 세계 내의 대상 철수가 뚱뚱함이라는 속성 F를 갖는다고 가정하자. 그렇다면 (LL)*에 따르면 이 세계가 아닌 그 어떤 다른 가능 세계에 존재하는 대상도 그것이 -F라면 그것은 결코 철수가 아닌 대상이라는 것이다. 따라서 뚱뚱하지 않은 철수는 불가능한 것이고 그런 의미에서 뚱뚱함은 철수의 본질이라는 것이다(물론 동일한 논증은 철수의 모든 '변화 가능한' 속성들에 대해서도 성립하고, 그 결과 철수의 모든 속성이 그의 본질이 될 것이다). 중요한 것은, 라이프니츠의 원리와는 달리 (LL)*는 명백히 거짓인 것으로 보인다는 점이다. 왜냐하면 철수가 갖는 대부분의 속성은 우유적인 속성들이지 본질적인 것은 아닐 것이기 때문이다. 결국 통시간적 동일성을 통세계적 동일성의 유형으로 간주하는 것은 (LL)

과 (LL)*를 혼동하는 것이고, 이는 정 교수 자신의 표현을 빌자면 대언적 필연성과 대물적 필연성을 혼동하는 것이다.

요약하면 우리는 다음과 같은 필연성의 단계들을 구별해야 할 것 같다.

(1) Nec, 철수가 철수면, 철수는 철수다.

(2) Nec, 물이 H_2O이면, 물은 H_2O다.

(3) Nec, 춘원이 이광수면, 춘원은 이광수다.

(3)* Nec, 춘원이 이광수면, 모든 시간에 (즉, 영원히) 춘원은 이광수다.

(4) Nec, 금성이 샛별이면, Nec(즉, 모든 가능 세계에서) 금성은 샛별이다.

(5) Nec, 이 책상이 그 부분들 AB의 합과 동일하면, 모든 가능 세계에서 이 책상은 AB를 부분으로 갖는다.

(6) Nec, 이 책상이 그 부분들 AB의 합과 동일하면, 모든 가능 세계에서 그리고 모든 시간에 이 책상은 AB를 부분으로 갖는다.

처음 세 명제는 물론 대언적 필연성의 사례다. 대언적 필연성은 세상에 널려 있다. 그러나 문제는 그것들이 대부분이 너무도 값싼 것이라는 점에 있다. 그리고 살펴보았듯 동일자의 구별 불가능성의 원리도 대언적인 한, 그것은 단지 세계 내적 대상들의 동일성에만 관여한다. (3)*는 일단 동일한 것은 영원히 동일하다는 원리이고, 이는 리차드 카트라이트에 의해 주장된 원리의 사례다. 이는 대언적으로 보이지만, 시간성이란 '양상'에 개입하고 따라서 통시간적 동일성 문제에 관여한다. 예컨대 데이빗 루이스는 동일성의 영원성을 부인하는 대표적 철학자다. (4)는 물론 크립키를 통해 유명해진 원리의 한 사례다. (5)는 라이프니츠, 로크 그리고 흄이 받아들였던 원리이지만, 현대에는 크립키에 의해 리바이벌되어 널리 알려진 원리다. 물론 이는 통세계적 동일성에 관한 원리다. (6)은 현대에 치좀과 위긴스 등이 받아들이는 원리다. 이는 통세계적 동일성뿐만 아니라 통시간적 동일성에도 관여한다. 예컨대 크립키는 (5)는 받아들이지만 (6)은 받아들이지 않는다. 일단 대언적 필연성을 벗어나면, 우리는 모순배제율이란 안전판에 더 이상 호소할 수 없다(이미 보았듯, 동일자 구별 불가능성의 원리라는 대언적 필연성조차 세 가지 전혀 상이한 형이상학 이론의 출현을 배제하지 못한다. 그리고 물론 당신의 형이상학은 이들 중 어떤 것을 받아들이고 어떤 것을 거부할 것인가, 그리고 받아들이는 원리를 무제약적으로 받아들일 것인가, 적절한 제한을 가할 것인가 하는 문제들에 의해 결정될 것이다).

그러나 정 교수의 역저가 입증하듯, 현대 형이상학의 가장 난해한 문제들은 바로 이러한 대물적 필연성과의 관련 하에서 발생한다. 이제 평자 생각으로, 그 흥미로운 모습이 어떠한가 궁금한 독자들은 정대현 교수의 『필연성의 문맥적 이해』라는 책을 펼쳐보는 수밖에는 없다고 말할 시점이 된 것 같다.

분석철학 논의의 세계화

이 좌 용

1

이 저서의 논의 주제는 최근 30여 년에 걸쳐 영미권의 분석적 철학에서 가장 뜨거운 관심과 논쟁을 불러일으킨 문제의 하나다. 한국에서의 분석적 철학 논의의 역사는 20여 년이다. 그 기간에 한국의 철학자들도 이 논쟁에 무심하진 않았다. 나름의 수준 높은 연구가 있었다. 그런데 이 모든 국내외 연구를 비판적으로 온축한, 그 논의 수준이 정말 '세계화'에 있는 한국어 저서를 이 땅에서 본다. 이 주제에 관한 한 정 교수의 이 저서를 디딤돌로 놓고 이제 우리는 손쉽게 세계적 수준의 창조적인 철학 논의로 올라설 수 있을 것 같다. 뜻깊은 일이다.

이 저서의 주제는 필연성에 대한 이해다. 그 결론적 주장은 필연성은 문맥적이라는 것이다. 그 논변을 위한 넓은 논의 마당이 열린다. 양상 언어의 의미, 고정 지시어, 통세계적 동일성, 가능세계존재론, 반사실문, 본질, 인과 관계, 경험론과 반필연론, 기술 이론, 규칙 문제 및 지향성에 관한 철학적 논의와 관련한 경쟁적 논변이 전 16장에 걸쳐 논리 정연한 소개를 받는다. 하나하나가 이미 세계적 정평을 얻은 유명한 철학자의 중요한 관련 논의와 논변이다.

이 다양한 경쟁적인 전문적 논변들의 가치가 한결같이 저자의 열려 있는 눈빛 아래 비판적으로 저울질된다. 바로 여기에 이 저서를 읽는 매력이 있다. 과연 공정한 저울질이며 올바른 비판인지, 그 자체가 우리의 가치 있는 논의거리일 것이다. 그러나 그 기나긴 논의를 여기서 펼칠 수는 없다. 일단 필연성이 문맥적이라는 저자의 창조적 논지의 정당화 가능성에 논평의 초점을 모으고자 한다.

2

먼저 필연성이 문맥적이라는 저자의 개념과 논지를 드러내보자.

(1) 이 책은 하나의 논제를 제안한다. 필연성은 문맥적이라는 것이다. 그러나 이러한 문맥적 필연성의 개념은 두 가지 명제로서 표현될 수 있을 것이다. 필연성은 일차적으로 언어적[對言的, de dicto]이고 그리고 그러한 조건 하에서 실재적[對物的, de re]일 수 있다는 것이다(28쪽).

(2) 지향성이 개입된 고정 지시어는 절대적일 것을 부인하지만 통이론적 고정성을 가질 수 있을 것이다.

고정 지시어의 이러한 통이론적 고정성은 문맥적 필연성의 기초다. 이것은 대물적 필연성을 대언적 필연성의 조건 하에서 이해할 수 있게 해준다. 논의들이 필연의 문맥성을 지시하는 방식은 "필연은 언어적이지만 고정 지시어는 통이론적이다"라는 말로 요약될 수 있을 것이다(30쪽).

　A. (1)에 표현된 문맥적 필연성의 개념은 어떤 의미에서 새로운 역사적 뜻을 갖는가? 대언적 필연성과 대물적 필연성의 구분은 이미 철학적 상식이다. 그런데 콰인(W. V. Quine)을 대표로 삼는 주도적 경험론자들은 오직 대언적 필연성만 의미 있는 개념으로 인정하고 있다. 필연성은 '필연적 진리' 또는 '필연적으로 참이다'에서처럼 '진리'에 붙는 수식어일 뿐이라는 것이다. 그것은 그 진리성이 '분석적', '논리적' 또는 '선험적'임을 규정할 뿐이라는 것이다. 그리고 그러한 진리들은 우리의 언어적 (또는 인식) 체계에 관한 것일 뿐이며 존재적 사물 세계에 관한 것이 아니므로, 이른바 대물적 필연성은 허용될 수 없는 개념이라고 본다. 그러나 크립키(S. Kripke) 등에 의해 양화 양상 논리의 형식적 의미론이 수립되면서 대물적 필연성의 의미가 경험론 진영에서 다시 살아난다.
　이 소생에 활기를 더 불어넣은 것이 크립키의 고정지시어론이다. '크립키'와 같은 고유한 이름은 관련 일반 어휘에서 독립한 지칭을 한다는 것이다. 크립키에 붙는 참된 서술구가 달라지는 어느 세계에서나 '크립키'는 동일한 개물(個物)을 이름한다는 것이다.
　대물적 필연성이 이 고정지시어론에 의해 건강한 젊음을 되찾을 수 있는 이유는 분명하다. '크립키는 필연적으로 사람이다'는 서술문을 놓고 생각해보자. 이 진술은 크립키란 한 개물이 사람임이란 필연적 속성, 곧 본질을 갖는다는 것을 말하는 듯하다. 그러나 개물 지칭은 관련한 특정 서술어에 의존해서 성립한다는 전통적 기술 이론에 따르면 위 서술문은 실은 '크립키가 사람이라는 것은 분석적이다'로 환원될 수 있는 문장이다. '크립키'란 고유 이름을 사용해서 만족스럽게 지칭하는 경우는 크립키가 '사람임'을 염두에 두는 경우뿐이라고 보기 때문이다. 결국 언뜻 대물적 필연성 같지만 실은 대언적 필연성일 뿐이라는 것이다. 하지만 '크립키'가 고정 지시어라면 그런 환원은 옳지 않다. '크립키'는 '사람'임을 내포하지 않은 순수한 지칭어이기 때문이다. 따라서 '크립키는 필연적으로 사람이다'가 참이라면 크립키가 사람이라는 것은 형이상학적 의미에서 필연적이다. 그것은 의미론적, 논리학적 또는 인식론적 의미에서 필연적이라는 것이 아니다.

과인류와 크립키의 의견 대립을 대물적 필연성에 관한 유명론(唯名論)과 실재론이라고 부르자. 대언적 필연성에 관한 한 심각한 의견 차이는 둘 사이에 없을 듯하다.

그럼 정대현 교수의 주장 (1)은 실재론과 유명론의 어느 쪽인가? '필연성은 일차적으로 언어적'이라는 주장만 보면 유명론인 듯하다. 그러나 '그러한 조건 하에서 실재적일 수 있다'는 주장을 보면 실재론이기도 하다. 굳이 일컬으면 유명론적 실재론이라고 할 수 있겠다.

'필연성에 대한 실재론적 이해나 유명론적 접근은 필연성에 대한 일면적 이해 방식으로 보이나 나는 필연성에 대한 논리적 질서 개념을 부여하고자 한다. 필연성은 일차적으로 언어적이고 그리고 이 언어적 파악은 존재적 함축을 가질 수 있다는 것이다'(26쪽).

이 마당에서 정 교수의 문맥적 필연성 개념의 이해를 어렵게 하는 걸림돌은 이렇다. 필연성이 일차적 차원에서는 언어적일 뿐이지만 '이차적 차원'에서는 존재적일 수 있다고 말할 때의 그 일차와 이차의 논리적 질서 차원이란 무엇인가? 언뜻 떠오르는 한 이해 방식은 퍼트남 식의 이른바 내재적 실재론이다. 모든 개물화(individuation)는, 모든 존재는 그 개념 체계에 관련해서만 의미를 가질 수 있다는 주장이다. 우리의 개념 체계에 관련해야 한다는 면에서 일차적으로 언어적이고, 그 관련 하에서는 존재 의미를 지닌다는 면에서 이차적으로는 존재적일 수 있다는 것이 과연 정 교수의 문맥적 필연성의 논제일까. 고정 지시어의 지향성과 인과 관계의 설명적 공간성은 문맥적 필연성의 중요한 근거다. 그것이 퍼트남의 논의에서 살려지는 것임을 고려할 때 (349-351, 365-368쪽 참조) 정 교수의 논제는 내재적 실재론의 길을 밟은 결과인 듯하다.

그렇다면 정 교수의 문맥적 필연성의 논제의 창조적 의미는 새롭지 않다. 논제의 창조적 의미는 새롭지 않다. 개념 의존적인 대상의 존재만 의미 있을 뿐이라는 퍼트남 존재론의 필연적 귀결일 뿐이기 때문이다. 이것은 칸트적 변형이다. '인식 의존적 현상' 대신에 '개념 의존적 대상'이 들어선 것일 뿐이다. 더 중요한 난점은 퍼트남의 내재적 실재론의 근본 취지가 실은 언어(개념) 세계와 존재 세계 또는 가치 세계와 사실 세계의 이분법이 의미 있게 성립할 수 없다는 것을 밝히는 것이라는 데에 있다. 그런 이분법이 무의미하다면, 필연성이 일차적으로는 언어적이고 이차적으론 존재적일 수 있다는 문맥적 필연성의 논제도 무의미하지 않을까. 그 논제 자체는 언어와 존재의 이분법을 전제할 때만 이론적 의미를 지닐 듯하기 때문이다.

B. 크립키의 고유명사론에 관한 정 교수의 엄밀하고 철저한 분석과 궁리는 분석적인 철학 탐구의 본보기라 할 만하다. 문맥

적 필연성에 대한 핵심적 지지 근거는 앞에 인용한 글 (2)다. 그것은 크립키의 고정지시어론에 대한 비판적 수용이다. 그 비판적 수정을 가져온 정 교수의 시선이 흥미롭다. 일상적 고유명사에는 '크립키' 같은 자연적 개물에 대한 이름만이 아니고 '다보탑' 같은 인공적 개물에 대한 이름도 있다. 다보탑의 현실 세계에서의 통시간적 동일성은 어떻게 성립하는 것일까. 그것은 크립키와 달리 '지향성의 잠입'을 허용해야 하는 듯하다. 그렇다면 어떻게 통합적인 고유명사론을 모색할 수 있단 말인가. 이를 위해 정 교수는 뜻밖의 이론적 반전을 꾀한다.

"탐색의 한 가능성은 자연 종 명사도 인공물 명사에 준하여 고려해보는 일이다. 실제로 우리는 크립키가 간과하고 있다고 생각하는 사물(thing)과 대상(object)의 구별을 제안하고자 한다. 사물은 특정한 관점에 의해 제약을 받지 않는 것이라면 대상은 그러한 관심이나 제약에 의해 노출되는 것이다. … 우리는 어떠한 사물도 인간에게는 대상으로만 나타난다는 것을 주장한다. 그렇다면 동일성은 사물들이 아니라 대상들에 적용되는 관계이고 동일성 명제의 필연성은 포기는 아니지만 어떤 제한 속에서 이해되어야 할 것이다"(345-346쪽).

사물과 대상에 대한 정 교수의 이 구별은 형이상학적인 구별은 아니다. 그것은 인식론적 구별이다. 그렇다면 크립키는 이렇게 반문할 수 있을 것 같다 : 정 교수의 그 구별에 이의가 없다. 그렇다고 한 대상이 한 사물과 형이상학적으로 동일하지 않다는 무슨 인식론적 논거를 마련했는가. 경험은 우리의 특정한 관점과 관심의 제약을 받는다. 그렇지만 경험적 진리라도 필연적 진리일 수 있지 않은가.

사물과 대상에 관한 정 교수의 구별은 칸트류의 인식론적 구별이 아니라 퍼트남류의 의미론적 구별로 보는 것이 더 나을 듯하다. 궁리 끝에 고정 지시어에 대한 다음의 독특한 정의를 내리고 있기 때문이다.

(정의) 'a'는 x에 대한 고정 지시어다 ⇔ 'a'는 이 표현의 규칙에 만족되는 x가 존재하는 모든 가능한 세계에서 x를 지시한다(348쪽).

이 정의에 따르면 고정 지시어에 의해 지칭되는 개물은 그 언어 규칙을 만족시켜야 한다. 그 조건을 충족시킨 것이라면 그 고정 지시어는 그것이 존재하는 어느 가능 세계에서도 그것만을 지시한다. 바로 이 정의에 '필연은 언어적이지만 고정 지시어는 통이론적이다'는 정 교수의 뜻이 한껏 살아 있는 듯하다. 그러나 다시 크립키는 이유 있는 반문을 던질 수 있다 : 한 개물이 언어 규칙을 만족시킨다고 해서 그것의 형이상학적 지위에 과연 무슨 변화가 생기는가? 늘 무심코 지나버린 한 떨기 꽃에 어느 날 시선이 쏠리고 그것에 그럴 듯한 이름을 붙였다고 하자. 그렇다고 그 꽃의 개물적 존재성에 무슨 변화가 생긴 것일까.

고유명사에는 '박혁거세' 또는 '페가수스' 같은 허구적 이름들도 있다. 지칭할 대상을 갖지 못한 이런 이름들은 문장 속에서 나름의 의미를 갖는다. 그 언어의 규칙을 만족시키는 한에서 말이다. 자연 종에 속한 개물을 지칭하는 '크립키' 같은 이름도 문장 속에서 의미 있게 쓰일 수 있으려면 그 의미 규칙을 만족시켜야 한다는 정 교수의 직관을 거부할 좋은 이유는 없는 듯하다. 그렇다고 해서 고정 지시어가 살려놓은 개물적 필연성이 왜 '일차적으로' 언어적이라는 말인가. '크립키'라고 불린다고 해서 크립키가 일차적으론 언어적이란 말인가.

문맥적 필연성의 논제에서 '문맥'은 어떤 뜻으로 쓰인 것일까. 그 필연성이 '일차적으로는 언어적'이라는 뜻인 듯하다. 그러나 우리가 쓰는 '문맥(文脈)'과 비트겐슈타인과 퍼트남 등이 쓰는 영어의 '문맥(Context)'에서 풍기는 뜻은 사뭇 다른 듯하다. 우리 말에서는 '글의 결'이 영어에서는 '함께 짬'의 뜻이 들어 있다. '말의 뜻은 문맥 속에서만 살아 있다'는 비트겐슈타인류의 의미론적 교설은 언어가 자연적이고 인간적인 외부 환경과 함께 그 뜻을 짜가는 것임을 주장한 것이다. 따라서 필연성이 문맥적이라 함은 그것이 언어적이지만 않고 존재적이기도 함을 오히려 뜻한 것으로 볼 수 있을 것 같다.

3

필연성을 둘러싼 경험론자의 쟁점 사항은 대물적 필연성의 이해 문제다. 자연적 개물이 그 속성과 필연적 관계를 가질 수 있는가의 문제다. 달리 보면 필연성이 자연성일 수 있는가의 문제다. 속성의 존재 여부에 대해 실재론과 유명론의 어느 쪽에 서 있는가에 따라 그 대답의 큰 길이 다를 것이라고 나는 생각한다. 유명론자는 자연적 필연성을 부인하고 근본적으로는 언어적 필연성만을 수긍할 듯하다. 그럼 속성 실재론자가 취할 수 있는 경험론적인 또 다른 길은 무엇인가?

경험론자는 어떤 의미에서든 최소한 물리주의를 받아들여야 할 것 같다. 그럴 듯한 하나의 이해 방식은 이렇다. 자연 세계의 모든 개물은 물성(物性)을 갖는다. 그 중에서 언어를 사용하는 인간 같은 개물들은 심성(心性)도 갖는다. 그래서 자연성에는 물성과 심성이 있는 셈이다. 그리고 다음의 심성 서술을 놓고 생각해보자.

(ㄱ) 정대현은 크립키가 필연적으로 사람이라고 믿고 있다.
(ㄴ) 정대현은 크립키에 대해 그가 필연적으로 사람이라고 믿고
    있다.

두 문장은 모두 정대현의 심성을 이룬 어떤 참 믿음에 대한 서술이라고 하자. (ㄱ)에서는 그의 대언적 믿음이, (ㄴ)에서는 대물적 믿음이 서술되어 있다. (ㄴ)이 진리라면, 대물적 필연성은 존재한다. 그리고 그 필연성은 크립키의 물성과 정대현의 심성이 함께 짠 문맥적 자연성이다.

나는 대언적 믿음을 서술한 (ㄱ)이 참이라는 조건 하에서, 대물적 믿음을 서술한 (ㄴ)이 참이라고 생각할 좋은 이유를 아직 깨닫고 있지 못하다. 그런데 정대현 교수의 문맥적 필연성 논제는 그렇게 생각하고 있는 듯하다.

이 저서에는 캐묻고 따지고 싶은 흥미로운 논의와 논변이 퍽 많다. 캐물어 깨우치고 싶은 책은 그것만으로도 중요한 가치를 지닌다.

제 3 부
비판에 대한 대답

엄정식의 맞음과 확실성

철학의 인식론적 전회가 데카르트에게서 시작되었다면, 그 언어적 전회는 프레게에게서 개시되었다고 믿는다. 언어적 전회는 칸트의 개념성에 의하여 예기된 것으로 보이기 때문이다. 개념이 언어를 통해서만 표현된다면, 물어야 하는 문제는 "언어는 무엇인가"이기 때문이다. 많은 철학자들은 그렇게 생각하였다. 언어는 진리 조건에 의하여 그 의미가 설명된다고 믿었다. 그러나 진리론들은 여러 가지 문제에 봉착하였고, 진리론에 근거한 의미 이론들은 이론의 토대를 잃어버리는 형국이 되었다. 대안적으로 제시되는 사용론, 검증론, 결정 이론들도 얼마나 성공적인지 긍정적으로 평가하기 어렵게 되었다. 여기에 또 하나의 후보로 맞음론을 나는 제안했다. 맞음 개념은 언어 선행적으로 습득되었다고 가정한 것이다. 이렇게 습득된 맞음 개념을 원초적으로 장착하여 습관이 이루어지고, 가치를 구성하여 인간 공동체가 탄생하고, 이 공동체의 생활 양식에 의하여 언어 의미가 주어진다는 것이다. 나는 이러한 내용의 관점을 하나의 책에서 제안

하였다.[1]

엄정식 교수는 이러한 나의 책에 대하여 자상한 비판을 하고 있다. 맞음 개념이 원초적이라는 나의 기본적 주장에 "본질적 문제점"이 있다고 한다. 나는 이 대답에서 엄 교수가 제시하는 평가의 기준이 무엇인지를 살펴보고자 한다. 그리고 그의 분석이 그러한 평가를 뒷받침할 수 있는지 음미할 것이다. 비판의 핵심적 내용으로 보이는 엄 교수의 맞음 개념에 대한 분석과 확실성 논변이 주목의 대상이다. 이하에서는 엄 교수의 이 주제들에 대한 분석을 재구성하고자 한다. 이러한 재구성이 엄 교수를 정확하게 재현하였는가에 대해 의문이 있을 수도 있지만 이러한 재구성을 통하여 나는 엄 교수의 주장을 사양할 수 있을 것이다.

(가) 맞음 개념의 두 가지 문제 : 엄정식 교수는 나의 맞음 개념에 대해 여러 가지 문제점을 지적한다. 여기서는 두 가지 점만 논의하고자 한다. 첫째는 나의 맞음 대안론 선택의 '조급성'이다. 엄 교수는 대응적 진리론의 문제의 심각성을 인정한다. 그러나 엄 교수는 대응적 진리가 정합론이나 실용주의 같은 이론에 의하여 수정, 보완될 수 있다고 믿는다. 어떻게 그럴 수 있는지 궁금하다. 나는 나의 책에서 진리정합론이나 진리박진론은 궁극적으로 진리대응론이라는 점을 주장하고 이들을 이 관점으로부터 비판하였기 때문이다. 그리고 만일 엄 교수가 "실용주의"로서 미국의 실용주의를 뜻한다면 그 실용주의에 대하여 나는 같은 맹렬함으로 비판하지 않는다. 이 실용주의도 내재주의를 지향하고 있기 때문이다. 그러나 "실용주의"로서 한국의 실학을 포함할 수 있다면 나의 책은 실학의 한 발전적 모색이었다고 생각한다. 엄 교수는, 나의 다음 두 가지 주장[2] 중에서

---

1) 정대현, 『맞음의 철학』, 철학과현실사, 1997.

(가1) 정합론은 대응론의 변형이다.

(가2) 실학의 통(通)은 맞음 개념 이외의 다른 것이 아니다.

전자를 소개는 하면서도 평가는 하지 않고 후자는 고려하지 않고 있다. 한편으로 "조급"하다는 평가를 하면서 다른 한편으로 관련 주제의 논의나 평가를 유예하는 까닭이 궁금하다. 엄 교수가 "조급"하다고 말하는 이유는 맞음의 철학이 아직 완성되지 않았다는 의미일 수 있다. 그러한 점에서라면 엄 교수의 판단에 동의할 수 있다.

(나) 맞음 개념은 원초적인가? : 엄정식 교수가 맞음 개념에 대해 제기하는 더욱 중요한 문제는 맞음 개념이 의미 이론의 원초적 개념으로서 '불충분'하다고 논의한다. 엄 교수의 이 분석은 이해하는 데 어려움이 많다. 초견적으로 보아, 개념들이 불분명하게 보이기도 하고, 논리의 흐름도 선명하지 않은 것처럼 보인다. 그러나 숙독하면, 엄 교수의 의도는 분명하게 드러난다. 나는 이 분석에 주목하지 않을 수 없다. 비판의 마지막 한 문단에서 제시되는 이 분석은 그의 비판에서 가장 본격적인 분석이고 또는 어쩌면 나의 책에 대한 유일한 본격적인 평가라고 생각되기 때문이다. 엄 교수의 분석을 다음과 같은 내용으로 구성하여 이해하고자 한다.

(나1) 만일 맞음이 두 자리 술어라면 두 자리는 어떤 방식으로 가리킬 수 있어야 한다. 두 자리가 제시되지 않은 맞음은 공허할

---

2) 같은 책, "정합과 박진의 대응적 융합", 39-47쪽 ; "실학 : 명(名)의 의미는 통(通)함이다" : 20-27, 397-419쪽.

뿐이고, 두 자리가 제시되었을 때만 맞음이나 맞지 않음의 관계가 성립하기 때문이다. 더 나아가 맞음의 두 자리는 맞음 개념에 의하여 명시될 수 없다. 자체 순환적이기 때문이다. 두 자리는 가리킴이라는 지칭 개념에 의하여 명시될 것이다. 그렇다면 맞음은 지칭보다 선행적일 수 없다.

(나2) 진리 개념은 지칭을 구성 요소로 포함한다. 그러나 표현과 대상의 관계는 언제나 지칭적 관계에 있지 않을 수도 있다. 도넬란의 "와인글라스를 든 방구석의 신사"는 지칭적으로 또는 기술 내용의 만족성 기준으로 사용되기보다는, 문맥적 맞음 관계에 의해서 사용될 수 있기 때문이다. 그 신사는 와인이 아니라 물을 와인글라스에 담아 들고 있었지만 이 정관사 어귀에 의하여 문맥적으로 그리고 성공적으로 그 신사를 표시할 수 있기 때문이다. 맞음 개념은 진리 개념을 구성하는 가리킴의 보조 역할을 하는 것이다.

(나3) 만일 문장 의미가 진리치 조건으로 제시될 수 없다면 이것은 맞음 개념으로 파악될 수 있다. "대한민국의 현재 왕은 존재하지 않는다"라는 참 비존재 문장은 진리치 조건에 의하여 파악될 수 없고 맞음 개념으로만 이해된다. 그리고 만일 문장 의미가 맞음 개념으로 제시될 수 없다면 이것은 진리치 조건으로 파악될 수 있다. "$p \wedge q$"의 참임 조건은 연언지들의 맞음 조건보다는 연언지들의 참임 조건에 의하여 결정된다고 해야 한다. 따라서 온전한 의미 이론은 가리킴과 맞음을 모두 필요로 한다.

(나4) 그러므로 맞음은 원초적일 수 없고, 기껏 가리킴과 상보적 관계에 있다.

엄 교수의 결론 (나4)는 위의 세 전제들이 참이라면 그로부터 타당하게 귀결될 수 있다고 생각한다. 그러나 엄 교수의 세 전제는 참인가? 엄 교수는 세 전제의 참을 가정하고 있을 뿐 이를 위한 논의를 제시하고 있지 않다. 그러나 나는 세 전제가 모두 문제가 있다고 생각한다.

(나1)의 문제는 무엇인가? (나1)이 지향하는 것은 맞음 개념이 원초적이라는 나의 주장의 반박에 있다. 엄 교수는 이 목표를 위해 나의 맞음 개념에 주목하면서도 맞음 개념의 원초성에 대한 나의 논의보다는 맞음 개념의 일상적 사용 방식을 그의 논의에 끌어들이고 있다. 논의의 문맥을 혼동하고 있는 것이다. 논의의 문맥은 맞음 개념이 어떻게 의미 이론의 기본적 토대일 수 있는가다. 맞음 개념 습득이 언어 선행적일 수 있다는 나의 습득 가설 논의나 귀류법 논의를 고려하고 있지 않다.[3] 엄 교수의 화살은 빗나갔다.

(나2)의 문제는 무엇인가? 엄 교수의 "지칭" 개념은 하나의 표현이 그 표현의 기술 조건을 만족하는 대상을 표시한다는 것으로 이해된다. 정통적 지칭론을 수용하는 것이다. 엄 교수는 그러나 이러한 정통적 지칭론에 문제가 있다는 점을 올바르게 인정한다. 그리하여 맞음 개념이 보완적 역할을 할 수 있다고 생각하는 것이다. 엄 교수의 문제는 정통적 지칭론의 문제가 무엇이기에 빈 여백의 자리를 남기고 있는지를 제시하지 않고 맞음론의 보완성을 허용하는 것이다. 정통적 지칭론의 문제는 단순히 "와인글라스를 든 방구석의 신사"라는 단칭 명사가 비지칭적으로 사용될 수 있다는 것이 아니다. 정통적 지칭론의 핵심적 문제는 도대체 지칭 개념이 의미 이론의 기초 개념으로 사용될 수 없다

---

3) 같은 책, 301-318, 415-419쪽 ; 언어 선행성의 좀더 자세한 논의를 위해서는 참조 : 졸고, 「이영철 교수 비판과 맞음」, 『논리연구』, 1999년 제2집, 171-180.

는 데 있다. 지칭은 언어 체계나 언어 공동체를 전제하고 있는 것이다. 지칭은 충분히 원초적인 것이 아니다.

(나3)의 문제는 무엇인가? 엄 교수는 한편으로 진리 조건적 의미 이론을 요구하고 다른 한편으로 맞음론적 의미 이론을 허용한다. 엄 교수의 맞음론적 의미 이론이 무엇일 수 있는가는 흥미롭다. 이 문제에 대한 엄 교수의 지속적인 관심에 기대를 건다. 그러나 엄 교수는 두 의미 이론을 한편으로 "둘 중의 하나만으로는 안 된다"는 양비론을 채택하고, 다른 한편으로 "둘 다라야 한다"는 종합론을 펴는 것이다. 그러나 진리 개념에 문제가 있다면 그래도 양비론을 가질 수 있는가? 만일 맞음론으로 의미 이론을 구성할 수 있다면 종합론을 가질 필요가 있는가?

(다) 확실성 논변 : 엄정식 교수가 이 비판에서 가장 많은 지면을 할애하는 주제는 "확실성 논변"이라고 부를 수 있는 대목이다. 엄 교수가 확실성 논변에 부여하는 중요성을 알 수 있을 것이다. 내가 이해한 그의 논변을 다음 (다1)과 같이 구성할 수 있을 것이다.

(다1) 일반적 확실성은 언어 놀이 규칙으로 설명되지만, 언어 놀이 자체의 확실성은 언어 놀이 규칙으로 정당화되지 않는다 ; 생활 양식 또는 생태 형식이 언어의 기초를 마련한다 ; 언어의 기초에 관한 확실성 문제는 형이상학적 추구의 성격을 드러낸다 ; 일상적 언어 게임이 선험적으로 주어진 생태 형식에 의해서 정당화된다 ; 진리는 확실성 추구의 중심 개념이다 ; 맞음은 진리를 대체하고자 하는 것이므로 형이상학적이지 않다 ; 정대현은 확실성을 추구하고 있지 않다.

(다1)의 결론이 어떻게 나에 대한 비판이 될 수 있을까? 해답

은 엄 교수의 비판의 첫 문장에서 찾을 수 있다 : "서양 철학사를 한마디로 표현한다면 '확실성'을 추구하는 과정의 기록이었다고 말할 수 있을 것이다." 달리 말하여,

(다2) 철학은 확실성 추구의 작업이다

라는 전제를 (다1)에 첨가하면 엄 교수가 의도하는 비판 내용의 결론이 얻어진다. 물론 엄 교수는 이 결론을 명시적으로 말하고 있지는 않다. 엄 교수의 확실성 논변은 어떻게 이해할 수 있는 가? (다1)은 초견적으로 흠이 없는, 상식에 일관된 주장으로 들릴 수 있다. 그러나 이 논변을 자세히 들여다보면 곳곳에 이해하기 어려운 가정과 수용할 수 없는 전제가 나타나보인다. 처음에 걸리는 것은 "언어 놀이 자체의 확실성"이라는 표현이다. 구체적 명제의 확실성은 "김씨는 그의 부모가 그를 사랑한다는 것을 확신 또는 확실해한다(Mr. Kim is certain that his parents love him)"에서처럼, 주체자와 명제 간의 심리적 또는 인지적 관계의 술어다. 그러나 "언어 놀이 자체의 확실성"이라는 것은 무엇인 가? 이것도 명제 확실성처럼 주체자와 언어 체계와의 인지 관계적 술어일 것인가? "후루시초프는 공산주의 체계를 확신한다"와 같은 종류의 확실성일 것인가? 엄 교수는 공산주의 같은 언어 놀이보다는 한국어 같은 일상 언어 놀이를 염두에 두고 있을 것이다. 그렇다면 "박씨는 한국어 체계를 확신 또는 확실해한다"가 엄 교수가 뜻하는 것일까? "한국어 체계를 확실해한다"는 술어는 어떤 의미가 있는가?

　언어와 형이상학의 관계는 밀접하다. 더메트가 지적한 대로, 언어의 선택은 형이상학적 관점의 선택이고, 형이상학의 차이는 언어의 차이로 설명된다. 그러나 엄 교수가 확실성 논변에서 주

장하는 한 가지 전제는 분명하지 않다. "언어의 기초에 관한 확실성의 문제는 형이상학적 추구의 성격을 드러낸다"는 어떻게 이해될 수 있는가? 언어의 기초에 관한 문제는 의미 이론의 문제이고, 이것은 반드시 언어 선택의 문제가 되는 것은 아니다. 언어 기초에 관한 탐구에서 왜 확실성이 문제될까? 모든 것을 가정으로 둘 수는 없을까? 이해하기 어려운 단어 사용이고 수용하기 어려운 가정들이다.

엄 교수가 "진리는 확실성 추구의 중심 개념이다"라고 생각할 때 진리와 확실성의 관계는 무엇일가? 양자는 데카르트에게서처럼 동일성 관계에 있는 것일까? 아니면 헤겔에게서처럼 확실성은 절대적 진리를 향한 인식의 변증법적 발전 양태일 것인가? 진리와 확실성 간의 동일성 관계나 변증법적 관계 주장에는 비약이 있다. 두 입장이 모두 형이상학적 실재론을 가정하기 때문이다. 형이상학적 실재론은 진리대응론을 수용할 수 있었던 시대에는 아무런 부담이 없었던 관점이다. 그러나 진리 이해는 엄 교수가 인정하는 대로 달라져 있다.

그러면 엄 교수의 형이상학적 확실성은 어떻게 이해될 수 있는가? 그의 형이상학적 확실성은 술어적인가? 여러 가지 정황으로 미루어 엄 교수의 형이상학적 확실성은 명제로 표현될 것 같지 않다. 엄 교수는 형이상학적 확실성을 철학의 종국적 지점 정도로 이해하는 것이 아닌가 하는 느낌을 받는다. "우리가 닿아보려는 보이지 않는 존재"라는 표현의 내용으로 그 형이상학적 확실성을 나타내고 있기 때문이다. 엄 교수는 실체적이면서 신비적인 존재의 구조를 상정하는 것처럼 보인다. 엄 교수의 즐겨 쓰는 단어들이 그러하기도 하다. 엄 교수가 추구하는 바가 그러한 신비의 존재에 닿으려는 열망이기 때문에 그의 추구의 대상과 대상의 추구는 확실성이라는 단어로 특징되는 것인지도 모른다.

지금은 모든 것이 거울로 보는 것처럼 희미할 뿐이기 때문이다. 확실성을 갖는 순간은 인식의 질서와 존재의 질서가 통합되는 최종 완성의 단계일 것이기 때문이다.

이영철의 진리 원초성과 맞음 습득 가설

언어는 프레게 이후 지칭 개념 그리하여 진리 개념에 의하여 주로 설명되어 왔다. 단칭 명사의 의미는 그 명사가 대상을 지칭하는 방식이고, 문장의 의미는 그 문장이 참인 조건들과 거짓인 조건들의 순서쌍으로 제안되었다. 그러나 의미 이론에서 호소되는 바의 진리 개념들은 한계를 가지고 있고 따라서 진리나 논리에 호소하는 의미도 문제를 가지고 있다. 대안으로 제안되는 사용론적, 검증적, 결정 이론적 의미 이론들도 얼마나 만족스러운지 분명하지 않다. 그렇다면 맞음 개념이 또 하나의 의미 이론의 후보일 수 있을 것이다. "맞음 개념은 언어 선행적이고 언어 설명적이다"라는 논제다. 이러한 맞음의 원초성을 위해서 진화론적 주장을 펼 수도 있지만, "이 논제를 거부하면 '인식 이전의 특정 언어 체계를 상정해야 한다'는 반직관적 결론을 감수해야 한다"고 말할 수 있다. 맞음의 진화, 맞음의 습관, 맞음의 가치로부터 공동체가 이루어지고, 언어는 이 공동체의 생활 양식에 의하여 의미를 부여받는다. 언어는 진리보다 맞음 개념을 통하여 더 잘 이해된다고 생각한다. 나는 이러한 내용의 관점을 하나의 책1)에서 제안한 바 있다.

이영철 교수는 이 책에 대하여 예리한 비판을 하고 있다. 이 교수는 "성실, 다산, 존경, 공헌, 미덕, 유와 격"의 단어들을 사용하여 긍정적으로 평가하는 순간이 있지만 그 근거는 별로 제시하지 않는다. 그에 반하여 이 교수는 "낭비, 입문서, 무모, 어리둥절" 등의 표현을 사용하기 위하여 날카로운 통찰력 있는 논의들을 제시하고 있다. 자연히 비판의 무게는 비판적 평가에 실려 있다고 생각한다. 결론적으로 이 교수는 이 책이 "거의 희망 없는, 심지어 (비트겐슈타인의 올바른 통찰의) 위험한 변주곡으로 보인다"고 선언한다.

그러나 이 교수의 분석은 얼마나 나의 시각에서 정확한가? 그리고 공정한가? 나는 이에 긍정적으로 답하기 어렵다. 진리와 의미에 대한 이해에서 서로가 다른 지점으로부터 출발하고 있기 때문일 것이다. 형이상학의 다름은 언어의 다름에서 야기된다고 한 더메트의 말은 이 경우에도 적용될 것이다. 진리와 의미의 이해에 대한 다름은 형이상학의 선택, 나아가서 언어 선택에 기인한 것으로 보이기 때문이다. 그러기 때문에 여기에 어떤 비판적 대화가 필요하다고 생각한다. 이 교수는 비판에서 많은 점들을 지적하고 있지만 이 대답에서는 이들을 진리의 원초성, 맞음의 습득 가설, 생활 양식, 맞음의 귀류법의 네 주제 하에서 논의하고자 한다.

(가) 진리 개념은 원초적인가? : 데이빗슨의 진리 개념은 단순하지 않다. 이것은 초기의 외양에서 타르스키의 의미론적 T 조건진리론과 다를 바가 없는 것처럼 보인다. 그러나 후기에는 결

---

1) 정대현, 『맞음의 철학』, 철학과현실사, 1997.

정 이론이 더욱 선명하게 도입되면서, 데이빗슨의 진리는 한편으로 원초적이면서 다른 한편으로 문장의 의미와 청자의 해석에 맞물려 인식되는 이중성을 갖는다. 이중성은 데이빗슨의 비일관성을 뜻하는 것이 아니라 진리 개념이 데이빗슨에게 복합적인 역할을 한다는 것을 함축한다. 단순히 타르스키적인 것도 아니고 이 교수가 지적하는 대로 대응, 정합 또는 이상적 정당화로 설명되는 것도 아니다. 이중성은 한편으로 진리의 인식에서 결정 이론적 구조를 갖는다는 것이고 다른 한편으로 진리 술어의 이해는 원초적이라는 것이다. 그 이해를 다른 언어에 의존하지 않는다는 의미에서 선언어적 원초성을 갖는다는 것이다.

여기에서 문제삼고자 하는 것은 진리 술어가 원초적이라고 하는 데이빗슨의 주장이다. 또는 누구든 간에 이러한 주장을 하는 그 내용에 관한 것이다. 진리 술어가 원초적이라는 주장은 어떤 내용인가? 왜 이러한 주장을 하는 것일까? 진리대응론이나 의미론적 진리론의 부담을 지지 않기 위해서다. 그러나 달리 설명하는 방식에도 문제가 있기 때문이다. 그러나 "원초적이다"라고 선언함으로써 문제가 해결되지 않는다는 데 문제가 있다. "진리"는 "빨강"과 같지 않다. "빨강"은 타고 난 맹인들에게 다른 말로 설명할 수 없는 성질로 이해된다. "빨강"은 즉물(ostension)적으로만 가르칠 수 있기 때문이다. 이러한 의미에서 "빨강"은 원초적 술어라 할 수 있을 것이다.

그러나 "진리"는 다르다. 이 술어는 즉물적으로 가르칠 수 있는 것이 아니다. 언어를 배움이 없이는 "진리"라는 술어는 사용될 수 없다. 예를 들어, 동의(assent)와 이의(dissent)는 경우에 따라 특정 문장의 의미의 이해 없이 이루어질 수 있다. 그러나 전제되는 것은 "청자가 화자의 행위를 진술 행위로 이해한다"는 것이다. 진술 행위의 이해 없이 "진리" 술어를 사용할 수 없다면 이 술어는 원초적이라 할 수 없을 것이다. 진리 술어의 원초성 선언만으로는 진리론의 문제가 사라지지 않는 것이다.

논의를 위하여, 이것을 원초적이라고 가정하자. 이때 이 술어의 역할은 무엇인가? 이것이 술어라면 어떤 내용을 수반하여야 한다. "빨강"이 원초적 술어면서 경험 내용을 갖는 것과 같다. 어떤 내용일 것인가? 대응적 내용 이외의 내용을 가질 수 있을 것인가? 데이빗슨과 프레게의 대응론에 대한 강한 거부감에도 불구하고, 원초적 술어로서의 진리 술어의 내용은 무엇일 수 있는가가 밝혀져야 한다. 대응론에 대한 선명한 거부에도 불구하고, 그 술어의 내용이 대응이외의 다른 내용을 가질 수 있는 방식이 주어지지 않는다면, 귀결점은 분명하게 보인다.

이 교수는 원초적 진리론자를 대응론적으로 이해하는 해석에 대하여 이의를 제기한다. 그러나 이의를 지지하는 논의는 아무데도 보이지 않는다. 이 교수는 어떠한 논의를 할 수 있을 것인가? 첫째는 "진리는 하나"라는 칸트적 논변이다. 시간과 공간은 하나이고 그리고 모든 경험의 전제 조건이라는 것이 칸트의 시공 직관성 논변이다. 프레게는 혹시 이러한 칸트적 논변을 진리에 적용하여 진리도 하나이고 거짓도 하나라 하여 진리의 원초성을 주장하는 것으로 해석될 수 있을 것이다. 진리의 원초성을 위한 둘째 논변은 "진리는 모든 진술의 전제 조건"이라는 것이다. 이것은 더메트가 제시한 논변이다. 진술이 언어 행위의 일차적 목표라면 진리는 그 전제 조건으로 해석될 만하고 그렇다면 진리는 원초적이라 할 것이다.

그러나 두 가지 논변 모두 문제가 있다. 시간이 하나라는 칸트의 뉴턴적 논변이 시간과 관찰자를 구분할 수 없다는 아인슈타인적 논변에 의하여 반박되고 있다. 마찬가지로, 대문자 진리 (the True)는 하나라는 프레게적 논변은 진리 개념의 불확실성에 의하여 더 이상 유지되기 어렵다. 하나로부터의 원초성 논변은 쓸모가 없는 것이다. 더메트의 논변도 문제가 있다. 많은 전제 조건들이 붙어 있기 때문이다. 진술이 언어 행위의 일차적 목표가 아니라고 하자. 아직도 더메트의 논변이 유지될 수 있을 것인가? 비트겐슈타인이 지적한 대로, 진술이 없는 언어 게임을 상상할 수 있고 물음만으로 구성된 언어 게임이 있을 수 있기 때문이다.

(나) 맞음 개념의 습득 가설 : 맞음 개념의 언어 선행적 원초성을 지지하기 위해 나는 습득 가설을 사용하였다. 맞음 개념은 어린이가 언어 없이 배울 수 있는 것처럼, 언어 없는 원시인도 맞음 개념을 배울 수 있었으리라고 가정한다. 맞음 개념을 배운 원시인들의 무리가 바로 이 맞음 개념에 의하여 습관을 쌓다가 가치를 얻게 되었고, 공동체를 구성하여 살면서 언어를 갖게 되었다고 가정할 수 있다. 이 가설은 진화론적이라는 의미에서 경험적 가설이라 할 수 있지만 맞음의 원초성을 보여줄 수 있다는 의미에서 더욱 설명적이고 논리적인 가설이다.

이영철 교수는 맞음 개념의 습득 가설적 설명에 의문을 표시한다. 그의 논의는 다음과 같이 구성될 수 있을 것이다 :

(나1) 언어가 없는 어떠한 개념적 사유도 불가능하다.

(나2) 맞음 관계의 인식은 언어를 필요로 한다.

(나3) 맞음 개념의 습득은 맞음 관계의 인식에 의존한다.

(나4) 맞음 개념의 습득 가설은 맞음 개념의 습득이 언어 선행적이라는 것을 뜻한다.

(나5) 따라서 맞음 개념의 습득 가설은 유지될 수 없다.

　이 교수의 논의를 이처럼 구성할 수 있다면, 이것은 초견적으로 설득력이 있는 것처럼 보인다. 칸트 이후 비트겐슈타인 그리고 데이빗슨을 거치는 동안 우리는 그러한 철학적 사유의 전통에 서 있기 때문이다. 그러면 맞음 개념의 습득 가설은 포기해야 하는가? 맞음 개념의 원초성은 어떻게 유지할 수 있을 것인가?
　맞음 개념의 습득 가설의 유지 가능성을 살펴보자. 이 교수의 출발점은 물론 (나1)이다. 그러나 이것은 어떻게 정당화되는가? 그 정당성은 다음의 명제에서 얻어질 것이다 :

(나11) 어떠한 개념도 언어를 통해서만 표상된다.

　여기에서 관심을 갖는 것은 (나11)의 "언어"다. 만일 이 단어를 "자연 언어"로 국한하여 이해한다면 (나5)는 정당하게 추리될 것이다. 그러한 이해가 일반적이었던 것은 사실이라고 생각한다. 그러나 반드시 그러해야 하는가? 다른 방식의 해석은 불가능한가? 이 단어는 "가능한 해석 언어"로 이해될 수 있다고 생각한다. 그렇다면 현실적 자연 언어를 포함하지만 미래의 언어나 미지의 언어에 열려 있게 된다. 여기에서는 두 가지 가능성을 추측하기로 한다.
　첫째 가능성은 개가 주인을 알아보는 인지 현상으로부터의 고찰이다. 이것이 반사적인가, 재인인가, 개념적인가 등의 물음들이 제기될 수 있지만, 인지 현상인 것은 분명하다. 개의 주인 인지 내용은 쥐나 토끼가 동일한 대상을 인지한 내용과 다를 수 있다. 여기에서의 상이한 동물 인지 현상을 어떻게 설명할 수 있는가? 주인의 딸이 그 엄마를 인지하였을 때 개념이 사용되었고 이 개념은 "어머니"라는 단어로 표상된다면 개의 주인 인지에 사용된 장치는 개념*라 할 수 있을 것이다. 개의 개념*는 인간 언어로는 표상되기 어려울 수 있다. 그러나 "개의 개념*는 어떠한 언어로도 표상될 수 없다"고 결론짓는 것은 성급하다고 생각한다. 언어가 나타나기 이전의 인간들이 맞음 개념을 습득하였다는 가설은 "현실적 자연 언어에서 표상 되는 맞음 개념"이 아니라 "가능한 해석 언어로 인지될 수 있는 맞음 개념*"로써 파악될 수 있을 것이다.

둘째 가능성은 차머스가 발달시킨 샤논의 정보 개념이다 : 인과가 있는 곳에 정보가 있고 정보가 있는 곳에 마음의 경험이 있다.[2] 차머스가 조심스럽게 한정하는 것은 이 경험이 인간의 복합적인 경험이 아니라 "원초적 경험(proto-experience)"이라는 것이다. 우리는 차머스의 범심론을 수용하지 않아도 된다. 주목할 수 있는 것은 정보 개념의 변신, 그리하여 언어 개념의 확장 가능성이다. 언어는 자연 언어로 출발한 확장의 역사를 갖는다. 논리 언어, 개념 언어, 이론 언어를 거쳐 예술 언어, 신체 언어를 포함하고, 이제 정보 편재성의 가능성에까지 오게 되었다고 생각한다. 정보 편재성을 수용할 수 있다면 언어 편재성은 쉽게 추리될 수 있을 것이다. (나11)의 "언어"의 제한적 이해는 이제 필요 없을지도 모른다.

(다) 맞음 : 생활 양식과 원초성 : 비트겐슈타인을 따라서 다음의 두 명제를 수용할 수 있다.

---

2) David J. Chalmers, *The Conscious Mind : In Search of a Fundamental Theory*, Oxford University Press, 1996, "The Metaphysics of Information", pp.301-308.

(다1) 생활 양식의 일치 없이 규칙 따르기는 불가능하다

(다2) 규칙 따르기는 의사 소통에 필요하다.

그러나 여기에서 제기되는 물음은 (다1)의 생활 양식은 어떻게 주어지는가라는 것이다. 하나의 가설은 다음이다.

(다3) 맞음의 가치가 생활 양식의 일치를 가능하게 한다.

(다3)은 앞의 두 명제로부터 추리된다기보다는 오히려 두 명제에 의하여 전제된다고 할 수 있을 것이다. 이영철 교수는 (다3)에 대하여 두 가지 문제를 제기한다. 첫째는 생활 양식의 일치가 맞음의 일종인가라는 물음이고, 둘째는 그 일치가 의미론적 기초 개념으로 삼을 수 있는 그런 것인가다. 그러나 이 교수는 첫째에 대해서 "삶의 형태의 일치란 일종의 어울림"이라 하고, 둘째에 대해서도 "삶의 형태에서의 일치는 단지 의미론만이 아니라 모든 의미 있는 인간 활동의 기초라는 폭넓은 뜻에서만 의미론의 기초를 이룬다"고 적고 있다. 생활 양식 또는 삶의 형태에 대한 이 교수의 이러한 해석에 이의가 없다.

맞음의 원초성을 위한 귀류법은 두 명제로 요약될 수 있을 것이다.

(다4) 언어 선행적 맞음이라는 인식이 없다고 하자.

(다5) 그러면 특정한 언어가 어떠한 인식보다도 선행되어야 한다.

그러나 이영철 교수는 이 귀류법이 성립되지 않는다고 한다.

그러나 어떤 의미에서 그러한지는 밝히지 않고 있다. 가능한 해석들은 (다4) 같은 가정은 불가능하다거나, (다4)로부터 (다5)가 추리되지 않는다는 것이다. (다4)는 특정한 전제 하에서 불가능할 수도 있지만 여기에서는 이것이 가능하다는 해석을 선택하여야 할 것이다. 그리고 둘째 해석은 추리의 문제이기도 하지만 입장 선택의 문제이기도 하다. 맞음의 원초성에 반대하여 (다4)를 주장하는 철학자는 결국 (다5)를 수용한다는 의미다. 선택의 여지는 논리적으로 양자택일로 좁혀졌다는 뜻이다. (다4)를 이러한 구도에서 해석한다면 (다5)는 그로부터 추리될 수 있다고 믿는다.

이영철 교수의 비판은 전체적으로 균형을 잃지 않으면서 공정성을 지키고자 하는 비판이라고 생각한다. 그러나 남는 의문은 "위험한 변주곡"이라는 이 교수의 총평이 어떻게 그의 비판의 각론으로부터 지지되는가 하는 점이다. 이 맞음 개념이 비트겐슈타인의 "올바른 통찰"의 "위험한 변주곡"이라고 할 수 있기 위해서는 비트겐슈타인의 맞음 개념이 제시되어야 할 것이다. 비트겐슈타인은 맞음에 대한 어떤 통찰을 보이면서도 일관된 맞음 개념을 가지고 있지 않다고 생각한다. 비트겐슈타인의 맞음 개념이 올바르다는 평가도 흥미롭지만 그만큼 그 평가의 근거가 궁금하다.

이승종의 생활 양식 개념

   비트겐슈타인의 생활 양식 개념은 이원적이라고 나는 생각한다. 그의 생활 양식 개념은 단수와 복수적 구조로 나타나고 있다고 판단하기 때문이다. 단수의 경우는 인류가 공유하는 존재적 생활 양식을 지칭하고, 복수의 경우는 문화 공동체마다 다를 수 있는 생활 양식을 나타낸다고 생각한다. 복수의 경우는 설명의 대상이지만 단수의 경우는 설명의 전제라고 믿는다. 비트겐슈타인은 언어 의미가 생활 양식에 기반한다고 주장하지만, 이러한 생활 양식의 이원성에 의하여, 한편으로 언어의 다원적 상대성을 허용하면서 다른 한편으로 언어의 인간 공유성을 나타낸다고 믿는다.

   이승종 교수는 나의 생활 양식론이 갖는 역사적 의의를 일부 인정하면서도 그 이원성의 내용적 적합성을 비판한다. 이 교수의 논의는 크게 두 가지로 구분할 수 있을 것이다. 첫째는 비트겐슈타인의 생활 양식 개념은 중의적이 아니라 일의적이라는 점을 텍스트를 통하여 제시한다. 둘째는 생활 양식 개념의 일의성을 지지하는 근거로 'Uebereinstimmung'은 동의(agreement)가 아니라 일치(accord)로 이해되어야 하는 단어 의미 구조에서 찾는다. 생활 양식은 사람들 사이의 '동의'되는 양식이 아니라 사람들의 삶에서 '일치'된 양식이라는 관점으로부터의 논변이다. 사람들은 생활 양식에 따라 삶을 살 때 구체적 동의의 지향성을 수행하기보다는 삶과 말의 일치 구조에서 반영되는 삶이라는 것이다. 실제로 사람들은 말할 때 의식적 동의를 하지 않는 점을 고려한다면 일리 있는 논변으로 들린다.

그러나 나는 생활 양식 개념의 이원성 논제는 쉽지 않지만 비트겐슈타인의 문헌으로부터 읽어내는 것이 불가능하다고 생각하지 않는다. 그리고 이원성 논제는 비트겐슈타인과 독립적으로 고려한다 할지라도 그 자체로 옹호할 만한 철학적 논제일 것이다. 생활 양식 개념의 이원성 논제와 반이원성 논제의 변증법적 대화를 통해 이 개념의 명료성과 중요성에 도달할 수 있기를 바란다.

(가) 생활 양식 이중성 비판의 문헌적 논변 : 이 교수는 생활 양식 개념의 이중성 논제는 비트겐슈타인적이 아니라고 생각한다. 그는 이를 위해 적어도 세 가지 문헌적 논의를 하고 있다. 첫째, 이 교수는 'Lebensform'과 'Lebensweise' 두 단어에 주목한다. 전자는 '생활 형식'으로 번역되어 바람직하고, 후자는 '생활 양식'으로 이해되어 전자와 대조되는 개념을 보인다는 것이다. 전자는 자연사적이어서 다양한 구체적 문화의 차이 속에서도 추상적인 인간 공유의 생활 형식임에 반하여, 후자는 문화와 사회들마다 달리 나타나 있는 구체적 삶의 모습으로서의 생활 양식이라는 것이다. 비트겐슈타인의 『철학적 탐구』에는 전자만 그렇게 일의적으로 사용되고 후자는 나타나 있지 않다고 지

적한다. 둘째, 비트겐슈타인의 생활 양식 개념에 대한 이중성 논제의 해석학은 "해외에서 그 유례를 찾을 수 없는 견해"라고 지적한다. 필립스가 이중성 논제를 '시사'한다는 나의 언급에 대해, 그는 '주장'하지 않고 있다는 것을 지적한다. 올바른 지적이다. 셋째, 이 교수는 "비트겐슈타인의 작품에서 그가 '생활 양식(Lebensform)'을 사회 문화적 양식을 지칭하는 데 사용하는 경우는 발견되지 않는다"고 주장한다.

생활 양식의 이중성 논제를 반박하는 문헌적 논변은 일리가 있지만 이중성 논제를 부정하기에는 균형이 결핍된 문자적 논변으로 보인다. 나의 독자적 이중성 논제를 지지하는 해석학이 불가능하다고 생각하지 않는다. 비트겐슈타인의 『철학적 탐구』에서 '생활 양식'이 어떻게 사용되고 있는가에 주목하여 이러한 해석학의 가능성을 제안하고자 한다.

§19 ··· 그리고 어떤 하나의 언어를 상상한다는 것은 어떤 하나의 생활 양식을 상상하는 것이다.

§23 ··· "언어 놀이"란 낱말은 여기서, 언어를 말한다는 것은 어떤 활동의 일부 또는 생활 양식의 일부임을 부각시키고자 의도된 것이다.

§241 ··· "사람들의 동의가 무엇이 참이고 무엇이 거짓인가를 결정한다는 말입니까?" 무엇이 참이고 무엇이 거짓인가는 사람들이 말하는 방식이다. 사람들은 그들이 사용하는 언어에 대해서 동의하는 것이다. 이것은 의견에서의 동의가 아니라 생활 양식에서의 동의다.

p.174 ··· 오직 말할 수 있는 자만이 희망할 수 있는가? 오직 언어의 사용에 통달해 있는 자만이. 즉, 희망한다는 현상들은 이 복잡한 생활 양식의 양상들이다.

p.226 ··· 수용되어야 하는 것, 주어진 것은 생활 양식들이라 말할 수 있다.

'생활 양식'이라는 단어가 중요하게 나타나는 색인 항목은 이상의 5개다. 여기에서 4째의 경우(p.174)는 선명하게 유일한 단수적 생활 양식을 지칭한다고 보인다. 강아지는 그의 주인이 모레 귀가할 것이라고 믿을 수 있는가 하는 물음을 논의하는 문맥에서 비트겐슈타인은 희망을 언어 사용 능력과 관련시키고 있기 때문이다. 인간 공유의 생활 양식이고 자연사적 생활 양식이라 할 만하다.

그러나 그 이외의 항목들은 모두 복수적 생활 양식을 나타내는 것으로 해석할 수 있을 것이다. 처음의 두 경우는 언어 놀이의 다수성을 논의하는 문맥에서 언어 놀이마다 다른 생활 양식에 관련시키고 있다. 셋째 경우도 참이나 거짓이 언어 공동체가 채택하는 생활 양식의 반영으로서의 언어의 결과라는 함축을 가지고 있다. 만일 참과 거짓을 단일한 인간 공통의 생활 양식의 결과로 해석해야 한다면 이것은 언어 놀이의 다원성에 역행하는 해석이 될 것이다. 다섯째 경우도 언어 공동체마다 각 개체적으로는 단일하지만 전체적으로는 복수의 생활 양식들을 수용해야 한다는 것을 나타낸다.

이 교수는 영어 사용자와 한국어 사용자가 각기의 사회, 문화, 언어가 다른 것이 사실이라는 것을 인정하면서도, "서로는 서로를 충분히 배워 이해할 수 있"다는 사실을 생활 양식의 이원성을 반대하는 근거로 선택한다. 생활 양식의 존재적 일원성이 없다면 다른 언어 사용자 간의 그러한 이해나 의사 소통이 가능하지 않다는 것을 주장하는 것이다.

그러나 궁금한 것은 이 교수가 인정하는 한국어 화자와 영어 화자 간의 '언어 차이'와 '이해 가능성'의 관계 구조는 무엇인가. 이 물음은 다음과 같은 관찰의 형식으로 제기될 수 있을 것이다. 특정한 형이상학이 배어 있는 영어의 이분법적 짝들(true-false, right-wrong, good-bad, mind-body, thought-extension)은 다른 특정한 형이상학을 전제하는 한국어의 정도론적 짝들(맞음-틀림, 좋다-싫다, 몸-마음)과는 대조적이다. 한국어의 '몸'과 '마음'은 영어의 'body'와 'mind'의 대치 가능한 의미 동치의 어휘들이 아니다. 이러한 짝들은 세계에 대한 해석을 담고 있는 두 전통의 생활 양식의 차이에 기인한다고 믿는다. 그러나 두 전통의 생활 양식은 먹고, 마시고, 놀고, 자는, 인간 종의 기본적 조건을 공유하는 경험에 근거하여, 두 전통의 역사적 단절성에도 불구하고 두 언어는 상호 번역, 소통될 수 있는 것이다.

(나) 생활 양식 이중성 비판의 비지향성 논변 : 이 교수가 생활 양식의 이중성 논제를 비판하기 위해, 생활 양식은 동의(agreement)가 아니라 일치(accord)의 양식이라는 관점을 취하는 것은 그럴듯 해보인다. 이를 위한 논의는 'Uebereinstimmung'의 번역론에 한정하고 있지만 더 많은 논의를 할 수 있었을 것이다. 예를 들면, 생활 양식의 참가자들은 우리 자신의 경우를 보아 짐작할 수 있듯이 구체적 의도나 지향성으로 참여하고 있지 않다. 생활 양식이란 사회나 개인의 습관화된 행위 양식이기 때문에 예를 들면 옷 입을 때의 단추 끼우는 행위나 식사할 때의 젓가락질 행위는 세세한 동작들에 대응하는 지향성을 수반하지 않기 때문에 이를 '동의'의 관계로 기술하는 것은 무리일 수 있다는 것이다. 오히려 이러한 세세한 행위들은 습득된 습관의 형식에 '일치'하는 관계로 기술하는 것이 더 정확하다고 할 것이다. 그렇다면 표면적으로 번역 논변으로 보이지만 심층적으로는 비지향성 논변에 연결되어 있는 것으로 보인다.

이러한 비판은 몇 가지로 조명될 수 있을 것이다. 첫째, 앤스콤은 동일한 단어 'Uebereinstimmung'을 'agreement'로만 번역하고 있는 것이 아니라, 'accord'와 'consistent with'로도 옮기고 있다. 앤스콤의 번역본을 주시한다면 이러한 다양한 변형의 문법이 나타나보인다. 그 기준은 이 이항 술어의 첫째 자리가 사람일 때 '동의'이고, 둘 다 사태일 때 '일치'이고, 둘 다 언어 단위일 때 '일관성'으로 번역하고 있는 것이다.

둘째는 『철학적 탐구』 §241에 대한 이 교수와 나의 번역 차이에 관한 사안이다. 이 문단의 이항 술어의 첫째 자리에 사람이 나타나므로 '동의'라는 번역어를 선택한 것이다. 그리고 더 나아가 이 관계를 '일치'로 해석하는 경우 원하지 않는 결과에 도달하게 된다고 믿는다. 달리 말해, 비트겐슈타인은 이 문단에서 참과 거짓에 대해 무엇을 말하고 있는 것일까? 참과 거짓이 인간의 생활 양식의 '일치'의 결과로 보는 것인가? 아니면 인간의 생활 양식의 '동의'의 결과로 보는 것인가? '일치'로 해석하는 경우, 참과 거짓에 대해 인간이 개입하는 정도가 약화될 뿐 아니라 인간과 독립해서 발생하는 우연적 산물로 전락하는 것이다. 그러나 비트겐슈타인의 진리론은 그렇듯 비인식적 진리론을 향해 있지 않다. 오히려 인간이 개입하는 진리인 것이다. 바로 이 문단 안에서 비트겐슈타인은 그렇게 말하고 있는 것이 아닌가? "무엇이 참이고 무엇이 거짓인가는 사람들이 말하는 방식"이라는 것이다. 사람들의 말하는 방식과 독립해서 참이나 거짓이 있다는, 비인식적 진리론을 거부하는 것이다.

셋째, 생활 양식은 비지향적인가? 물론 사람들은 습관화된 양식의 세세한 행위에서 지향적 의도를 동시적으로 의식하지 않는다. 그러나 지향성은 현상적 경험이 아니므로 매번 행위에서 의도를 의식하지 않아도 된다. 신촌 사거리에서 발생적 의도 없이 습관적으로 좌회전했다 할지라도, 후에 후회나 반성의 대상이 될 수 있다면 그의 '좌회전'이고 그의 지향적 행위인 것이다. 결혼 반지를 술값으로 지불하는 경우 남자는 당시적 의도로는 술값 지불만이었을 수 있다. 남자는 당시 상황에서는 결혼 반지의 최초 의도에 반하는 행위를 의도하지 않았을 수 있다. 그러나 부부 논쟁 이후 남자는 그의 결혼 반지로 술값을 지불한 것을 후회할 수 있고, 결혼 반지 착용의 최초의 의도에 반하는 행위였음을 인정할 수 있다.

이병덕의 맞음 개념과 의미론적 기초

　　이병덕 교수는 맞음이 의미론적 기초 개념일 수 있는가 하는 물음에 대해 긍정적으로 대답하기 어렵다는 주장을 펴고 있다. 이를 위해 이 교수는 세 가지 논변을 제시한다. 첫째, 이 교수는 "맞다"는 단어의 다의성을 여러 가지로 지적한다. 내가 맞음 개념의 포괄성이나 원초성을 나타내고자 할 때 "맞다"는 표현의 풍부성에 호소하고 있는 방식에 이 교수는 주목하고 있는 것이다. 만일 이 단어가 다의적이라면 그 외관적 풍부성은 오해로 전락하고 만다. 둘째, 이 교수는 나의 맞음 개념의 선행성 주장을 분석하여 해체하고자 한다. 어떤 개념도 원자적이 아니라면 맞음 개념도 원자적일 수 없다는 논리를 도입한다. 내가 전건을 긍정하면서 후자를 예외적으로 간주할 것을 제안하고 있는 동안 이 교수는 이 예외를 허용하기 어렵다는 논의를 치밀하게 펴고 있다. 셋째, 내가 맞음 개념은 자연사적 합의의 과정을 통하여 습득되는 장치라고 제안하고 있는 동안 이 교수는 개념 규범성이 자연사적 일치 같은 사실에 근거할 수 있겠느냐고 반문한다.

(가) 다의성과 두 의미론 : 나는 "맞다"는 단어의 일상적 사용들에서 여섯 가지 유형을 제안하고 그 유형들의 반대어들을 논의하였다. 그러나 이 교수는 여섯 유형이나 반대어의 경우들이 모두 "맞다"의 의미의 일관성이나 정합성을 나타내기보다는 다의성을 가리킨다고 생각한다.

이 교수의 논의에 정당하게 답변하기 위해서 나는 이 교수의 관점으로부터 논의들을 먼저 살펴보아야 할 것이다. 이 교수의 관점은 지칭론적 의미론에 서 있다고 생각한다. 이 관점으로부터 나의 논의를 평가한다면 그가 내리는 평가는 정당하다 할 것이다. "맞다"의 여러 유형들이나 "사랑"의 여러 의미들은 각각의 유형의 조건 속에서 이 단어들이 고유한 지칭 또는 대상 제시의 방식을 달리 갖는다고 해야 할 것이기 때문이다. 지칭론에 의하면 이 교수가 세밀하게 그리고 설득력으로 분석하고 있는 것처럼 두 단어는 일상적으로 애매할 뿐 아니라 모호하다고 해야 하기 때문이다. "맞다"나 "사랑"은 일자다의(一字多意)의 수준이 아니라 어떤 영자(英字 : bank)처럼 일자다어(一字多語)라고 해야 하는 것이다. 지칭론에 의하면 일자다의와 일자다어의 구분은 유지될 수 없기 때문이다.

이 교수의 다의성 비판에 대해 우선 두 가지 반응을 할 수 있을 것이다. 첫째는 내부적 관점으로부터의 대답이고 둘째는 외부적 관점으로부터의 응답이다. 콰인은 널리 알려진 대로 "이것이 무엇이냐의 물음과 이것에 대해 무엇을 말할 수 있는가의 물음은 구분할 수 없다"고 말한다. 나는 콰인의 주장을 그의 말대로 수용하지 않는다. 그러나 그의 관찰은 지칭론적 의미론에 대한 한 가지 의문의 근거를 마련한다고 보인다. "맞다"와 "사랑"이라는 관계 술어가 그 여러 가지 유형의 다른 의미들을 독립적으로 지칭한다고 해야 하는가? 이 대답에 긍정적으로 대답할 수 있는가? 왜 지칭적 의미론은 일상 언어의 사용 방식에 대한 설명뿐 아니라 믿음의 문맥에서의 논리를 설명하기 어려운가? 왜 지칭적 의미론으로부터 대안적 의미론으로의 모색을 해야 하는가?

맞음 의미론으로부터 다의성 비판에 답할 수 있을 것이다. 비트겐슈타인이 지적한 대로 모든 개념은 공통적이 아니라 가족 유사적이라고 믿는다. 맞음도 사랑도 예외가 아니다. "맞다"와 "사랑"이 여러 가지 방식으로 일상에서 사용되고 있지만 여러 방식들은 언어 공동체가 허용하는 가족 유사성의 연결성을 가지며 이 사용은 오용과 분리할 수 있는 방식의 기준을 갖는다. 개념의 오해에서 비롯한 두 경우의 오류를 기억할 수 있을 것이다.

키에르케고르는 레기네와 약혼했던 날 저녁부터 고민하였다. 레기네를 사랑할 것인가 하느님을 사랑할 것인가? 키에르케고르는 "어떻게 한 종이 두 주인을 섬길 수 있는가"라는 물음을 물으면서 "이것인가 저것인가"의 실존적 결단 상황으로 들어간 것이다. 그는 어느 쪽을 사랑해도 그의 모든 것으로 사랑하고자 하였다. 그러나 그는 한쪽을 사랑하고 나면 다른 쪽을 사랑할 수 있는 여력은 없다고 생각하였다. 그는 양쪽에 대해 진실한 사랑을 원했던 것이다. 그러나 그는 온전한 인격의 하나일 뿐이었다. 키에르케고르는 하느님을 선택하고 레기네와 파혼하였다.

러셀은 종교 현상에 대해 관심을 가졌다. 종교적 차이에 의한 살인이 전쟁에 의한 살인보다 많았다는 것을 알았다. 그러나 그는 종교의 위대성을 인정하고자 하였다. 그리고 모든 종교에 공통되는 것이 무엇인가를 물었다. 그는 사랑이라고 결론지었다. 러셀은 헉슬리, 버나드 쇼 등과 더불어 "종교로서의 휴머니즘"을 창시하였다.

키에르케고르의 실존주의나 러셀의 휴머니즘은 그 자체로 유의미한 철학적 입장이고 많은 기여를 하였다. 그러나 여기에 도달하는 방법론으로서의 공통 개념론은 문제가 있는 것이다. 사랑이나 종교가 본질주의적 실체를 지칭하는 것으로 상정한 것이다. 사랑의 관계의 쌍의 인격 관계에 따라 사랑의 논리가 달라져야 한다는 것을 인식하지 못하고 종교에 공통적 요소가 반드시 있다고 상정한 것은 본질주의의 수용 이외의 다른 것이 아니라고 생각한다.

(나) 개념의 체계성과 규범성 그리고 맞음의 예외성 : 나는 어떤 개념도 자연 언어 이외의 장치나 언어로 표현될 수 있지만 계산되기 어렵다고 간주하고 개념의 체계성이나 규범성도 그렇게 표현되는 바의 자연 언어 장치와 맞물려 있다고 생각한다. 그러나 맞음은 예외적이라고 제안한다. 자연 언어 의미론의 구성이나 설명을 위한 알키미디언 지점을 맞음에서 찾고자 하는 시도다. 나는 맞음이라는 개념을 어떤 언어적 배경 없이 배울 수 있다는 점을 '파랗다'는 현시적 단어 습득의 유추론으로 논변하였다.

그러나 이 교수는 나의 이러한 제안에 의혹을 제기하고 맞음도 다른 개념과 다를 바가 없고 맞음 개념 자체도 체계성과 규범성을 갖는다고 지적한다. 이 교수는 첫째로 '파랗다'는 현시적 단어의 습득은 언어적 배경 없이 습득이 가능하지 않다는 술어의 체계성을 논의하고 나의 '자연사적 합의'는 '자연사적 일치'로 해석되어야 하고 이로부터는 언어 규범성은 도출되지 않는다고 논의한다. 이러한 관찰은 맞음 개념에 그대로 적용될 수 있다는 것이다. 이 교수의 체계성과 규범성 논의도 그의 다의성 논변처럼 서로가 의존하는 언어의 차별화를 통하여 이해될 수 있을 것이다. 이 교수의 논의는 표면적으로 설득력이 있고 정당하게 들린다. 그가 제시하는 논의를 언어가 구성된 이후의 시점에서 파악할 때 의문의 여지가 없다고 생각한다. 언어가 구성된 이후의 언어의 규제적 규칙에 따라 그의 논의를 해석할 때 그의 논의는 건전하다. 그러나 나의 논의는 언어가 형성되는 과정상에서의 언어 구성 방식에 관한 논의다. 언어가 진리론적으로가 아니라면 도대체 어떤 절차에 따라 의미를 갖게 되는가의 논의다.

파랑 개념의 습득은 언어 구성 이후의 규제적 규칙에 따르면 지각 판단력과 추론 능력을 보이는 실천적 숙달의 습득이어야 한다는 이 교수의 지적에 동의한다. '푸른 하늘 은하수'를 노래하는 어린이는 앵무새와 달리 개념 사용자이기 때문이다. 그러나 내가 논의하는 파랑 개념의 습득은, 예를 들어 콰인의 색깔 성질 공간에서처럼 '파랑'과 '하양'의 두 개의 색깔 단어만으로도 세계의 모든 색깔의 차이들을 그 반응 시간의 길이로 차별화할 수 있는 언어 구성의 단계에 향해 있다.

개념의 규범성에 대해서도 규칙성이나 패턴으로 환원될 수 없다는 이 교수의 생각에 동의한다. 언어가 구성된 다음의 개념들의 행동 방식은 사실보다는 강한 규칙에 기초해 있기 때문이다. 그러나 내가 어린이의 맞음 개념의 습득 과정에 주목하는 것은 언어 공동체가 언어를 구성했을 방식을 추정하는 하나의 단서일 수 있다는 가능성에 착안한 것이다. "의미나 규칙은 신비하게 주어지는 것도 자연적으로 거기에 있는 소여도 아니라, 인간 공동체의 생활 양식을 통하여 점차적으로 구성된다"는 가설을 심각하게 수용하는 것이다. 이 가설이 아니라면 언어의 의미나 규칙은 어떻게 설명될 수 있을 것인가?

(다) 실타래 풀기-연결의 가능성 : 적어도 하나의 연결 가능성이 있다. 이 교수와 나는 문제 의식을 공유한다. "의미 또는 개념을 구성하는 사실은 없다"는 규칙 따르기의 역설을 심각하게 수

용하는 것이다.

문제는 내가 이 역설의 관점으로부터 출발을 했으면서도 이를 설득력 있게, 완성도 높은 체계에 이르지 못하고 있다는 점이다. 맞음 개념을 생활 양식의 구체화 개념으로 설정하면서 생활 양식 개념에 자연스럽게 들어 있을 진화론적 발전사의 구조를 맞음 개념의 상대역에서 상세화할 수 있어야 할 것이다.

생활 양식 개념의 애매 모호성, 체계성, 규범성은 맞음 개념에서 그대로 나타난다고 생각한다. 그러나 맞음 개념을 도입하는 까닭은 후자가 전자를 좀더 선명하게 조명할 수 있는 전략적 가치가 있다고 판단하기 때문이다. 특히 한국어에서 맞음 개념만큼 기초적 개념이 또 있을 것인가? 동북아 언어의 도통중(道通中)만큼 내재주의적이면서 보편적인 가치 기준이 또 있을 것인가? 서양 전통의 중심적 기준인 진리(알레테이아, 숨겨진 것을 벗긴다) 개념은 어떻게 동양 전통에서는 현저하지 않은 것일까? 그 진리는 초월론적인 가치이기 때문이 아닐까? 진리론적 의미론이 과거에 기여하였다면 이제는 맞음 개념 같은 내재적 기준에 주목하는 것도 의의 있는 것이 아닐까?

남기창의 실재와 공동체

나는 규칙 역설이 중요한 철학적 과제를 제시한다고 믿는다. 의미가 지향, 믿음, 성향, 심성 상태, 물리적 사태 등 어떤 사실에 의해서도 결정되지 않는다는 것을 보인다고 생각한 것이다. 나는 이 상황에서 호위치나 맥도웰의 축소론적 처방이나 크립키나 라이트의 반실재론적 규범성보다는 통도중(通道中)의 생활 양식적 규범성으로 의미가 구성된다고 주장하였다. 최초의 언어가 발생하기 전의 인간 공동체는 사람 간, 동네 간의 소통을 필요로 하였고, 통하다보면 길(道)이 생기고 애매 모호한 초기의 길은 최적화로 맞추(中)는 과정을 통해 소통의 수단으로서의 언어 그리고 의미를 구성하였다고 생각한다.

그러나 남기창 교수는 나의 규칙 역설의 해법에 대해 여러 가지 의문들을 제기한다. 그 중에서 많은 지면을 할애하는 두 가지 비판에 주목하고자 한다. 첫째는 라이트가 반실재론자라는 의문을 제기한다. 보고시안은 반대로 분류하고 있고 의미적 사실의 존재를 거부하지 않기 때문이다. 둘째는 나의 공동체론은 애매하고, 공동체적 개인은 불분명하고, '당당한 해결책'이 될 수 있는지 의문이라고 한다.

(가) 라이트는 실재론자인가 : 라이트가 자신의 입장을 기술한 진술들을 읽으면 그를 실재론자라고 할 수 있는 여지가 있다. 라이트는 판단의 참임의 조건과 판단의 최선임의 조건을 구분하여 양자의 근접성 관계에서 객관적 판단의 공간을 확보하고 이러한 구조에서 의미 판단의 존재를 허용할 수 있기 때문이다.

그러나 라이트의 진술의 표면 값은 먼저 성찰되어야 한다고 생각한다. 두 판단의 구분은 어떤 공간에서 이루어질 것인가? 언어 이전의 공간인가 언어 이후의 공간인가? 의미론의 구성에서 라이트의 이러한 인식론적 접근은 절차적으로 수용할 만한가? 라이트는 어떻게 이러한 인식론적 접근을 매력적인 또는 정당한 절차로 도입한 것일까? 라이트의 실재론 주장은 어떻게 가능한 것일까?

(가1) 이러한 물음들에 대한 조명의 한 단서는 라이트가 규칙 역설이 제기하는 과제를 읽어내는 방식에서 찾을 수 있을 것이다. 라이트에 의하면,

> 규칙 따르기 주제는 "규칙이 특정한 경우의 요구를 만족하고 있는가에 대한 판단은 인식론적으로 추적할 수 있고 그러한 판단의 경향과 독립적으로 구성된 사태에 대해 답한다"는 명제를 비판한다.[1]

는 것이다. 라이트는 규칙 역설의 초점을 의미론이 아니라 인식

---

1) Crispin Wright, "Meaning and Intention as Judgment Dependent", Miller & Wright, eds., *Rule-Following and Meaning*, McGill-Queen's University Press, 2002, pp.129-140.

론의 주제로 읽고 있는 것이다. 규칙 역설이 인식론의 함축을 갖지 않는 것은 아니지만 이 함축을 일차적 과제로 간주할 때 라이트의 처방은 오히려 자연스러운 것이라고 보인다.

규칙 따르기 주제는 무엇일까? 나는 남 교수와 이 물음에 대한 대답을 공유할 수 있다고 믿는다. 규칙 역설의 초점은 "현재 의미가 현재 정확한 용법을 보장하는지를 묻고" 있는 데서 보인다고 생각한다. 그러나 나는 남 교수와 달리 "현재 의미"는 과거의 상황에 의해 구성되고 "현재 용법"은 미래 상황에 투사될 수 있어야 한다고 믿는다. 물론 맥긴은 한 술어 사용에 대한 나의 과거의 의도와 나의 현재의 의도가 동일하지 않은 경우 그 술어의 두 사용은 두 개의 다른 단어를 나타내므로 규칙 역설이 성립하지 않는다고 하고, 보고시안은 맥긴의 비판을 "현재 의미"와 "현재 용법"의 관계로 설정하여 극복한다고 믿는다.

그렇다면 라이트는 실재론자라 하기 어렵다. "최선 판단"은 실재론의 반영이기 어렵고, "진리 판단"의 도입이 그를 실재론의 자격을 부여할 수 있으리라 상정할 수 있지만, 그의 체계 안에서 진리 판단은 요청적인 것일 뿐 최선 판단이 대조될 수 있는 존재론적 위치를 점유하고 있다고 생각하지 않는다. 그의 최선 판단과 진리 판단은 하나의 딜레마를 노출시킨다 : 그의 진리 판단이 현실적으로 주어질 수 있다면 그는 "최선 판단"을 필요로 하지 않을 것이고, 그의 진리 판단이 현실적으로 주어질 수 없다면 그의 "최선 판단"은 대조의 위치를 잃고 만다.

(가2) 라이트가 실재론자일 것인가에 대한 의문은 다른 방식으로도 제시될 수 있을 것이다. 라이트가 규칙 역설의 해소를 위해 묻는 것은 "어떻게 판단들이 실체적 인식론을 결핍하면서도 객관적일 수 있는가?"라는 물음이다. 이 물음은 규칙 역설에 대

한 그의 접근 방식을 더 선명하게 보여준다. 그러나 이 물음은 당혹스럽다. 한편으로 최선 판단의 공간으로 객관성을 요구하면서 다른 한편으로 그의 최선 판단과 진리 판단의 구분을 무화시키고 있는 것이다. 실체적 인식의 판단 없이 어떻게 진리 판단이 가능할 것인가? 이 물음들에 정합적으로 답할 수 있는 가설은 라이트의 진리 판단은 요청적이라는 것이다. 그렇다면 그의 진리 판단은 그의 최선 판단에 객관성을 부여하는 장치로서의 기능은 없는 것이다. 라이트를 반실재론이라 분류할 수 있는 근거라고 생각한다.

(나) 어떤 의미의 공동체론인가? : 남 교수는 세 가지 유형의 언어 공동체론을 제시하고 나의 그것은 세 가지를 모두 부분적으로 포함하기 때문에 애매 모호하다는 인상을 가지게 된다고 한다. 크루소와 공동체의 관계의 설정에 따라 크루소의 언어가 어떻게 평가되어야 하는지에 대해서도 명쾌한 관점을 제시하지 않고 있다고 지적하고, 공동체가 규칙 역설에 대해서 어떤 의미의 당당한 해결인가가 분명하지 않다고 비판한다.

(나1) 어떤 유형의 언어 공동체일까? 논의하고 있는 공동체는 "언어 공동체"이기보다는 "언어 구성적 공동체"라고 하는 것이 덜 오도적이라고 생각한다. 이 공동체에서 의미가 구성되는 것은 물론 진리론적인 것도, 주장 가능성 여부도 아니다. 언어 구성 이전의 공동체이므로 진리도, 주장 가능성도 없기 때문이다.
이 공동체가 의미를 부여하는 방식은 자연사로서의 생활 양식이라고 믿는다. 언어 이전의 언어 구성적 공동체의 사람들은 소통을 필요로 하고 소통을 하고자 하며 언어 외적 소통을 수행하였다고 상정할 수 있다. 이러한 소통 수행의 어떤 방식들은 습숙으로 나아가고 습관으로 발전하고 관습으로 수용된다. 이러한 문맥에서 최초의 소통 수행은 개별적으로 개인적일 수 있지만 관습의 지위로 올라갈 때는 공통체적 특징을 갖는 것이다. 그렇다면 공동체는 공동체적 관습으로부터 미래의 경우에 대해 공동체적 기대를 하게 되고 더 나아가 공동체적 예측을 할 수 있을 것이다. 공동체적 예측은 규범 이외의 다른 것이 아니라고 믿는다.

언어 구성적 공동체의 이러한 의미 부여 방식 논제는 독립된 논변으로 지지될 수 있을 것이다. 하나의 과학적 가설은 "인간은 진화된 자연 종"이라는 것이다. 이 가설은 표면적으로 인간의 생물학적 몸에 대한 가설로 이해된다. 그러나 이 가설은 또한 인간의 다른 특징에 대한 가설을 허용한다. "인간의 마음도 하위의 유기체나 무기체의 정보의 입출력의 상태로부터의 진화된 복합성의 정보 처리의 단위"라는 가설이다. 더 나아가 "인간 언어의 규범성은 단순히 물리적 사태나 심성적 상태로 직접적으로 환원되는 것이 아니라 생활 양식의 진화의 단계로부터의 공동체적 예측의 결과"라는 가설이다.

이러한 생활 양식적 진화론을 수용할 수 있다면 규칙 역설에 대한 나의 처방이 성향 환원주의에 호소하지 않고도 "당당한" 해결책의 시도일 수 있다고 믿는다. 또한 실재론과 반실재론의 이분법적 처방들의 선택을 극복할 수 있는 길이 열린다고 생각한다. 이분법적 처방들은 다른 종류의 이분법과 맞물려 있기 때문에 해결의 후보로 얼마나 적절한지가 의문이다.

크루소의 언어와 언어 공동체의 관계도 남 교수가 분석한 대로 수용할 수 있을 것이다. 하나의 사람은 다양한 주제에 따라 여러 종류의 개인일 수 있다. 자신이 만든 규칙을 수행한다고 말하기 어려운 사적 개인일 수 있고, 자신이 만든 규칙을 수행한다고 말할 수 있지만 어떤 언어 공동체에도 속하지 않는 공동체 독립적 개인일 수 있다. 또한 언어 공동체의 성원으로서 참여하다가 공동체로부터 분리해나온 공동체 분리적 개인이 가능하고 공동체의 성원으로 공동체가 허용하는 자유를 누리지만 공동체의 규칙에 참여적으로 수행하는 참여적 개인일 수 있다. 크루소의 공간적 위치나 시간적 분리는 중요하지 않다고 생각한다. 크루소의 언어적 자리는 공동체와의 관계에서 평가될 수 있을 것이다.

(나2) 당당한 해결책은 얼마나 당당한가? 남 교수는 나의 시도가 어떤 의미에서 "당당"한가를 보여야 한다고 요구한다. 크립키의 당당성의 두 조건을 어떻게 만족하는가를 구체적으로 적시하라는 것이다. 남 교수가 인용하고 있는 크립키의 이 요구는 다음이다 :

> "첫째, 그 답은 내가 겹셈(나의 '컷셈')이 아니라 덧셈을 의미한다는 것을 구성하는 (나의 심적 상태에 관한) 사실이 무엇인지 설명해야 한다. 그러나 또 그런 사실의 후보로서 제시될 수 있는 어떤 것도 만족시켜야 할 조건이 하나 더 있다. 어떤 의미에서 그것은 내가 '68+57'에 '125'라고 답하는 것이 어떻게 정당화되는지를 보여주어야 한다."

두 요구는 하나의 관점으로 조명될 수 있다고 생각한다. 이 요구는 덧셈 수행이나 컷셈 수행의 심적 상태가 독립적으로 존재한다는 것을 전제한다. 이 요구는 방법론적 회의주의로부터 당당한 "코기토 명제"에 도달하는 데카르트의 당당한 해결과는 달리, 인과 관계의 필연성에 대응하는 인상(impression)이 존재해야 한다는 전제로부터 "연상(association)"이라는 흄의 회의주의적 해결의 구조를 갖는다고 생각한다.

그러나 크립키의 요구들은 비트겐슈타인적으로 대답될 수 있을 것이다. 어린이는 "아프다"는 단어 의미를 행동주의적으로 환원하지 않고 공동체의 이 단어 사용 방식으로부터 배우지만 자신의 심성 경험을 나타낼 수 있다. "아프다"의 의미로서의 사용 방식과 "아프다"의 표상 내용으로서의 대상은 분리되는 것이다. 언어 사용의 정당화는 언어 공동체 외부적으로 주어지는 것이 아니다.

이주향의 주체와 생활 양식

    이주향 교수는 나의 언어철학에 대해 한편으로 일말의 긍정적 평가를 하면서도, 다른 한편으로 중요한 한계가 있다고 생각한다. 이 교수의 비판은 다음과 같이 요약할 수 있을 것이다 : 정대현은 "주체 개념을 해체하지 못했"기 때문에 "실재론을 고집"하고 "생활 양식의 이름으로 허위 의식을 옹호할 수밖에 없"다는 것이다. 나의 맞음 의미론의 실체 해체적 시도에도 불구하고, 그 언어철학의 가치 지향은 주체라는 존재론적 발목에 잡혀 있는 모습이라는 것이다.

    이 비판은 어떤 의미에서 정당하다. 나는 데카르트의 사유 실체적 주체나 그 영향을 받은 흄의 다발 주체, 칸트의 생각 행위 주체는 수용하지 않는다. 그러나 나는 몸의 음양적 주체를 말하면서도 이 주체 개념에 대한 세밀한 분석은 하지 않았기 때문이다. 성기성물(成己成物)이 전제하는 나와 다른 모든 사물의 관계의 객관성은 주체 개념을 해체하지 않은 것으로 보일 수 있다. 그리고 언어 의미가 생활 양식에 의해 부여되는 구조에서, 생활 양식 개념의 고수는 역사적, 당대적, 사회적 억압을 수용하거나 방관한다는 태도로 보일 수 있다.

이 교수는 분석 미흡, 나와 타자, 생활 양식 등의 명제로부터 "해체되어야 할 주체 개념"을 내가 유지하고 있다고 주장한다. 이 교수는 나의 "해체되어야 할 주체 개념"이 무엇인가는 명시하지 않고, 니체의 허구로서의 주체 개념은 선호할 만하다는 문맥으로부터 나의 주체 개념을 비판한다. 그렇다면 우선 니체 소개서들을 통해 니체의 주체 개념과 생활 양식 개념에 접근해보고 이에 대한 나의 주체 개념을 확인하는 기회로 삼고자 한다.

(가) 대안적 주체 개념 : 니체는 주체 개념의 전통적 관점을 비판하고 자신의 대안적 주체를 제시한다고 믿는다. 니체는 주체, 사물, 실체 등 전통적 개념들을 모두 허구라고 하였다. 이주향 교수는 그 까닭을 "관계의 그물망이 달라지면 모든 것은 변화" 하기 때문이라고 선명하고 정당하게 제시한다.

니체의 대안적 주체관에 대해 이 교수는 언급한다. 우리가 '나'라는 단어로 표시하는 나는 실체가 아니라 '사건'이라는 것이다. 모든 것이 변화한다면 나는 기체로서 존재할 수 없고 사건들의 연속일 수밖에 없을 것이다. 이 교수는 니체의 대안적 주체는 『금강경』의 부처와 죽음을 앞둔 예수의 주체와 유사하다고 한다.[1] 니체가 "지쳐버린 문명을 위한 종교"로서 불교를 비판하지만, 이 교수는 니체의 시대적 과제가 기독교와 플라톤의 극복이었을 때 불교가 그렇게 해석될 수 있었다면 현대의 시대적 과제는 경제적 가치와 내 안의 욕망의 승화이기 때문에 불교는 "서로 연결되어 있지 않은 존재는 없다"는 명제로부터 해석될 필요가

---

1) 이주향, 「니체와 예수 그리고 금강경 : 실체성 부정에 관한 고찰」, 『철학적 분석』, 한국분석철학회, 2002.

있다는 것이다.[2] 이 교수는 부처를 불교로부터 분리해내고 예수를 기독교로부터 분리해내는 것이다.

단토[3]는 '나'는 조건이고 '생각한다'는 조건 활동이라고 한다. 나는 나의 사유 활동의 창조품이라는 것이다. 김정현[4]은 니체의 주체를 니체의 신체론에 연결시키고 있다 : 우리가 일상적으로 '이성'이라고 불렸던 '작은 이성'으로서의 정신은 커다란 이성으로서의 몸에 속한다. 개인은 사회 속에서 원자적, 독립적 개체가 아니라 사회와 융합된 사건으로 존재한다는 것이다. 이러한 니체의 주체관은 놀라운 것이다. 그 선지자적 통찰과 그 통찰에 이르는 논리는 100년 후의 많은 사람에게서 보이고 있기 때문이다. 나의 경우도 예외가 아니다. 주체 개념의 대안적 구성을 위해 다음의 8명제에 주목하고자 한다.

(1) 인간의 세계 이해는 언어 의존적이다. 언어 독립적인 이해가 있다면 이 이해는 어떻게 표현될 수 있는지 알려져 있지 않다. (2) 언어는 공동체적이다. 언어 의미를 사실적, 초월적, 유일적, 객관적으로 접근하는 시도들은 성공적이지 않다. (3) 인간의 세계 이해는 국면(aspect)적이다. 사물 이해는 언어 체계나 체계 내의 문장 선택에 의존하기 때문에 그 사물의 실체적, 유일론적 기술은 가능하지 않다. (4) 나의 나에 대한 이해도 국면적이다. 내 마음 나도 모를 수 있다. 내가 다른 사람을 질투하는가의 여부는 나보다 다른 사람이 더 잘 판단할 수 있다. 나의 의식은 나의 몸 안에서 발생하지만 그 내용은 나의 몸이 속해 있는 공동체의 언어에 의해 구성된다. (5) 언어는 편재적이다. 정보가 사태의 통

---

2) 이주향, 「인간 중심적인 대상적 차별을 넘어서 — 니체와 원효」, 『니체 연구』, 한국니체학회, 2004.

3) Arthur Danto, *Nietasche as Philosopher*, New York : The Macmillan Company, 1965, pp.107-109.

4) 김정현, 『니체의 몸철학』, 문학과현실사, 1988, 172, 87.

사적 구조라면 인간의 시선이 닿는 어떤 것도 해석을 기다리는 텍스트다. (6) 하늘 아래의 모든 사물은 유기적 주체다. 모든 사물은 정보 입출력의 체계를 유지하는 한에서 복합성의 정도가 다른 마음의 정도를 행사하는 주체이고 상호간 유기적 음양 관계에 들어 있다. (7) 인간은 성기성물(成己成物 : 나의 이룸과 다른 모든 사물의 이룸은 맞물려 있다)적 가치의 존재자다. 인간은 원자나 인간 관계에 국한된 존재가 아니라, 다른 모든 사람과 자연과의 관계에 들어 있는 존재다. 나의 성장은 성기성물의 언어에 맞추어 가는 것이고 나의 이룸은 그 언어와 맞(道通中)는 것이다. (8) 하나의 표현의 의미가 여러 체계에서 다르다고 할지라도 그리하여 다른 단어이지만 동일한 대상을 지칭할 수 있는 공지칭성을 유지한다. 필연도 언어 문맥적이다. 이러한 인간 언어 능력은 인간 공동체의 안정성의 기초다.

(나) 생활 양식 개념의 의문점 : 니체의 대안적 주체 개념은 '사건'으로서의 주체, 좀더 구체적으로 '사회와 융합된 사건'으로서의 주체다. 그러나 이러한 사건은 어떻게 구성되는가? 어떻게 나타나는가? 니체는 이러한 물음에 대해 대답할 준비가 되어 있는 것으로 보인다. 다음의 언명5)들은 하나의 단서로 보인다 : "인간의 생성은 지배를 통한 사회 발생과 동일시할 수 있다. … 강제가 도덕에 선행한다. 실상 도덕 자체가 얼마 동안은 여전히 강제이므로 사람들은 불쾌함을 피하기 위해 이 강제를 사용한다. 후에 이것은 풍습이 되고, 더 오래되면 자유로운 복종이 되며 마침내는 본능에 가까워진다."

니체는 위의 문맥에서 "생활 양식"이라는 단어를 사용하지 않았지만, 생활 양식 개념의 핵심을 붙들고 있다고 생각한다. 니체

---

5) 니체의 재인용 : 김정현의 위의 책, 136-138쪽.

는 "사회와 융합된 사건"으로서의 인간 주체성의 구성이 인간의 생활 양식과 독립해서 이루어진다고 생각했다는 징후는 보이지 않는다.

이 교수는 나의 언어철학의 핵심 개념을 생활 양식에서 파악하고 이 개념의 문제점을 지적하고 있다. 생활 양식 개념의 허위 의식과 이 개념의 언어 전후 구분이 의문스럽다는 것이다. 물론 나는 주체 개념을 도통중의 유기적 관계에서 구성할 때 핵심적인 논리는 언어 의미론이고 생활 양식 개념을 그 의미론의 기초로 채택하고 있다. 따라서 나의 생활 양식 개념에 의문점이 있는 정도에 따라 그만큼 나의 주체 개념도 의문스러울 것이다.

먼저 생활 양식 개념은 허위 의식이라는 비판을 고려하자. 이 비판의 초점은 선명하지 않다. 그러므로 엥겔스적 이해를 구성하여 해석할 수 있을 것이다. 생활 양식, 생활 양식 개념 또는 이 개념이 활용되는 지적 구성물들은 이들을 활용하는 개인에게 이데올로기로 작동하지만 그 이데올로기는 이 지성인에게 알려져 있지 않기 때문에 그 이데올로기는 그 개인의 허위 의식이 된다는 것이다.

"어머니, 당신 속에 우리의 적이 있습니다"[6]라고 박노해 시인이 절규하고 있을 때 시인은 어머니의 생활 양식에서 어머니의 가슴 아픈 허위 의식을 분명히 보고 있었다고 생각한다. 그리고 이러한 사례는 많다. '여성적', '질투(嫉妬)', 'inform' 등은 여자로 태어난 사람의 억압적 기준을 제시하기도 하고, 여성들에게 한정된 질병이 무엇인지를 주장하고, 플라톤의 형상을 불러내는 것을 중요하게 생각하기도 한다.

이러한 사례들은 생활 양식의 허위 의식의 사례라고 생각한다. 이러한 사례들은 생활 양식이 언어 의미의 기반이라는 것을

---

6) 박노해, 「어머니」, 『노동의 새벽』, 느린걸음, 2004.

보이고 또한 특정한 시기의 공동체는 언어 의미를 그렇게 구성하였다는 역사적 의미론을 나타낸다고 생각한다. 그러나 어쩔 것인가? 대안적 의미론은 무엇인가? 오히려 과제는 이러한 허위 의식에 빠져 있는 오류를 파헤치고, 그 오류에 의한 고통의 제거를 목표로 해야 하지 않을까? 지성인은 박노해 시인처럼 언어에 스며 있는 과거의 잘못된 생활 양식, 언어에 아직도 배어 있는 그 억압적 구조의 분석에 분주해야 하지 않을까? 생활 양식의 언어 전과 언어 후의 구분도 이러한 의미론의 조명을 위한 장치로 기능한다. 이 구분은 필연적도 아니고 사실적이 아닐 수도 있다. 이 구분은 의미론의 조명에 기여하는 범위 안에서만 정당성을 얻을 수 있을 것이다.

선우환의 객관적 반말 개념

반말에 대한 나의 관점을 다음과 같이 요약하고자 한다. 한국어의 반말 구조는 서양 언어는 물론 중국어나 일본어보다 세밀하게 계층화되어 있다. 그러나 한국어 반말 사용은 여러 가지 의미에서 의문스럽다. 이러한 주장은 다음과 같은 방식으로 개진될 수 있다 : 한국어 화자의 청자를 향한 반말 사용은 반말에 대응하는 두 사람의 사회적 신분이 본질적으로 구분되어 있을 때에만 정당하다 ; 그러나 이 본질주의는 수용되기 어렵다 ; 언어 사용의 기본적 목표는 소통, 합리화, 표현의 최대화다 ; 그렇다면 언어 사용은 인간화와 자유화를 향한 활동이다 ; 그러나 한국어의 반말 사용은 그러한 언어 사용 목표 자체를 파괴한다.

선우환 교수는 나의 반말 개념의 인간적 가치의 '기본적 방향에 대해 동의'하면서도 논변의 방식을 비판하여 반말의 어떤 객관적 공간을 허용하고자 한다. 나의 논변을 세 명제로 선명하고 정당하게 요약하고, 그리고 선우 교수 자신의 대안적 논변을 다른 세 명제로 제시하고 있다 :

(C1) (실체적인, 정당화된) 계층 구조는 존재하지 않는다.

(C2) 반말 사용은 (실체적인, 정당화된) 계층 구조의 존재를 전제한다.

(C3) 그러므로 반말 사용은 정당화되지 않는다.

(S1) (실체적인, 정당화된) 계층 구조는 존재하지 않는다.

(S2) 반말과 높임말의 비대칭적 사용은 (실체적인, 정당화된) 계층 구조의 존재를 전제한다.

(S3) 그러므로 반말과 높임말의 비대칭적 사용은 정당화되지 않는다.

선우 교수의 논문은 논변 (C)를 비판하여 논변 (S)가 부담 없이 떠오르게 하는 것이다. 선우 교수의 비판은 크게 세 가지로 구분할 수 있을 것이다. 객관론 논변 ; 귀류법 논변 ; 폴리에르 논변이다. 이들을 차례로 살피면서 나의 일관성을 옹호하고자 한다.

(가) 객관론 논변 : 식사 권유 개념에는 여러 가지 표현들이 있다 : 진지 드시옵소서 ; 진지 드십시오 ; 식사하십시오 ; 밥 먹으십시오 ; 밥 먹지요 ; 밥 먹어 ; 밥 먹어라 ; 밥 처먹어라 등이다. 나는 예를 들어 "밥 먹어라"는 표현이 반말인가의 여부는 화자–청자 관계에 의존한다는 반말 관계론을 주장하였고, 선우 교수는 화자–청자 독립적으로 반말인가의 여부를 평가할 수 있다는 반말 객관론을 유지한다.

선우 교수의 반말 객관론은 두 가지 관찰에 근거한다. 첫째, 통사론적 고려. 화자–청자 관계 독립적으로 한 표현은 "통사론적, 어휘론적 특성들에 의해 반말로 분류될 수 있다"는 것이다. 나이 든 회장과 젊은 수위가 '밥 먹어라'는 말을 교환했다면 둘 다 반말이라는 것이다. 둘째, 적절성 고려다. 선우 교수는 반말 개념에서 반말의 사용과 반말의 사용의 적절성을 구분한다. 회장의 말은 적절하지만 수위의 말은 적절하지 않다고 하여, 반말 사용의 적절성은 관계적이지만 반말의 사용은 객관적이라는 것이다.

선우 교수의 통사론적 고려는 불분명하다. 하나의 딜레마에 빠지기 때문이다. 그의 통사론적 고려는 표면적으로 의미 부여가 되지 않은 기호 나열들이 반말인가 아닌가로 분류될 수 있다는 객관적 기준을 갖는 것으로 보인다. 그러나 기호 나열이 어떻게 그렇게 분류될 수 있을 것인가? 이 점은 선우 교수 자신도 부인할 것이다. 딜레마의 다른 뿔은 의미 부여가 된 기호 표현들이 그렇게 분류될 수 있다는 것이다. 그러나 "밥 먹어라"는 기호 나열이 지금과 같은 의미 부여가 되었을 때 이 표현이 반말인가의 여부를 판별할 수 있는 객관적 표지는 무엇일까?

이러한 딜레마를 극복할 수 있는 하나의 길은 통계론일 것이다. 식사 권유의 표현들 중에서 "밥 먹어라"는 표현은 반말로 사용되는 것이 일반적이라는 것이다. 이러한 내용의 언어 통계 현상적 관찰에 대해서는 나도 동의한다. 통계 현상적으로 말한다면, "진지 드시옵소서"라는 표현은 현실 세계에서 반말로 사용된 경우가 없으므로 '객관적으로' 반말이 아니고, "밥 처먹어라"는 표현은 한국 사회에서 반말 이외의 방식으로 사용된 경우가 없으므로 '객관적으로' 반말이라고 해야 한다. 그러나 통계 현상 서술은 특정 문맥에 따라 적실하지만, 나의 반말 개념의 논리 추구의 문맥에서는 도움이 되지 않는다.

반말 객관론을 위한 선우 교수의 적절성 논의는 흥미롭다. 회장과 수위는 "밥 먹어라"는 '동일한' 반말을 했지만 회장의 경우는 적절하고 수위의 경우는 적절치 않다는 것이다. 표면적으로 설득력이 있다. 그러나 이 논변의 구조를 들여다볼 필요가 있을 것이다. 선우 교수가 반말 사용과 반말 사용의 적절성을 구분할 때 정확하게 무엇을 구분하는 것일까? 선우 교수는 혹시 반말 사용의 적절성을 반말의 의미로부터 분리하고 있는 것이 아닐까? 그렇지 않다면 '반말 사용'은 소통 행위가 아니라 발성 행위를 지칭하는 것이 될 것이다.

그렇다면 초점은 반말의 적절성이 반말의 의미에 포함되는가 아닌가에 모아질 것이다. 다음의 경우를 보자. 서양인 젊은 대학생이 한국인 스승 노교수에게 "밥 먹어라"고 했다고 하자. 학생의 언행은 물론 적절하지 않다. 그러나 '적절하지 않다'는 것은 저평가에 해당한다고 할 것이다. 제대로 된 평가는 "그는 아직 한국어를 배우지 못했다"일 것이다. 한국어나 중국어는 서양 언어와 달리 문장 발화의 문맥이 문장 발화의 이해의 문법의 일부가 되는 더 선명한 경우라고 생각한다. 그렇다면 반말 사용의 적절성도 반말의 의미의 문법의 일부일 것이다.

(나) 귀류법 논변 : 선우 교수는 나의 논변으로부터 하나의 귀류법을 구성하여 도대체 반말이 존재하지 않는다는, 수용할 수 없는 결론을 보이고 있다.

(C1) (실체적인, 정당화된) 계층 구조는 존재하지 않는다.
(나2) 화자 S가 X 개념의 한국어 표현 x_i를 청자 H에게 사용했을 때 그 x_i는 H에게 반말이다.
$\leftrightarrow$ H는 S로부터 한국어 표현 x_{i-1} 이하를 듣는 것이 정당하다.
(나3) H는 S로부터 X 개념의 한국어 표현 x_{i-1} 이하를 듣는 것이 정당하다.

→ X 개념의 한국어 표현 xi들에 대응하여 H와 S는 어떤 (실체적인, 정당화된) 계층 구조 속의 계층적 위계들 Ci의 어떤 다른 단계에 각기 속한다.

(결) 화자 S가 X 개념의 어떠한 한국어 표현 xi를 청자 H에게 사용하더라도, 그 xi는 H에게 반말이 아니다.

(C1)이 참이라면 (나3)의 후건이 거짓이고 (나3)의 전건도 거짓이다. 그렇다면 (나2)의 후건이 거짓이고 (나2)의 전건도 거짓이게 되어, 결론이 추리된다는 것이다. 이 귀류법은 통사적으로 온전하고 이 논변 구성의 통찰은 인정되어야 한다.

그러나 이 귀류법에 대해 의미론적 성찰을 두 가지로 할 수 있을 것이다. 첫째, 사용된 명제들은 논리적 증명보다는 한국어의 반말 사용의 부당성을 분석하기 위해 고안된 경험적으로 다의적인 것이다. 한국어에서의 반말의 구성 시기를 사회가 남녀, 노소, 반상 등으로 계층화되었던 조선조 중기라고 하자. 그러면 (C1)은 조선조 중기에는 '당대적'으로 정당화된다고 간주할 수 있을 것이다. 이 경우 (C1)의 부정은 통시대적 정당성의 부정이다. 그러나 (C1)을 현대 한국 사회 안에서 부정할 때 그 부정은 이 명제가 인습적으로 또는 기능적으로 사용되는 방식의 정당성의 의문인 것이다. 조선조 중기와 현대 한국에서의 (C1)의 의미론적 값들은 동일하지 않지만 그러나 하나의 명제로 표시할 만큼 관련되어 있다고 생각한다. 그러나 귀류법에서 사용한 (C1)의 부정은 경험적 다의성을 포함하지 않는 명제의 논리적 부정이다. 그렇다면 (C1)의 부정의 (나3)의 후건의 부정으로의 추리적 전이는 온전하지 않다. 논리 기호의 사용은 논변의 투명성 시도의 제시일 뿐 (C1)의 의미론의 다의적 구조를 제대로 반영하지 않는다.

둘째, 귀류법의 결론에 대해 의미론적 성찰을 할 수 있을 것이다. 선우 교수는 귀류법의 결론을 "반말은 없다"고 해석한다. 반말에 대한 객관론을 선택한 체계에서는 정당한 해석이다. 그러나 나는 반말에 대한 관계론을 유지한다. 그렇다면 관계론의 체계에서는 반말의 화자-청자의 관계는 없다는 것이 된다. 그리고 이러한 해석은 경험적 의미론을 고려할 때 "반말은 하지 않아야 한다"는 관계론적 함축을 얻을 수 있을 것이다.

(다) 몰리에르 논변 : 선우 교수의 다른 하나의 논변은 다음이다 : "어떤 언어적 표현을 반말로 분류할 수 있기 위해서는, 그 표현의 화자와 청자가 각각 계층 구조의 어떤 단계에 속하는지 판단할 수 있어야 하고 그것의 존재를 전제해야 한다. 그러나 그것은 반말로 분류된 대상 언어적 표현들의 사용이 계층 구조의 존재를 전제한다는 것을 함축하지 않는다. 어떤 사람은 심지어 반말의 개념을 갖지 않고 또한 '반말'이란 말을 사용하지 않으면서도 반말들을 사용할 수도 있다." 이것은 몰리에르의 한 주인공이 '산문'이란 말을 모르고서 평생 산문을 사용했던 것과 같다는 것이다.

물론 많은 한국인은 몰리에르의 주인공처럼 '우랄알타이어'라는 말을 모르고서도 평생 한국어를 사용할 수 있다. 그러나 반말은 다르다고 생각한다. '반말'이나 '반말 개념'이라는 표현은 사용하지 않더라도, 반말 개념 없이는 반말을 할 수 없다고 생각한다. 다시 서양인 젊은 대학생의 경우를 보기로 하자. 그가 한국인 스승 노교수에게 "밥 먹어라"고 했을 때 객관론은 이것을 반말이라고 할 수 있을 것이다. 그러나 관계론은 "그는 아직 한국어를 배우지 못했다"고 해야 한다. 왜냐하면 그는 반말의 개념을 알고 있지 않기 때문이다. 관계론에 의하면 반말 분류와 반말 사용은 둘 다 반말 개념적이다.

김기현의 통합적 합리성

　김기현 교수는 그의 논문에서 나의 "삶의 문맥적 합리성" 개념을 요약하고 그 일반적 논제에 동의하면서 미흡한 내용을 보완하는 논의를 자세하게 제시하고 있다. 김 교수는 인식적 합리성 개념이 전통적으로 믿음의 진리성과 믿음과 증거 사이의 논리적 관계만으로 구성되었다고 평가하고 이를 "인식적 독립성 논제"라 명명하여 이를 비판한다. 김 교수의 이를 위한 전략은 어떻게 인식 외적 관심이나 가치가 인식에 개입하는가를 분석하는 것이다 : 명제 P를 알고자 하는 경우에도 P에 대한 대조 명제들 A, B, C, … 중에서 어떤 관심의 것을 선택하는가에 따라 인식적 합리성을 구성하는 증거 집합이 달라진다 ; 인식적 합리성은, 예를 들어 한 지역의 지진 발생 가능성의 예측이나 컵에 담긴 모래 알 수 세기에서와 같이 실천적 효용성의 선택에 의존한다 ; 이러한 효용성 논변에 대한 반론은 적절하게 대처될 수 있다.

　김 교수는 전통적으로 나눠져 온 이분법적 합리성, 즉 이론적 합리성과 실천적 합리성을 통합하고 있다고 생각한다. 독립론에 반하여 김 교수의 통합론은 인식적 합리성에 인식 외적 관심이나 가치를 부여할 수 있거나 개입되어 있다는 것이다. 이 논제는 그 자체로 중요하고 옹호할 만하다고 생각한다. 이를 위해 세 가지 논의를 하고자 한다. "순수하게 지적인 인식적인 관심"에 대한 또 하나의 반론으로서 지식 논변을 펼 수 있다고 생각한다. 그리고 관심과 진리 간에 소사(Ernest Sosa) 가 유지하는 거리의 구조를 분석할 수 있을 것이다. 그리고 마지막으로 실천 인식에의 통합의 문법을 간단하게 모색하고자 한다.

(가) 지식 논변 : 전통적 독립론자는 우주의 발생에 대한 탐구는 순수하게 지적인 인식적인 관심으로부터의 탐구이지 실천적 또는 인식 외적 관심이나 가치가 있는 것이 아니라고 통합론에 항의할 것이다. 그러나 김 교수는 한편으로 "순수하게 이론적인 관심에서 발생하는 이론적 가치가 있는지는 의심"스럽다고 하면서도, 다른 한편으로 "본래적으로 인식적인 호기심, 선험적인 호기심"을 허용하고 "인식적 가치가 인식 외적 관심에 의하여 결정되는 경우가 있음을 주장하고 있지, 인식적 가치가 모든 경우에 인식 외적인 관심이나 중요성에 의하여 결정되고 있다고 주장하고 있지 않"다고 한다.

김 교수는 통합론을 위해 전략적 양보를 하고 있는 것일까? 너무나 큰 양보를 하는 것은 아닐까? 통합론을 지지하기 위해 하나의 지식 논변을 고려하고자 한다. 첫째, 소크라테스가 "너 자신을 알라"고 했을 때 우리는 이 조언을 어떻게 수행할 것인가? 내 마음만 들여다보면 충분한가? 들여다보아야 할 마음은 무엇인가? 내 가족을 알고 나와 내 가족과의 관계를 아는 것은 나를 아는 데 불필요할 것인가? 사회나 역사의 지식은 어떠한가? 더 나아가, 자연에 대한 앎은 나 자신을 아는 데 주변적이기만 할 것인가? 소크라테스의 이 조언은 혹시 지기지물(知己知物 : 나를 아는 것과 다른 만물을 아는 것은 맞물려 있다)이라는 명제와의 관계에서 이해하여야 하는 것은 아닐까?

둘째, 우주의 발생을 탐구하는 천체 물리학자는 그 탐구 활동 때 무엇을 의도하고 있는 것일까? 그의 의도는 "순수하게 지적인 인식적인 관심"이라는 표현으로만 기술되는 단일 차원적이고 다른 표현으로는 기술될 수 없는 타기술 제외적이고 타차원 배타적인 것일까? 한 사람의 한 행위는 "글을 쓰다"로도 기술되지만 "편지를 쓴다", "소식을 알린다", "설명한다"와 같은 다른 표현들로도 기술되고, 동일한 행위가 "위협한다", "섭섭하게 한다", "절연한다"와 같은 다른 차원으로부터 기술되기도 한다. 여기에서 의도는 발생적일 수도 있고, 성향적일 수도 있고, 결과적일수도 있다. "자연과학은 인문학이다"라는 명제를 이해하는 한 방식은 시사적이다. 물리학자가 별을 탐구할 때 인간 이해는 일차적 의도가 아닐 수 있지만 그의 탐구의 결과가 인간 이해에 이르렀다면 결과적 의도일 것이다. "과실치사"라는 표현은 행위 당시의 발생적 의도가 아니지만 결과적 의도로 기술된 경우인 것과 같다.

(나) 관심과 진리 간의 소사적 거리 : 소사는 인식적 합리성과 인식적 정당성을 진위 개념으로써 구성하는 전통적 독립론을 비판할 때 표면적으로 통합론의 우군으로 보인다. 김 교수는 소사 논변을 요약한다 : "참된 믿음에 도달하는 것은 본래적 목적이라기보다, 현재 관심의 대상이 되는 문제에 대한 해답을 얻고자 하는 목적에 의존하여 발생하는 파생적 목적의 성격을 지닌다." 소사는 이것을 자장면을 먹는 사람이 맛으로 먹지만 영양가가 든 것을 먹는 것과 같다고 설명한다. 그러나 김 교수는 소사와 거리

를 유지하여 인식 관심과 인식 진리는 필연적으로 연결되어 있지만 맛의 관심과 영양가의 진리성은 그렇지 않다고 생각한다.

김 교수와 소사 간의 거리는 음미할 만하다. 관심과 진리 간의 관계를 소사는 우연적으로 보고 김 교수는 필연적으로 본다. 두 인식론자의 거리는 어떻게 해석할 수 있을까? 소사가 진위를 "파생적 목적"으로 설정할 때 전통적 인식론과 거리를 유지하는 것으로 보이지만, 얼마의 거리를 두는가가 의문이다. 소사의 진리 개념은 전통적 진리 개념과 그리 달라져 있는 것으로 보이지 않기 때문이다. 진리는 탐구자의 체계 밖에 있는 것으로 생각되기 때문이다. 그렇지 않다면 탐구자의 관심의 해답과 그 진리가 우연적일 수 없기 때문이다. 그러나 김 교수는 진리를 탐구자의 관심의 체계 안에서 설정하는 것으로 보인다. 그렇지 않다면 관심의 해답과 진리가 필연적으로 연결될 수 없기 때문이다. 소사는 통합적 합리성을 지향하였지만 전통적 진리 개념의 미련 때문에 도중하차한 것으로 보인다.

(다) 통합적 합리성의 문법: 인식적 합리성이 통합적 합리성이 될 수 있는 구조는 무엇인가? 실천적 합리성이 이론적 합리성에 통합될 수 있는 문법은 무엇인가? 실천적 관심과 이론적 관심의 구분과 연결의 논리는 무엇인가? 통합적 합리성의 문법이 명료화될 수 있을 때 실천적 합리성과 이론적 합리성의 괴리도 좁혀질 것이고 긴장도 해소될 것이다. 소위 인식 외적 가치와 인식적 가치의 구분이나 연결도 용이해질 것이다. 통합적 합리성의 문법의 한 후보는 문맥주의일 수 있다고 생각한다.

이상 언어론이 지배적이었을 때 문맥은 중요하지 않을 뿐 아니라 오히려 문맥성은 극복의 대상이었다. 그러나 언어의 일상적, 사회적, 공동체적 구성 요소들이 수용되면서 문맥 개념은 주목을 받게 되었다고 믿는다. 화자, 청자, 상황들의 복합적 관계들로 구성되는 문맥이 특정한 표현의 이해에 필수적이기 때문이다. 스톨네이커는 언어 이해가 담론에서 무엇이 일어나고 있는가를 묻는 데서 얻어진다고 한다. 담론의 담화는 행위이고 담화 행위는 그러한 문맥에 의존한다고 믿는다. 디로즈는 지식 귀인(s는 P를 안다)과 지식 부인(s는 P를 알지 않는다) 에 대한 진리조건이 문맥에 따라 달라진다고 한다.

문맥 개념은 표현 해석의 상황보다 표현 선택의 상황에서 더 잘 드러난다고 생각한다. 그렇다면 표현 선택의 문맥적 기준은 진리보다 맞춤(時中)이 아닐까? 표현 선택의 기준을 진리로 채택하였을 때 그 표현은 객관적 사태의 서술의 정확성 정도의 기준만으로 평가될 것이다. 그러나 인간의 언어 사용은 그것만을 목표로 하지도 않을 뿐 아니라 다른 목적의 사용 방식도 허다하다.

표현 선택의 문맥론은 세 가지 규칙에 주목할 수 있을 것이다. 표현 선택은 주제의 선택이고 주제 선택은 언어 공동체가 요구하거나 허용하는 방향에서 화자가 선택하는 목표 달성 최대화(창의성, 비판성)의 관점으로부터 이루어진다. 그리고 화자가 표현을 선택할 때 목표 달성 최대화의 관점을 취하지만 그러나 그는 또한 그의 관점이 설득력 있을 것을 추구한다. 달리 말해, 화자는 청자의 합리성 최대화(토론 과정) 기준에서 표현을 선택하는 것이다. 그러나 표현 선택에서 주제성이나 합리성은 다분히 형식적 조건이다. 경우에 따라 이 형식적 조건들은 같은 무게를 갖게 되는 경우가 있다. 그러한 경우에는 구체적 상황에서 화자나 청자의 관심이나 실천, 이윤이나 소득의 계산이 들어올 것이다. 담론 참여자의 이익 최대화(생존–상생, 꽃–환경) 기준에서 표현은 선택되는 것이다.

표현 선택의 문맥론은 맞춤의 기준에 의한 주제성, 합리성, 조화성으로 구성된 모델이다. 맞춤은 좁은 문맥으로 갈수록 공동체 독립적 언어의 조건을 만족할 것이고, 넓은 문맥으로 갈수록 더욱 넓은 인간 공동체의 발전 방향에 닿아 있을 것이다. 좁은 문맥의 언어일수록 더 이론적일 것이고 넓은 문맥의 언어일수록 더 담론적일 것이다.

언어 모호성은 구체적 언어 사용의 공간에서 언어 문맥성을 들여올 수 있는 개방적 공간이고 그 자체로 추상적 언어의 형태일 뿐이다. 언어는 문맥에 놓일 때 언어 모호성은 최소화된다. 언어 문맥성은 언어 이해의 문법의 한 부분이고 생활의 문맥에 들어올 때 구체화된다. 언어는 화자와 청자가 사용하는 문맥에서 생명을 얻는다.

윤보석의 심성 내용과 신체성

나는 데카르트와 달리 내 마음 내가 모를 수 있지만 다른 사람은 내 마음 알 수 있다고 제안하였다. 내가 내 친구를 질투한다는 것을 진지하게 부인하지만 모든 사람들은 나의 부인을 정당하게 용인하지 않을 수 있는 것이다. 어떻게 이것이 가능한가? 나는 이를 위해 심성 내용의 신체성 논변을 다음과 같이 제시하였다 : 마음의 동일성은 심성 내용의 동일성이다 ; 마음과 마음의 연결은 몸을 통해 이루어지고 마음의 사회적 내용은 몸들이 이루어내는 언어 공동체에 의해 구성된다 ; 결국 마음이란 사회적 내용의 개인적 몸 체험의 장이며, 공동체 언어는 문화적 맥락에서 소통 가능성을 갖는 것이다. 심성 내용을 구성하는 이러한 "언어의 신체성"은 마음 없는 몸이 없고 몸 없는 마음이 없는, 몸들의 생활 양식의 한 성질이다. "생각하는 몸으로서의 신체성"은 이원론이나 물리주의에서 자기 모순적인 개념이지만, 유기적 음양 관계에서 파악될 때 몸과 마음의 관계의 성질을 나타낸다.

윤보석 교수는 이러한 나의 심성 내용의 신체성 논변의 형식적 측면에 먼저 주목한다. 행동주의나 유물론 같은 논변의 기초 개념들이 애매 모호하고 "마음" 같은 한국어에 기초한 논리여서 국부적 논변일 수 있고, 유기적 음양론의 도입은 자칫 비일관성의 위험에 처하여 있다고 지적한다. 신체성 논변을 호의적으로 수용하는 경우에도 물리주의자나 넓은 내용론이 나의 신체성 논변을 거부할 이유가 없다는 것이다. 중요하게 제시한 이러한 논의들에 주목하고자 한다.

(가) 심성 내용의 신체성 논변의 애매 모호성 : 윤보석 교수는 나의 행동주의, 기능주의, 유물론의 관계 설정에 주목하여 나의 논변의 애매 모호성을 지적하고 있다. 윤 교수는 나에게서 "행동주의의 행위를 기능주의의 행위와 동일시한 것은 무리가 있다"고 하고, "행동주의와 유물론은 반이원론이라는 점에선 공통적이나 그들 사이에 중요한 차이점이 있다"고 하면서 나는 이 중요한 차이에 주목하지 않는다고 말한다.

나는 물론 행동주의와 기능주의를 관련시켜 논의하였다. 기능주의에 대한 비판 하나는 행동주의에 대한 비판과 같은 구조를 갖는다고 하였다. 예를 들어, 강시 논변은 정대현과 강시 정대현은 행동주의적으로, 기능주의적으로 동일하지만 현상적 경험의 유무에 의해 다르다는 논변이다. 이 논변은 "행동주의의 행위"와 "기능주의의 행위"가 동일하다는 것을 전제하지 않고도 성립한다고 믿는다. 물론 행동주의와 유물론은 중요한 차이를 가지고 있다. 내가 이 차이점에 주목하여 천착하지 않은 것은 사실이다. 그러나 나의 논의는 나의 관심의 주제에 주목하여 행동주의나 유물론이 이원론이라는 큰 형이상학의 그림자로 해석하고 비판하는 데 할당되고 있다.

(나) 심성 내용의 신체성 논변의 위상 : 윤 교수는 한국어 "마음"이라는 사용 방식에 주목하여 철학적 음양적 논변을 구성하는 것은 개념적이기보다 우연적이 아니냐고 반문한다. 윤 교수가 지적하는 대로 나의 "마음"에 근거한 음양적 논변은 한국 언어 문화에 기초한 논의다. 그러한 의미에서 우연적 요소가 들어오는 것은 분명하다. 그러나 내가 추구하는 것은 이 논의에 의해 도달할 수 있다고 생각하는 개념적 그림이다. 인간과 세계에 대한 일관된 철학적 성찰이 한국어에 의해 가능하고 그리고 기여적일 수 있다는 것을 보이고자 시도한 것이다. 그리고 나아가 음양의 두 가지 양상을 기술할 때 "실재적 요소"라는 표현을 사용한 것은 적절한 인상을 주지 않는다는 지적에 동의한다. 그러나 대상의 국면적 양상에 대해서도 이를 실체화하지 않으면서 그 양상이 기능 관계나 인과 관계에 개입할 수 있다는 의미에서 실재성을 부여할 수 있다고 생각한다.

나는 유기적 음양론을 부부 관계의 개념을 한 예로 제시하였다 : "남자와 여자가 부부로 결합되기 전에 두 사람은 남남이었다. 그러나 부부로 결합된 다음에는 두 사람은 서로에 대한 배우자로서 존재한다. 한 사람은 상대방이 없이 배우자로서 존재할 수 없는 관계에 들어 있는 것이다." 윤 교수는 이 논의에 대해 "정대현 교수는 두 사람이 부부 관계가 될 때 한 사람이 다른 사람 없이 존재할 수 없는 것처럼 얘기한다"고 분석한다.

윤 교수의 이러한 분석이 정당할 수 있는 해석 방식은 무엇일까? 그 방법은 "한 사람은 상대방이 없이 배우자로서 존재할 수 없다"는 문장을 주목해보자. 이 문장의 "배우자"는 표현은 두 가지 해석에 열려 있다. 존재적(de re) 해석은 이 표현은 이 표현의 의미와는 독립적으로 실질적으로 지칭하는 대상이나 사람을 나타낸다는 것이다. 그러나 언어적(de dicto) 해석은 이 표현의 의미 하에서만 제시된 대상을 표시하는 것이다. 예를 들어, "『토지』의 저술자는 『토지』를 저술하지 않았을 수도 있다"는 문장은 "『토지』의 저술자"를 존재적으로 해석할 때 박경리를 지칭하여 참이지만, 언어적으로 읽을 때 비일관성의 술어 형식으로 모순이 되는 것이다. 그렇다면 앞 문장의 "배우자"에 대해 윤 교수의 분석은 존재적 해석에 기초하고 있다면 나는 언어적으로 제안하고 있었던 것이다.

(다) 심성 내용의 신체성 논변과 물리주의 : 윤 교수는 물리주의자가 나의 신체성 논변을 거부할 이유가 없다고 생각한다. 그리고 김재권 교수가 나에 대해 다음과 같이 말할지 모른다고 쓰고 있다 : "심적 내용을 담지한 상태가 물리적 상태로서 입력과 출력 사이의 인과적 매개체 역할을 하더라도 심적 내용 그 자체가 인과적 효력을 가진다는 것을 함축하는 것은 아니며, 심적 내용이 인과적 효력을 가지기 전까지는 진정한 의미에서 심성 내용의 신체성은 없다."

윤 교수의 이 언급은 이해하기 어렵다. 물리주의자가 어떻게 나의 신체성 논변을 거부할 이유를 발견하지 못할 것인지 친절하게 제시되어 있지 않기 때문이다. 만일 물리주의자가 신체성 논변을 수용해야 한다면 그것은 윤 교수가 김재권 교수의 관점을 표현한다고 생각되는 인용문을 통해 접근할 수 있을 것이다. "심적 내용이 인과적 효력을 가지기 전까지는 진정한 의미에서 심성 내용의 신체성은 없다"는 것이다. 심성 내용의 인과성과 심성 내용의 신체성을 동일시하는 구조인 것이다.

윤 교수의 논의는 난삽하지만 그러나 내가 발전시키지 못한 지점을 정당하게 지적하고 있다고 생각한다. 나는 한편으로 몸과 마음의 유기적 음양 관계를 도입하면서도 다른 한편으로 그 음양 관계로써 이유적 설명과 인과적 설명의 이분법을 거부하고 있다. 그러나 아직 그 음양 관계의 기능들이 어떤 의미에서 인과 개념 구조에 열려 있는지에 대해서는 논의하고 있지 않기 때문이다.

연구의 주제들 중의 하나는 어떻게 기(氣)의 개념이 음양 관계를 조명하는가다. 몸과 마음의 유기적 음양 관계를 구체화할 뿐 아니라 부인할 수 없는 인과 관계의 자리를 부여할 수 있어야 하기 때문이다. 기의 개념에 희망을 거는 데 이유가 없지 않다. "만일 인간의 몸이 진화되어 왔다면 인간의 마음도 진화되어 왔다"는 가설은 주목할 만하다고 생각한다. 인간의 몸이 생명체로부터 진화하고 생명체는 물과 탄소로부터 발생하였다면 인간의 마음도 생명체의 정보 처리 능력에 기반하고, 더 나아가 물과 탄소의 정보 처리의 능력과 무관하지 않다는 것을 상정할 수 있는 것이다. 만일 이유와 인과의 이분법이 진화 과정의 존재들을 어느 지점에서 양분하는 형이상학에 기초한 것이라면, 기의 음양론은 그 지점의 양분법을 유의미하지만 자의적이라고 간주한다.

(라) 넓은 내용론의 신체성 논변과 무엇이 다른가? : 넓은 내용론은 대물적 믿음 귀인의 구조 제시로 구성되어 있다고 생각한다. 퍼트남이 지적하는 대로 "대물적 믿음 귀인은 개방 문장(불완전하게 해석된 내용 문장)을 대상(들)에게 적용하는 것으로 되어 있고 이 대상(들)이 그 개방 문장을 완전하게 한다"고 한다. 윤 교수는 이러한 퍼트남 식의 대물적 믿음의 구조를 넓은 내용론의 신체성으로 해석하는 것일까? 넓은 내용론은 한편으로 믿음이 발생하고 다른 한편으로 대물성이 나타나 있다는 것이 넓은 내용론의 신체성의 특성으로 볼 만하다.

넓은 내용론의 신체성과 나의 신체성은 몇 가지 점에서 대조할 만하다. 첫째, 넓은 내용론의 신체는 내용의 발생처가 물리적 뇌인가 아니면 외부의 물리적 세계인가의 논의에서 발생하는 신체다. 넓은 내용론은 퍼트남이 "나는 물을 마시고 싶다"고 발화할 때 마시고 싶다는 "물"의 지시체는 뇌 안에 언어적으로만 표상되는 것이 아니라 외부 세계의 어떤 대상의 지칭성을 갖는다는 것이다. 그러나 나의 음양론에서 퍼트남의 발화는 "물"로 지시되는 대상의 음양적 구조와 나의 뇌, 육체의 음양적 구조의 관계가 어떤 단계의 상태에 진입해 있다는 것을 나타내고 신체성은 그러한 유형의 관계들의 총체적 유기성의 단위의 나타냄인 것이다.

둘째, 넓은 내용론의 신체는 마음과 독립해 있는 것이다. 심성 내용이 물리적 뇌 안에 발생하는 것인지 아니면 물리적 세계에 존재하는 것인가가 관심의 초점일 뿐 심성 내용과 이 내용이 발생하는 거처와의 관계에는 관심이 없다. 이러한 의미에서 넓은 내용론의 "신체"는 "육체"로 대치됨직하다. 그러나 음양론의 신체는 사태 개념에서 물리적 요소와 정보론적 통사 요소를 분리할 수 없는 관계의 구조를 갖는 것이다. "몸 없는 마음 없고 마음 없는 몸이 없는" 존재와 의미의 유기적 관계를 나타내는 것이다.

민찬홍의 심성 내용과 지향성

민찬홍 교수는 나의 저서 『심성 내용의 신체성』에 대해 한편으로는 따뜻하게 격려하면서도 다른 한편으로는 차갑게 비판한다. 비판은 표면적으로 책의 내용들이 '연구 계획서' 수준에 머문다는 유기적 연결성의 문제를 지적하는 것처럼 보이지만, 핵심적으로는 그 내용들이 심성 내용이라는 주제와 논리적으로 양립 불가능하거나 주제 변경이라는 점에 향해 있는 것이다.

(가) 인과력 논리와 논리 법칙의 양립 불가능성 : 민 교수가 제기한다고 믿는 논리적 양립 불가능성 또는 주제 변경이라는 비판을 다음과 같이 파악하고자 한다. 심성 내용이라는 주제가 전형적으로 제기되는 문맥은 다음과 같다. 이 물리적 세계와 하나의 쌍둥이 세계는 한 가지를 제외하고 모든 점에서 동일하다. 그 예외란 이 세계는 물이 H_2O이지만 그 쌍둥이 세계에서는 "물"이라고 불리는 액체가 XYZ이고 그 세계의 바다, 강, 수도관 등을 채우고 있다는 점이다. 이러한 상황에서 이 세계의 김영수 씨와

뇌 세포 조직과 유전적 배경 그래서 뇌 상태가 동일한 쌍둥이 세계의 김영수씨가,

(S1) 나 물 한잔 마시고 싶다

라는 문장 (S1)을 각기 사용하여 발화(U)하거나 또는 믿음(B)을 가졌을 때 두 사람의 심성 내용이 같은가 다른가의 물음이 제기된다.[1] 심성 내용론의 대표적 철학자인 포돌, 퍼트남, 버지는 모두 "개별자들은 동일한 뇌 상태를 소유하는 경우 동일한 동작을 할 것이고 물리적 인과가 없는 곳에 심리적 인과도 없다"는 점에 동의한다고 믿는다.

그러나 이들은 인과력이라는 개념을 이해하는 방식에서 달라진다. 포돌은 두 김씨가 문장 (S1)을 말하는 문맥에 따라 다른 액체를 얻을 것이지만 다른 문맥에서 그 액체를 갖게 되는 인과력은 동일하다는 것이다. 인과력은 통(通)문맥적으로 결정되어야 한다는 것이다. 퍼트남은 두 김씨의 발화 (S1)에서의 대물적(對物的) 믿음 귀인은 술어적이므로 H_2O와 XYZ라는 다른 대상의 믿음 내용을 갖지만 그 대언적 믿음은 동일하다고 생각한다. 그러나 버지는 두 김씨의 대언적(對言的) 믿음들은 이차적이고 일차적인 대물적 믿음의 내용에 의해 규제되는 것이므로 달라질 수밖에 없다고 생각한다.

민 교수는 심성 내용의 문법을 포돌, 퍼트남, 버지 등이 논의하는 인과력의 논리에서 본다고 생각한다. 그러나 프레게는 외연적 방향 또는 일차 술어 논리 체계의 의미론을 구축하는 데 다음

---

1) 이 상황에서 믿음(belief)보다 발화(utterance)가 더 적합하지만 프레게 이후의 다른 철학자들과의 비교를 위해 믿음을 중심으로 논의한다. 심성 내용의 논의에 차이를 준다고 생각하지 않는다. 화자(x)의 문장(S) 발화(U)는 화자의 문장 명제 믿음(B)을 함축[U(x, S) → B(x, S)] 한다는 것을 수용하기 때문이다.

과 같은 명제 태도의 문장을 극복해야 하는 장애로 인식하였다.

(S2) 이씨는 금성이 태양에 의해 반사된 물체라고 믿는다

라는 이씨의 금성 믿음 문장으로부터 금성=태백성이지만,

(S3) 이씨는 태백성이 태양에 의해 반사된 물체라고 믿는다

라는 것을 추리할 수 없다는 것이다. 프레게는 이러한 동일성 대치율 침범을 극복하기 위해 문장 (S2)의 명사절 "금성이 태양에 의해 반사된 물체다"는 간접 문맥이므로 "그 단칭 어귀들의 지시체는 그 일상 문맥의 뜻"이라는 가설을 제안한다. 프레게는 명제 태도 (S2)의 논리는 적어도 동일성 대치율을 만족해야 한다는 것이다. 러셀은 프레게의 뜻과 지시체의 구분을 통한 이러한 접근은 반례에 부딪힌다는 것을 보이고 단칭 어귀의 술어적 환원을 통하여 명제 태도의 논리는 적어도 모순율을 지켜야 한다고 한다.

　민 교수는 고전적 심성 내용의 인과력 논리와 고전적 명제 태도의 논리 법칙 사이에 양립 불가능성(전자는 물리 법칙을 기준으로 하지만 후자는 논리 법칙을 표준으로 제시한다)이나 주제 변경(화자 독립적 이상 언어론 목표와 개인 중심적 심리 언어론 목표의 혼동)을 이러한 구조에서 읽어낸다고 생각한다. 표면적으로 보아 설득력 있게 들린다.[2]

---

2) 포돌이 말하는 '인과력 개념'은 그의 버지에 대한 대응에서 보이는 것처럼 인과력적이기보다는 기능적이라고 하여야 할 것이다. 포돌의 통문맥적 기준에 의하면 지구의 나와 쌍둥이 지구의 내가 "물 한 잔 가져다주시오" 같은 문장을 통문맥적으로 발화하였을 때 인과력은 동일하다는 것이다. 그러나 이것을 인과력적이기보다는 기능적이라고 보는 까닭은 "나는 물이 H_2O로 되어 있다고 믿는

(나) 프레게-러셀의 필요 조건 : 그러나 민 교수가 생각하는 것처럼 고전적 심성 내용의 논의와 프레게, 러셀의 의미론 간의 거리는 극복될 수 없는 것일까? 양자간의 어떤 거리를 인정해야 하지만 그러나 양자가 심리 언어에 관련하여 논의하는 부분들은 서로 연결될 수 있고 철학사의 발전 과정에서 어떤 맥락을 구성한다고 보인다.

우선 나는 민 교수가 심성 내용의 논리를 인과력의 논리에서 보고 있는 것에 동의한다. 고전적 심성 내용론은 다음에 합의한다고 본다. 이 쪽 김(k1)씨의 문장 (S1) 믿음(B)에서의 심성 내용 (MC)이 저 쪽 김(k2)씨의 문장 (S1) 믿음(B)에서의 심성 내용 (MC)과 동일할 수 있는 필요 충분 조건은, 정관사 어귀를 사용하여, 이 쪽 김(k1)씨의 문장 (S1) 발화(B)에서의 인과력(CP)가 저 쪽 김(k2)씨의 문장 (S1) 발화(B)에서의 인과력(CP)과 동일한 경우라는 것 :

(S4) [(?x)MC(x, k1, B(S1))=(?x)MC(x, k2, B(S1))]
    ↔ [(?x)CP(x, k1, B(S1))=(?x)CP(x, k2, B(S1))]

이 아닐까? 그렇다면 민 교수가 제기하는 분석철학의 여러 철학자들의 심성 언어의 논리와 양립 불가능하거나 적어도 주제 변경의 비판을 면하기 어려울 것이다.

민 교수는 프레게와 러셀의 명제 태도의 논리를 어떻게 구성할 것인가? 프레게나 러셀은 두 김영수 씨의 문장 S1과 관련한 명제 태도의 동일성을 어떻게 제시할 것인가?

다"를 발화하였을 때 같은 진리치를 부여받는 것이 아니기 때문이다. 포돌의 통문맥적 기준은 인과력의 동일성을 보여주는 것이 아니라 기능의 동일성을 보이는 것이라고 생각한다.

(S5) [(?x)MC(x, k1, B(S1))=(?x)MC(x, k2, B(S1))]

　　→ [B(S1) 또는 간접 문맥의 S1의 표현들이 동일성 대치율을
　　　준수한다)]

(S6) [(?x)MC(x, k1, B(S1))=(?x)MC(x, k2, B(S1))]

　　→ [B(S1) 또는 간접 문맥의 S1이 모순율을 준수한다)]

　　프레게는 (S5)을, 러셀은 (S6)를 요구할 것이다. 만일 이러한
구성에 합의할 수 없다면 전건과 후건의 관계를 달리 규정할 수
있어야 할 것이다. 그러한 것이 있다면 그것은 무엇일까? 그때까
지 우리가 주목할 수 있는 것은 프레게와 러셀 두 사람 모두 명
제 태도 또는 심성 내용에서 논리 법칙을 필요 충분 조건이 아니
라 필요 조건으로 요구한다는 점이다. 그렇다면 고전적 명제태
도론과 고전적 심성내용론 간에 논리적 양립 불가능성이나 주제
변경이 있다는 비판은 아직도 유효할 것인가? 위의 세 명제의
전건들이 다른 것인가? 위의 세 명제의 후건들이 모순되는가?

　　(다) 프레게-러셀과 콰인의 차이 : 그리고 민 교수는 더 나아가
콰인을 논의한다. 프레게-러셀과 콰인의 주제는 다르고 혼동해
서는 안 된다는 것이다. 불투명성 논제를 위한 콰인의 한 논의는
다음과 같다 : 랄프는 해변에서 만난 그 사람은 간첩이라고 믿지
않고, 갈색 모자를 쓴 그 사람은 간첩이라고 믿지만, 두 사람은
동일인이라는 것이다. 그렇다면 랄프는 동일한 이 사람의 간첩
성 여부에 대해 무엇을 믿는가의 물음으로 지칭 불투명성이 제
기된다. 그러나 민 교수는 콰인의 지칭 불투명성은 번역 불확정
성 논제의 하위 주제라는 것이다. 어떤 사태에 대한 원주민의 문
장이나 언어는 동일한 사태로부터 동등하게 지지되는, 번역자에
따라 다른 번역본이 가능하다는 것이다. 경쟁적인 번역본은 어

느 것이 참인지, 더 나은지에 대해 사태에 의해 결정되지 않는다는 것이다. 민 교수는 프레게와 러셀의 이상 논리 언어를 향한 명제 태도 논의와 콰인의 번역 불확정적 언어론을 향한 지칭 불투명 논의는 목표가 다르므로, 양자의 논의를 혼동하기 어렵다는 것이다.

프레게-러셀과 콰인의 논의의 목표는 물론 다르다. 프레게-러셀은 명제 태도를 단일 언어 체계를 구성하는 데 장애가 되고 극복해야 하는 문제로 인식하고 있다. 이들은 일차 술어 논리 체계는 세계에 대해 기술하는 유일하게 참인 체계라고 믿고 있음에 반하여 명제 태도의 문맥은 그러한 유일한 체계를 유지하는 데 당혹스러운 것이기 때문이다. 그러나 콰인은 명제 태도를 복수 언어 체계의 근거로 삼는다. 명제 태도에 대한 그의 논의는 양상, 인용문, 문맥의 논의처럼 유일하게 참인 체계 추구의 어려움을 제시하는 데 활용되는 자료가 된다. 콰인은 존재가 일차 술어 논리 체계의 어떤 문장을 참이게 하는 변항의 값이라고 생각하기 때문이다. 명제 태도에 대한 양쪽의 시각은 문제성뿐 아니라 방향성에서도 서로 다르다. 목표가 다를 것은 불문가지다.

그러나 나는 저서에서 양쪽을 논의할 때 이들이 논의하는 심리 언어의 접근 방식에 각기 문제가 있다는 점을 보이고자 한 것이다. 프레게-러셀의 형이상학적 이상 언어론이나 콰인의 추상적 다원주의에 입각한 접근은 첫 단추가 잘못 끼워졌다고 믿는 것이다. 유일하게 참인 설명 체계가 있다는 형이상학적 믿음이나 경쟁적인 여러 이론들이 언어 공동체와 독립적으로 존재한다는 믿음은 현실적이지도 않고 의미론적으로도 지지될 수 없기 때문이다.3)

---

3) 민 교수는 이 외에도 기능주의와 차머스 논변의 관계, 한국어의 일상어 분석에 대해 나와 다른 의견을 가지고 있다. 이러한 점들은 민 교수의 입장이 개진

(라) 지향성과 심성 내용 : 한 가지 물음을 더 제기할 수 있다. 나는 심성 내용이라는 주제를 통하여 몇 분석철학자들의 논의를 엮을 수 있다고 생각하는 동안, 왜 민 교수는 그렇지 않다고 생각하는 것일까? 이 물음에 대한 한 가지 단초는 지향성 주제에서 찾을 수 있을 것이다. 민 교수는 지향성 개념으로부터 분석철학의 중요 논의들을 엮을 수 있다고 믿는 것이다. 지향성 주제를 중심으로 인지과학철학, 환원주의와 반환원주의, 자연화와 기능주의의 논의들을 엮어[4] 하나의 일관된 철학 논의의 전개를 읽어내는 것이다. 현대 분석철학에서 강력하고 중심적인 전통이므로 이러한 접근의 합리성을 부인하는 철학자는 아마 없을 것이다. 그러나 철학적 주제로서의 심성 내용과 지향성의 차이는 무엇일까? 민 교수는 브렌타노 명제 (B)와 브렌타노를 명료화했다는 치좀 명제 (C)

B. 물리적 현상은 비지향적인 문장으로 표현되지만 심리적 현상은 대상 지향(directedness upon an object)적이고 내용 연관(relatedness to content)적이어서 지향적인 문장들을 사용하지 않을 수 없다.

C. 표현 E는 지향적이다 ↔ 단칭 명사를 사용하고 있는 단순 직설 문장 E는 그 문장도 그것의 부정도 그 단칭 명사가 지시하는 것의 존재나 비존재를 함축하지 않는다 ; 또는 명제 절을 가진 문장 E와 또 그 부정문의 어느 것도 그 명제 절의 진위를 함축하지 않는다 ;

중에서 후자를 선호한다. 이러한 지향성은 선험적 이원론이 아

되는 대로 자세한 논의를 할 수 있을 것으로 생각한다.
4) 민찬홍, 「지향성과 분석철학 ― 해석론, 인과론, 자연화」,『시대와 사상』, 한국철학사상연구회, 33-62 ; 민찬홍, 「믿음 : 명제 태도의 일반 이론을 위한 연구」, 서울대 대학원, 1995.

닐까? 그렇다면 지향성은 존재론적 형이상학적 명제라면 심성 내용은 인식적 현상적 명제라 할 수 있지 않을까? 두 개념의 이러한 주제적 차이가 인정된다면 민 교수와 나의 시각 차이가 인정될 수도 있을 것이다.

그러나 물음은 여기에서 끝나지 않는다. 민 교수는 치좀의 지향성을 선호할 때 이미 그라이스 프로그램(언어적 표상의 지향성은 정신적 표상의 지향성으로 환원된다)을 부인하고

M. 의미와 믿음은 상호 의존적이다

라는, 의미와 믿음의 상호 의존성 논제를 이미 제안하고 있었다. 탁월한 통찰이다. 그렇다면 민 교수와 나의 차이는 증발했어야 하지 않을까? 왜 아직도 차이가 있는 것으로 나타나는 것일까?

민 교수는 의미와 믿음의 상호 의존성 명제를 제안하고 나서 "그렇다면 화자의 믿음을 고려하지 않고 발화된 말의 의미만을 분리시켜서 확정하려는 시도는 실패할 수밖에 없다"고 말한다. 이것은 의문스러운 발언이다. 이 문장은 어떻게 이해할 수 있을 것인가? 이러한 발언은 의미와 믿음을 공동체적으로가 아니라 개인주의적으로 해석했을 때만 유의미한 것이 아닐까? 민 교수와 나의 차이가 드러나는 것은 바로 이곳이 아닐까?

김선희의 로봇 심성 내용

　나는 인간의 마음을 사회적 내용의 개인적 체험의 장이라 제안했다. 이러한 규정은 인간의 심성 내용이 언어의 신체성에 기반한다는 것을 전제한다. 이러한 입장은 더욱 넓게 심신음양론에 기초한다. 마음은 인간 종에게만 한정할 필요가 없으며, 무기체로서의 바위나 기계 그리고 유기체로서의 식물이나 인간의 정보 처리 과정에서의 복잡성의 정도만 달리 나타내는 것이라고 주장하였다. 정보를 사태의 통사적 구조로 수용한다면 이러한 사태의 음양적 구조는 그 사태의 물질적 요소와 그 사물이 이루어져 있는 바의 통사적 요소 간의 관계로써 구성되어 실체적 존재가 아니라 유기적 사건으로 나타난다고 생각한다.

　김선희 교수는 이러한 나의 관점을 수용한다면 로봇은 성기성물 같은 윤리적 기원, 종교적 합장을 할 수 있는 존재일 수 있다는 결론을 추리하여, 나의 관점의 설득력에 의문을 제기한다. 김교수는 사이버네틱스가 심신음양론처럼 로봇과 인간과의 질적 차이를 인정하지 않는다고 하여 나의 출발점을 허용한다. 그러나 김 교수는 로봇이 윤리적, 종교적 존재일 수 있을 것인가에 대한 관련된 물음들을 제기한다 : 로봇이 발전하여 '자기 자신을 복제하는 기계'의 단계에 이르면 로봇 언어 공동체를 구성하고 로봇 사회는 종교 같은 욕구나 제도를 만들어낼 것인가? 로봇은 감각질 같은 현상적 경험 능력이 없는 것이 아닌가? 로봇의 발화는 무의미한 기호의 나열일 뿐 기호의 문장의 의미를 이해하고 있다고 할 수 있는가? 음양존재론이 정보(마음)의 편재성과 물리적 기술의 편재성을 동시에 허용한다면 물리주의와 반드시 양립 불가능하다고 해야 하는가?

(가) 기계와 인간은 동등한가? : 김선희 교수는 스스로 유보적이지만 세 가지 관찰을 제시한다. 사이버네틱스 정보 이론은 인간과 기계 사이에 엄밀한 경계는 존재하지 않는다는 가설을 제안하고, 튜링 테스트는 인간과 같은 반응을 보이는 기계는 인간과 다르다고 할 이유가 없다는 가설을 보이고, 폰 노이만은 "자기 자신을 복제하는 기계라는 개념은 논리적 결함이 없다"는 것을 주장하였다는 것이다.

김 교수는 나의 음양존재론이 그러한 세 가지 관찰을 거부할 이유가 없는 것으로 상정하고 있다고 생각한다. 그러한 상정에는 근거가 없는 것도 아니다. 내가 의존하고 있는 샤논(C. E. Shannon)의 사태의 통사적 구조로서의 정보 개념은 노버트 위너의 통사론적 정보론과 다르게 보이지 않기 때문일 것이다. 그렇다면 세 관찰을 수용하는 어떤 사람도 김 교수가 스케치하는 로봇 언어 공동체의 가능성을 수용할 준비가 되어 있다는 해석에 열려 있는 것으로 추리할 수 있다는 것이다. 그리고 더 나아가 로봇은 성기성물의 종교적 합장을 기원하는 존재의 가능성을 상상할 수 있는 것이다.

나도 세 관찰에 대해 유보적이다. "엄밀한 경계의 부재"가 질적 차이의 부재를 의미한다면 수용하지만 양적 차이의 부재도 뜻한다면 이는 거부되어야 한다. 튜링 테스트도 반응이나 행동의 차이의 여부를 향한 테스트인 한에서는 긍정적이지만 성향, 판단, 믿음 등의 능력의 차이의 여부의 테스트라고 한다면 거부될 수 있다. 복제 개념도 논리적 문제가 없다는 것은 인정하지만 공동체 구성의 충분 조건인가는 의문이다. 식물이나 동물이 복제 능력을 갖지만 인간과 같은 공동체를 구성한다고 생각하지 않기 때문이다.

나는 마음 개념을 정보 처리 과정의 복잡성의 정도의 능력으로 간주하여 인간에게만 한정할 필요가 없다는 것을 제안하였다. 그러나 이 제안은 진화 과정에서의 많은 종들 간의 정도의 차이가 중요하지 않다는 제안은 아니다. 인간과 로봇의 차이는 강한 인공 지능의 난해성에 의해 시사된다고 생각한다. 크립키 (Saul Kripke)는 이 방향으로 기여하였다고 믿는다. 하나의 믿음의 역설이 대치율을 사용하지도 않고 탈인용 원리와 번역 원리만을 사용하여 도출될 수 있다(A Puzzle about Belief). 이러한 도출은 직접적 지칭론에 대하여 제기되었던 "믿음의 문맥에서 대치율이 적용되지 않는다"는 비판이 무력화된다. 믿음의 문맥의 당혹성은 대치율의 실패가 아니라 어쩌면 더욱 본질적인 문제와 관련되어 있을 수 있다는, 그러면서도 그 문제가 아직 무엇인지조차 진단할 수 없는 그러한 당혹성이다. 로봇은 외연 언어의 정보 처리 계산을 수행할 수 있지만, 믿음 역설이 보이는 것은 로봇의 명제 태도 언어의 계산은 수행할 수 없다는 것을 보이기 때문이다.

(나) 로봇은 진정한 심성 내용과 발화 경험을 가질 수 있는가? :

김 교수는 내가 로봇에게도 심성 내용과 발화 경험 능력을 부여할 것으로 해석한다. 내가 일체의 만물이 마음의 능력을 정보 처리 복합성의 정도에 따라 갖는다는 것을 주장하고 있고 차머스의 온도계 논변을 소개한다는 사실을 근거로 한다. 나의 온도계 논변에 대한 김 교수의 해석을 인용할 수 있을 것이다.

인간의 사고 기능을 보면, 인간의 뇌에서도 의식의 역할은 보이지 않으며 의식을 상정하지 않고도 두뇌의 정보 처리 과정을 이해할 수 있다. 마찬가지로 온도계의 경우 정보 처리 과정을 이해한다면, 의식을 상정하지 않고도 정보 처리 하는 온도계에게 심성 내용을 부여할 수 있다. 그렇다면 같은 이유로 비록 현상적 의식이 없을지라도 정보 처리하고 의사 소통하는 로봇에게도 마음과 심성 내용을 부여할 수 있다.

그리고 김 교수는 현상 의식이 없는 심성 내용의 개념에 대해 당혹감을 갖는 것으로 보인다. 로봇이 현상 의식이 없다면 그의 심성 내용은 인간이 이해하는 심성 내용이라 할 수 있는가에 대해 의문을 갖는 것이다. 그리고 서얼이 중국어방 논변에서 보이는 것처럼 로봇의 발화는 무의미한 기호 나열의 출력일 뿐 로봇이 이를 이해한다고 할 수 없다면 로봇의 발화는 진정한 소통 행위라 할 수 없다는 것이다.

김 교수의 이러한 논변에 대해 두 가지 반응을 할 수 있을 것이다. 첫째, 이 논의에서 사용되는 "심성 내용"이나 "발화"라는 표현들이 어떤 의미에서 사용되고 있느냐는 물음을 제기할 수 있다. "마음"이라는 단어를 이원론에서 사용하는 방식과 음양론에서 사용하는 방식이 다른 것처럼, 이 표현들도 두 이론에서 사용되는 방식의 차이에 따라 엄밀하게 구분될 필요가 있을 것이다. "지향성 능력이 없는 마음은 마음이 아니다"라는 명제가 이 원론적 가설이라면, "현상적 의식 없는 심성 내용도 심성 내용이 아니다"라는 명제도 동종의 가설로 간주될 수 있기 때문이다.

둘째, 온도계 논변의 사용 방식에 관한 것이다. 나는 차머즈를 따라 이 논변을 무기물에도 심성 능력을 부여하기 위한 목적으로 사용하였다. 그러나 김 교수는 로봇이나 기계에 인간과 같은 심성 능력을 부여할 수 있는 논변으로 해석하고 있다. 논변은 형식적으로 양쪽 방향으로 다 사용될 수 있는 것처럼 보인다. 그러나 논변은 내용적으로 유비의 방향이 올바로 맞추어져 있을 것을 요구한다고 생각한다. "네 조카는 보름달처럼 복스럽다"에서 조카와 보름달의 유사성이 형식적으로 대칭적이긴 하지만, 내용적으로 "보름달은 네 조카처럼 복스럽다"는 방향을 선택하지는 않는다.

(다) 심신음양론은 물리주의와 양립 불가능한가? : 김 교수는 "음양존재론은 정보(마음)의 편재성을 함축하는 동시에 물리적 기술의 편재성을 함축"한다고 해석한다. 그리하여 음양존재론이 개별자 물리주의 같은 최소 물리주의와 양립한다고 판단한다. 김 교수의 균형 잡힌 논거는 다음이다 : "음양존재론이 데카르트적 물질 개념을 전제로 하는 외연적 물리주의를 거부할지라도, 경험과학적 탐구에 개방적인 가설적 물리주의와 상충할 필요는 없을 것이다."

김 교수의 논의는 설득력이 있어보인다. 그러나 음양존재론이 가설적 물리주의를 수용해야 하는가? 물리주의가 개방적 가설의 옷을 입을 때 부담감은 줄어들지만 그러나 아직도 물리주의가 아닌가? 개방적 가설적 물리주의가 아니라면 무엇이어야 하는가? 음양존재론은 묻고 조명해야 하는 많은 주제들을 떠안고 있는 것이다. 우선 몇 가지 관찰을 할 수 있을 것이다.

김 교수의 논의는 데이빗슨의 최소 물리주의에 친근성을 보인다. 모든 사건은 개별자로서 물리적 기술(description)을 받을 수 있으므로 물리주의이고 이 들 중 어떤 사건은 심리적 기술을 추가적으로 받을 수 있고 전자와 후자는 환원 관계에 들어가지 않으므로 이원적이다. 그러나 음양존재론은 모든 존재가 "사태의 통사적 구조"를 유지한다는 의미에서 사건의 물리적 기술의 가능성에 열려 있다고 판단하는 것이다.

그러나 데이빗슨의 최소 물리주의는 데카르트 이원론의 우산 속에 갇혀 있다고 생각한다. 모든 사건들이 기술을 받을 수 있는 것은 자명하다. 그러나 데이빗슨의 기술들의 "물리적"과 "심리적"의 구분은 데카르트의 이원론을 그대로 수용한 구분으로 보인다. 모든 사건이 아니라 일부 사건만 심리적 기술을 받을 수 있는 것이다. 이 심리적 기술의 심리는 데카르트의 마음의 질서 이외의 다른 것이 아니다. 그렇다면 물리적 기술의 "물리"의 의미도 명료해진다. 인간 마음 없는 모든 존재가 외연적 사물, 맹목적 대상인 것이다.

물리주의가 의존하는 데카르트의 물질 개념은 인과 개념에 들어 왔고 물리주의는 퍼트남적 인과 개념이 아니라 데카르트적 인과 개념에 입각한 개념 체계로 보인다. 인과 개념에 대한 맥키(J. L. Mackie)의 분석은 진리 함수적 약점에도 불구하고 널리 수용되는 내용이라고 생각한다 : ((A는 B의 원인이다) ∨(A는 B를 야기한다)) ← ((A는 B에 대해 그 자체로 ① 필요하지는 않지만 ② 충분한 한 조건의 ③ 충분하지는 않지만 ④ 필요한 부분이다)∨(A는 B에 대해 INUS 부분이다)). 맥키의 분석은 데카르트의 물질 개념에 입각하여 인과에 대한 경험적 읽기의 개념 구조 이외의 다른 무엇이 있는가?

김 교수의 "개방적인 가설적 물리주의"는 표면적으로 매력적이다. 그러나 어떻게 데카르트적 부담을 제거할 수 있을 것인가? 한 사건이 다른 사건을 "야기"하였다고 할 때 두 사건 간의 관계를 인과적 관계가 아닌 어떤 구조로써 조명할 수 있을 것인가? 두 사건은 그 자체로 "사태의 통사적 구조"를 가지고 있는 것이 아닌가? 그리고 이들은 이들이 속해 있는 유의미한 넓은 사태들의 조망을 통하여 자리매김되는 것이 아닐까? 그 넓은 사태는 특정한 사태로 제한되어 있지 않고 관심에 따라 계속 넓혀질 수 있을 것이다. 바로 이러한 사태의 구체적 조명과 총체적 조명을 동시에 시도한 전통은 음양존재론에서 찾을 수 있지 않을까?

김영건의 음양적 지향성

　김영건 교수의 비판 논문 「성(誠)의 음양적 지향성」은 총체적이다. 성(誠)에 입각한 지향성 개념은 총체적이라는 나의 입론에 대해 내부적 비판으로서의 전략을 선택했다고 보인다. 김 교수의 비판의 요지는 나의 음양적 지향성은 이미 수용하고 있는 세계관에 대한 정정을 요구하지만 이 정정은 자연스럽지 않다는 것이다. "자연스럽지 않다"는 표현은 표면적으로 부드럽게 들리지만 그의 논의에 따라 "말이 안 된다"는 예리한 분석의 결과다. 그는 다음과 같은 세 명제를 통해 이러한 논제를 주장하고 있다고 생각한다 : (김1) 인과 관계 항의 독립성과 음양 관계 항의 총체성은 양립하지 않는다. 두 사건이 인과 관계에 들어갈 수 있는 조건은 두 사건이 개념적으로 독립해 있어야 하지만, 음양 관계는 어떤 사건이나 개체도 자신 안에서 뿐 아니라 다른 사건이나 개체에 대해서도 독립성을 요구하는 것이 아니라 유기적 상관성을 요구하고 있는 것이다. 음양론을 수용하는 경우 세계에 대한 인과적 설명이 들어올 수 있는 여지는 없는 것이다. (김2) 존재론과 도덕론은 차원이 다른 언어다. 존재 질서와 도덕 질서의 구분은 철학사를 통해 일반적으로 수용되어온 것이다. 자연 질서로서의 존재와 인간 구성 가치의 도덕은 다른 차원에서 이해되고 있는 반면에, 음양론이 입각하여 있는 성(誠) 개념은 두 질서를 통합하고 있는 것이다. (김3) 부부 관계는 개념적일 뿐 음양 관계의 전형적 경우라 하기 어렵다. 어떤 인간 관계나 사물 관계도 특정 기술 어귀에 의하여 파악될 때(de re) 그 기술 하의 관계는 그 기술이 속해 있는 언어 체계의 개념성에 의존하는 것이다. 이 관계는 언어 독립적 음양 관계만인 것으로 말해지기 어려운 것이다.

김 교수가 제시한 핵심적 쟁점은 두 가지다. 첫째, 사물적인 것이 지향적일 수 있는가? 지향성은 전통적으로 인간과 비인간을 구분하는 기준으로 제시되어 왔기 때문에 그러한 물음은 자연스럽다. 인간 이외의 사물에 지향성을 부여한다는 착상 자체가 기존의 상식을 거부하는 것이기 때문이다. 둘째, 지향성이 음양적일 수 있는가? 만일 인과성이 두 사건 간의 관계를 유지하기 위해 각기 독립성을 요구한다면, 지향성도 지향 주체와 지향 객체의 관계를 유지하기 위해 각기의 독립성을 요구한다고 보인다. 지향성을 인과적으로 해석하는 경우에는 이러한 독립성은 더욱 자명할 것이다. 그러나 음양 관계는 그러한 관계에 들어가는 사건, 사태, 요소들이 그러한 독립성을 요구하기보다는 상관 관계를 요구한다면 소위 "음양적 지향성"이란 자체 모순적인 것으로 보인다. 이러한 두 쟁점은 파편적 논의로 접근하기 어렵다고 생각한다. 김 교수의 총체적 비판은 또한 총체적으로만 조명될 수 있을 것이다. 세계관의 선택의 문제다. 그리고 이 선택은 세계관들의 제시와 논의들을 통해 이루어질 수밖에 없을 것이다.

(가) 전통적 심신론 : 전통적 심신론의 문제는 이미 인정되고 있다. 한마디로 요약할 수 있다면 다음과 같이 바라볼 수 있을 것이다. 이원론 판본은 이원적 심신 관계를 조명하기 어렵다. 서로 다른 둘이 어떤 관계를 맺을 수 있을 것인가? 관념론 판본은 인간의 몸을 무시해야 하는 부담이 있다. 물리주의 판본은 김재권 교수를 비롯한 현대 철학자들이 노력을 경주하였지만 명제 태도나 현상적 경험을 설명하는 데 한계를 갖는다. 그 노력이 전통적 이원론의 문법의 구조가 강요하는 한 뿔에 집착하고 있는 동안 탈출구는 보이는 것 같지 않다.

전통적 심신론은 그 세 유형에서 모두 한 가지 공통된 주제를 갖는다고 생각한다. 지향성이다. 지향성의 이원론적 구조는 지향성의 주체를 요구하고 이 주체는 몸일 수 없고 선장이라는 작은 인격자 같은 것이어야 한다고 요청한다. 사람들이 경험하는 거짓 믿음은 어떻게 물리주의적으로 표상할 수 있을 것인가? 물리주의가 지향하는 내재적 세계관에 동의할 수 있지만 설명하고자 하는 방식으로서의 이원론적 방법론의 언어는 구분되어야 하고 수용하기 어려운 것이다.

(나) 동북아 언어 전통과 대안적 세계관 : 전통적 심신론이 시도하는 인간 설명의 벽에 부딪히고 전망이 보이지 않을수록, 대안적 심신론을 찾고자 하는 관심은 자연스러운 것이다. 음양적 심신론은 하나의 대안이다. 동북아 언어 전통 속에 뿌리 깊게 내려온 세계관이기 때문에 동북아 문화권에서는 더욱 그러할 것이다. 어떠한 생활 양식의 언어 체계도 세계에 대한 형이상학적 반영이라면 이러한 시각의 전환은 시도할 만한 것이다.

『중용』의 성(誠)은 대안적 세계관에 이르는 하나의 단초일 수 있다. 『중용』은 불성무물(不誠無物)이라 하여 성(誠)이 없으면 만물이 없다고 한다. 이 명제는 어떻게 이해될 수 있는가? 성(誠)은 개체적으로도 적용될 수 있고 만물에 보편적으로도 파악될 수 있다. 어느 쪽으로 해석해도 성(誠)은 그 존재나 현상의 원리로 추측된다. 그러나 어떤 원리일 것인가? 이것 없이는 그 현상이 가능하지 않을 그러한 원리는 무엇일 것인가? 돌 같은 무기물에서부터 인간에 이르기까지 모든 개체에 적용될 수 있는 원리로서의 성(誠)은 도대체 무엇일 수 있는가? 만물의 동일성이나 정체성으로서의 그 개체의 성(誠)은 무엇인가?

이러한 성(誠)을 이해할 수 있는 하나의 가설은 "어떤 개체도 정보 입출력의 주체의 역할을 한다"는 것이다. 그리고 이러한 정보 입출력의 역할은 그 개체가 주변 또는 내부에서 갖는 관계를 통해 특별한 방식에서 접근될 수 있을 것이다. 전통적으로 이해되어온 인과 관계의 독립적 사건들의 관계이기보다는 요철(凹凸)적 관계로 볼 수 있을 것이다. 정보 입출력의 요철적 관계는 전통적 인과 관계 개념보다 확장적이어서 이를 조명할 수 있지만 그 역은 성립하지 않는다. 이러한 관계는 동북아 전통의 음양적 관계에서 근사하게 표상된다고 믿는다. 음양 개념의 모호성이나 애매성을 인정할 수 있지만, 이러한 어려움 때문에 대안적 후보의 명단에서 제외하는 것은 학문적 소수자 관점의 들을 권리를 박탈하는 것으로 보인다. 현대 학문이 요구하는 명료화의 기준에 맞추는 일은 많은 사람이 협력해야 할 앞으로의 과제일 수 있다.

정보 입출력의 주체의 역할로서 성(誠)을 해석할 때 인간과 자연을 이분하는 기준으로서의 지향성은 부정된다. 오히려 이러한 성(誠)은 대안적 지향성으로서 만물의 주체 역할로 제안되는 것이다. 이 구조에서 성(誠)은 존재론과 도덕론의 이분법을 부정하고 총체적 단일론을 제안한다. 존재와 도덕의 이분법은 종합 판단과 분석 판단의 이분법에 관계되어 있다고 생각한다. 종합 판단과 분석 판단의 구분이 세계와 논리의 이분법에 기초하여 세계에 대한 언어 판단과 논리에 대한 언어 판단이 독립된 것으로 간주했다면, 존재 판단과 도덕 판단의 이분법도 세계와 도덕의 이분법에 근거하여 세계에 대한 언어와 도덕에 대한 언어가 다른 질서의 언어로 요청한 결과다. 그러나 종합 판단과 분석 판단의 구분을 정당화하기 어렵듯이 존재 판단과 도덕 판단의 이분법도 수용하기 어렵다고 생각한다.

(다) 인과 관계의 독립성과 음양 관계의 총체성 : 김영건 교수가 음양론에 대해 제기한 하나의 비판은 심각하게 주목되어야 한다. 인과 관계의 두 사건은 독립적이야 하지만 음양 관계의 두 사안은 독립적일 수 없고 총체적이어야 한다면, 두 관계는 하나의 체계에서 일관되게 수용될 수 없다는 것이다. 음양론은 이 비판에 어떻게 대응할 수 있을 것인가? 대응을 위해 다음과 같은 잠정적 그림으로부터 시작해볼 수 있을 것이다.

김재권과 데이빗슨의 사건 개념은 이 논의를 위한 출발점일 수 있다. 김의 사건 개념은 기술론과 독립적이고 어떤 사건도 자연 질서의 부분이다. 따라서 인과 관계도 그러하다는 것이다. 그러나 데이빗슨의 사건 개념은 특정한 기술론을 전제하고 있다. 사건에 대해 심성적 기술을 적용하면 심성적 사건이고 물리적 기술을 만족하면 물리적 사건이라는 것이다. 물리적 기술이 무엇 같은 것인가에 대한 물음은 다음과 같이 대답된다 : 물리적 사건들의 동일성은 두 사건의 원인들의 합과 결과들의 합이 동일함이다.

그러나 인과 관계는 비언어적인가? 사건은 언어와 독립적으로 지칭될 수 있는가? 김의 사건은 언어와 독립하여 어떻게 지시될 수 있을 것인가? 김의 사건은 현시적(ostensive) 지칭만 허용할 것인가? 데이빗슨의 물리적 사건은 단일한 인과 관계의 체계를 전제하는가? 아니면 다원적 인과 체계를 허용할 것인가? 데이빗슨의 물리적 사건론은 아직 인과적 구조와 물리적 기술 구조의 간격을 좁히지 않고 있다. 동일한 물리적 사건들의 다양한 기술 하에서 다른 사건들의 기술 방식에 따라 원인일 수도 있고 그렇지 않을 수도 있기 때문이다. 그렇다면 콰인의 자연 종 개념의 논의는 이 문맥에서 시사적이다. 자연 종이란 특정한 기술 어휘와 독립해 주어지는 그러한 존재가 아니라 성공적으로 수행되어온 설명 체계에 의해 제안된 자연 질서에서의 종인 것이다. 이러한 논의의 함축은 인과 관계의 두 사건의 독립성은 두 사건을 어떤 체계의 기술 방식에 의존한다는 점이다.

인과 관계도 언어적인 것이다. 인과 관계의 언어성을 다른 방식으로 논의할 수 있을 것이다. 어떤 인과 관계도 특정한 법칙을 전제하거나 인과 연쇄의 줄기를 원칙적으로 추적할 수 있는 그러한 관계다. 이러한 두 가지 중의 하나를 갖지 않는 인과 관계는 어떤 것일까? 인과 관계를 이렇게 이해할 때 다시 제기되는 것은 법칙이나 연쇄 추적 가능성이다. 그렇다면 법칙은 비언어적일 수 있는가? 연쇄 추적 가능성은 비언어적일 것인가? 이들이 비언어적이라면 이들은 어떻게 과학자 공동체에 제시될 수 있을 것인가?

음양 관계의 두 자리 역할은 개체 간(inter)이든 개체 내(intra)든 간에 총체적이다. 김 교수가 잘 지적한 것처럼 이러한 총체적 관계는 개념적으로 파악될 수 있는 그러한 관계다. 그러나 개념적 관계는 한 사태에 대한 특정한 기술 하에서의 관계다. 예를 들어, 한 남성과 한 여성을 "부부"라는 술어 하에서 기술할 때 특정한 유형의 개념 관계에 들어가지만, 동일한 두 사람이 "가해

자와 피해자"라는 술어의 관계에 들어갈 때 이들은 다른 유형의 개념 관계에 들어간다.

중요한 것은 두 경우가 언어 기술 의존적이라는 점에서 모두 개념적인 것이다. 소위 인과 관계라는 것도 예외가 아니다.

고인석의 음양적 요소

　나의 음양론은 실체론적, 기능적, 양상적인 것이 아니라 유기적이다. 음양의 유기적 관계는 인과 관계와 대조적으로 제시될수 있다. 인과 관계가 사건들의 두 자리 관계라면 음양 관계는총체적 체계 안에서 두 요소가 다른 요소들과 더불어 갖는 총체적 관계다. 인과 관계가 인과의 일방적 관계임에 반하여 음양 관계는 상호 영향하는 대칭적 관계다. 인과 관계는 시간상의 직선적 관계임에 반하여 음양 관계는 총체적 체계의 요소들과 유기적 구조 안에서 이루어지는 과정적, 나선형적 관계다. 이러한 음양론의 심신 관계는 이원론의 심신 관계와 구분된다. 마음 없는몸이 없고 몸 없는 마음이 없는 것이다. 음양론의 이러한 심신관계를 표현하는 것은 사물성과 관념성에 대조되는 신체성이라는 개념이다.

　고인석 교수는 나의 음양론이 형이상학의 경험적 적합성과 개념적 정합성의 조건을 만족하고 있는가를 묻는다. 고 교수는 이논문에서 후자의 물음에 제한하여 이를 구체화하는 방식으로 심신은 음양의 어느 요소와 대응하는가를 의문한다. 그리고 고 교수는 음양 관계의 성격의 명료화를 요구한다. 음양 관계의 요소들은 존재론적으로, 기능적으로, 인식적으로 더욱 명료화되어야 한다. 총체적 구조에서 음과 양의 관계가 설정되는 경우에도 그 구조의 명시가 요청되는 것이다. 음양의 상호 감응 관계도 총체적 구조를 도입하는 문맥에서는 애매 모호하거나 일의적으로 해석될 수밖에 없는 국면을 갖는다. 그리고 음양이 상호 필연적이라면 음양은 상호 필요 충분 조건적이게 된다.

음양론의 개념적 정합성에 대한 고 교수의 요구는 정당하다. 어떤 체계도 대상을 포함해야 한다면 대상의 동일성 조건은 필연적이기 때문이다. 그리고 이 체계가 전제하고 요구하는 관계들은 명료성 조건을 만족해야 한다. 그렇지 않으면 이 이론이 함축하는 명제나 가설에 대한 진위의 실험이나 토론은 수행될 수 없기 때문이다. 먼저 개념적 정합성의 물음들에 조명하고 그리고 이러한 논의들로부터 어떤 함축이 도출될 수 있는가에 주목하고자 한다.

(가) 음양론의 개념적 논의 : 심신은 음양의 어느 요소와 대응하는가? 만일 "심은 음, 신은 양"이라고 한다면 이는 "남자는 양, 여자는 음"이라고 제안할 때와 유사한 실체론적 음양론이 될 것이다. 그러므로 유기적 음양론은 한 사람의 심신의 두 요소가 첫째는 그 사람 안에서 다음으로 더 많은 다른 사람들이나 자연과의 총체적 관계 안에서 凹와 凸의 역할을 문맥적으로 바꾸어갈 수 있는 역할을 갖는다고 해석한다. '음'과 '양'은 관계의 이름일 뿐 실체의 종류의 이름이 아니기 때문이다. 이들은 존재의 구성 요소라기보다는 사건 안의 역할의 요소로 볼 수 있는 것이다.

내가 음양의 관계 항을 "대상, 사건 또는 기능을 구성하는 요소들"로 규정할 때 고 교수는 대상-사건-기능 간의 존재론적 차이에 주목하고 이 차이가 개념적 정합성을 훼손할 것을 염려한다. 그리고 음양의 상호 감응 관계도 주체 설정 없이 그리고 주체가 설정되는 경우에도 주체의 보존성 없이 상정하기 어렵다는 점을 지적한다. 한 사람 안의 심신 관계의 상호 감응은 어떻게 두 사람의 마음의 상호 감응으로 같은 음양 구조에서 조명될 수 있을 것인가를 묻고 있다.

이 물음들은 선명한 대답을 할 준비가 되어 있지 않다. 음양론의 오랜 세월의 전통에도 불구하고 완성된 이론을 향한 세련도를 아직 높여야 하기 때문이다. 그러나 이 방향을 향한 하나의 그림은 가능할 것이다. 정보를 "사태의 통사적 구조"로 이해할 때 이 사태의 사물성과 통사성은 개념적으로 분리 가능하지만 경험적으로 분리 가능다고 생각하지 않는다. 한 사람의 몸과 마음은 논리적으로 분리 가능하지만 인격적으로 분리 가능하지 않은 것과 같다. 그렇다면 특정한 통사적 구조로 이루어진 그 사태는 문맥의 사안적 관심에 따라 대상적 기술, 사건적 기술, 기능적 기술을 허용하고 상호 감응의 다양한 국면들이 노정될 수 있을 것이다.

(나) 유형인가 낱항인가 : 나는 "마음 편함이 몸 편함의 필요 조건이고, 몸 편함이 마음 편함의 필요 조건"이라 언급한 적이 있다. 고 교수는 이에 대해 독자를 다음과 같은 추리로 안내한다 : 마음 편함과 몸 편함이 서로에 대해 필요 조건이라면 논리적으로 양자는 필요 충분 조건이라고 해야 한다. 고 교수는 이러한 관찰로부터 하나의 철학적 통찰을 제안한다. 양자가 필요 조건 관계에 있다는 것을 인정할 수 있으면서도 논리적으로 동치인 양자의 필요 충분 조건 관계를 부정해야 하는 상황은 술어의 애

매 모호성 때문이 아니라 심성 술어와 물성 술어의 범주화에 문제가 있다는 것이다.

고 교수의 심성 술어의 범주화에 대한 문제 제기는 유형동일론과 낱항동일론 둘 다 거부하는 데서도 나타난다. 유형동일론은 "이미 가망 없는 것"으로 판명되었다는 것이고 낱항동일론도 "언제나 완전히 고유하고 특수한 것으로 존립"하기 때문이라는 것이다. 이러한 성질은 자체가 경험적으로 확인 불가능, 반증 불가능한 성질을 나타내기 때문에 일반화를 통한 인간 경험의 접근성을 부인한다는 것이다.

여기에 대해 두 가지 관찰을 하고자 한다. 첫째, 마음 편함과 몸 편함이 각기 서로에 대해 필요 조건이라는 문장으로부터 고 교수가 양자의 필요 충분 조건임을 논리적으로 추리한 것은 정당하다. 그러나 이것은 "편함"에 대한 나의 표현 약술에 기초한 것일 뿐 나의 의도와는 거리가 있다. "편함"이라는 표현 약술은 좀더 상세하게 "특정 문맥 c_i에서 편함"으로 상술되어야 한다. 그러면 "c_i에서 몸 편함은 c_j에서 마음 편함을 필요로 하고, c_k에서 마음 편함은 c_l에서 몸 편함을 필요로 한다"로 정식화될 것이다. 이러한 구성은 상호 필요 조건임은 요구하면서 상호 필요 충분 조건임은 피할 수 있는 것이다.

둘째, 고 교수의 낱항동일론은 어떻게 해석되어야 할 것인가? 고 교수는 낱항동일성이 적용되는 낱항은 "언제나 완전히 고유하고 특수한 것으로 존립"하는 것으로 규정한다. 그러나 이 규정은 원자적 실체, 단순자 이데아 또는 창 없는 모나드나 만족할 수 있는 존재론의 낱항으로 보인다. 유기적 존재론에서는 수용하기 어려운 규정일 것이다. 언어 의존적인 음양적 존재론은 감당할 수 없는 요구다. 그렇다면 이러한 규정은 어떻게 해석할 수 있을 것인가? 사물적(de re) 존재론에서는 사물이나 존재의 상호 유기적 관계가 자명한 것으로 보인다. 모두 태양 아래 있거나 다른 별들로부터 어떤 거리를 유지하는 행성 안에 존재하는 것이다. 그러나 언어적(de dicto) 존재론에서는 사물이나 존재의 성격을 여러 가지 방식으로 규정할 수 있을 것이다. 단순자 이데아나 창 없는 모나드는 그러한 언어적 구성의 한 예라고 생각한다.

(다) 존재인가 사건인가 : 고 교수는 음양론의 개념적 정합성 조건을 제시하면서 음양의 상호 감응시의 주체성의 단일화, 관계 항의 성격의 명료화, 심신 범주 구성의 "임의성"에도 불구하고 "일 대 일 대응"의 부재 설명, 대상의 동일성 조건의 제시 등을 요구한다. 이러한 요구들은 한편으로 음양론의 두 요소의 국면성의 명료화 요구면서 동시에 다른 한편으로 두 요소의 성격 규정을 전제하는 것으로 보인다. 그 전제는 "음양의 두 요소는 사건이 아니라 존재다"라는 가설이다. 이러한 가설의 흔적은 고 교수의 논문의 마지막 절에서 나타난다. 고 교수는 나가 이원론의 심신 이분법과는 차별되지만 "은연중에 몸과 마음 혹은 신체와 정신이 인간을 이루는 두 기둥이라고 가정하고 있지 않는가?"라고 묻고 있다. 이원론적 이분법을 거부하면서 음양적 이분법을 도입하고 있다는 염려다.

다행히도 고 교수의 우려는 고 교수의 수반 개념에 대한 비판적 관점과 음양론의 내용을 통해 해소될 수 있다고 생각한다. 고 교수는 다음 두 가지를 믿고 있다.

(K1) 심적 상태와 물리적 상태 간의 상관 관계에는 언어적-역사적-문화적-개인적 차이를 허용한다.
(K2) 심적 상태와 물리적 상태 간의 상관 관계에는 상당한 강도의 규칙성이 나타난다.

고 교수의 두 믿음은 보완적이다. 첫째 믿음의 개인간의 차이성을 허용하면서도 심신의 규칙적 관계를 조명할 수 있다는 믿음을 나타낸다.

고 교수의 첫째 믿음은 "언제나 완전히 고유하고 특수한 것으로 존립"하는 존재자를 상정하는 체계에서는 성립하기 어렵다고 생각한다. 그 "차이"란 상태들이 낱항적으로 체계의 다른 요소들과 유기적으로 연결될 때 불가피하게 얻어지는 단위의 결과이기 때문이다. 이러한 차이는 존재의 동일성 유지보다는 사건의 과정의 기초를 이루는 것으로 보인다.

고 교수의 (K1)은 "심적"과 "물리적"을 구분하지만 언어적-역사적-문화적-개인적 차이를 도입하는 문맥에서 이들은 과정적 구조로 들어간다고 생각한다. 그렇다면 (K2)의 규칙성도 그러한 과정 구조에서의 규칙성으로 이해될 수 있을 것이다. 고 교수의 심리철학에 대한 이러한 구성이 가능하다면 그것은 나의 유기적 음양론과 그리 많이 달라질 것 같지 않다. 음양론의 두 요소는 존재가 아니라 사건이고 이 사건들은 상호 감응적이고 유기적이며 총체적이자 나선적이고 편재적이다.

김혜숙의 은유 체계적 음양론

　　김혜숙 교수는 그의 논문에서 나의 유기적 음양론에 대하여 한편으로 보완적 분석을 하고 다른 한편으로 분석적 비판을 하고 있다. 상호 감응, 추이 법칙, 대대 법칙은 음양론의 중요한 부분임에도 불구하고 미흡했던 공간이 많이 채워졌다. 그리고 음양 개념에 대한 나의 접근을 '외연적', '논리적'이라 규정하여 유기적 음양론이라는 제목 자체에 반하는 결과를 낳았다고 비판한다. 그러나 비판 논문을 읽은 감상은 그렇다는 생각이 들지 않는다. 생각보다 동의하는 부문이 많고, 이의를 제기하고자 하는 부문도 내용적인 것보다 형식적인 것으로 보인다. 체계의 구조론(방법, 합리성, 정당화)은 동의한다. 그러나 어떤 개념의 형식성(내표, 맥락, 은유)에 대해서는 다른 의견을 갖는다. 김 교수는 음양론의 가장 큰 문제로 반증불가능론을 제시한다. 김 교수는 이러한 음양론의 일관성을 유지하는 한 방식으로 음양은유론을 선택하는 것으로 보이지만 나는 반증불가능론 자체를 극복하기 위한 한 방식으로 논리적 분석을 시도하였다.

(가) 체계의 구조-방법, 합리성, 정당화 : 동양 철학 개념 해석의 방법론은 동양 철학과 서양 철학 전통의 상이한 맥락을 안으로부터 익힘으로써 맥락을 중첩되게 만드는 데서 시작한다고 김 교수는 생각한다. 두 전통의 맥락을 그 안으로부터 얼마나 공부하고 익히고 있는지는 항상 아쉽다. 그러나 일반론으로 말하여 이 명제는 중요하다. 다른 체계들이 만날 때 배려나 공감도 중요하지만 효과적인 방식은 담론의 공유일 것이기 때문이다.

김 교수는 "음양론은 낮은 정도의 설명력, 합리성을 지니는 체계"라고 말한다. 부인하기 어려운 생각이라 믿는다. 그러나 '낮은 정도'라는 표현은 두 가지 해석에 열려 있다. 수용하기 어려운 첫째 해석은 이 표현이 한 전통의 합리성을 내부적으로가 아니라 다른 전통으로부터 외부적으로 판단한 평가의 결과일 수 있다. 그러나 공감할 수 있는 둘째 해석은 일상인의 문맥에서 서양에서 출발한 과학들에 상대적으로 비교하여 하는 평가의 결과인 것이다.

그리고 "음양론은 진위보다는 삶의 질에 의해 선험적(transcendental)으로 정당화된다"는 믿음을 피력한다. 이 믿음도 동의할 수 있다. 그러나 '진위보다는'이라는 표현에서의 '진위'에 대한 해석도 두 가지로 예시될 수 있다. 이 진위가 체계 밖에 존재한다는 의미에서 이 믿음 명제를 읽는다면 음양론은 진리와 상관없는, 실용적 체계일 뿐이라는 함축을 가질 것이다. 이러한 해석은 수긍하기 어렵다. 그러나 이 진위 개념이 음양론 체계 안에서 삶의 질에 포섭되고 조명된다는 의미에서 제2차적 성질이라는 이해로 이 믿음 명제를 읽을 때 유예 없는 동의를 할 수 있을 것이다. 그러나 김 교수는 이 논문 전체의 맥락에서 후자의 해석보다 전자의 해석에 기운다고 생각한다.

(나) 개념의 형식성-내포, 맥락, 은유 : 김혜숙 교수는 음양론을 해석하여 '은유의 체계'로 규정한다. 그 해석의 근거는 음양론이 내포의 논리로 구성되어 있고 맥락주의에 기초해 있다는 관찰이다. 내포, 맥락, 은유의 세 개념은 이 논문에서 자세하게 논의되고 있지 않지만 논문의 전개 과정에서 그 형식적 구조를 짐작할 수 있다고 생각한다. 추정된 해석에 따라 이 개념들에 대한 이해의 차이가 무엇인지를 추측해보고자 한다.

(나1) 음양론의 내포성과 외연성 : 이 논문에서 '내포'로 표시되는 개념의 도입은 야마다 게이지의 관찰에 근거해서 이루어진다. 게이지가 음양 관계의 상호 감응을 파악하는 방식을 "비분석적 직관적 방법의 내감의 방법"이라 한 것을 '내포적 의미'로 해석한 것으로 보인다. 게이지의 추측을 수용한다면 상호 감응을 내포적으로 해석할 수 있을 것으로 생각한다. '내감의 방법'을 특정 언어 표현의 의미에 따른 느낌이나 이해의 방법으로 해석한다면 이것은 '내포의 논리'라 할 만하다. 그러나 게이지의 의견은 수용하기 어렵다.

음양 관계의 상호 감응에 대한 게이지의 추측이 정당할 수 있는 문맥은 이를 남녀간의 어떤 특정한 관계에 한정할 수 있을 때다. 두 남녀의 특정 감정의 상호 감응은 "비분석적 직관적 방법의 내감의 방법"으로 이루어지고 이러한 당사자적 관점에서만 파악될 때가 있을 것이다. 그러나 음양 관계의 상호 감응은 1인칭적 관점이 허용되지 않는 자신의 몸에서도, 세계의 만물에서도 발생하고 있고 이들의 상호 감응이나 이 상호 감응의 파악은 그러한 '내감의 방법'에 열려 있지 않다. 게이지의 이 추측은 이해하기 어려운 일반화다.

게이지에서 발단된 음양 관계의 내포 논리적 접근은, 한 걸음 더 나아가 음양 관계의 '외연 논리 접근법'과 대조되고 있다. 나는 물론 음양 관계에 대한 하나의 논리 분석을 하고 있었다. 그러나 이 분석은 철학적 분석이면 모두가 논리 분석인 그러한 종류의 분석이다. 철학적 분석의 과정에서 진위가 단계마다 확인되거나 언급되는 것은 추리 과정의 필수적인 요소다. 그러나 프레게-러셀의 논리가 아니라 콰인 이후의 논리라면 어떤 논리 분석도 개념 분석 이외의 다른 것이 아닐 것이다.

(나2) 맥락주의 : 김 교수는 윤리나 일상적 문맥의 맥락주의는 부인하지 않을 것으로 추측한다. 그러나 음양론의 맥락주의는 수용하기 어렵다고 생각한다. 음양 관계가 세계 보편적인 만큼 음양의 맥락도 편재적이라는 명제는 세계 이해나 세계 제어 같은 지성적 작업에 도움이 되지 않을 것으로 믿는 것 같다. 음양 관계의 맥락성의 편재성은 음양 관계에 대한 규칙의 구성이나 일반화의 꿈을 좌절시킬 걸림돌로 보일 만하다.

그러나 맥락 편재성 자체는 맥락주의를 무효화하는 데 사용되기 어렵다고 생각한다. 이를 위해 두 가지를 고려할 수 있을 것이다. 첫째는 규칙 개념이다. 어떤 규칙도 가설이고 미래의 수정에 열려 있어야 한다. 그 규칙은 다른 가설들과 경쟁적 관계에 들어갈 때 이를 혼란으로 보거나 지성적 작업의 걸림돌로 해석하기보다는 지성의 올바른 여정으로 볼 수 있는 것과 같다. 모든 사람이 합의하는 규칙도 있고 헌법 같은 강행성 있는 규칙도 있지만 모든 사람이 제안하는 모든 해석도 규칙이라고 생각한다. 이 규칙들은 개인적일 수 있지만 유연한 삶의 양식의 한 표현인 것이다. 맥락의 편재성은 개인적 해석의 편재성과 얼마나 다를 것인가?

또 하나의 관찰은 인과 관계의 편재성이다. 원인 없는 사건이 없다고 한다면 인과 관계는 편재적이라 할 만하다. 그러나 인과 편재성 자체가 인과 개념을 무효화하지 않는다. 혹자는 인과 관계는 음양 관계와 달리 법칙 또는 법칙 같은 일반화를 제시한다고 할 것이다. 그러나 어떤 법칙인가? 어떤 일반화인가? 자연과학이 인과 법칙에 의해 수행되는가? 맥키의 인과 개념 분석은 철학적으로 유효하지만 자연과학자에게 얼마나 유용할 것인가?

만일 인과 관계의 사건들이 데카르트의 외연적 물질들이 발생시키는 맹목적 사건들 간의 관계라면, 자연과학자는 사건들 간의 인과 관계보다 사건들의 내재적 정보 처리 과정에 오히려 주목하고 있는 것이 아닐까? 그렇다면 자연과학자는 결과적으로 인과 관계보다 음양 관계에 더 주목하고 있는 것이 아닐까?

맥락주의에 대한 또 하나의 유예는 음양의 상호 감응의 두 가지 방식의 관계에서 빚어진다. 동류상동(同類相動 : 음은 음끼리, 양은 양끼리 모이는 방식)과 이류상감(異類相感 : 음양 간의 감동이나 한 요소 안에 다른 요소를 두어 일물을 이룸)에 대해, 어떤 맥락에 따라 이것이나 저것이 발생하는가를 묻는다. 이 물음은 앞의 맥락의 편재성과 관련하여 심각해질 수 있다. 그러나 이러한 제안이 가능하지 않을까? 논의되고 있는 문맥이 음양론이라면 이류상감이 일차적으로 발생하고, 모든 조건이 동일하다면 이류상감이 지속될 것이지만, 예외적 조건이 주어지는 경우 동류상동이 발생한다. 물론 동류상동의 경우에도 그 자체 안에 추이 성향은 유지될 것이다.

(나3) 은유 : 음양론은 내포 논리와 맥락주의에 의해 은유 체계가 된다고 했을 때 여러 가지 반문들이 생각났다. 음양 개념의 구조를 나타내는 추이 법칙, 대대 법칙, 상호 감응, 동류상동, 이류상감 같은 표현들은 그 개념 구조의 기술 어귀다. 음양 관계 개념은 기능(태양, 소양, 태음, 소음 등의 분류)을 나타내기도 하

고, 양상(문맥에 따른 기능 전환의 가능성)을 보이기도 하며, 세계의 유기적 구조를 드러내는 개념이다. 이러한 개념으로 구성된 체계를 어떻게 은유 체계라 할 수 있을까?

그러나 한 걸음 물러나 언어와 세계 간의 관계를 생각하면, 모든 언어는 "은유"라 부를 수 있는 측면이 없는 것은 아니다. 어떤 대상의 기술도 국면적이기 때문이다. 데카르트의 '심신'도 데카르트의 실체성 주장에도 불구하고 일상 언어적으로 은유다. 심신은 인간이나 사물에 대해 대상이 아니라 국면이기 때문이다. 어떤 이름도 그 자체가 대상이 아니다. 이름은 언제나 대상을 나타내는 손가락의 방향일 뿐이기 때문이다. 이름도 이러한 의미에서는 은유인 것이다.

이종왕의 속성이원론

이종왕 교수는 음양론에 기초한 나의 신체성 개념을 속성이원론의 변형으로 진단한다. 자세한 분석은 없지만, 두 이론 간의 차이점보다 유사점에 주목할 때 그러한 인상은 정당할 수 있다. 이 교수는 존재론적 이원론과 존재론적 물리주의의 대조를 심도 있게 논의하고 음양적 신체론에 대해 세 가지를 지적한다. 이원론에 대해 내가 반대하는 내용은 실체론적 존재론적 이원론이고 속성적 이원론의 유물론에는 해당되지 않는다고 한다. 그리고 음양적 신체론은 속성적 이원론을 주장하는 것에 다름아니라고 지적한다. 그렇다면 음양적 신체론으로 현대 물리주의를 비판한다고 생각한다면 이것은 두 존재론을 "혼돈"한 데 기인하다고 한다. 또한 음양론이 새로운 설명 모델이라면 외재적 특성이 아니라 내재적 특성을 그대로 기술할 수 있어야 한다고 한다.

이 교수의 비판은 부분적으로 정당하다. 속성이원론을 치밀하게 논구했어야 하는데도 그렇게 하지 못했기 때문이다. 여기에서는 간단히 속성이원론이 김재권 교수와 데이빗슨에 의해 제시되는 내용을 요약하고 이 관점의 문제점을 살피고, 음양론과의 차이점 그리고 음양론의 미래의 과제에 대해 반성하기로 한다.

(가) 속성이원론 : 김재권 교수의 이원적 유물론은 시간 공간 적으로 위치를 줄 수 있는 개별자만 인정한다는 점에서 유물론 이고, 심성적(M) 명사들이 지시하는 성질들과 물리적(P) 명사들 이 지시하는 성질들이 다르다는 점에서 이원적이다. 김 교수는 그러한 식으로 자신의 입장을 변호한다고 생각된다. 그는 '사건' 을 예를 들면, 'a가 P인 것(a's being P)', 'b가 Q인 것(b's being Q)'과 같은 표현에서 보이는 대로 어떤 성질이 개별자에게서 구체화된 것으로 보았다. 그리하여 사건의 동일성은 구체적인 예를 통하여 말한다면 다음과 같이 정의하였다 : Ma=Pb↔((Ma↔Pb) v ((a=b & M=P))). Ma↔Pb는 상호작용론이나 평행론 등에 서도 만족하는 조건이므로 유물론을 위한 표준일 수는 없다고 한다. 그러므로 ((a=b) & (M=P))이어야 하는데 김 교수는 a=b는 받아들이지만 M=P는 수용할 수 없다고 한다. 후자까지 용납하면 라이프니츠의 동일성(the identity of indiscernibles) 표준이 되어 유물론의 토론에 아무런 도움이 되지 않는다는 것이다.

김 교수는 심성적 성질로 구성되는 M-사건과 물리적 성질로 나타나는 P-사건이라는 것들이 있다고 믿는다. 그리고 사건은 개별자와 성질로 되어 있다고 한다. 이 사건들의 동일성은 그 개별자들의 동일성이며 그 성질들은 그 개별자로 인하여 외연은 같지만 아직 다른 성질들이라는 것이다. 이원적 유물론의 구조가 선명하게 드러나보인다.

데이빗슨의 속성이원론은 그의 사건 이론에 근거하고 이 사건 이론은 두 개의 가설에 기초한다. 첫째는 심성적 사건과 물리적 사건들은 인과적으로 상호 작용한다는 인과상호관계론이다. 둘째는 다음과 같은 심신무법칙론이다. 'L 안에서 참이다'라는 의미론적 술어와 'P다'라는 통사적 술어(예 : 증명될 수 있다)를 연결하는,

(1) (x)(x는 L안에서 참인 경우 그리고 이 경우에만 x는 P다)

와 같은 법칙적 명제는 없다고 믿는다. 여기에서 데이빗슨은 의미론적 술어를 심성적 술어에 그리고 통사적 술어를 물리적 술어에 유비시켜 논의를 제시한다.

(2) (x)(x는 심성적인 경우 그리고 이 경우에만 x는 물리적이다)

와 같은 심신 법칙은 없다는 것이다. 데이빗슨에게는 사건에 물리적 사건과 심성적 사건이 있다. 전자는 어떤 사건이 물리적 기술 어귀의 적용을 받는 경우이고 후자는 어떤 사건이 심성적인 표현들에 의해 기술되는 경우다. 그렇다면 어떤 동일한 사건은 두 종류의 기술 어귀로 표현될 수 있다. 존재하는 것은 개별자와 사건들뿐이라는 물리적 일원론을 선택한다. 그리고 소위 물리적 사건과 심성적 사건이라 불리고 있는 것은 존재하는 사건의 두 가지 언어적 모습의 표출이라는 것이다. 그러면 '심성적 사건'이라는 것도 그렇게 이해되었을 때 심성적 기술로 표현되긴 하였지만 이 표현이 지시하는 사건은 또한 물리적 표현으로 기술될 수 있고 이것은 인과적 관계에 들어갈 수 있는 것이다.

　김재권 교수와 데이빗슨의 속성이원론을 평가하기 위해 이들의 심성적 사건의 개념에 대해 주목하여 의문을 제기하고자 한다.

　첫째, 심성적 성질은 어떻게 개별자에 구현, 예화될 수 있는가? 김 교수와 데이빗슨에게서 심성적 성질이 예화되는 기체는

물리적 개별자다. 이 점이 이들을 물리주의자로 지켜주는 장치이기 때문이다. 그렇다면 심성적 성질 M과 물리적 성질 P에 대해, a의 M임(a's being M)과 a의 P임(a's being P)의 두 사건 또는 상태에서 후자 'a'는 a 씨의 몸을 지칭하지만, 전자의 'a'는 a 씨의 몸일 수 없고 a 씨 자신이라는 인격자를 지칭해야 한다. 물리주의 프로그램 안에서 심성적 성질은 물리적 대상이 구현할 수 없기 때문이다.

둘째, 심성적 사건 개념은 심성 사건의 다양한 기술 적용 가능성으로부터 경제성의 질서에 어떻게 이를 수 있을 것인가? 물리적 사건은 다양한 기술 적용 현실성에 당면할 때 경제성의 질서를 유지하는 것은 외연성이다. 그러나 심성적 사건 개념은 그러한 장치를 가지고 있는 것 같지 않다. 예를 들어, a와 b가 다른 의도로써 침묵을 할 때 이들은 동일한 물리적 상태 P에 처하여 있을 수 있지만 이들은 상이한 심성적 상태에 있을 수 있다. 유태인을 구하기 위한 침묵과 거짓말을 하지 않겠다는 침묵은 구별되는 침묵이기 때문이다.

셋째, 이 교수가 지적한 관찰이 속성이원론에 그대로 적용될 수 있다고 보인다. 심성적 사건은 김재권 교수의 공간 조건과 이 교수 자신의 의존 조건을 만족할 수 있어야 한다. 그러나 앞의 두 관찰이 시사하는 대로 속성이원론의 심성적 사건은 공간적 조건도, 의존적 조건도 만족하기 어려울 것으로 보인다.

(나) 음양론과 속성이원론 : 김재권 교수나 데이빗슨은 한편으로 인간의 자율성과 다른 한편으로 물리주의를 옹호하기 위해 속성이원론을 선호한다고 생각한다. 속성이원론에는 인간 이외의 존재에 대한 지속성의 관심은 물리주의로 충분하다는 믿음이 들어 있다고 생각한다. 이들은 사건을 호칭할 때 "물리적 사건",

"심성적 사건"이라 한다. 이때 "물리적"이라는 어휘나 "심성적"이라는 어휘는 일상 언어의 단어일 것인가? 그럴 것 같지 않다. 이들은 이원론 전통에 기반한 개념을 나타낸다. 이들이 개별자를 도입할 때 이 개별자는 물리적 개별자이고 인과 관계의 두 자리에 들어오는 사건을 구성하는 외연적 물질인 것이다.

그러나 음양론은 마음을 인간 전유물로 간주하지 않는다. 마음을 정보 처리의 복합성의 정도의 능력으로 이해한다. 무성무물(無誠無物 : 誠이 없으면 만물이 없다)이라는 명제는 만물을 성(誠)의 주체로 간주한다. 물론 원숭이의 성(誠)과 인간의 성(誠)은 차이가 있다. 정보 처리의 복합성의 정도가 다르기 때문이다. 식물, 무기물까지 태양이나 온도의 차이에 따라 정보 처리의 복합성의 정도를 달리 갖는다. 인간의 몸이 진화되었다면 인간의 마음도 진화된 것이다. 인간의 몸만 진화되고 인간의 마음은 진화되지 않았다고 해야 한다면, 인간 마음의 출처는 어떻게 설명할 것인가? 심성적 성질은 어디로부터 나온 것일까?

속성이원론과 음양론을 대조할 수 있는 한 지점은 인과 개념과 기 개념일 것이다. 인과 개념은 데카르트의 외연적 물질 개념에 기초하고, 이를 일관되게 따를 때 흄이 발전시킨 것처럼 인과 개념은 맹목적 규칙, 단순한 항구적 연접으로 낙착되었다고 믿는다. 물질을 정보 처리의 주체로 보지 않고 단순한 외연적 존재로 파악하는 동안 흄의 통찰은 자연스러운 귀결이라 보인다. 그러나 기 개념은 동양 의학 전통에서 보이는 대로 만사를 외연적 존재로 간주하지 않고 문맥 안에서 개성 있는, 전체 안에서 한 위치를 차지하는 유기체로 해석하는 것이다.

(다) 음양론의 내재적 설명 : 이종왕 교수는 음양론이 설득력을 갖기 위해서는 내재적 설명력을 키워야 한다고 관찰한다. 정

당한 조언이다. 음양론 지지자는 큰 과제를 가지고 있는 것이다. 동양 신체술(한의학, 침술, 기학, 단전호흡, 선학, 명상법, 요가, 서도, 호신술 등)의 오랜 전통과 큰 기여에도 불구하고 이 분야의 인간 경험에 기초한 세계 해석에 대한 철학적 조명은 아직 미흡하기 때문이다. 한국 일상 언어에 들어와 있는 음양론적 어휘들(기운이 좋다, 혈기가 있다, 태음인이다, 기가 막힌다, 산세가 좋다 등)은 어떤 조명을 할 것인가도 흥미롭다.

남경희의 세계 구성과 측정

(가) 세계 구성의 방식 — 측정과 언어 : 남경희 교수는 언어와 세계의 관계에 주목하여 여러 저서와 많은 논문들을 통하여 일관된 관점을 발전, 옹호, 유지하고 있다. 이데아를 포함한 모든 외계에 대한 인간의 이해는 언어에 의존한다는 일종의 "남경희 언어주의"를 제안하고 있는 것이다. 이 논문에서도 남 교수는 언어와 세계 간의 관계를 새롭게 설명하기 위하여 많은 지면을 할애하여 측정이라는 개념을 구성하고 조명한다. 그리하여 심성 내용을 설명하고자 하는 나의 신체성 개념과 음양론이 그러한 측정의 조건을 만족하고 있는가를 묻고 있다고 생각한다.

남 교수의 측정 개념은 적어도 두 가지 점에서 흥미롭다. 첫째, 남 교수는 측정 개념으로써 실재론과 유명론의 이분법의 선택을 거부할 수 있다고 상정하는 것이다. 측정 개념은 실재론에 빠지지 않으면서도 과학의 성공을 설명할 수 있고 유명론에 빠지지 않도록 우리의 삶의 공간에 존재하는 외계를 인정하게 한다는 것이다. 외계에 대한 우리의 모든 믿음은 언어적이고 그리고 인식적이지만 김재권 교수가 주장하는 대로 인식의 표적으로서의 공동체의 비인식적인 세계에 대한 믿음(belief in a common world)의 필연성은 허용할 수 있다는 것이다.

둘째, 외계에 대한 우리의 모든 믿음이 언어적이라는 가설을 지지하기 위해 남 교수는 측정 개념의 논리 개발에 경주한다. "그 어떤 대상이라도 측정되지 않으면 일정 양은 물론 양에의 가능성도, 즉 연장성도 갖지 않는다." 측정되지 않은 대상, "무엇이든 될 수 있는 것은 그 자체로서는 아무것도 아니다"라고 하고 "무엇도 될 수 있는 가능성은 의미 있는 가능성이 아니다"라고 주장한다. 대상은 측정을 통해서만 드러나고 현시된다는 것이다.

남 교수의 측정 개념은 이분법적 존재론을 극복할 수 있는 유력한 개념이라고 생각한다. 이 분야에서 중요한 논의의 전개가 있을 수 있다고 믿는다. "측정의 철학"이 기여할 수 있는 가능성이 보인다. 또한 측정 개념은 혜강 최한기의 추측(推測) 개념과도 관련할 수 있어서 흥미롭다. 측정 개념의 논리는 무엇일까? 이것은 미룸, 헤아림, 개과천선(改過遷善)의 논리에서 구할 수 있는 것이 아닐까? 그러나 측정 개념에 대해 더 토론할 수 있는 사안들이 있을 것이다. "측정되지 않은 대상", "무엇이든 될 수 있는 대상", "무엇도 될 수 있는 가능성"을 나타내는 표현들이 동치적으로 사용되고 있고 이 사용은 논의의 설득력을 감소시키는 것으로 보인다.

그리고 "측정"과 "언어적 기술"의 관계에 대해 의문을 갖는다. 측정은 언어적 기술의 한 부분이 아닐까? 언어가 체계를 필요하듯 측정도 체계를 필요로 한다는 의미에서 그러하다. 시간의 특정한 국면에 대한 측정에서 아리스토텔레스와 어거스틴의 비실재론적 측정, 프라이어(A. N. Prior)의 양상적 측정, 프루스트(Marcel Proust)의 회상적 측정, 베이유(Simone Weils)의 전망적 측정은 독특한 체계를 전제한다. 그렇다면 언어가 고무 자인 것처럼 모든 측정도 고무 자가 아닐까? 그리고 측정은 언어적이지만 언어는 측정이라고 하기가 어려운, 양자의 차이가 있지 않을까? 언어 사용의 일부는 측정이지만 모든 언어 사용이 측정이라고 하기에는 부담이 있다.

(나) 신체성과 심성 내용 : "심성 내용은 신체적이다"라는 나의 명제에 대해 남 교수는 의문을 제기한다. "신체가 심적 술어나 심성 내용의 형성이나 심적 술어의 등장을 위한 측정 단위가 되었다"는 남 교수의 규정을 수용할 수 있다. 남 교수는 "신체성"보다는 "몸가짐"이라는 표현을 선호한다. 몸과 마음의 통합성을 표현하기 위해서는 더 적절한 표현이라는 의견에 동의한다. 그러나 나의 논의의 표적은 몸을 이원론적 외연적 물질로 간주하는 전통이라는 것을 고려하면, "몸가짐"의 지향적 가짐이 적시되지 않은 "신체성"을 전략적으로 채택한 까닭을 찾을 수 있을 것이다. "몸가짐"을 영어로 번역한다면 "behaviour"보다는 "body posture"가 될 것이고, "'body posture'는 몸과 마음의 통합성을 나타낸다"는 분석 판단이 될 것이다.

남 교수는 "신체가 심성 내용의 준거라기보다는 심적인 술어들이 먼저 등장하고, 이를 토대로 또는 측정 단위로 하여 신체적인 어휘들이 생성된 것이 아닌가"라고 묻는다. "심적인 것이 신체적인 것을 이해하기 위한 기반적인 측정 단위의 역할을 한다"고 남 교수는 생각하기 때문이다. 심리 언어의 의미에 대한 단편적 언급만으로 그 전체를 파악하기는 어렵다. 그러나 이 인용문이 시사하는 것은 심리 언어의 데카르트적 모델을 나타내는 것이 아닌가라는 의문이 든다.

"김 선생이 이 선생을 좋아한다"고 박 선생이 최 선생에게 말하는 경우를 고려해보자. 대개의 경우, 제삼자가 알기 전에 김 선생 본인이 이 선생이 좋아 애를 닳고 마음을 조릴 것이다. 그러나 이 경우는 다음과 같이 가능하다 : 김 선생이 얼굴을 붉히면서 박 선생의 말을 진지하게 부인하지만 박 선생의 말을 들은 최 선생이나 교무실의 다른 많은 동료들이 동의하는 것이다.

이 경우가 가능하다면, 이 경우의 김 선생의 심리 상태의 사실적 구조가 "좋아한다"는 심적 술어에 의미를 부여하고 이 술어 사용의 근거가 되는 것이 아니다. "좋아한다"는 술어 사용의 의미와 근거는 김 선생이나 언어 공동체 성원들의 몸가짐에 기초한다고 해야 한다. 그러기 때문에 김 선생은 처음에 얼굴을 붉히면서 부인했지만 며칠 후에 이를 마지못해 인정하는 상황이 발생하고, 데카르트 모델보다 신체성 모델이 이 상황을 더 잘 설명한다고 믿는다.

(다) 철학과 자연 언어-한국어로도 철학을 할 수 있는가? : 남 교수는 가장 중요한 의문을 제시한다. 언어 전통이 다름에 따라 철학적 전망이 달라지는 것이 아닌가? 언어 전통의 차이는 얼마나 존중해야 하는가? 철학의 철학자 언어 문화 한정성은 얼마나 인정되어야 하는가? 그럼에도 불구하고 여러 전통을 가로지르는 "과감한 철학적 등정"은 요청되어야 하지 않는가? 나는 이러한 의문에 공감하고 시사되고 있는 의견에 동의한다. 다만 나의 철학적 등정이 얼마나 과감한지, 얼마나 적합한지를 반성한다.

먼저 생활 양식이 언어 의미를 구성한다면 언어가 철학적 지평을 인도하거나 시사하리라는 것은 자명하다. 서양 철학의 과거의 초월주의적 전통은 서양 언어와 무관하지 않고 동양 철학의 내재주의적 전통은 동양의 언어에 기초해 있으리라는 의견은 개연성을 갖는다. 서양에도 유명론 같은 내재주의가 없는 것이 아니고 동양에도 정토종 같은 초월주의가 있어왔다. 그러나 동 서양의 주류는 확연하게 다른 일반성을 띠고 있다고 생각한다.

예를 들어 볼 수 있을 것이다. 서양 철학 전통의 보편자, 실체, 진리, 단순자 같은 개념들은 동양 언어에서 생소하다. 서양의 언어 논리와 종교 문화가 합성하여 만들어낸 철학적 지평을 나타내는 개념이기 때문일 것이다. 이러한 의미에서 "기독교를 모르면 서양 문학을 이해하기 어렵다"는 말은 일리가 있다. 마찬가지로 동양 철학 전통의 인(仁), 성(誠), 성(性), 성(成), 성(聖), 선(禪) 같은 개념들은 서양 언어로 번역하는 것이 불가능하지는 않지만 어려운 것이다. 가령, 인(仁)과 선(禪)을 각기 'ren'과 'zen'으로 음역(音譯)하는 소이가 여기에 있는 것이다.

왜 번역이 아니고 음역일까? 번역을 시도하고자 할 때 번역은 감당하기 어려울 만큼 길어지거나 짧게 하는 경우 많은 것을 잃기 때문일 것이다. 그러면 음역은 어떤 역할을 하는 것인가? 음역에서 요구하는 것은 무엇인가? 동양 철학의 개념의 음역은 비 동양어권의 독자로 하여금 동양 언어의 삶에 들어와 그 이해를 상상하라는 요구일 것이다. 역지사지(易地思之)의 인간관계론이 개념 언어의 해석에 그대로 도입되고 있는 것이다.

그러나 지적된 대로 여러 다른 철학 전통은 서로 과감한 철학적 등정을 해야 한다. 전통의 언어가 다르다고 철학적 전망이 반드시 달라야 하는 것은 아니기 때문이다. 왜 그러한가? 이를 위한 하나의 논의는 자연 언어와 개념 언어의 차이에 주목하여 고려해볼 수 있을 것이다.

자연 언어는 한국어나 스와힐리어처럼 구체적 언어 공동체들이 구성한 언어다. 이 언어는 인간 역사가 기록한 방식대로 구성되었을 수도 있지만 대부분의 경우 기억되지 않는 방식으로 발전해왔다. 언어 공동체는 특수한 자연 환경, 이웃 공동체와의 여러 가지 관계, 공동체 자체 내의 이해 관계의 조정이나 실패와의 관계에서 그 언어가 진화되어 왔을 것이다. 구체적 자연 언어는 그 공동체의 생활 양식의 특수한 방식에 따라 우연적 요소를 갖게 되는 것이다.

그러나 개념 언어는 구체적 자연 언어에 의해 표현되지만 이 자연 언어의 특수한 의미나 논리에 의존하지 않는다. 개념 언어의 이해 가능성은 인간 자연 종이 공유하는 단일한 생활 양식에 기초한다고 믿는다. 고양이가 후회하거나 반성한다고 할지라도 인간은 그것을 이해할 수 없는 까닭은 고양이와 같이 살면서도 '후회'나 '반성'의 생활 양식을 공유하지 못하기 때문이다. 그러나 인간 자연 종은 공유하는 생활 양식에 의해 다른 자연 언어를 사용한다고 할지라도 후회나 반성의 개념에 접근하고 이해할 수 있는 것이다. 데이빗슨이 자연 언어들의 번역 가능성을 근거로 인간은 단일한 개념 체계를 갖는다고 언급한 것은 주목할 만하다.

그렇다면 철학적 성찰이란 어떤 종류의 행위인가? 철학은 나와 인간을 포함한 세계에 대한 개념적 성찰이 아닐까? 철학을 여러 가지 다른 방식으로 규정하는 경우에도 이러한 요소와 연결되거나 환원될 수 있지 않을까? 철학이 개념 언어의 활동이라면 그리고 개념 언어는 자연 언어를 통하지 않고 표현될 수 없다면 이 개념 언어에는 어떻게 접근할 것인가? 접근에는 세 가지 단계가 있으리라 생각한다. 첫째, 개념 언어 활동의 문법을 배우는 단계다. 피아노나 바둑을 처음으로 배우는 것은 '잘하는 사람'을 따라하는 것이다. 철학사의 훌륭한 개념 행위의 문법을 모국어든 외국어든 간에 배워 철학적 문제 제기, 철학적 조명의 방식을 배우는 것이다. 둘째, 세계 해석에 대한 최근의 철학적 성취를 어느 정도 숙지하는 것이 필요 조건은 아니지만 바람직한 조건이다. 이 단계도 모국어나 외국어일 수 있다. 셋째, 자신이 처한 상황으로부터 세계 해석을 시도하는 것이다. 이 단계도 모국어일 필요는 없지만 바람직한 것은 모국어 공동체와의 관계 속에서 이루어지는 것이다. 한국어의 '결', '다움', '보람', '마음', '맞음' 같은 단어들이 서양어로는 쉽게, 선명하게 접근되지 않는 개념을 편안하게 나타낼 수 있다면 철학의 한국적 기여의 출발일 수 있을 것이다.

김영정의 넓은 분류와 간이론적 지칭 가능성

나는 지칭 개념을 통한 실재론에 접근하고자 하였다. 한 유형의 실재론은 진리의 언어 의존성을 수용하면서 간이론적 지칭 가능성으로 지지될 수 있다고 믿는다. 그리고 이 지칭성은 고정 지시어에 의해 촉발된 것이지만 진리, 믿음, 규칙 개념으로부터의 반론에도 유지될 수 있는 넓은 분류에 의해 도달할 수 있다는 것을 제안하였다.

김영정 교수는 치밀한 반론을 통해 나의 주장[1]에 의문을 제기한다. 나의 넓은 분류는 간이론적 지칭 가능성을 허용할 것인가를 묻고 있는 것이다. 김 교수는 나의 넓은 분류 / 좁은 분류의 구분이 퍼트남의 넓은 내용 / 좁은 내용의 구분의 "통찰과 상반된다"는 것이다. 김 교수는 퍼트남의 구분의 논변에 공감하여 "좁은 내용을 아무리 넓혀도 넓은 내용 자체로 나아갈 수 없다"고 판단한다. 그렇다면 나의 전략 설정이 미흡하다는 결론이 귀결되는 것이다.

---

1) 정대현, 「실재론과 넓은 지칭」, 『철학』 제34집(1990 가을) : 109–136.

(가) 퍼트남 내용의 좁음과 넓음 그리고 분류의 좁음과 넓음 : 김 교수의 퍼트남 논변 구성은 한편으로 정당하지만 다른 한편으로 이해되지 않는다. 지구 E와 쌍둥이 지구 F가 모든 면에서 동일하고 '물'이라고 지구에서 불리는 것은 H_2O이지만 쌍둥이 지구에서 그렇게 불리는 것은 XYZ라는 점에서만 다를 경우, "나는 물 한잔을 마시고 싶다"고 지구의 아담 E와 쌍둥이 지구의 아담 F가 각기 말하였을 때, 두 사람의 마음의 좁은 내용은 다른 것이다. 이 구성에 동의한다.

그러나 퍼트남의 경우 "좁은 내용을 아무리 넓혀도 넓은 내용 자체로 나아갈 수 없다"는 것은 어떤 종류의 경우일까? 이 부분이 이해하기 어렵다. "좁은 내용은 표현 불가능하다"는 명제를 떠올릴 수는 있다. 퍼트남은 "좁은 의미의 심리적 상태란 그 상태의 주체 이외의 다른 개체의 존재를 상정하지 않는 것과 같은 상태다"라고 생각하고, 버지는 "아담 E와 아담 F의 차이는 '물'이라는 표현이 결과하는 진리치(외연)의 차이가 아니라 그들이 그 표현으로써 갖는 생각의 진리치 조건의 차이다. … 대언적 믿음을 설명하거나 알기 위해서는 대물적 믿음에 관한 어떤 것을 전형적으로 알아야 한다. … 그렇다면 어떠한 태도도 대언적이거나 대물적이거나 간에 좁은 의미의 심리적 상태는 아니다"라고 하는 분석에 의해 지지된다.

김 교수의 의문은 퍼트남의 내용 구분과 나의 분류 구분을 동일시하거나 유사시한 데서 이해될 수 있다. 두 구분을 동일시할 수 있다면 비판은 전적으로 정당화된다. 그리고 논문 쓰기의 애매 모호한 점을 인정한다. 두 구분의 용어 유사점의 오도성에 착안하여 양자의 차이에 더 주목했어야 했다. 이러한 차이를 늦게나마 논의할 수 있음을 다행으로 생각한다.

퍼트남의 내용의 좁음과 넓음의 구분은 화자의 발화 문장의 내용이 개인의 심성 상태로써 구성되는 것인가 아니면 외부 세계의 구조에 의한 것인가의 대상적 구분이다. 그러나 나의 분류의 좁음과 넓음은 그러한 내용이 구성되는 과정에 대해 제약을 어떤 정도에서 줄 것인가의 상위적 구분이다. "나는 물 한잔을 마시고 싶다"고 아담 E와 아담 F가 세계 구조의 조건을 도입하지 않고 각기 말했을 때 두 사람의 마음의 내용은 어떤 의미에서 동일한 '좁은 내용'으로 간주될 수 있다. 그러나 두 화자의 발화 문맥에 세계 구조의 조건을 도입하면 조건은 길어지고 넓어지는 과정을 거쳐 두 발화는 발화자뿐만 아니라 타자에게도 상이한 넓은 내용을 유지할 수 있게 된다.

(1) 나는 물 한잔을 마시고 싶다(화자).

(2) 나는 물 한잔을 마시고 싶다(화자, 청자, 장소, 시간, 언어).

(3) 나는 물 한잔을 마시고 싶다(화자, 청자, 장소, 시간, 언어, 세계 구조).

(4a) 나는 물 한잔을 마시고 싶다(화자, 청자, 장소, 시간, 언어, 세계 구조a).

(4b) 나는 물 한잔을 마시고 싶다(화자, 청자, 장소, 시간, 언어, 세계 구조b).

발화 (1)은 퍼트남이 지적한 대로 개인의 사적 언어일 수 있다. 언어가 제시된 발화 (2)나 세계 구조가 개별화되지 않고 일반화된 발화 (3)은 기술론적 또는 언어주의적으로 쉽게 해석된다. 그러나 세계 구조의 기술이 차별화된 발화 (4a)와 (4b)는 같은 기호 '물'을 사용하지만 특수한 세계 구조의 기술에 의하여 간이론적 지칭성을 획득하는 것이다. 세계 구조 a가 접근 가능한 모든 세계에서는 '물'이라는 기호로 H_2O를 지칭할 수 있는 것이다.

(나) 이론적 개체 명사 : 김 교수는 '쿼크'나 '원자' 같은 이론적 개체 명사의 지칭 확정은 이론 의존적이므로 간이론적 지칭 가능성이 불가능하다고 생각한다. 상식적 차원에서 '호랑이' 같은 자연 종 명사와 '쿼크' 같은 이론적 명사의 구분은 수용할 수 있다. 그러나 논리적 차원에서 양자의 경계가 얼마나 분명한가는 의문이다. '호랑이'와 '고양이' 논의에 의존할 수 있을 것이다.

쾌인의 자연 종 개념을 빌려 다음과 같이 말할 수 있을 것이다 : '호랑이'라는 표현은 고유명사가 아니라 보통명사지만, 이 보통명사가 세계를 설명하는 이론에서 성공적인 경우 자연 종 명사로 정착, 고정 지시어로 수용, 간이론적 지칭 가능성을 확보할 수 있게 된다. 또한 '고양이'라 불리는 동물이 지구의 포유류가 아니라 지구 생태계를 보호하기 위해 파견된 외계인이라는 것이 발견될 가능성을 상상할 수 있다는 것이다. 그러면 이 경우 '고양이'라는 이름은 지구 포유류 이론에서도, 지구 파견 외계인 이론에서도 나타난다. 동일한 이름이 두 이론에서 동일한 대상을 지칭할 수 있는 것이다.

이론적 지칭 명사가 지칭성을 획득하기 위해서는 관용 원리, 인과 개념 같은 배경 조건들을 필요로 한다고 주장한다. 동의한다. 그러나 이러한 조건들은 넓은 조건과 독립적이라고 생각한다. 동의하지 않는다. 왜 관용 원리나 인과 조건은 넓은 조건에 포함될 수 없다는 것일까? 이 조건들을 세계 구조의 조건에 포함하지 못할 이유는 무엇일까?

예를 들어, 인과 개념을 해킹 식으로나 퍼트남 식으로 이해하는 경우에도 세계 구조의 조건에 그 다른 이해를 포함할 수 있는 것이다. 해킹은 지적된 대로 "이론적 개체들의 인과적 힘의 규칙적인 독립적 사용은 이론 의존적이 아닌 단순 문장으로 기술될 수 있다"는 것이지만, 퍼트남은 "'고양이'라는 단어의 사용에 대한 한 인과의 연쇄 고리를 C라 할 수 있다면 다른 연쇄 고리 C*를 갖는 '고양이*'가 가능하다"는 것이다. 퍼트남에게서는 진리가 지향성을 갖듯이 인과 개념도 그렇다고 믿는 것으로 보인다. 세계 구조의 기술은 다양한 이론에 열려 있고, 넓은 분류의 긴 조건은 이러한 이론들 중에서 한 이론을 선택하면 그 이론에 접근성을 갖는 모든 체계들은 간이론적 지칭 가능성을 확보한다고 생각한다.

(다) 진리, 믿음, 규칙 : 간이론적 지칭 가능성에 대한 반론으로 진리, 믿음, 규칙의 개념으로부터의 논의들을 반박하였지만, 김 교수는 나의 반론의 설득력에 의문을 표시하고 있다. '개바가이'에 대한 세 번역 후보들 중 어떤 것이 참인가를 결정할 사실이 없다는 주장을 반박하는 '개략적 윤곽'도 제시하고 있지 않다는 것이다. 그리고 피에르의 'Londres'와 'London'이 지칭하는 것들에 대한 믿음에 긴 조건을 첨가하는 것이 어떻게 간이론적 지칭 가능성과 관계가 있는 것인가? 규칙에 대해 긴 조건을 첨가하면 경쟁적 함수가 줄어들긴 하지만 없어지지 않는다면 "어떻게 간 이론적 지칭 가능성을 확보해준다고 말할 수 있겠는가"라고 묻는다.

'개바가이'에 대한 세 번역 후보의 짧은 조건 상태의 후보들은 어떤 것이 맞는가에 대해 물론 비교도 확정도 하기 어렵다. 그러나 세 후보에 해당 배경 조건들이 길게 나열될수록 그 어려움은 점진적으로 감소될 것이다.

(5) 토끼!(개별자주의)
(6) 토끼의 시간적 단면!(현상론)
(7) 토끼의 공간적 부분들의 패턴에 의한 연합!(부분-전체론)

후보의 배경 조건들이 발화자의 발화의 문맥으로 도입될 때 발화의 이해는 그 발화가 이루어진 문맥에 따라 수행될 것을 요구하는 것이다. 콰인의 '개바가이' 문제 제기의 문제점은 토착민의 발화나 인류학자의 번역 후보 제안을 '원초적 번역의 문맥'만 인정하고, 일상 대화에서 수용되는 발화 문맥의 일상적 조건을 고려하고 있지 않는 것이다.

피에르의 'Londres'와 'London'이나 규칙 역설의 '더하기'와 '커하기'의 경우도 발화의 배경 문맥을 그 발화 이해 조건의 한 요소로 수용하는 데서 조명될 수 있을 것이다. 'Londres'와 'London'이라는 이름을 피에르가 사용하는 경우에 한정하여 피에르의 발화를 이해하고자 할 때 좁은 분류에 의한 이해가 얻어질 것이다. 그러나 두 이름은 넓은 배경에서 사용되는 문맥으로부터 그 발화를 이해하고자 할 때 넓은 분류의 이해를 얻을 수 있는 것이다. 크립키는 믿음의 역설을 보이기 위해 좁은 분류의 피에르 발화를 분석하였지만, 일상적으로는 넓은 배경의 문맥으로부터 두 이름을 사용하고 이해할 때 두 이름은 간이론적 지칭성을 확보하는 것을 볼 수 있다.

'더하기'와 '커하기'로 표시되는 함수의 경우에도 이 단어 사용의 조건을 길게 늘일수록 경쟁성은 줄어들고 그 함수의 고유 기능이 선명하게 드러난다. 그리고 그 사용의 조건을 특정 공동체의 생활 양식의 도입에서 의미의 잠정적 확정이 얻어지는 경우 이 이름들은 고유한 지칭성 그리하여 간이론적 지칭성을 획득하는 것이다.

임일환의 통세계적 동일성과 필연성

임일환 교수는 동일성에 대한 논의를 함으로써 필연성에 대한 나의 이해에 대하여 중요한 비판을 하였다. 이 글에서 나는 그러한 비판의 개연성이 무엇인가를 논의하고자 한다. 임일환 교수의 비판은 표면적으로 매우 긍정적이고 비판도 온건한 언어로 수행한다. 그러나 그의 비판의 내용은 신랄하다. 그는 비판 논문 전체에서 얼핏 보아

(1) 통시간적 동일성은 통세계적 동일성의 한 유형이다

라는 나의 주장에 하나의 일관된 의문을 제기한다. 그러나 그의 진정한 물음은 좀더 감추어진 것으로 보인다. 그는 나의 통세계적 동일성 개념이 옹호하기 어려운 명제에 기인한 것이라고 시사한다.

(가) 동일성 개념 논변 : 임 교수의 동일성 개념에 대한 해석이

옳다면 문제는 내게 매우 심각해질 것이다. 임 교수의 논의는 세 가지다. 임 교수의 첫째 논의는 서술 논변이다 : 임 교수는 명제 (1)이 오해 유발적이라고 생각한다. 그 이유는 다음과 같다. 상이한 속성을 가진 것들은 동일자일 수 없다. 임 교수는 이것을 '라이프니츠 원리'라고 부르면서 수용되어야 한다고 생각한다. 이것은 다른 말로

(2) 필연적으로 동일자는 모든 속성을 공유한다

$$(\Box((x{=}y) \rightarrow (\forall P)(Px \leftrightarrow Py)))$$

라고 말해진다. '동일자는 모든 속성을 공유한다'는 모든 가능 세계에서 참이라는 것이다. 그러나 이 동일성은 통세계적 동일성이 아니라 모든 가능 세계에서의 세계 내적 동일성이라고 임 교수는 지적한다. 그리고 그는 '한 시점에 존재하는 개체가 다른 시점에 존재하는 개체와 속성이 적어도 하나 다르다면 이들은 동일하지 않다'는 통시간적 동일률에 주목한다. 그리고 이것은 통세계적 동일성과 무관한 것으로 결론짓는다. 임 교수의 지적대로라면 나의 주장은 오해 유발적이 아니라 단순히 거짓일 뿐이다.

임 교수의 둘째 논의는 양상 논변이다. 명제 (1)이 유지되기 위해서는 문장 (2)가 아니라 통세계적 동일성 개념을 제시할 수 있는

(3) 필연적으로 동일자는 모든 속성을 필연적으로 공유한다

$$(\Box((x{=}y) \rightarrow \Box(\forall P)(Px \leftrightarrow Py)))$$

에 의존한다고 말한다. 임 교수는 문장 (3)이 두 가지를 함축하는

것에 주목한다. 첫째는 동일자가 통세계적으로 모든 속성을 공유한다는 것이고 둘째는 동일자의 모든 속성은 그 본질이 된다는 것이다. 임 교수는 둘째 함축을 강조하여 그 문제점을 지적한다. 이 함축에 의하면 철수의 모든 속성, 예를 들면 뚱뚱함도 철수의 본질이 된다는 것이다. 그러나 이것은 거짓이다. 그러므로 (3)은 거짓이고 이에 근거한 나의 통세계적 동일성 개념이나 통시간적 동일성과의 관계에 대한 주장도 설자리를 잃게 된다.

임 교수의 셋째 논의는 구별 논변이다. 필연적 동일성에는 적어도 세 가지 입장이 구별되어야 한다. 카트라이트의 통시간적 동일성, 크립키의 통세계적 동일성 그리고 치좀의 통시간-통세계적 동일성이 그것이다. 그러나 이들은 모두 명제 (2)를 전제한다. 그렇다면 세 가지 형이상학의 차이는 이 명제에 대한 해석 방식에서의 차이다. 임 교수의 함축은 "나는 명제 (1)을 주장하기 위하여 명제 (2)를 필요로 하고 (2)에 대한 해석을 명제 (3)에서 가지고 있다"는 것이다. 그러나 앞에서 본 것처럼 (3)은 거짓이라는 것이다.

(나) 임 교수의 동일성 개념 : 임 교수의 논의는 온건하고 일관되고 그리고 내적 설득력을 가지고 있다고 생각한다. 그러나 그의 논의가 내게 부담스러운 까닭은 그는 특정한 의미론을 상정하고 있는 것이다. 그의 의미론이 무엇인가에 대해서 그는 그의 논변에서 말하고 있지 않다. 다만 상정하고 있을 뿐이다. 나는 그의 논변들을 분석하면서 그가 상정하고 있을 의미론이 무엇인가를 추정할 수 있을 뿐이다. 이것이 밝혀진다면 그의 내적 설득력을 가지고 있는 논변에도 불구하고 왜 불만스러운 것인가가 보일 수 있을 것이다. 그의 논변을 살피기 전에 동일성에 대한 작업적 동의를 갖도록 하자.

라이프니츠는 동일성 개념에 대하여 여러 가지 방식의 생각들을 세 곳에서 달리 제시하였다.[1] "두 개의 실체가 정확하게 같으면서 수량적으로만 다르다는 것은 참이 아니다"; "각개의 모나드가 다른 모나들로부터 다르다는 것은 필연적이다. 그 이유는 다음과 같다. 똑같은 두개의 존재자들이나 내적(internal) 차이 또는 본유적(intrinsic) 성질에 근거한 차이를 발견할 수 없는 두 개의 존재자들은, 자연에 결코 존재하지 않는다"; "어떠한 두 개의 개별자들도 서로로부터 구분할 수 없는 것은 아니다."

(4) $(\forall x)(\forall y)(\exists P)((Px \ \& \ -Py) \rightarrow -(x = y))$
(5) $\Box(\forall x)(\forall y)(\exists P)((Px \ \& \ -Py) \rightarrow -(x = y))$

(4)는 첫째를 형식화한 것이고 (5)는 둘째와 셋째 표현을 나타낸 것이다. 라이프니츠는 동일성에 대한 이러한 규칙을 긍정적으로

(6) $(\forall x)(\forall y)((x = y) \rightarrow (\forall P)(Px \leftrightarrow Py))$
(7) $\Box(\forall x)(\forall y)((x = y) \rightarrow (\forall P)(Px \leftrightarrow Py))$

가 아니라 (4)와 (5)에서 부정적으로 구성하였음을 알 수 있다. 그리고 이 원리를 경험적 원리로 생각하였다. 그러나 라이프니츠가 사용하는 '내적 차이'나 '본유적 성질' 같은 표현들은 이들을 논리적 진리인 것처럼 생각하였다는 것을 시사한다.
　임일환 교수는 라이프니츠 원리의 네 가지 구성 중에서 (7)을

1) G. W. Leibniz, *Discourse on Metaphysics*, trs., p.G. Lucas and L. Grint, Manchester, 1953 ; *Monadology and Other Philosophical Essays*, trs., Paul and Anne Martin Schrecker, New York, 1965 ; *Leibniz-Clarke Correspondence*, ed., H. G. Alexander, Manchester, 1956.

택하고 있음을 알 수 있다. 그러나 주목할 것은 콰인은 '라이프니츠 원리'라는 것을 달리 이해하고 있다는 점이다. 콰인은 (4)와 (6)은 '동일자 불가분별률(만일 두 대상이 동일하다면 그들은 동일한 종류들에 속한다 : Indiscrnibility of Identicals)'이라고 하여 거부한다. '1년 전의 뚱뚱한 문성근 씨와 어제의 뚱뚱하지 않은 문성근 씨가 같을 수 없다'는 귀결이 제기하는 어려움 때문일 것이다. 그리고

(8) $(\forall x)(\forall y)(\forall P)((Px \leftrightarrow Py) \rightarrow (x = y))$

라는 명제를 '불가분별자 동일률(만일 모든 종류들에 대하여 한 대상이 속한 경우 그리고 이 경우에만 다른 대상도 속한다면 그러면 두 대상은 동일하다 : Identity of Indscernibles)'라고 부르면서 이를 라이프니츠 원리로 수용한다. 대상의 동일성에 대한 그의 기술론적 시각이 보이는 선택이라고 생각한다. 모든 성질은 우유적일 뿐이고 한 대상의 동일성은 그 대상이 가지고 있는 모든 성질에 의하여 결정된다는 관점이다. 물론 그는 여기의 (8)에 양상 연산자도 붙이지 않는다. 콰인은 내포 논리가 아니라 외연 논리에 의하여 언어를 이해할 수 있다고 믿기 때문이다.

그러나 크립키를 위시한 양상론자들은 콰인의 입장을 뒤집어서 라이프니츠 원리를 해석한다.[2] 그리고 레이셔는 동일자 불가분율과 불가분별자 동일률을 연언으로 연접하여 라이프니츠 원리로 해석한다.[3] 왜 그러할까? 나의 추측은 크립키와 레이셔는 라이프니츠가 그 원리에서 '내적 성질' 또는 '본유적 성질'이라고

---

2) Saul Kripke, *Naming and Necessity*, Havard University Press, 1980, p.3n.
3) N. Rescher and A. Urquhart, *Temporal Logic*, New YOrk : Springer-Verlag, 1971, p.242.

부르는 사실을 심각하게 주목하기 때문이라고 생각한다. 문성근 씨의 뚱뚱함 같은 우유적 성질은 고려의 대상이 아니고 문성근 씨가 '특정한 정자와 난자의 결합에 의한 특정한 수정란으로부터 탄생하였다'와 같은 본질적 성질만 취급한다는 것이다.

라이프니츠 원리에서 성질 양화사를 본유적 성질을 양화하는 것으로 읽으면 콰인이 당황하게 되었던 (4)와 (6)의 어려움이라는 것은 처음부터 없었던 것이 된다. 그리고 '(4)와 (6)이 각기 라이프니츠에게서는 어떻게 (5)와 (7)과 동치적 원리인가?'라는 물음도 설명되는 이점이 있다. 레이셔가 동일자 불가분별률과 불가분별자 동일률을 연접사에 의하여 어떻게 연접할 수 있는가도 이해된다. 그리고 콰인은 라이프니츠가 (4)와 (5)를 동시에 동치적으로 말하는 것에 대하여 '일관되지 않는다'고 말해야 하는 부담을 지게 된다. 우리는 라이프니츠 원리에 대하여 외연적 해석을 하는 콰인의 선택과 내포적 이해를 취한 크립키의 입장을 대조할 수 있을 것이다. 그리고 임일환 교수는 그의 비판에서 라이프니츠 원리에 대하여 크립키적 해석을 취하는 것으로 보인다.

임 교수는 서술 논변에서 통세계적 동일성과 통시간적 동일성은 다른 종류의 동일성이라고 지적한다. 이들이 다르다는 것을 서술적으로 말하고 있을 뿐 어떻게 이들이 다를 수밖에 없는가에 대해서는 언급이 없다. 그러나 이들이 다르다는 것에 대하여 몇 가지 이유를 다음과 같이 고려해볼 수 있을 것이다. 두 대상이 통시간적 동일성을 유지하는 경우 양자간에는 인과 관계가 유지될 수 있지만 이것이 통세계적 동일성의 관계에서는 유지될 수 없다. 또 하나의 이유는 개별자 존재론은 일상적이고 일상적인 것은 오래 검증된 것이라는 것이다. 달리 말하여, 통시간적 동일성이나 통세계적 동일성은 개별자 존재론 안에서 적용되는 동일성이라는 것이다. 그렇다면 통시간성은 물리적 시간의 법칙 하에 놓이고 이것은 하나의 시간을 부분으로 나누어서 그 부분들의 관계를 정형화한 것이 된다. 그러나 통세계적 동일성은 논리적 세계들일 뿐이고 이들을 지배하는 원리는 논리적 규칙이라는 것이다. 임 교수는 아마 콰인이 양자의 차이를 현실 사물적 동일성과 임의성의 자의적 동일성으로 대조하는 것을 염두에 두고 있었을 것이다.[4]

(다) 통시간적 동일성과 통세계적 동일성 : 이러한 이유들은 그럴 듯하고 수긍할 만하다. 그러나 이들에 의하여 통시간적 동일성과 통세계적 동일성은 다를 수밖에 없는가? 다를 수밖에 없다는 결론은 너무 빠르다. 콰인의 관찰이 이 경우에 결정적으로 적용되기 위해서 선행되어야 하는 것은 '의미(meaning)라는 것은 외연적이다'라는 것이 긍정적으로 대답되어야 하는 것이다. 그러한 긍정적 대답이 얻어진다면 그러면 콰인의 처방은 정당화될 것이다. 그러나 그러한 외연적 프로그램은 제안되고 있는가 성공하고 있는가? 나는 이 물음들에 대하여 부정적이다.

이때까지 변화라는 것은 철학에서도 인과 관계에 의하여 그리하여 시간적 개념으로 설명되었다. 그러나 인과 관계의 구조는 물리적인가? 칸트에 대한 러셀의 비판은 무엇을 보여주는가? 왜 인과 개념 대신에 확률론이 제안되는가? 확률 개념은 왜 논리적 단계에서 빈도치 단계를 거처 주관적 단계로 귀착되는가? 의미는 덜 외연적으로 그리고 더 내포적으로 이해되고 있는 것이다. 그렇다면 철학에서 변화라는 것은 어떻게 설명될 수 있는가? 변화에 대한 하나의 설명 모델은 세계의 시간적 단면들을 가능 세계들로 해석하는 체계다.[5]

---

4) W. V. O. Quine, "Worlds Away", *Journal of Philosophy*, 1976, pp.859-863, p.861, 정대현, 『필연성의 문맥적 이해』, pp.161-162.

상식적 체계에 의하면 문익환 씨라는 인격체가 존재하고 그리고 그를 시간적 단면에 따라 어린이, 사춘기, 신학자, 민권운동가의 단계들로 인격적 단계들을 구성한다. 그러나 위의 양상 체계를 따르는 경우 다음과 같은 설명 모델을 가질 수 있는 것이다. 시간적 단면에서 나타나는 인격적 단계들을 일차적이고 구체적인 개별자로 간주하고 이들을 통합하여 이루어지는 '문익환 씨'라는 인격체는 추상적 구성체라고 해석한다.6)

이러한 개별자론에 입각하여 양상 체계를 수용하면 그러면 통세계적 동일성과 통시간적 동일성은 다음과 같은 기준을 갖게 될 것이다.7) x, y를 개별자에 적용되는 변항 t1, t2를 시간적 단면에 적용되는 변항, 그리고 w1, w2를 가능 세계에 적용되는 변항으로 채용하자.

(9) $\text{It}(a,b) \leftrightarrow (\exists P)((\forall t1)(\text{Pat1} \leftrightarrow \text{Pbt1}) \,\&\, {-}(\exists t2)(\forall x)(\text{Pxt2}\& {-}(x{=}a) \,\&\, {-}(x{=}b))$

(10) $\text{Iw}(a,b) \leftrightarrow (\exists P)((\forall w1)(\text{Paw1} \leftrightarrow \text{Pbw1}) \,\&\, {-}(\exists w2)(\forall x)(\text{Pxw2} \,\&\, {-}(x{=}a) \,\&\, {-}(x{=}b))$

---

5) David Kaplan, "Transworld Heir Lines", *The Possible and the Actual : Readings in the Metaphysics of Modality*, ed., M.J. Loux, Ithaca : Cornell University Press, 1979, pp.88-109, 102-104.

6) 임 교수는 크립키가 통시간적 동일성을 양상적으로 해석하지 않는다는 것을 시사하고 있다. 그러나 나는 그러한 문헌을 아직 접하지 못하고 있다. 그가 통시간적 동일성에 대해 부정적으로 언급하고 있는 경우들이 있다. 그러나 이 경우들은 모두 통시간적 동일성에 대한 필요 충분 조건적 기준을 논의하는 문맥에서다. 참조 : Saul Kripke, *Naming and Necessity*, Havard University Press, 1980, p.43 ; 51n ; 115 ; Sydney Shoemaker's discussion in French 1979 on Kripke's Lectures on "Time and Identity", given at Cornell in the Spring of 1978.

7) 이 기준은 다음의 논문에서 인용된 것이다 : 정대현, 「크립키 본질주의와 인공종」, 『철학』 제29집(1988, 봄), 129-145쪽. 이 기준이 졸서에서는 잘못되어 있다. 그러한 오류가 불편을 야기하였다면 그것은 전적으로 본인의 책임이다.

두 개의 개별자가 통시간적으로 동일하다는 것은 이들이 적어도 하나의 성질을 모든 시간에 공유하고 그리고 이 성질은 이들을 제외한 다른 개별자에 의하여 어떤 시간에도 공유되지 않은 그러한 것이다. 통세계적 개별자들에 대해서도 비슷하게 말해진다. 그러면 이러한 성질은 무엇인가? 결국 이 성질은 그 개별자들만 모든 시간에 또는 모든 세계에서 공유하는 성질이 된다. 단순하게 말하여 배타적 본질을 갖는다는 것이다.

임 교수의 양상 논변과 구별 논변을 고려하자. 임 교수의 '라이프니츠 원리만으로는 통세계적 동일성 개념을 얻을 수 없다'는 관찰은 옳다고 생각한다. 그리하여 그는 명제 (3)이 그러한 목적으로 도입된다고 말한다. 임 교수가 여기에서 도출하는 첫째 함축은 참이다. 예를 들 수 있을 것이다. 두 대상이 현실 세계에서 동일하다면 그러면 두 대상은 현실 세계뿐 아니라 모든 가능한 세계에서도 같은 성질을 공유한다. 두 대상이 통세계적 동일성을 유지하는 것이다.

그러나 명제 (3)에서 둘째 함축은 어떻게 도출할 수 있는가? '한 대상이 가지고 있는 모든 성질은 그 대상의 본질이 된다'는 것이 어떻게 (3)에 의하여 함축되는가? 명제 (3)은,

(11) $\Box((x=y) \rightarrow \Box(\forall P)((Px \rightarrow \Box Px) \& (Py \rightarrow \Box Py) \& (Px \leftarrow Py)))$

와 구별되고 논의되는 함축은 (11)에 의해서라야 가능한 것으로 보인다. 만일 이것이 옳다면 (11)은 거짓이지만 (3)은 거짓이 아니다.

임 교수가 지적한 대로 명제 (2)는 해석의 여러 가지 방식에 열려 있다. 마찬가지로 (3)도 그러하다. (3)에서의 성질 양화사를 내재적 성질로 볼 것인가 아니면 그러한 제한을 두지 않고 볼

것인가에 따라 (3)은 자명하게 참이 되기도 하고 자명하게 거짓이 되기도 할 것이다. 그러나 의아한 것은 임 교수는 (3)을 자명하게 거짓인 것으로 간주하고 있다는 사실이다. (2)를 해석할 때는 크립키를 따르고 (3)을 해석할 때는 콰인을 따르고 있지 않은가라는 점이 그러하다.

따라서 통세계적 동일성 개념을 제시하는 명제는 해석의 애매성에 열려 있는 (3)보다는 다음과 같은

(12) 두 대상이 동일하다면 이들은 필연적으로 동일하다
$$((\forall x)(\forall y)((x=y) \rightarrow \Box(x=y)))$$

라는 명제일 것이다. 그리고 이것은 라이프니츠의 원리와 '모든 대상은 필연적으로 그 자신과 동일하다$((\forall x)\Box(x=x))$'는 원리에 의하여 크립키가 귀결한 것이다.[8] 필연성에 대하여 콰인적 입장을 택한다면 임 교수의 비판은 설득력을 가질 것이다. 그러나 논의의 초점이 '동일성 기준은 외연적인가 내포적인가'의 택일적인 문제에 온다면 우리는 다른 차원의 토론으로 나가게 될 것이다. 나는 외연적 동일성 기준은 수용하기 어려운 입장이라고 생각하기 때문이다.

---

8) Saul Kripke, "Identity and Necessity", *Naming, Necessity, and Natural KInds*, ed., Stephen P. Schwartz, Ithaca : Cornell University Press, 1977, p.67.

이좌용의 문맥적 실재론과 반사실적 고정 지시어

　문성근 씨는 문익환 목사의 아들이다. 나는 이것을 최근에 알 았다. 그렇지만 이것이 사실이라면 이것은 필연적으로 참이다. 이것이 현실 세계에서 그러하다면 모든 가능 세계에서 그러하다 는 것이다. 그렇다면 이것은 '문성근 씨는 필연적으로 문익환 목 사의 아들이다'라는 문장으로 표현된다. 콰인은 이 문장의 '필연 성'을 "'문성근 씨는 문익환 목사의 아들이다'라는 문장은 분석적 이다"로 해석하는 언어적 이해를 제안한다. 그러나 크립키와 전 기 퍼트남은 여기에서 '필연성' 또는 '모든 가능 세계'를 문성근 씨가 존재하는 모든 가능 세계로 이해하여 문성근의 존재를 인 식의 가능성 여부에 상관없이 형이상학적으로 상정한다. 그러나 나는 문성근에 대해 반사실적으로 말해지는 문맥 안에서의 모든 가능 세계로 해석하여 문성근을 인식적 대상으로 국한하였다. 필연의 실재성을 문맥적으로 파악하고자 하였다.[1]

　이좌용 교수는 필연성에 대한 이러한 문맥적 이해의 나의 저

---

1) 정대현, 『필연성의 문맥적 이해』, 이화여대 출판부, 1994.

서는 첫째, 혼란에 빠졌거나 둘째, 무용지물이라는 요지의 비판을 하고 있다. 일반적으로 이좌용 교수는 나의 필연성 개념에 대하여 외부적 비판이 아니라 좀더 내부적 비판을 하고 있다. 따라서 이 교수는 나의 주장을 면밀하게 검토하고 균형과 설득력을 가지고 비판을 전개하고자 한다. 결과는 내가 약하게 생각하고 있는 바로 그러한 점들을 날카롭게 지적하고 있는 것이다. 나는 이 비판들을 크게 두 종류로 구분하고자 한다.

(가) 퍼트남과의 차별성 : 이 교수는 나의 문맥적 실재론이 얼마나 새로운 것이냐고 묻는다. 퍼트남이 언어와 세계의 관계에 대하여 내재적 실재론을 제안할 때 우리는 그것이 얼마나 어려운 입장인지 안다. 그의 내재적 실재론은 언어와 세계의 이분법을 부인하고 진리라는 것은 실질적(substantive)인 내용을 갖는다는 주장으로 구성된다. 그렇다면 문맥적 실재론이라는 것은 그러한 내재적 실재론과 어떻게 다른가? 이 교수에 의하면 나의 논제가 얼마나 새로울 것인가가 의문스럽다고 한다. 이 교수가 지적하는 차별성의 문제는 단순화시키자면 이런 책을 쓰는 의의가 도대체 있는가 하는 의문이다.

차별성의 문제를 먼저 고려하자. 퍼트남은 그의 후기 철학의 입장을 내재적 실재론 또는 실용주의적 실재론이라고 한다. 나의 문맥적 실재론은 그러한 퍼트남의 입장과 얼마나 다른가? 나의 대답은 부끄러워할 필요도 없이 '많이 다르지 않다'는 것이다. 그러면 왜 '문맥적'이라는 단어를 사용하여 새로운 것인 양하는가? 조금은 다르기 때문이다.

나는 퍼트남 전기의 형이상학적 실재론과 후기의 내재적 실재론 사이에 어떤 단절이 있고 어떤 연결이 분명히 있다고 생각한다. 그러나 나를 당혹하게 하는 것은 이러한 단절과 연결이 생각보다 선명하지 않다는 점이다. 그 중의 하나는 고정 지시어 개념이다.

퍼트남의 전기 철학은 러셀류의 기술 이론적 지칭론을 거부하고 직접적 지칭론을 수용한다. 그러나 크립키는 구성이나 발생에 의한 본질 명제를 추리해낼 때 형이상학적 조건 명제에 의존하고 있음에 반하여 퍼트남은 고정 지시어 개념에 입각한 직접적 지칭론만으로 본질 명제를 추리해낸다.[2] 그리하여 전기 퍼트남에게 세계란 마음과 독립한 대상과 성질들로 대부분 이루어져 있고 진리 중에는 언어의 단위와 그러한 세계의 부분과의 어떤 종류의 대응의 진리가 있다는 것이 자명하게 된다.

퍼트남 후기는 '한 진술이 참이라는 주장은 이것이 정당화될 수 있다는 주장이다'라는 내재적 명제를 수용한다. 그리고 '진리란 원초적으로 비인식적이다'라는 형이상학적 실재론의 진리 개념을 거부하면서도 '진리는 이상적 조건 하에서의 정당화이고 따라서 수렴적이다'라는 실재적 명제를 허용한다. 진리의 대응성은 거부하지만 진리의 실질적(substantive) 내용은 살리겠다는 것이다. 그는 콰인, 로티, 쿤 등의 진리관을 비실질적이라고 하여 거부한다.

후기 퍼트남은 고정 지시어 개념에 대해서 논의를 거의 하지 않는다. 최근으로 올수록 그 개념은 자취를 감춘다. 이러한 상황에서 여러 가지 물음들이 발생한다. 고정 지시어가 없는 그의 내재적 실재론은 얼마나 실재적인가? 고정 지시어가 없다면 여러 언어들은 공유하는 대상이 없을 것이고 이러한 언어들은 어떻게 연결될 것인가? 모든 경험이 언어 의존적이면서 이들을 연결하는 지칭론이 없다면, 내재적 실재론은 칸트 식의 물 자체론적 실

---

2) 참조 : Nathan Salmon, *Reference and Essence*, Princeton University Press, 1981.

재론과 어떻게 다를 것인가?

그러나 퍼트남은 '기호 사용자들의 개념적 틀 안에서'[3] 기호들
이 대상들에 대응된다고 생각한다. 이것은 중요한 단서를 제시
한다. 크립키의 고정 지시어는 문맥 독립적이지만 퍼트남에게서
는 고정 지시어를 개념 체계 의존적으로 만들 수 있는 계기가
마련된 것이다. 그렇다면 경험의 이론 의존성은 경험의 내재성
을 나타낸다. 그리고 개념 체계 의존적인 고정 지시어는 경험이
특정한 언어에 한정되지 않아도 된다는 것을 보장한다. 달리 말
하여 이러한 고정 지시어에 의하여 경험의 통이론적(通理論的)
성격이 확보된다. 나는 이것이 실재론의 최소 조건일 것이라고
생각하였다.

퍼트남이 1990년에 서울을 방문하였을 때 나는 이러한 의문들
과 관찰을 제기하였다. 그는 관심을 표명하였고 고정 지시어를
반사실문, 예를 들어,

(1) 마르크스가 엥겔스를 만나지 않았더라면 우리가 알고 있는
공산주의는 결과되지 않았을 것이다

의 문맥 안에서 이해하면 고정 지시어의 개념 의존성을 확보할
수 있겠다고 말하였다. 현실 세계(언어)의 마르크스와 반사실 세
계(언어)의 마르크스는 다른 세계의 시민이지만 '마르크스'라는
고정 지시어에 의하여 두 세계의 시민은 동일한 사람으로 연결
된다는 것이다. 고정 지시어의 반사실문적 개념 의존성이라는
하나의 돌로 경험의 이론 의존성과 최소의 실재성이라는 두 마
리의 새를 잡은 격이 되었다. 나는 그때 감격하였다.

---

3) Hilary Putnam, *Reason, Truth and History*, Cambridge University Press, 1981, p.52.

그러나 퍼트남은 이러한 그의 서울 발언을 아직 발전시키지도 않았고 인정하는 것 같지도 않는다. 그의 이후의 논문이나 책은 그러한 방향으로 노력하고 있지 않다. 그렇다고 그의 후기 철학의 내재성과 실재성이 다른 구체적 방식으로 설득력 있게 결합되고 있는 것 같지도 않다. 퍼트남은 포돌의 인과적 지칭론을 비판하면서 지칭과 반사실문의 관계에 대해 언급한 적이 있다. 포돌은 "만일 내가 고양이를 바라보고 있지 않았더라면 나는 '내가 고양이를 보고 있다'고 말하지 않았을 것이다"의 반사실문이 참이라면 '고양이'라는 단어와 고양이라는 대상의 연결이 법칙적으로 얻어진다고 주장한다. 그러나 퍼트남은 가능 세계 논변과 인과 개념의 분석을 통하여 "반사실문을 사용하여 제시된 지칭의 설명은 낳은 것도 없고 나쁜 것도 없다"고 반박한다.4)

이좌용 교수의 주장대로 퍼트남과 나 사이에 차별성이 없다고 하자. 그러면 이 교수는 퍼트남이 반사실문의 개념 의존적 고정지시어론을 전개한다는 것을 제시할 수 있어야 할 것이다. 아니면 이 교수는 퍼트남의 후기 철학이 언어와 세계 간의 관계 설정을 설득력 있게 제시한다고 믿어야 할 것이다. '언어와 세계가 또한 언어와 세계를 구성한다'는 슬로건으로는 충분하지 않기 때문이다.

(나) 언어와 세계의 이분법 : 이좌용 교수가 제기하는 둘째 문제는 언어와 세계의 이분법의 문제다. 나의 문맥적 실재론이 일차적으로 언어적이고 이차적으로 실재적이라는 주장에 의하여 구성되었을 때 그 이분법의 문제를 피하기 어렵다는 것이다. 이분법의 문제란 "언어 없이 세계가 어떻게 구성될 수 있으며 세계

---

4) Hilary Putnam, "Reference and Counterfactuals", *Renewing Philosophy*, Havard University Press, 1992, pp.33-34.

없이 언어가 어떻게 이해될 수 있는가?"라는 물음에 의하여 제기되는 문제다. 이러한 문제에 대한 퍼트남의 처방은 "사용되는 언어의 명시가 없이 '사실'에 관하여 말하는 것은 아무것도 말하는 것이 아니다"[5]라는 것이다. 언어와 세계는 동시에 언어와 세계를 구성한다고 퍼트남은 믿는 것이다. 이러한 퍼트남의 입장이 옳다면 나의 문맥적 실재론은 어떻게 언어와 세계를 그렇듯 나눌 수 있는가도 문제이고 그리고 나눈 다음 이들을 어떻게 결합할 수 있는가도 문제라는 것이다. 이 교수가 지적하는 이분법의 문제는 쉽게 말해 나는 나의 책의 중심적인 전략에서 혼란에 빠져 있다는 것을 함축한다.

이 교수가 제기하는 언어와 세계 간의 이분법의 문제는 나의 책에서 뿐 아니라 철학 일반에서 중요한 문제다. 언어와 세계의 관계에 대한 전통적인 이분법 문제는 대응적 진리론에 의하여 아마 가장 선명하게 예시되었을 것이다. 대응적 진리론을 나타내는 한 가지 방식은 다음이다 : 하나의 문장이 참인가의 여부는 그 문장에 대응하는 사실이 존재하는가의 여부다. '눈이 하얗다'는 문장은 눈이 하얗다는 사실에 의하여 참이 된다는 것이다.

그러나 대응적 진리론에 관한 문제는 심각하다. 예를 들어, 참인 비존재 문장, 조건문 또는 선접문 등에 대해서는 사실들이 어떠한 방식으로 대응하는가? ; '대응'이라는 단어의 논리가 얼마나 분명하게 제시될 수 있는가? ; 필연 명제나 수학 명제를 참이게 하는 대응하는 사실이란 무엇인가? 결국 진리대응론이 제기하는 문제는 언어와 세계 간의 관계 문제로 봉착된다. 눈이 하얗다는 사실이 '눈이 하얗다'는 문장의 사용이 없이 어떻게 제시될 수 있는가?

그러므로 이분법의 오류는 분명하다. 진리대응론이 전제하는

---

5) Hilary Putnam, *Representation and Reality*, The MIT Press, 1988, p.114.

이분법은 세계가 언어 독립적으로 또는 언어 공동체와 독립하여 존재한다는 것을 함축한다. 그리고 '눈이 하얗다'는 문장의 이해가 세계와 인간 공동체 없이 가능하다는 소박한 낙관론을 전제한 것이다. 언어를 단순한 논리적 구성물로 간주하는 것이다.

문맥적 실재론이 일차적으로 언어적이고 이차적으로 실재적이라는 주장으로 구성되었을 때 이것은 언어와 세계의 이분법을 함의하거나 전제하는 것처럼 보일 수 있을 것이다. 이 책에서는 언어와 세계 간의 구체적인 논리적 관계에 대해 논의는 하고 있지 않았기 때문이다. 나는 그러한 논의는 맞음의 의미론을 통하여 논의될 수 있다고 믿는다.[6] 전통적 진리 개념을 맞음 개념에 의하여 확장할 수 있고 그리고 언어의 사용 개념이 맞음 개념에 의하여 조명될 수 있을 것이다. 그렇다면 언어와 세계 간의 이분법은 해소될 수 있다고 믿는다.

문맥적 실재론이 이분법을 나타낸다고 읽는 것은 '일차적으로 언어적이고 이차적으로 실재적이다'라는 표현을 따로 떼어 읽은 결과일 것이다. 이 구분은 언어의 세계와 사물의 세계를 나누는 존재론적인 구분이기보다는 반사실적 개념 체계에서의 고정 지시어의 역할을 주목하여 얻은 논리적 구분이다. 문성근 씨는 그의 양복이나 구두를 우유적으로 소유한다. 그는 그의 특정한 양복이나 구두를 잃어버리고도 자신일 수 있고 이들을 남에게 기증할 수도 있다. 그러나 문성근 씨는 그의 목소리나 그의 웃음을 논리적으로 소유한다. 이들에 대해서는 상실할 수도 없고 판매할 수도 없다는 의미에서 그러하다. 그러나 그의 목소리나 그의 웃음을 그로부터 다른 차원에서 논리적으로 분리(현실 세계 W0에서-시간 t0에-문 씨가-소유한-웃음L0)해낼 수 있다. 문 씨는 다른 가능 세계에서 다른 웃음(가능 세계 W1에서-시간 t0에-문

---

6) 정대현, 위의 책, 30쪽 주.

씨가-소유한-웃음L1)을 가질 수 있다는 의미에서 그러하다.

그러면 반사실적 개념 체계에서의 고정 지시어의 역할로부터 어떻게 논리적으로 언어성과 실재성이 구분되어 나올 수 있는가? 크립키의 고정 지시어는 절대적이라고 생각한다. 그리고 여기에는 두 가지 종류가 있다. '문성근'은 고정 지시어다에 대한 첫째 조건은 이 이름은 모든 가능 세계에서 문익환 목사의-장소 P0-시간t0-연극인-아들을 지시하는 것이고 둘째 조건은 그가 존재하는 모든 가능 세계에서 그를 지시하는 것이다. 고정 지시어에 대한 절대적 해석에는 문제가 있다. 가장 중요한 것은 이름과 대상 간의 지칭 관계가 그렇듯 절대적이 아니라는 점이고 따라서 공동체의 기여가 결여되어 있다는 것이다. 그 관계가 비인식적이다.

그렇다면 고정 지시어를 인식적 개념으로 전환할 필요가 있다. 퍼트남의 시사에 따라 개념 체계 의존성을 도입하는 것이다. 그리고 이것은 반사실적 문맥이 그려내는 개념 체계가 된다. 목전의 대상에 대하여 말해지는 반사실 문맥의 모든 가능 세계들만 고려하면 된다는 것이다. 개념 체계가 제시되고 언어 공동체가 화자를 통하여 개입된다. 반사실적 개념 체계에서의 고정 지시어가 특정한 대상 o1을 표시한다고 하자. 그러면 위의 논리적 구조에 의하여 o1로부터 언어적 차원을 분리해낼 수 있다. "o1은 크립키의 절대적 고정 지시어가 표시하는 대상과 다른 구조를 가지고 있다는 것을 지적할 수 있다"는 의미에서 그러하다.

o1로부터 실재성 차원을 논리적으로 분리한다는 것은 어떻게 가능한가? 고정 지시어를 허용하지 않는 콰인의 경우 대상이란 특정한 양화 체계의 변항 값이다. 그 양화 체계가 총체적(holism)일 것을 상정하면 임의의 두 이론은 동일한 대상을 공유할 수 없게 된다. 대상의 체계 의존성이 절대적이고 실재성은 그 체계 안에

서만 이해되는 내부적 개념이 된다.

그러나 인식적 고정 지시어는 특정한 반사실문이 그려내는 개념 체계 의존적이다. 그렇다면 이 체계가 포함하는 모든 가능 세계 또는 이론들에서 그 고정 지시어는 동일한 대상을 지칭한다. 통이론적(通理論的) 대상을 얻을 수 있는 것이다. 실재성이 특정한 이론 안에 매이는 것이 아니라 이론들의 어떤 차이에도 불구하고 표시될 수 있는 성격을 지닌다. 그러한 실재성은 여러 가지 이론들을 연결시켜주고 비교할 수 있는 단서가 된다. 물론 반사실문이 달라지면 또 다른 개념 체계가 설정되는 것이다.

물론 이러한 이차적 실재성도 실재성인가 하는 반문이 가능하다. 반사실문의 개념 체계 의존적이기 때문이다. 그러나 통이론적 대상성은 실재성을 언어철학적으로 제시할 수 있는 최소의 요구이고 인식론적으로 가질 수 있는 최대의 내용일 것이라고 생각한다. 환원주의나 물 자체 또는 사상 자체의 길은 얼마나 매력적인가가 의문스럽기 때문이다.

정대현의 문헌 목록

▷학자들의 정대현 논의 목록

강영안, 「표현인문학 토론」, 『한겨레신문』(2000 / 7 / 14).

권용혁, 「표현인문학 ─ 전통 인문학의 보완인가 대체인가?」, 『표현인문학과 인문학의 위기』, 사회와철학연구회 발표록(2001, 서강대) : 21-25.

김동식, 「표현인문학과 신실용주의 인문학 비판」, 『인문언어』, 2001 / 4(1권 1호) : 113-138, 국제언어인문학회, 도서출판 월인.

김영건, 「표현인문학의 빛과 그늘」, 『표현인문학과 인문학의 위기』, 사회와철학연구회 발표록(2001, 서강대) : 9-20.

_____, 「맞음과 확실성 : 엄정식 교수의 서평과 정대현 교수의 반론」, 『철학연구』, 철학연구회, 1999 가을(46) : 267-278.

_____, 「음양적 지향성과 자연친화성」, 『철학논집』, 서강대 철학연구소, 2005 / 3(9) : 89-93.

김영민, 「표현인문학적 표현에 이르지 못한 건조한 합리주의」, 『교수신문』(2000 / 6 / 19).

_____, 「표현인문학의 문제점」, 『한겨레신문』(2000 / 7 / 14, 7 / 17).

김영정, 「넓은 분류와 간이론적 지칭 가능성 ─ 정대현 교수의 논문에 대한 논평」, 『철학』, 한국철학회, 1990 : 137-143.

_____, 「데이 딕토(de dicto)와 데이 레이(de re) ─ 정대현 교수의 논문에 대

한 논평」, 『철학』, 한국철학회, 1986 : 53-77.

_____, 「영미 철학의 수용 : 1980-1995」, 『철학사상』, 서울대 철학사상연구소, 1997(제7호) : 73-174.

김치수, 「표현인문학 토론」, 『한겨레신문』(2000 / 7 / 14) ; 『교수신문』(2000 / 7 / 17).

_____, 「표현인문학 논쟁, 이렇게 본다」, 『인문언어』, 2001 / 4(1권 1호) : 77-82, 국제언어인문학회, 도서출판 월인, 2001.

김효명 · 김영정, 「한국의 서양 철학 수용과 그 평가 — 영미 철학의 수용 : 1960-1979」, 『귀납 논리와 과학 철학』, 이초식 외, 철학과현실사, 2000 : 495-520.

민찬홍, 「정대현의 심성 내용의 신체성」, 『철학』, 한국철학회, 2002 : 295-300.

박수진, 「정대현-윤평중 논쟁에 대한 연구자들의 관전평 — 형식 논리로 음양 개념 해석 위험」, 『교수신문』 제396호(2006 / 5 / 1).

박이문, 「서평 : 다원주의 시대와 대안적 가치」, 『이대학보』(2006 / 4 / 3 : 5).

_____, 「인문학의 위기」, 『교원공제회 소식지』(2001 / 3 / 7).

박성창, 「인문학의 자기 갱신력」, 『세계의 문학』, 2000 가을, 민음사, 222-242.

선우환, 「반말과 계층 구조 : 정대현 교수의 반말 이론에 대한 비판적 검토」, 『인문언어』, 국제언어인문학회, 2003(5) : 93-106.

설헌영, 「지구화 시대 인문학의 위기와 전망, 표현인문학에 대한 비판적 검토」, 『범한철학』, 범한철학회, 2001 가을(24) : 375ff.

소광희, 「서평 : 철학하는 방법」, 『철학연구』, 철학연구회, 1980 : 191ff.

엄정식, 「정대현의 지식이란 무엇인가」, 『중앙일보』(1990 / 11 / 20) ; 『동아일보』(1990 / 11 / 20).

_____, 「정대현 교수의 자유의지론과 결정론」, 『철학』, 한국철학회, 1983 : 179ff.

_____, 「정대현의 한국어와 철학적 분석」, 한국철학회, 『철학』, 1985 : 267-270.

_____, 「진리와 의미의 적합성에 관한 연구 : 정대현의 맞음의 철학」, 『서강인문논총』 제8집(1998) : 183-196.

엄정식 · 김영건, 「언어적 전환과 확실성」, 『철학논집』 제11집(2006) : 39-86.

윤사순, 「종교적 통합에서 인간적 사유로 : 정대현 · 윤평중 교수의 '성기성물' 논쟁에 부쳐」, 『교수신문비평』 제398호(2006 / 5 / 15) : 5.

윤평중, 「다원주의와 성기성물이 공존할 수 있는가?」, 『교수신문비평』 제392호(2006 / 4 / 3) : 14.

_____, 「특정 가치의 근본성보다 다원성 인정하는 것이 민주주의」, 『교수신문』 제394호(2006 / 4 / 17).

_____, 「근본주의는 지성에 대한 위협이다」, 『교수신문』 제396호(2006 / 5 / 1).

윤형식, 「인문학의 위기와 표현인문학의 대응」, 『비평』 제3집(2000년 하반기),

한국비평이론학회, 생각의 나무, 538-548.

이승환, 「자유와 평등을 포괄하는 가치 체계로서 성기성물(成己成物)」, 『철학과 현실』, 2006 여름호 : 224-231.

이영철, 「정대현의 맞음의 철학」, 『논리연구』, 한국논리학회, 1997 : 169ff.

이좌용, 「분석철학 논의의 세계화」, 『철학과 현실』, 1995년 여름, 265-271.

_____, 「분석철학의 한국적 수용과 입론」, 『철학연구 50년』, 이화여대 한국문화연구원 편, 도서출판 예안, 2003 : 287-320.

이주향, 『현대 언어·심리철학의 쟁점들 1』, 철학과현실사, 2005.

_____, 「서평 : 다원주의 시대와 대안적 가치」, 『조선일보』(2006 / 2 / 25 : D3.

이진우, 「비판 사유 없는 인간다움의 표현이 가능한가」, 『교수신문』(2000/6/19 ; 7/17).

_____, 「표현인문학의 문제점」, 『한겨레신문』(2000 / 7 / 14 : 7 / 17).

이태수, 「표현, 이해 그리고 자유」, 『인문언어』, 2001/4(1권 1호) : 97-112, 국제언어인문학회, 도서출판 월인, 2001 / 4 / 31.

임일환, 「정대현의 심성 내용의 신체성 주장 검토」, 『교수신문』(2002 / 4 / 22).

_____, 「정대현의 필연성의 이해」, 『철학연구』, 철학연구회, 1995 : 327-336.

장(윤)필화, 『여성·몸·성』, 도서출판 또하나의문화, 1999.

조지형, 「정보 시대와 열린 인문학」, 『디지털 시대의 인문학, 무엇을 할 것인가』, 김도훈 외, 사회평론, 2001.

조형 엮음, 『여성주의 가치와 모성 리더십』, 이화여대 출판부, 2005.

최성만, 「표현인문학의 과제」, 『인문언어』, 2001/4(1권 1호) : 83-96, 국제언어인문학회, 도서출판 월인, 2001 / 4 / 31.

허라금, 「유교 덕목이 탈가부장적 대안이라고?」, 『한겨레 책과 지성』(2006 / 5 / 12 : 15).

홍윤기, 「시대적 지식 경영으로서 철학과 활동적 인문학의 구도 : 표현인문학의 과소 인문성에 대한 비판과 대응」, 『표현인문학과 인문학의 위기』, 사회와철학연구회 발표록(2001 / 2 / 17, 서강대) : 1-8.

황필호, 『인문학·과학 에세이』, 철학과현실사, 2002.

▷정대현의 학자들 논의 목록

2006a, 「자유로 충분하지 않다-윤평중 교수의 반론을 읽고」, 『교수신문』(2006 / 4 / 24)(395).

2006b, 「자유와 평등, 근본 가치 아니다 — 윤평중 교수의 서평을 읽고」, 『교수

신문』(2006 / 4 / 10)(393) : 10.

2005a, 「이좌용의 보편자론」, 『철학적 분석』, 2005 겨울(12) : 183-199.

2004a, 「심성 내용과 분석철학-민찬홍 교수의 서평을 읽고」, 『철학』, 2004 여름(79) : 310-317.

2004b, 「'알 수 없다'와 '모를 수 있다'의 차이-임일환 교수 서평반론」, 『교수신문』(2004 / 3 / 1)(302) : 6.

2001a, 「음양 관계의 유기적 분석」, 『철학적 분석』, 한국분석철학회, 2001(4) : 1-22.

2001b, 「표현인문학 개요」, 『인문언어』, 2001년 4월(창간호) : 67-76, 국제언어 인문학회, 도서출판 월인.

2001c, 「표현인문학 비판의 구조」, 『비평』, 2001(5) : 280-299, 비판이론학회, 생각의 나무. 2001.

2001d, 「문자적 사유와 영상적 사유」, 『비평』, 2001(4) : 32-79, 비판이론학회, 생각의 나무.

2000a, 「넓은 기호의 영상」, 『기호학연구』, 2000(7), 한국기호학회 : 11-40.

2000b, 「인식론의 종언인가」, 『21세기와 분석철학』, 한국분석철학회 편, 철학과현실사, 2000 : 145-176.

2000c, 「실학적 방향 : 한국철학 100년의 쟁점과 과제」, 『한국철학의 쟁점』, 한국철학회 편집, 철학과현실사, 2000 : 31-60.

2000d, 「넓은 기호의 영상」, 『기호학연구』, 2000(7), 한국기호학회, 11-40.

2000e, 「실학적 방향 : 한국철학 100년의 쟁점과 과제」, 『한국철학의 쟁점』, 한국철학회 편집, 철학과현실사, 2000 : 31-60.

2000f, 「이어령의 공간기호학 : 실체적인가 신체적인가」, 『서평문화』, 한국간행물위원회, 2000년 가을 : 207-212.

2000g, 「형이상학적 열망 ― 김영건 박사의 비판을 읽고」, 『철학연구』, 철학연구회, 2000.

2000h, 「비판과의 대화 : 이진우 교수와 김영민 교수」, 『교수신문』(2000 / 7 / 3 ; 2000 / 7 / 17).

1999a, 「한국어 담론 철학의 두 유형」, 『한민족철학자대회보 : 1999』, 한국철학회 : 1권 301-314.

1999b, 「엄정식의 맞음과 확실성」, 『철학연구』, 철학연구회, 1999 봄(44) : 307-316.

1999c, 「이영철의 서평과 맞음」, 『논리연구』, 한국논리학회, 1999(2) : 171-182.

1997a, 「문화 방향의 시대 정신 ― 김여수의 문화 개념」, 『언어 진리 문화』, 김여수 외, 철학과현실사, 1997.

1995a, 「시적 진실과 시적 언어」, 『현대시학』, 1995 / 3 : 136-148.

1995b, 「문맥적 실재론과 반사실적 고정 지시어 : 이좌용 교수의 비판을 반박함」, 『철학과 현실』, 1995 겨울 : 356-363.

1995c, 「관찰된 세계들과 공동의 세계 : 김재권의 언어와 세계」, 『한민족철학자대회보 : 1995』: 8집 1권, 109-110.

1995d, 「무심과 기도 : 황필호의 종교 언어」, 『한민족철학자대회보 : 1995』: 8집 2권, 267-269.

1994a, 「자연과학, 사회과학, 인문과학 : 박이문의 과학철학」, 『철학연구』, 1994, 봄 : 419-422.

1994b, 「朴·全·盧 통치 후의 한국사회철학 : 차인석의 사회철학대계」, 『신동아』(1994 / 2).

1994c, 「환원주의와 언어의 자연사」, 『수반의 형이상학』, 김재권 외, 철학과현실사, 1994 : 236-247.

1993c, 「이초식의 인공지능의 철학」, 「철학과 현실」, 1993년 겨울호.

1993b, 「표현적 미학과 수행적 미학」, 『공간』(1993 / 12) : 137-142.

1993c, 「우순옥의 삶과 세계」, 『공간』(1993 / 6) : 96-99.

1993d, 「분석철학과 한국철학」, 『철학』, 1993 봄(39) : 144-162.

1993e, 「이성과 맞음과 반성」, 『철학연구』, 1993 가을 : 293-317.

1992a, 「지향성과 체계와 반성」, 『세계와 인간 그리고 의식 지향성』, 한국현상학회편, 서광사, 1992 : 301-315.

1992b, 「이영철의 진리와 해석」, 『철학연구』, 1992.

1990a, 「박이문의 자비의 윤리학」, 『철학과 현실』, 1990 겨울 ; 304-307.

1990b, 「실재론과 넓은 지칭」, 『철학』, 1990 가을(34), 한국철학회 : 109-136.

1987a, 「차인석 교수의 사회인식론」, 『출판저널』, 1987.

1986a, 「지칭 : 언어적인가 존재적인가」, 『철학』, 1986 가을(26) : 23-51.

1986b, 「민중 개념의 실학적 분석」, 『한국 문화와 기독교 윤리』, 현영학 외 편, 문학과 지성사, 1986 : 386-405.

1984a, 「개방성과 자유와 평등 : 이한구의 비판적 합리주의」, 『철학』, 1984 가을(22) : 37-40.

1984b, 「엄정식의 확실성의 추구」, 『철학』, 1984 가을 : 185-188.

1984c, 「이명현의 이성과 언어」, 『철학연구』, 1984(19).

1983a, 「박이문의 과학철학이란 무엇인가」, 『철학』, 2004 여름(79) : 310-317.

1982a, 「객관적 존재와 주관적 이론의 관계 — 박이문의 인식과 실존 & 김영식의 과학사」, 『세계의 문학』, 1982(24) : 162-175.

1980a, 「합리성의 구조와 개방 사회의 논리」, 『한국문화연구원 논총』, 1980 (36), 이화여대 출판부 : 101-124.

▷정대현의 저서 목록

2006c, 『다원주의 시대와 대안적 가치 ― 한 인간론의 여성주의적 기초』, 이화
　　여대 출판부, 2006.
2001e, 『심성 내용의 신체성 : 심리 언어의 문맥적 외재주의』, 아카디아출판사,
　　2001.
2000j, 『표현인문학』, 공저 : 정대현 · 박이문 · 유종호 · 김치수 · 김주연 · 정덕
　　애 · 이규성 · 최성만, 생각하는 나무, 2000.
1997b, 『맞음의 철학 : 진리와 의미를 위하여』, 철학과현실사, 1997.
1994d, 『필연성의 문맥적 이해』, 이화여대 출판부, 1994.
1990c, 『지식이란 무엇인가 : 지식 개념의 일상 언어적 분석』, 서광사, 1990.
1985a, 『한국어와 철학적 분석』, 서울 : 이화여대 출판부, 1985.

▷정대현의 논문 목록

2006d, 「표현 선택의 문맥론」, 『한국분석철학회 동계학술대회록』, 173-179,
　　2006년 2월 16일(목)~17일(금) ; 서울 수유리 아카데미하우스.
2006e, 「볼런테인먼트의 철학과 방향」, 『시민문화 춘추』, 한국시민문화학회,
　　2006 봄(창간호) : 86-102.
2006f, 「태극기의 윤리성과 점술성」, 『새길 이야기』, 새길기독사회문화원, 2006 봄
　　(20) : 11-14.
2005b, 「성(誠)의 지향성 : 이원적 지향성에서 음양적 지향성으로」, 『철학논
　　집』, 서강대 철학연구소, 2005.3(9) : 73-88.
2005c, 「인문학 : 인간의 가능성을 확장하는 표현」, 『학문이란 무엇인가』, 김용
　　준 편집, 아카넷, 2005 : 25-35.
2005d, 「이론적 다원주의, 담론적 다원주의 : 학문의 한국 담론화의 구조」, 『추
　　계학술대회 발표논문집(1)』, 한국행정학회, 2005.10.7~8 : 7-20.
2004a, 「그런 사실은 없다 ― 사실 문장의 의미 규칙 규범성을 위한 모색」, 『철
　　학적 분석』, 한국분석철학회, 2004.12(10) : 1-24.
2003a, 「모호성과 맞음」, 『철학』, 2003 봄(74) : 129-146.
2003b, 「반말의 비인문성」, 『인문언어』, 2003(5), 국제언어인문학회 : 75-92.
2003c, 「영상 시대의 철학의 역할 ― 표현으로서의 영상 개념 옹호론」, 『동서
　　철학연구』, 2003. 3(27), 한국동서철학회 : 239-248.

2002a, 「인문 정신으로서의 법 — 여성의 삶의 양식을 중심으로」, 『법철학연구』, 2002(5권 2호), 한국법철학회 편, 세창출판사 : 213-232.

2001f, 「시간과 인문학」, 『기호학 연구』, 2001(9), 한국기호학회, 문학과 지성사 : 78-107.

2001g, 「언어」, 『우리말 철학사전1』, 우리사상연구소 편, 지식산업사, 2001.

2000k, 「몸과 마음으로 생각한다」, 『철학』, 한국철학회, 2000년 가을(64).

2000l, 「표상의 파생 의미론적 성격」, 『귀납 논리와 과학철학』, 이초식 외 편, 철학과현실사, 2000 : 430-440.

2000m, 「영화 보기의 국면성」, 『한국영상문화학회 춘계 발표록』; 2000 / 6 / 17.

1999e, 「인문학으로서의 영상문화학」, 『이미지는 어떻게 살고 있는가』, 영상문화학회 편, 공저(정대현 · 서정신 · 김혜숙), 서울 : 생각의 나무, 1999 / 5 : 97-114.

1999f, 「정보 사회와 표현의 조건」, 『정보 사회의 철학적 진단』, 철학연구회 편, 철학과현실사, 1999 : 161-180.

1999g, 「표현의 범주」, 『이 땅에서 철학하기』, 우리사상연구소 편집, 도서출판 솔, 1999 : 267-290.

1998a, 「유물론과 데카르트의 동시 극복」, 『철학과 현실』, 1998 겨울(39) : 297-304.

1998b, 「물음과 이성 규범의 내재적 이해」, 『합리성의 철학적 이해』, 한국분석철학회 편, 철학과현실사, 1998 : 15-28.

1997c, 「에듀테인먼트의 개념과 가능성 : 정보화의 철학적 연구」, LG커뮤니카토피아연구소 기획; 철학연구회 공동(정대현 · 김남두 · 김영정 · 이봉재 · 민찬홍 · 정성욱 · 박지수) 연구; 미발표 보고서, 1995 / 9-1996 / 12.

1996a, 「맞음 : 가치의 시간성」, 『철학연구』, 1996, 고려대 철학연구소.

1996b, 「감성의 이성화」, 『감성의 철학』, 정대현 외, 민음사, 1995 : 9-17.

1996c, 「분석철학과 진리 개념」, 『논리와 진리』, 여훈근 외 지음, 철학과현실사, 1996 : 53-74.

1996d, 「정보와 사람다운 표현 : 정보 사회 인간의 한 철학적 이해」, 『한국철학자대회보 : 1996』, 1996 / 10 / 25-26 : 15-24.

1996e, 「여성 심리 연구의 필요성」, 『한국여성심리학회지』, 1996년(창간호) : 1-5.

1995e, 「맞음 개념의 서양적 구성」, 『철학』, 1995년 가을.

1995f, 「콰인의 존재론 : 대상과 자연 종」, 『현대 존재론의 향방』, 소광희 외 지음, 철학과현실사, 1995 : 342-372.

1995g, 「필연 : 동일성과 문맥성」, 『철학연구』, 1995년 가을.

1994e, 「비트겐슈타인의 맞음」, 『한국철학자대회보』, 1994 / 10 / 21.

1994f, 「한글 전용의 의미론」, 『세계의 문학』, 1994년 가을.

1993f, 「투사적 동일화와 가족 개념의 확장성」, 『철학』, 1993 가을 : 268-291 ; 이명선 외 편집, 『가족 철학 : 남성 철학과 여성 경험의 만남』, 이화여대 출판부, 1997 : 339-426.

1993g, 「구경 문화가 결과하는 생각기피증과 영상중독증」, 『철학과 현실』, 1993 봄.

1992c, 「원초적 맞음」, 『한국철학자대회보』, 1992년 가을 : 643-650.

1992d, 「여가와 한국 사회」, 『철학과 현실』, 1992년 겨울 : 111-117.

1992e, 「시스틴 채플의 성 고정 관념」, 『샘터』, 1992 : 92-93.

1992f, 「오스틴의 말과 행위」(김영진 역), 『서평문화』, 1992.

1992g, 「종교다원주의」, 『철학과 현실』, 1992 봄.

1991a, 「비트겐슈타인, 규칙, 사용」, 『현대 사회와 철학』, 신일철 외 편, 서광사, 1991 : 53-74.

1991b, 「성욕의 내용과 합리성」, 『한민족철학자대회보』, 1991 : 313-321.

1991c, 「사랑의 미신」, 『또 하나의 문화』, 1991(7) : 45-55.

1991d, 「남남북녀」, 『한국논단』, 1991년 2월호(18권 1호).

1991e, 「가족 유사 개념」, 『비트겐슈타인과 현대 분석철학의 전개』, 한국분석철학회 편, 철학과현실사, 1991.

1990d, 「'맞다'의 분석을 위하여」, 『철학』, (33), 1990 봄, 한국철학회 : 173-188.

1989a, 「인지의 부분성과 접근성」, 『인지과학』, 한국인지과학회, 1989(1권 1호) : 127-144.

1989b, 「해석된-상사형으로서의 심상」, 『인지과학』, 이정모 외 편, 민음사, 1989 : 72-92.

1989c, 「자기 기만 : 물리적 비합리성은 가능한가」, 『현대 사회와 윤리』, 김영철 외 편집, 서광사, 1989 : 233-255.

1989d, 「크립키의 실재론, 상대주의의 극복」, 『신동아』, 1989년 10월호 : 514-521.

1988a, 「크립키 본질주의와 인공 종」, 『철학』, 1988 봄, (29), 한국철학회 편 : 129-145.

1988b, 「성 개념의 여성 억압성」, 『철학과 현실』, 김태길 편, 철학과현실사, 1988(창간호) : 203-219.

1988c, 「성문화의 오늘과 내일」, 『또 하나의 문화』, 1988(4) : 56-65.

1988d, 「인문과학과 철학」, 『출판저널』, 1988년 7월.

1987b, 「고정 지시어의 지향적 수정」, 『허원·이경 화갑 기념 논문집』, 1987 : 385-402.

1987c, 「분석 판단의 필연성」, 『자아와 실존』, 최동희 외, 민음사, 1987 : 52-76.

1986c, 「서론 : 사회과학의 철학적 기초」, 『여성학 방법론 ─ 사회과학적 접근』, 이화여대 한국여성연구소 편, 1986 : 9-16.

1986d, 「바벨탑의 언어 조작」, 『샘이깊은물』, 1986년 12월, 뿌리깊은나무사 : 48-51.

1985b, 「여성 문제의 성격과 여성학」, 『한국여성학』, 1985(창간호) : 100-120.

1985c, 「일관성과 논리적 진리」, 『논리연구』, 김준섭 외, 문학과 지성사, 1985 : 150-157.

1984d, 「인식 개념 변화의 한 이해」, 『인식론』, 종로서적, 1984, 부록 논문 : 131-148.

1984e, 「분석 일반론을 위한 단편」, 『철학』, 1984(21), 91-96.

1984f, 「지식론으로서의 일상 언어 분석론」, 『비트겐슈타인의 이해』, 분석철학 연구회 편, 서울 : 서광사, 1984.

1984g, 「필연적 종합 판단은 가능한가」, 『칸트철학과 현대 사회』, 대구 : 형설 출판사, 1984, 620-630.

1983b, 「이론의 선택과 실학적 방향」, 『철학연구』, 철학연구회, 1983(18) : 143-162.

1983c, 「교양 교육의 개념」, 『대학교육』, 대학교육협의회, 1983(2) : 11-17.

1982b, 「듀우이의 탐구 논리의 포괄성」, 『존 듀우이와 프라그마티슴』, 한국철 학회 외 편집, 삼일당, 1982 : 187-203.

1982c, 「장자 언어관의 한 해석」, 『철학』, 1982(17) : 111-118 ; 『노자에서 데리 다까지 : 도가 철학과 서양 철학의 만남』, 재수록, 한국도가철학회 엮음, 예문서원, 2001 : 39-49.

1982d, 「자유 의지와 결정론」, 『철학』, 1982(18) : 39-47.

1982e, 「비법적 언어관의 구성과 평가」, 『세계의 문학』, 1982(23) : 23-39.

1981a, 「양상의미론의 한 분석」, 『철학연구』, 대한철학회, 1981(32) : 57-76.

1981b, 「여성 해방과 한국 일상 언어」, 『현대 사회와 철학』, 김태길 외 편, 문학 과 지성사, 1981 : 211-231.

1981c, 「학제적 과학으로서의 간호과학」, 『현상과 인식』 1981(18) : 165-181.

1981d, 「사랑의 개념적 분석」, 『학생생활연구』, 이화여대, 1981(17).

1980b, 「지식 개념의 일상 언어적 분석」, 『철학연구』, 고려대 철학연구소, 1980(6) : 97-139.

1980c, 「생활 양식 개념」, 『사회과학의 철학』, 한국사회과학연구소 편, 1980 : 115-133.

1980d, 「러셀 : 논리적 분석의 방법」, 232-255 ; 「비트겐슈타인 : 일상 언어 분석 의 방법」, 256-278, 『철학하는 방법』, 서광선 외, 1980, 이화여대 출판부.

1980e, 「서평 : 제임스 콘의 눌린 자의 하나님과 토마스 쿠운의 과학혁명의 구조」, 『세계의 문학』, 1980, 겨울 : 279-295.

1979a, 「길버트 라일의 철학적 분석」, 『철학연구』, 고려대 철학연구소, 1979(5) : 183-191.

1979b, 「성과 결혼」, 『가족학논집』, 한국가족학회, 1979(창간호) : 59-64.

1978a, 「일상 언어 분석」, 『철학연구』, 철학연구회, 1978(13) : 61-76.

1978b, 「지행합일이란 무엇인가」, 『철학』, 1978(12), 85-96.

1978c, 「인식과 가족유사」, 『한국문화연구원논총』, 1978(31), 이화여대 출판부.

1978d, 「가정은 진리 함수적인가」, 『마음』, 소흥렬 편집, 1978(1) : 114-118.

1977a, 「인식에 있어서 필요 충분 조건은 가능한가」, 『현상과 인식』, 1977(2) : 160-172.

찾아보기

필자 소개
(가나다 순)

□ 고인석

서울대 물리학과를 졸업하고 독일 콘스탄츠대에서 철학 박사 학위를 받았으며, 현재 이화여대 주제통합형 교양 교수로 재직중이다. 주요 저서로는 *Korrespondenz und Komplementaritaet*(『대응과 상보성』)가 있으며, 논문으로는 「과학의 조각보 모델 : 통합된 과학의 구상」 등이 있다.

□ 김기현

서울대 철학과를 졸업하고 미국 애리조나대에서 철학 박사 학위를 받았으며, 현재 서울대 철학과 교수로 재직중이다. 주요 논문으로는 「이론적 합리성과 실천적 합리성」, 「의식의 인과적 기능」 등이 있다.

□ 김선희

이화여대를 졸업하고 서강대 철학과에서 박사 학위를 받았으며,

현재 건국대 교양학부(철학)에 재직중이다. 주요 저서로는 『자아와 행위』, 『사이버 시대의 인격과 몸』 등이 있다.

□ 김 영 건
서강대 철학과를 졸업하고 동 대학원에서 박사 학위를 받았으며, 현재 계명대 연구 교수로 재직중이다. 주요 논문으로는 「칸트의 선험철학과 셀라스의 과학적 실재론」, 「언어적 전환과 확실성」 등이 있다.

□ 김 영 정
서울대 철학과를 졸업하고 미국 브라운대에서 철학 박사 학위를 받았으며, 현재 서울대 철학과 교수로 재직중이다. 주요 저서로는 『심리철학과 인지과학』, 『언어, 논리, 존재』 등이 있다.

□ 김 혜 숙
이화여대를 졸업하고 미국 시카고대에서 철학 박사 학위를 받았으며, 현재 이화여대 철학과 교수로 재직중이다. 주요 저서로는 『포스트모더니즘과 철학』(편저), 『예술과 사상』(공저) 등이 있다.

□ 남 경 희
서울대 철학과를 졸업하고 미국 텍사스대(오스틴)에서 철학 박사 학위를 받았으며, 현재 이화여대 철학과 교수로 재직중이다. 주요 저서로는 『비트겐슈타인과 현대 철학의 언어적 전회』, 『이성과 정치존재론』 등이 있다.

□ 남 기 창
서강대를 졸업하고 미시간주립대에서 철학 박사 학위를 받았으며, 현재 재능대 교수로 재직중이다. 주요 논문으로는 「규칙 따르기의 여러 유형」, 「비실재론, 판단의존론 그리고 정적주의」 등이 있다.

□ 민 찬 홍

서울대 철학과를 졸업하고 동 대학원에서 철학 박사 학위를 받았으며, 현재 한남대 철학과 교수로 재직중이다. 주요 저서로는 『생물학의 철학』, 『철학이 있는 사람과 삶』 등이 있다.

□ 선 우 환

서울대 철학과를 졸업하고 프린스턴대에서 철학 박사 학위를 받았으며, 현재 연세대 철학과 교수로 재직중이다. 주요 논문으로는 「양상 이론의 딜레마」, 「통세계적 동일성의 문제와 양상 인식론」 등이 있다.

□ 엄 정 식

서강대 철학과를 졸업하고 미국 미시간주립대에서 철학 박사 학위를 받았으며, 현재 서강대 철학과 교수로 재직중이다. 주요 저서로는 『확실성의 추구』, 『분석과 신비』 등이 있다.

□ 윤 보 석

미국 인디아나대에서 철학 박사 학위를 받았으며, 현재 서울대 철학사상연구소 선임연구원으로 재직중이다. 주요 논문으로는 「외재주의와 직접 지시」, 「뇌물리주의 비판」 등이 있다.

□ 이 병 덕

서강대 철학과를 졸업하고 미국 인디아나대에서 철학 박사 학위를 받았으며, 현재 서울시립대 철학과 조교수로 재직중이다. 주요 논문으로는 "On Davidson's Semantic Anti-Sceptical Argument", "Davidson's Slingshot Argument Revisited" 등이 있다.

□ 이 승 종
연세대 철학과와 동 대학원을 졸업하고 뉴욕주립대(버팔로)에서 철학 박사 학위를 받았으며, 현재 연세대 철학과 교수로 재직중이다. 주요 저서로는 『비트겐슈타인이 살아 있다면』, *Derrida and Wittgenstein*(뉴턴 가버와 공저) 등이 있다.

□ 이 영 철
서울대 철학과를 졸업하고 동 대학원에서 철학 박사 학위를 받았으며, 현재 부산대 철학과 교수로 재직중이다. 주요 논문으로는 「진리와 해석」 등이 있다.

□ 이 종 왕
영남대 철학과를 졸업하고 네브라스카대에서 철학 박사 학위를 받았으며, 현재 영남대 철학과 조교수로 재직중이다. 주요 논문으로는 「두 개념의 제거주의와 동일론」, 「정신 인과와 수반 논변의 딜레마」 등이 있다.

□ 이 주 향
이화여대 법학과를 졸업하고 동 대학원에서 철학 박사 학위를 받았으며, 현재 수원대 인문대 교수로 재직중이다. 주요 논문으로는 「누가 심성실재론자인가」 등이 있으며, 저서로는 『현대 언어, 심리철학의 쟁점들 1』 등이 있다.

□ 이좌용

서울대 철학과를 졸업하고 동 대학원에서 철학 박사 학위를 받았으며, 현재 성균관대 철학과 교수로 재직중이다. 주요 논문으로는 「가능 세계의 존재론」 등이 있으며, 주요 저서로는 『존재론 연구』 등이 있다.

□ 임일환

서울대를 졸업하고 미국 브라운대에서 철학 박사 학위를 받았으며, 현재 한국외국어대 철학과 교수로 재직중이다. 주요 논문으로는 「토대론과 인식적 수반」, 「감정과 정서의 이해」 등이 있다.

정대현 철학을 토론한다

초판 1쇄 인쇄 / 2006년 8월 20일
초판 1쇄 발행 / 2006년 8월 25일
■

지은이 / 김선희(편집) 外
펴낸이 / 전　춘　호
펴낸곳 / 철학과현실사
서울특별시 서초구 양재동 338의 10호
전화 579—5908～9
■

등록일자 / 1987년 12월 15일(등록번호 : 제1—583호)
■

ISBN 89-7775-596-4 03130
*잘못된 책은 바꾸어 드립니다.
*편저자와의 협의에 따라 인지를 생략합니다.

값 20,000원